GW00600743

Hans Göppinger

Angewandte Kriminologie

Ein Leitfaden für die Praxis

Unter Mitarbeit von Werner Maschke

Springer-Verlag
Berlin Heidelberg New York Tokyo

Professor Dr. med. Dr. jur. Hans Göppinger
Direktor des Instituts für Kriminologie
der Universität Tübingen
Corrensstraße 34, D-7400 Tübingen

ISBN 3-540-13821-8 Springer-Verlag Berlin Heidelberg New York Tokyo
ISBN 0-387-13821-8 Springer-Verlag New York Heidelberg Berlin Tokyo

CIP-Kurztitelaufnahme der Deutschen Bibliothek
Göppinger, Hans:
Angewandte Kriminologie. Ein Leitfaden für die Praxis. / H. Göppinger. Unter Mitarbeit von Werner Maschke. –
Berlin; Heidelberg; New York; Tokyo: Springer, 1985.
ISBN 3-540-13821-8 (Berlin ...)
ISBN 0-387-13821-8 (New York ...)

Das Werk ist urheberrechtlich geschützt. Die dadurch begründeten Rechte, insbesondere die der Übersetzung, des Nachdrucks, der Entnahme von Abbildungen, der Funksendung, der Wiedergabe auf photomechanischem oder ähnlichem Wege und der Speicherung in Datenverarbeitungsanlagen bleiben, auch bei nur auszugsweiser Verwertung, vorbehalten. Die Vergütungsansprüche des § 54, Abs. 2 UrhG werden durch die ,Verwertungsgesellschaft Wort', München, wahrgenommen.

© Springer-Verlag Berlin Heidelberg 1985
Printed in Germany.

Die Wiedergabe von Gebrauchsnamen, Handelsnamen, Warenbezeichnungen usw. in diesem Werk berechtigt auch ohne besondere Kennzeichnung nicht zu der Annahme, daß solche Namen im Sinne der Warenzeichen- und Markenschutz-Gesetzgebung als frei zu betrachten wären und daher von jedermann benutzt werden dürften.

Gesamtherstellung: Beltz Offsetdruck, Hemsbach/Bergstraße

Vorwort

Mit dieser Publikation wird – auch international – erstmals eine kriminologische Methode für die Praxis dargestellt, die eine differenzierte Erfassung des individuellen Täters in seinen sozialen Bezügen erlaubt. Unabhängig von rechtlichen Kategorien ermöglicht sie unter Berücksichtigung von sozialen Auffälligkeiten im Vor- und Umfeld der Kriminalität eine *spezifisch kriminologische Diagnose,* die zu prognostischen Schlußfolgerungen führt und zugleich die kriminologisch bedeutsamen Schwächen und Stärken der zu beurteilenden Person aufzeigt. Damit liefert sie die empirischen Grundlagen für (straf)rechtlich mögliche Einwirkungen im Sinne von Spezialprävention und Prophylaxe sowie für die Behandlung von Straffälligen, während der Rechtsbruch als solcher über den Täter in seinen sozialen Verflechtungen noch keinerlei Erkenntnisse zu vermitteln vermag.

Die für die Beurteilung relevanten Gesichtspunkte konzentrieren sich auf das allgemeine Sozialverhalten im täglichen Leben, zu dem gerade die Praktiker *ohne* psychologische oder psychiatrische Fachausbildung (wie etwa Juristen, Sozialarbeiter oder Pädagogen usw.) ohne weiteres einen Zugang finden können. Aber auch die jeweils fachspezifischen Kenntnisse im Bereich der forensischen Psychiatrie und Psychologie erfahren dadurch eine wertvolle Ergänzung.

Das Instrumentarium der Angewandten Kriminologie ist das Resultat einer *jahrelangen interdisziplinären Forschungsarbeit* und inzwischen vielfach erprobt. Gegenstand und Beurteilungskriterien wurden schon 1971 in der 1. Auflage meiner Kriminologie (s. u. S. 9) umschrieben und in systematischer Form 1975 der Öffentlichkeit vorgestellt*). Seither wurden über ein Jahrzehnt hinweg Erfahrungen in der Anwendung dieser Methode bei der kriminologischen Beurteilung von Straftätern gesammelt. Dadurch konnte das Vorgehen im Sinne einer möglichst einfachen Handhabung ständig verbessert sowie die Zuverlässigkeit und Gültigkeit der Methode bei der Beurteilung durch verschiedene Untersucher, auch Praktiker aus unterschiedlichen Berufsgruppen, überprüft werden. Dennoch werden in Zukunft weitere Entwicklungen notwendig sein wie bei jeder Materie, die sich unmittelbar mit der Lebenswirklichkeit befaßt.

Im Mittelpunkt der Darstellung steht die *Methode der idealtypisch-vergleichenden Einzelfallanalyse* mit den Bezugskriterien der *Kriminologischen Trias.* Dabei wird der Täter in seinen sozialen Bezügen aus drei verschiedenen Perspektiven betrachtet: Bei der Analyse des *Lebenslängsschnitts* wird das Verhalten der betreffenden Person

---

*) GÖPPINGER, H.: Angewandte Kriminologie im Strafverfahren – Eine vorläufige Mitteilung; in: Kriminologische Gegenwartsfragen 12; Stuttgart: Enke 1976, S. 56–71.

von der Kindheit bis zur Gegenwart verglichen mit dem erfahrungswissenschaftlich gewonnenen, idealtypisch „verdichteten" Verhalten von (wiederholt) Straffälligen einerseits und jenem von Personen aus der Durchschnittspopulation andererseits. Neben diesem allgemeinen Verhalten wird die bisherige Delinquenz analysiert, und zwar nicht unter strafrechtlichen, sondern ebenfalls unter rein kriminologischen Gesichtspunkten. Im *Lebensquerschnitt,* d.h. dem Zeitraum unmittelbar vor der letzten Tat, wird gesondert das Vorliegen bestimmter kriminorelevanter Kriterien überprüft, die verschiedene mit dem Lebenszuschnitt und mit einer spezifischen Lebensweise verbundene Haltungen umschreiben. In einem dritten Schritt wird schließlich versucht, mit den *Relevanzbezügen* die für den jeweiligen Täter charakteristischen Interessen und die ihn bestimmenden Grundintentionen herauszuarbeiten sowie einen gewissen Zugang zu seiner *Wertorientierung,* also zu den ihn im täglichen Leben leitenden Prinzipien, zu finden. Diese dreidimensionale Analyse wird bei der abschließenden *kriminologischen Diagnose* zu einem komplexen und zugleich differenzierten Gesamtbild des individuellen Täters in seinen sozialen Bezügen zusammengeführt. Im Vergleich des individuellen Erscheinungsbildes mit den Bezugskriterien der Kriminologischen Trias können der Stellenwert und die Bedeutung der Delinquenz im Lebensgesamt des Probanden beurteilt und entsprechende auf den Einzelfall abgestellte prognostische und – im weitesten Sinne – therapeutische Folgerungen gezogen werden.

Ein umfassendes Bild von der Methode der idealtypisch-vergleichenden Einzelfallanalyse geben die *systematischen Ausführungen zur Analyse* (Kap. V) und *Diagnose* (Kap. VI) sowie zu den *Folgerungen* (Kap. VII). Die Darstellung der *Erhebungen* (Kap. IV) gibt vor allem praktische Hinweise zum Vorgehen allgemein sowie im besonderen zu Strukturierung und Inhalt der kriminologischen Exploration. Sie sind vor allem für denjenigen interessant, der selbst Erhebungen am Probanden in Form von Explorationen oder Befragungen durchführt. Nur verhältnismäßig kurz werden die *wissenschaftlichen Grundlagen* (Kap. II) abgehandelt. Da sie auf den in der Monographie „Der Täter in seinen sozialen Bezügen" (s. u. S. 16) ausführlich dargestellten Ergebnissen der Tübinger Jungtäter-Vergleichsuntersuchung basieren, sind allerdings einige Wiederholungen der dortigen Ausführungen unumgänglich.

Die *Fallbeispiele* (Dritter Teil) sind so aufbereitet, daß sie einen Einblick in die Vorgehensweise vermitteln und mit wesentlichen Analyse- und Beurteilungskriterien vertraut machen. Überdies wird an geeigneter Stelle stets auf die allgemeinen und systematischen Ausführungen zur idealtypisch-vergleichenden Einzelfallanalyse verwiesen. Freilich sind die Fälle unter didaktischen Aspekten ausgewählt und decken bei weitem nicht das ganze Spektrum der Anwendungsmöglichkeiten dieser Methode ab (s. dazu ausführlich Kap. I). Es hätte den Rahmen des Buches gesprengt, zu jeder in der Praxis relevanten Weichenstellung einen „einschlägigen" Fall zu präsentieren; so war es auch nicht möglich, eine größere Zahl von Fallbeispielen ausführlich darzustellen.

In einem Anhang wird auf einige *Syndrome zur Früherkennung krimineller Gefährdung* hingewiesen und deren praktische Relevanz erläutert. Es handelt sich dabei um relativ einfache Kriterien, die zwar keine differenzierte kriminologische Beurteilung zulassen, aber für jeden mit der Erziehung im weitesten Sinne Befaßten ohne Schwierigkeit erkennbar sind. Sie reichen also für die Zwecke der Früherkennung völlig aus.

Der Band wendet sich in erster Linie an den *Praktiker,* sowohl an den Berufserfahrenen als auch an den Berufsanfänger bzw. an den noch in der Ausbildung stehenden Juristen, Vollzugsbeamten, Sozialarbeiter usw. Deshalb wurde bewußt auf erschöpfende Literaturhinweise verzichtet. Breiten Raum nehmen indessen die Erläuterungen der Vorgehensweise und die Darlegung der notwendigen Grundkenntnisse ein. Dabei wurde in Kauf genommen, daß dem erfahrenen Praktiker zahlreiche der angeführten Gesichtspunkte irgendwie geläufig sein dürften, wenn auch unter anderem Blickwinkel.

Trotz des Bemühens um Ausführlichkeit und Verständlichkeit kann dieses Buch keine „Lernbuch" im herkömmlichen Sinne sein; denn gerade dort, wo es nicht nur um einfache Zuordnungen, sondern um Einschätzungen und Bewertungen geht, bedarf es der (kriminologischen) Erfahrung, die eben nicht theoretisch gelehrt bzw. gelernt, sondern nur durch eigene Übung und Anschauung erworben werden kann. Dabei kann und soll der Praktiker seine Erfahrung in die Erhebungen mit einbringen und sie − orientiert an der systematischen Vorgehensweise und den erfahrungswissenschaftlich abgesicherten Beurteilungsgesichtspunkten − bei der Erfassung des Einzelfalles fruchtbar machen. Nach unseren bisherigen Eindrücken erfordert die Arbeit mit dieser Methode − einige Übung vorausgesetzt − bei der Mehrzahl der praktisch relevanten Fälle einen kaum nennenswerten zusätzlichen Zeitaufwand. So entspricht auch der Umfang der nachfolgenden Ausführungen in keiner Weise dem tatsächlichen Aufwand in der Praxis der Einzelfallbeurteilung.

Ohne all die Personen, die sich für die Untersuchungen während vieler Jahre zur Verfügung gestellt haben, hätte eine praxisrelevante Angewandte Kriminologie nicht erarbeitet und das vorliegende Buch nicht geschrieben werden können. Ihnen gilt an erster Stelle mein Dank.

Darüber hinaus habe ich den Mitarbeitern des Instituts für Kriminologie der Universität Tübingen aus den verschiedensten Wissenschaftsdisziplinen und in vielerlei Positionen, unter ihnen vor allem Herrn Dr. J.-M. Jehle und Herrn Dr. Dr. M. Bock, für ihr Engagement und ihre Hilfe zu danken. In diesen Dank einschließen möchte ich auch jene ehemaligen Mitarbeiter und dabei stellvertretend Herrn Dr. D. Rössner nennen, die heute in der Praxis tätig sind und ihre entsprechenden Erfahrungen durch konstruktive Kritik und Anregungen in diese Arbeit einbrachten, sowie Frau S. Haastert für ihre nicht minder kritischen Hinweise bei der Korrektur des Manuskriptes.

Besonders danke ich Herrn Assessor W. Maschke, der einen hervorragenden Anteil an der Entstehung dieses Buches hat und dessen Mitarbeit unersetzbar war.

Januar 1985 Hans Göppinger

Inhaltsverzeichnis

DRITTER TEIL

Fallbeispiele

Erster Teil

Praktische Anwendungsmöglichkeiten und wissenschaftliche Grundlagen

I. Anwendungsgebiete

Das **Anliegen** der Angewandten Kriminologie ist es, erfahrungswissenschaftlich fundierte Erkenntnisse der kriminologischen Forschung für die Praxis und für den konkreten Einzelfall unmittelbar nutzbar zu machen. Mit den nachfolgenden Ausführungen sollen dem **Praktiker** die Methode der idealtypisch-vergleichenden Einzelfallanalyse und das Bezugssystem der Kriminologischen Trias vorgestellt werden. Er bekommt dadurch ein Hilfsmittel an die Hand, mit dem er aufgrund eigener Sachkompetenz und ohne psychologische oder psychiatrische Fachkenntnisse den Einzelfall, also den individuellen „Täter in seinen sozialen Bezügen", *kriminologisch* erfassen und beurteilen kann. Auf diese Weise vermag er sich die Grundlagen zu schaffen für eine sinnvolle Auswahl und gezielte Anwendung der im Einzelfall aus spezialpräventiver Sicht angezeigten Maßnahmen, etwa in Form von Sanktionen mit ihren vielfältigen Ahndungs- und Beeinflussungsmöglichkeiten, aber auch in Form von sonstigen Interventionen prophylaktischer und im weitesten Sinne auch therapeutischer Art. Angesprochen ist dabei der Jurist ebenso wie der Sozialarbeiter und der sonstige in der Strafrechtspflege oder auch in der Jugendhilfe und allgemeinen Wohlfahrtspflege tätige Personenkreis.

Bei der *Methode der idealtypisch-vergleichenden Einzelfallanalyse* handelt es sich um eine spezifisch kriminologische Untersuchungsmethode, mit der vorrangig (äußerlich feststellbare) Verhaltensweisen des betreffenden Probanden in seinem bisherigen Leben beurteilt sowie Haltungen und grundsätzliche Orientierungen erschlossen werden. Der betreffende Mensch läßt sich auf diese Weise nicht nur kriminologisch einschätzen, man erhält darüber hinaus vielmehr ein recht plastisches Bild von der Persönlichkeit in ihren sozialen Bezügen. Diese Beurteilung erlaubt eine **kriminologische Diagnose** des derzeitigen Zustands, einschließlich der Entwicklungen, die zu diesem Zustand geführt haben. Daraus ergeben sich sowohl Folgerungen hinsichtlich der **Prognose** als auch konkrete Hinweise für künftige **Einwirkungen.** Die kriminologische Diagnose nimmt jedoch in keiner Weise Stellung zu den für diese Entwicklung und den aktuellen Zustand verantwortlichen (letzten) Ursachen. Schon um eine Handhabung durch den psychiatrisch und psychologisch nicht Vorgebildeten zu ermöglichen, bleiben auch ganz bewußt psychologische und psychiatrische Gesichtspunkte und Bereiche ausgespart. Das bedeutet aber gleichzeitig, daß durch die Anwendung dieser Methode weder der psychiatrische Sachverständige bei Anzeichen für psychische Abnormitäten noch der psychologische Sachverständige bei differenzierten psychologischen Fragestellungen, vor allem bezüglich Jugendlicher, ersetzt werden sollen. Für die Mehrzahl der in der täglichen Praxis anfallenden Probleme und Fragestellungen, die eine mehr oder weniger eingehende Auseinandersetzung mit der Persönlichkeit des (psychisch nicht auffälligen, „normalen") Täters erfordern, reicht die hier vorgelegte Methode zur kriminologischen Beurteilung des Einzelfalles jedoch aus. Sie kann dem Praktiker einen zuverlässigen Eindruck von dem jeweiligen Täter in seinen sozialen Bezügen mit seinen kriminologisch relevanten Stärken und Schwächen verschaffen.

Die Frage einer kriminologischen Erfassung des Einzelfalles stellt sich in der Praxis überall dort, wo es *im Zusammenhang mit Straffälligkeit* um die differenzierte Beurteilung eines Menschen geht. Die Methode der idealtypisch-vergleichenden

Einzelfallanalyse ermöglicht jedoch nicht nur einen Zugang zum „Täter" in seinen sozialen Bezügen, sondern *auch* zum bisher *noch nicht straffällig gewordenen* Menschen. Mit ihr können bereits im Vorfeld von Delinquenz Gefahrenmomente und gefahrenträchtige Entwicklungen in einzelnen Lebensbereichen oder auch im Lebenszuschnitt und in der gesamten Lebensausrichtung erkannt werden, deren konsequente Fortführung erfahrungsgemäß früher oder später in Kriminalität mündet. Diese Methode ist damit nicht nur für die *Strafrechtspflege* (s. u. 2.), sondern auch für den Bereich der *allgemeinen Wohlfahrtspflege,* und hier vor allem für das Gebiet der Jugendhilfe (s. u. 1.), von unmittelbar praktischer Bedeutung.

1. Jugendhilfe

Ein wesentlicher Teil der Aufgaben der allgemeinen Wohlfahrtspflege konzentriert sich darauf, den einzelnen, insbesondere den jungen Menschen, bei seiner Integration in die Gesellschaft zu unterstützen und ihm gegebenenfalls Hilfestellungen zu geben. Dabei ist es oftmals entscheidend, im *Einzelfall* möglichst frühzeitig gefährdende Entwicklungen im allgemeinen Sozialverhalten zu erkennen und nicht erst an der Nahtstelle zwischen (noch) allgemein sozialer und (schon) strafrechtlich sanktionierter Auffälligkeit zu intervenieren. Voraussetzung für eine sinnvolle *Einwirkung* auf solche Gefahrenmomente ist jedoch die Möglichkeit einer differenzierten *Diagnose,* die es erlaubt, die individuellen Gefährdungen zu erkennen und entsprechende Weichenstellungen vorzunehmen. Gerade in jenem Bereich sozialer Auffälligkeit, in dem bereits Strafrechtsnormen relevant werden können, sind es aber vor allem *kriminologische* Gesichtspunkte, die berücksichtigt werden müssen.

Besonders deutlich wird dies auf dem Gebiet der *Jugendfürsorge:* Beim gefährdeten, geschädigten oder verwahrlosten Jugendlichen ist zum einen eine genaue Erfassung der Art seiner Gefährdung oder Schädigung, zum anderen aber auch das Wissen um besondere „Stärken" notwendig, um helfen und gezielt einwirken zu können. Nur dann kann entschieden werden, ob Erziehungsbeistandschaft (§§ 55 ff. JWG), freiwillige Erziehungshilfe (§§ 62 f. JWG) oder Fürsorgeerziehung (§§ 64 ff. JWG) erforderlich ist, ob letztere in einem Heim oder in einer anderen Einrichtung vollzogen werden muß oder ob eine Familienunterbringung geeigneter erscheint. Neben den **Mitarbeitern des Jugendamtes** bzw. der **freien Träger** der Jugendpflege sind damit vor allem auch **Erziehungsbeistände, Heimerzieher** usw. darauf angewiesen, bei ihrem Schützling gerade auch Gefährdungen im Hinblick auf Straffälligkeit zu erkennen und diese im Auge zu behalten, wenn ihre Intervention Erfolg haben soll.

Aber auch bei den sonstigen *präventiven* Aufgaben im Bereich der *Jugendhilfe* — wie überhaupt bei der Erziehung des Kindes und Jugendlichen — sind zumindest

Kenntnisse über solche Gefahrenmomente erforderlich und müssen im Einzelfall berücksichtigt werden (zur Früherkennung s. auch u. Anhang). Zu denken ist dabei etwa an die Aufgaben des Jugendamtes zum Schutz der Pflegekinder (§§ 27 ff. JWG), im Rahmen von Erziehungshilfen (§ 6 JWG), in der Erziehungsberatung (§§ 5 Abs. 1, 47d, 60 JWG), im Vormundschaftswesen und als Familiengerichtshilfe (§§ 37 ff. JWG).

Ähnliches gilt aber durchaus auch für die *allgemeine Wohlfahrtspflege,* also etwa bei der Betreuung und Beratung von Erwachsenen in den verschiedenen Anlauf- und Beratungsstellen der Straffälligenhilfe, der Obdachlosenfürsorge usw.

2. Strafrechtspflege

2.1. Beispiele aus dem Bereich der Strafverfolgung und -vollstreckung

In einem Strafrecht, das vor allem der Spezialprävention und der Resozialisierung des Rechtsbrechers dienen soll, sind die in diesem Bereich Tätigen in besonderem Maße auf Möglichkeiten angewiesen, einen Menschen kriminologisch zu erfassen. Nahezu täglich sehen sie sich nämlich vor die Aufgabe gestellt, sich mehr oder weniger eingehend mit dem einzelnen Täter in seinen sozialen Bezügen auseinanderzusetzen. Bei insgesamt über 50 Bestimmungen im Strafgesetzbuch, im Jugendgerichtsgesetz, im Strafvollzugsgesetz und in der Strafprozeßordnung ist vielfach eine recht differenzierte Beurteilung des Täters erforderlich. Erst dann können beispielsweise aus der breiten Palette der gesetzlichen Möglichkeiten die für den individuellen Täter zweckmäßigen Sanktionen und sinnvollen Ahndungs- und Einwirkungsmöglichkeiten ausgewählt werden, und erst dann kann versucht werden, sich im Rahmen der Vollstreckung gezielt mit dem Täter zu befassen.

Beispiele für die Notwendigkeit einer kriminologischen Erfassung des Täters in seinen sozialen Bezügen sind in jedem Stadium des Strafverfahrens zu finden. Die einzelnen Aufgaben lassen sich schwerpunktmäßig jeweils bestimmten Berufs- und Tätigkeitsfeldern zuordnen, deren nachfolgende Darstellung allerdings nicht als abschließend zu verstehen ist.

Bereits im **Ermittlungsverfahren** müssen beispielsweise der *Kriminalbeamte* (§§ 160, 161 StPO), vor allem aber der *Gerichtshelfer* (§ 160 Abs. 3 S. 2 StPO) oder der *Jugendgerichtshelfer* (§ 38 JGG) jene Tatsachen ermitteln, die für die Bestimmung der Rechtsfolgen der Tat (§ 160 Abs. 3 S. 1 StPO) bzw. für die Beurteilung der Persönlichkeit des Beschuldigten, seiner Entwicklung und seiner Umwelt (§§ 38 Abs. 2 S. 2, 43 JGG) in der Hauptverhandlung von Bedeutung sind.

Falls der Beschuldigte in *Untersuchungshaft* genommen wird, ergibt sich darüber hinaus sowohl für den Richter, Staatsanwalt und Verteidiger als auch für das

Personal der Untersuchungshaftanstalt in vielfältiger Weise die Notwendigkeit, sich mehr oder weniger eingehend mit der Person des Beschuldigten und seinem bisherigen Werdegang zu befassen. Beim jungen Untersuchungsgefangenen soll in diesem Zusammenhang sogar eine Persönlichkeitserforschung durchgeführt und die Untersuchungshaft erzieherisch ausgestaltet werden (vgl. §§ 93 Abs. 2 JGG, 1 Abs. 4, 79, 80 UVollzO).

Im **Hauptverfahren** ist in erster Linie der *Strafjurist* als *Richter, Staatsanwalt* oder *Verteidiger* aufgefordert, die Auswahl der Sanktion grundsätzlich (auch) auf den individuellen Angeklagten abzustimmen: Bei jeder Strafzumessung müssen die Wirkungen, die von der Strafe für das künftige Leben des Täters in der Gesellschaft zu erwarten sind, berücksichtigt werden (vgl. § 46 Abs. 1 S. 2 StGB). Besonderes Gewicht unter diesen **Urteilsprognosen** kommt jener zu, die bei der Prüfung einer Strafaussetzung zur Bewährung (§ 56 StGB) erforderlich ist. Hier sind bereits bei der Sanktionsentscheidung differenzierte Erwägungen über sinnvolle Einwirkungsmöglichkeiten in Form von Auflagen und Weisungen (§§ 56b, c, d StGB) notwendig, die wiederum die Prognose beeinflussen können (s. auch u. Kap. VII, 1.). Ähnliches gilt für die Verhängung von Maßregeln der Besserung und Sicherung (§§ 61 ff. StGB). Neben einer Prognose über die künftige Gefährlichkeit des Angeklagten (§ 62 StGB) werden bei den einzelnen Maßregeln jeweils weitere differenzierte prognostische Überlegungen vorausgesetzt.

Noch dringender ergibt sich das Erfordernis einer eingehenden kriminologischen Beurteilung der Persönlichkeit des Täters, seines Werdegangs und seines Sozialverhaltens im Anwendungsbereich des *Jugendgerichtsgesetzes*. Die besondere Bedeutung dieser Gesichtspunkte kommt vor allem auch in der hervorgehobenen Stellung der *Jugendgerichtshilfe* (vgl. § 38 Abs. 2 S. 1 JGG) zum Ausdruck. Hier geht es nicht nur darum, mögliche Auswirkungen der strafrechtlichen Reaktion auf das künftige Leben zu berücksichtigen und differenzierte prognostische Überlegungen anzustellen. Im Mittelpunkt stehen vielmehr Erwägungen zur gezielten Einwirkung im Sinne einer mehr oder weniger umfassenden *Erziehung* des straffällig gewordenen Jugendlichen oder Heranwachsenden. Bei dieser erzieherischen Beeinflussung des Täters kommt es aber vor allem auf kriminologische Gesichtspunkte an: Nur anhand dieser kann beispielsweise geklärt werden, ob die Straffälligkeit des Jugendlichen lediglich eine vorübergehende Erscheinung im Rahmen der Pubertät ist oder aber bereits Anzeichen einer kontinuierlichen Entwicklung in Richtung wiederholter und sich verfestigender Kriminalität zu erkennen gibt, ob also – nach rechtlicher Würdigung – „schädliche Neigungen" im Sinne von § 17 Abs. 2 JGG vorliegen. Die Antwort darauf hat unmittelbare Konsequenzen für die Wahl der Maßnahme, Ahndungsmöglichkeit oder Sanktion (vgl. z. B. §§ 10, 13 ff., 18 Abs. 2, 19 Abs. 1, 21 ff., 27 ff. JGG).

Im **Vollstreckungsverfahren** geht es schließlich in spezialpräventiver Hinsicht darum, die Erkenntnisse und Entscheidungen aus dem Hauptverfahren umzusetzen in konkrete Maßnahmen und in **Einwirkungen** auf das Verhalten des Verurteilten im alltäglichen Leben.

Soweit es sich um „ambulante" Einwirkungen, etwa in Form von Weisungen und Auflagen, handelt, obliegt es dem *Bewährungshelfer* (§§ 56d Abs. 3 StGB, 24 Abs. 2

JGG) bzw. dem *Jugendgerichtshelfer* (§ 38 Abs. 2 S. 3 JGG), die individuellen, kriminologisch relevanten „Schwächen" des Probanden zu erkennen und diese – sinnvollerweise mit Hilfe der besonderen „Stärken" des Probanden – anzugehen.

In ähnlicher Weise ergibt sich die Notwendigkeit einer genauen kriminologischen Erfassung des Täters in seinen sozialen Bezügen bei einer „stationären" Einwirkung und Behandlung im weitesten Sinne im Rahmen des **Strafvollzugs.** Eine solche Erfassung kann beispielsweise Voraussetzung für die Auswahl der besonders geeignet erscheinenden Vollzugsanstalt durch die *Einweisungskommission* sein bzw. für die Prüfung, ob der Gefangene für den offenen Vollzug geeignet ist (§ 10 StVollzG). Entsprechende Erkenntnisse müssen aber vor allem in den individuellen Vollzugsplan (§ 7 StVollzG) bzw. in den Erziehungsplan beim Jugendlichen eingehen, der aufgrund der Behandlungsuntersuchung (§ 6 StVollzG) vom *Anstaltspersonal* erstellt wird und ständig in Übereinstimmung mit der Entwicklung des Gefangenen fortzuschreiben ist. Die Zielvorstellungen des Erwachsenenstrafvollzugs (§ 2 StVollzG) lassen sich ebenso wie die Aufgabenstellung des Jugendstrafvollzugs (§ 91 JGG) im Grunde nur mit Hilfe einer differenzierten kriminologischen Diagnose verwirklichen, die sowohl die individuellen Problempunkte herausarbeitet als auch Weichenstellungen und Ansatzpunkte für Einwirkungen bzw. für Therapiemaßnahmen darlegt. Auch im weiteren Verlauf des Haftaufenthalts ergibt sich für den *Anstaltsleiter,* den *Sozialarbeiter,* den *Psychologen,* den *Lehrer* und den *Werkbeamten* – neben der Fülle von „kleinen" Entscheidungen und Überlegungen zur „Behandlung" des Gefangenen im alltäglichen Leben – eine ganze Reihe von mehr oder weniger förmlichen Entscheidungen, die eine eingehende Beurteilung des Gefangenen und insbesondere seines Verhaltens in der Vollzugsanstalt voraussetzen (vgl. z. B. auch §§ 7 Abs. 3, 8 Abs. 1, 9 Abs. 1, 10, 11, 13, 15, 37, 71 StVollzG) und, beispielsweise bei Lockerungsmaßnahmen, auch *prognostische* Einschätzungen erforderlich machen (vgl. insbesondere § 11 Abs. 2 StVollzG).

Sowohl der *Richter* als auch der *Staatsanwalt* und der *Verteidiger* werden bereits im Verlauf der Vollstreckung durch flankierende Entscheidungen (vgl. z. B. §§ 56d Abs. 4, 56e, 57 Abs. 3, 57a Abs. 3 StGB, §§ 11 Abs. 2 und 3, 15 Abs. 3 S. 1, 22 Abs. 2 S. 2, 23 Abs. 1 S. 3, 86 ff. JGG, 109 ff. StVollzG) oder auch durch Folgeentscheidungen, etwa über die Reihenfolge der Vollstreckung von Sanktionen und Maßregeln oder von Maßregeln untereinander (vgl. §§ 67 ff. StGB), immer wieder veranlaßt, sich mit dem Verurteilten und seinem weiteren Verhalten im Vollstreckungszeitraum zu befassen. Dabei ist insbesondere die Frage des Widerrufs der Straf(rest)aussetzung zur Bewährung (§§ 56f, 57 Abs. 3 StGB, §§ 26, 30 JGG) von großer praktischer Bedeutung. Ein deutlicher Schwerpunkt ergibt sich für ihre Tätigkeit jedoch am Ende des Vollzugs einer freiheitsentziehenden Sanktion in Form der **Entlassungsprognose,** die bei der Strafrestaussetzung zur Bewährung erforderlich ist (vgl. §§ 57 Abs. 1 Nr. 2 StGB, 88 Abs. 1, 89 Abs. 1 JGG). Gerade bei solchen Straftätern, die bis zu diesem Punkt des Sanktionensystems gelangt sind, handelt es sich zu einem erheblichen Teil (abgesehen von den wegen Schwere der Schuld eingewiesenen Gefangenen) um eine „Negativauslese" mehrfach Vorbestrafter, bei der weder die Verhängung einer Geldstrafe noch die Aussetzung der Freiheitsstrafe zur Bewährung in Frage kam. In der Regel ist daher (insbesondere bei Langzeitgefangenen) eine eingehende, den gesamten (extra- und intramuralen) Lebensbereich erfassende Beurteilung in besonderem Maße angezeigt. Dies ergibt schon ein Vergleich mit der gesetzlichen Regelung für die Aussetzung des Strafrestes einer lebenslangen Freiheitsstrafe, die unter dem Aspekt der Strafdauer fließende Übergänge zur langjährigen zeitigen Freiheitsstrafe aufweist: Dort ist sogar die Beiziehung eines Sachverständigen zwingend vorgeschrieben (§ 454 Abs. 1 S. 5 StPO). Das *Vollstreckungsgericht* sollte sich daher auch bei zeitiger Freiheitsstrafe kaum einmal mit einer pauschalen Einschätzung des Gefangenen zufriedengeben, zumal es neben der Stellungnahme der Vollzugsanstalt hierfür immer auch auf die *(Jugend-)Gerichtshilfe* (§§ 463d StPO, 38 Abs. 2 S. 6 JGG) zurückgreifen kann.

Schließlich müssen sich auch nach der − teilweisen oder vollständigen − Vollstreckung einer Freiheitsentziehung sowohl *Bewährungshelfer* als auch *Richter, Staatsanwalt* und *Verteidiger* im Zusammenhang mit einer anschließenden Bewährungshilfe oder Führungsaufsicht immer wieder mit dem Verurteilten und seinem weiteren Verhalten in kriminologischer Hinsicht auseinandersetzen (vgl. z. B. §§ 57 Abs. 3, 57a Abs. 3, 68 ff. StGB, §§ 88 Abs. 5, 89 Abs. 3 JGG).

2.2. Zum Erfordernis einer kriminologischen Beurteilungsmethode

Zur Bewältigung der genannten Aufgaben ist eine spezifisch kriminologische Beurteilungsmethode schon deshalb erforderlich, weil letztlich allein *kriminologische* Gesichtspunkte eine sachgerechte (normative) Entscheidung ermöglichen. Diese Gesichtspunkte werden jedoch mit den herkömmlichen Methoden der kriminologischen Bezugswissenschaften, etwa psychologischen Tests, gerade nicht ausreichend erfaßt, ganz abgesehen davon, daß dem Strafrechtspraktiker bisher kein entsprechendes Instrumentarium zur Verfügung stand, das ihm bei der Erfüllung dieser Aufgaben hätte weiterhelfen können.

Das Gesetz nennt zwar verschiedentlich einzelne Anhaltspunkte, die bei der Beurteilung der Täterpersönlichkeit und den dafür notwendigen Erhebungen (vgl. z. B. § 43 JGG) zu würdigen sind; ebenso gibt es z. B. einige grobe Hinweise, welche Gesichtspunkte bei der Prognosestellung berücksichtigt werden sollen (vgl. z. B. §§ 56 Abs. 1 S. 2, 57 Abs. 1 S. 2 StGB) und auf welche Lebensbereiche mit Hilfe von Auflagen und Weisungen Einfluß genommen werden kann (vgl. z. B. §§ 56b, c, 68b StGB, 10, 15 JGG). Es finden sich jedoch keinerlei Anhaltspunkte dafür, *wie* die einzelnen Gesichtspunkte zu würdigen sind, *welche Aussagekraft* ihnen im Zusammenhang mit Straffälligkeit im allgemeinen zukommt und welches Gewicht sie gerade in dem zu beurteilenden Einzelfall besitzen. Zudem handelt es sich überwiegend um offene, kriminologisch ausfüllungsbedürftige Begriffe, bei denen eine einfache dogmatisch orientierte Subsumtion ausgeschlossen ist (vgl. z. B. das „Vorleben" in §§ 46 Abs. 2, 56 Abs. 1 S. 2, 57 Abs. 1 S. 2 StGB oder in § 21 Abs. 1 S. 2 JGG, das ja nur im Hinblick auf die Straffälligkeit relevant sein kann).

Soweit es dabei nicht um normativ-dogmatische Wertungen geht, sondern um Fragen, die mit dem faktischen Zustandekommen und der Begehung bzw. der

Verhinderung von Straftaten oder mit der Behandlung des Rechtsbrechers bzw. einer zielgerichteten Einwirkung auf den Täter zusammenhängen, fallen die zu ihrer Beantwortung notwendigen erfahrungswissenschaftlichen Grundlagen in den Aufgabenbereich der *Kriminologie* (vgl. GÖPPINGER 1980, S. 1)[1]. Daß es bei diesen spezialpräventiven, prognostischen und therapeutischen Erwägungen zunächst nicht auf soziologische, sozialpädagogische, psychologische oder psychiatrische Kriterien ankommt, sondern in erster Linie auf spezifisch *kriminorelevante* Aspekte, wird bereits daran deutlich, daß grundsätzlich der Zusammenhang mit dem Delikt zu berücksichtigen ist: Aus *Anlaß einer begangenen Straftat* ist zu beurteilen, ob bzw. welche Art von Straftaten von diesem Täter in Zukunft drohen und wie die *Begehung neuer Straftaten* verhindert werden kann. Aussagekräftig hierfür sind jedoch nur kriminologische Beurteilungskriterien, also solche, durch die sich der (wiederholt) Straffällige vom Nichtstraffälligen bzw. von der Durchschnittspopulation unterscheidet (s. auch u. Kap. III, 1.).

Als weitere Voraussetzung für eine zuverlässige Beurteilung des Einzelfalles ist es notwendig, daß die herangezogenen Kriterien nicht nur auf eine *allgemeine* Aussage im Hinblick auf Straffälligkeit bzw. auf den (statistischen) Zusammenhang bestimmter Gesichtspunkte mit Kriminalität abzielen. Sie müssen vielmehr eine differenzierte Erfassung des *Einzelfalles* mit all seinen − kriminologisch relevanten − Besonderheiten ermöglichen. Gerade in dieser Hinsicht konnte die Kriminologie bisher dem Praktiker in der Strafrechtspflege keinerlei Hilfestellung bieten. Mehr oder weniger pauschale Theorien über Kriminalitätsgenese oder Kriminalitätszuschreibung vermögen hier ebensowenig weiterzuhelfen wie die Fülle von zwar statistisch abgesicherten, für den Einzelfall aber letztlich völlig unverbindlichen Befunden zu Teilbereichen des allgemeinen Sozialverhaltens oder auch zur Persönlichkeit „des Straffälligen". Selbst die (statistischen) Prognosetafeln, die dem Praktiker ein Instrument zur (prognostischen) Beurteilung des Einzelfalles bieten sollten, sind gerade zu diesem Zweck im Grunde genommen untauglich (und wurden von der Strafrechtspraxis auch kaum zur Kenntnis genommen).

Die *statistischen Prognosetafeln* spiegeln fast exemplarisch die Unzulänglichkeiten wider, die einer Anwendung wissenschaftlicher Erkenntnisse der Kriminologie in der Praxis der Einzelfallbeurteilung bisher entgegenstanden: Für den Einzelfall läßt sich aus den statistisch gesicherten Ergebnissen im Grunde keine Aussage herleiten, da die − stets vorhandenen − Besonderheiten und Eigentümlichkeiten des konkreten Einzelfalles gerade *keine* Berücksichtigung finden können (vgl. ausführlich dazu GÖPPINGER 1980, S. 331 ff.).

Abgesehen davon sind sie vor allem durch das ausgesprochen *statische Moment,* das ihnen innewohnt, für die Praxis wenig hilfreich: Sie berücksichtigen weder Veränderungen oder Entwicklungen, die sich beim Probanden ergeben haben, noch gehen die Auswirkungen der Sanktion oder der Einflußnahme im Rahmen der Bewährungshilfe oder des Strafvollzugs (wie dies an sich vom Gesetz gefordert wird) in irgendeiner Weise in die Prognose ein. Meist beruht die Prognose auf einigen wenigen (statistisch gesicherten) Negativmerkmalen, die weit in der *Vergangenheit* des Probanden liegen, die aber weder er selbst noch Dritte beeinflussen oder verändern können. Zudem besteht in aller Regel kein unmittelbarer Bezug zwischen diesen Merkmalen und der Straftat. Es lassen sich daher auch keinerlei Anhaltspunkte für sinnvolle Einwirkungen oder Maßnahmen auf den konkreten Probanden, etwa in Form bestimmter Weisungen, gewinnen.

---

[1] GÖPPINGER, H.: Kriminologie; 4. Aufl., München: Beck 1980. − Im folgenden zitiert: GÖPPINGER 1980

Der **Praktiker** war demzufolge bisher weitgehend auf seine eigene (kriminologische) Erfahrung angewiesen, die er sich im Laufe langjähriger Berufstätigkeit erworben hatte und die ihm unter Umständen eine einigermaßen zuverlässige Beurteilung und Einschätzung des individuellen Probanden ermöglichte. Oftmals handelt es sich dabei allerdings um rein subjektive Einschätzungen und intuitive Beurteilungen, die häufig nicht nur auf mehr oder weniger isolierte Teilaspekte abstellen, sondern auch auf vereinzelten (guten oder schlechten) Erfahrungen oder auf Alltagstheorien beruhen. Auf diese Weise vermag er zwar die Fülle der täglich anstehenden Entscheidungen irgendwie zu bewältigen; ob diese jedoch – aus kriminologischer Sicht – „richtig" oder „falsch" sind, erfährt er in der Regel nicht, da es ihm kaum einmal möglich ist, seine Entscheidungen systematisch zu überprüfen und den weiteren Lebenslauf der von ihm beurteilten Probanden eingehend zu verfolgen. Es ist ihm daher auch kaum möglich, unrichtige Einschätzungen im Hinblick auf die Beurteilung künftiger Fälle zu korrigieren und damit seine kriminologische Erfahrung zu verbessern.

Was bisher also fehlte, war ein Instrumentarium, das einerseits alle Vorzüge der individuellen kriminologischen *Erfahrung des Praktikers* zur Geltung bringen kann, das aber andererseits aufgrund *erfahrungswissenschaftlich fundierter Erkenntnisse* eine *systematische kriminologische Erfassung des einzelnen Täters* mit all seinen kriminologisch bedeutsamen „Schwächen" und „Stärken", mit seinen individuellen Besonderheiten und Eigentümlichkeiten erlaubt und das zugleich sowohl konkrete, differenzierte Hinweise auf *prognostische Schlußfolgerungen* gibt als auch Ansatzpunkte für sinnvolle *Einwirkungen* aufzeigt.

Dieser Mangel kommt vor allem auch in Strafurteilen sehr deutlich zum Ausdruck, wo gerade die für den Angeklagten so wichtigen Begründungen zur Sanktionswahl und -ausgestaltung vielfach darunter leiden, daß sich der Praktiker mangels stichhaltiger Argumente auf juristisch zwar nicht angreifbare, aber für den Angeklagten wenig einleuchtende und überzeugende Formulierungen wie etwa, die Strafe sei „angemessen, aber auch ausreichend" usw. zurückzieht.

2.3. Die Methode der idealtypisch-vergleichenden Einzelfallanalyse im herkömmlichen Strafverfahren

Ein solches Instrumentarium steht nunmehr in Form der *Methode der idealtypisch-vergleichenden Einzelfallanalyse* mit den Bezugskriterien der Kriminologischen Trias (s. u. Zweiter Teil) zur Verfügung. Diese Methode wurde ganz gezielt im Hinblick auf ihren unmittelbaren Einsatz in der täglichen Praxis entwickelt. Ihr besonderer Vorteil liegt darin, daß sie ausschließlich auf dem (äußerlich feststellbaren) Verhalten und auf Sozialdaten des Probanden aufbaut, die im Bereich allgemeiner Lebenserfahrung eines Menschen liegen und zu denen auch ohne psychiatrische oder psychologische Fachkenntnisse ein Zugang gefunden werden kann. Dies gilt für den Sozialarbeiter ebenso wie für den Strafjuristen oder für den Kriminalbeamten, denen eine solche Vorgehensweise des Erhebens und Beurteilens bestimmter Verhaltensweisen bzw. Rückschlüsse von äußerem Verhalten auf dahinterstehende Haltungen und Grundintentionen schon von ihrem jeweiligen

Aufgabengebiet her bis zu einem gewissen Grad vertraut sind. Im Gegensatz zu seiner weitgehend intuitiven und letztlich subjektiven Einschätzung der Täterpersönlichkeit werden dem Strafrechtspraktiker mit dieser Methode und ihren Bezugskriterien *objektivierte, erfahrungswissenschaftlich fundierte* und vor allem spezifisch *kriminologische* Kriterien an die Hand gegeben, die ihm eine *systematische* Erfassung und Beurteilung des Einzelfalls ermöglichen.

Damit kann bereits der ermittelnde **Kriminalbeamte** ebenso wie der **(Jugend-)Gerichtshelfer** seine *Erhebungen* zur Persönlichkeit des Beschuldigten und zu seinem Werdegang auf klar umgrenzte Bereiche und auf solche Gesichtspunkte konzentrieren, die für die kriminologische Erfassung eines Täters in seinen sozialen Bezügen von Bedeutung sind (s. u. Kap. IV), und so den weiteren Prozeßbeteiligten eine solide Grundlage für deren kriminologische Beurteilung des Beschuldigten oder Verurteilten anbieten. Darüber hinaus gewinnt vor allem der Jugendgerichtshelfer mit dieser Methode die wesentlichen Voraussetzungen für die eigenen Überlegungen und Vorschläge zur Sanktion und zur Einwirkung auf den jugendlichen oder heranwachsenden Angeklagten.

Dem **Strafjuristen** steht nunmehr ein Instrumentarium zur Verfügung, das ihm nicht nur bei den zahlreichen *Prognoseentscheidungen* von Nutzen ist, sondern das ihm auch erlaubt, einen Angeklagten oder Verurteilten kriminologisch differenziert zu erfassen, dessen besondere „Schwächen" und „Stärken" zu erkennen und diese im Hinblick auf die Spezialprävention bei seiner rechtlichen Entscheidung, insbesondere bei der *Auswahl der Sanktions- und Einwirkungsmöglichkeiten,* zu berücksichtigen (s. u. Kap. VII).

Grundsätzlich ist darauf hinzuweisen, daß es niemals Sache der Angewandten Kriminologie sein kann, in irgendeiner Weise in die originären Aufgaben des Strafrichters einzugreifen. Die Angewandte Kriminologie stellt die Methoden und die Kriterien für die kriminologische, nicht aber für die normativ-strafrechtliche Erfassung des Straffälligen zur Verfügung. Im Rahmen der Hauptverhandlung tritt sie in der Regel erst dann in Funktion, wenn die normativen Kriterien der Straftat und der Strafbarkeit (also auch der Schuldvorwurf) durch das Gericht geklärt sind, also bei dem spezialpräventiv bzw. prognostisch relevanten Teil der Entscheidung über die Rechtsfolgen. Aber auch diese Entscheidung wird dem Richter damit nicht aus der Hand genommen: Das in der Methode der idealtypisch-vergleichenden Einzelfallanalyse und in der Kriminologischen Trias angebotene Erfahrungswissen kann keineswegs aus sich heraus konkrete *rechtliche* Entscheidungen hervorbringen. Vielmehr bleibt in jedem Fall eine normative Bewertung der anhand dieses Erfahrungswissens in der kriminologischen Diagnose des Einzelfalles gewonnenen Erkenntnisse erforderlich. Genauso wie der Richter etwa die Erkenntnisse des psychiatrischen Sachverständigen zu den Voraussetzungen der Schuldfähigkeit in jedem Fall in eine *rechtliche* Entscheidung und in strafrechtliche Termini transformieren muß, so muß er auch seine – nunmehr aus eigener Sachkompetenz gewonnenen – kriminologischen Erkenntnisse bzw. die Darlegungen eines kriminologischen Sachverständigen in rechtliche Merkmale übertragen. Erst dann kann er seine – stets rein juristische – Entscheidung treffen, die auch noch andere Wertungsgesichtspunkte als etwa rein spezialpräventive Überlegungen zu berücksichtigen hat.

Dabei bleibt es ihm beispielsweise bei einer Strafrestaussetzung zur Bewährung letztlich unbenommen, auch bei einer – aus kriminologischer Sicht – ungünstigen Prognose der rechtlichen Ansicht zu sein, daß dennoch „verantwortet werden kann, zu erproben, ob der Verurteilte außerhalb des Strafvollzugs keine Straftaten mehr begehen wird" (§ 57 Abs. 1 S. 1 Nr. 2 StGB). Umgekehrt werden der nach dem kriminologischen Befund sinnvollen und angezeigten Reaktion oft strafrechtliche bzw. dogmatische Gründe entgegenstehen. So wird im einen Fall eine kriminologisch gebotene grundlegende Intervention in die Lebensführung aus Gründen der Verhältnismäßigkeit unzulässig sein, beispielsweise bei einem Heranwachsenden, der erstmals mit einem Bagatelldelikt strafrechtlich in Erscheinung getreten ist, bei dem sich jedoch in Anbetracht der sozialen Auffälligkeiten eindeutig eine kriminelle Karriere abzeichnet. Im anderen Fall kann es aus dogmatischen Gründen erforderlich sein, eine schwere Sanktion zu verhängen, die kriminologisch geradezu kontraindiziert ist, beispielsweise bei einem Jugendlichen, der allein aus Gründen der Schwere der Tatschuld eine langjährige Jugendstrafe zu verbüßen hat, obwohl sich das Delikt als einmalige Tat im Rahmen der Persönlichkeitsreifung darstellt.

Das kriminologische Erfahrungswissen, das die nachfolgend dargestellte Methode vermittelt, kann sich aber auch noch in ganz anderer Hinsicht auswirken: Diese Methode erlaubt zwar keine Beurteilung des psychisch abnormen Täters; es ist jedoch zum einen durchaus möglich, daß der Strafjurist erst aufgrund einer solchen kriminologischen Erfassung des Täters in seinen sozialen Bezügen etwaige psychische Besonderheiten erkennt, die ihn veranlassen, einen entsprechenden Sachverständigen beizuziehen. Zum anderen kann der Strafjurist unter Umständen auch der einen oder anderen Einschätzung eines (psychiatrischen oder psychologischen) Sachverständigen zu den Voraussetzungen der Schuldfähigkeit kritischer begegnen, beispielsweise dann, wenn die Verminderung der Schuldfähigkeit letztlich aus sozialen oder sozialpsychologischen Kriterien abgeleitet wird.

Die Methode der idealtypisch-vergleichenden Einzelfallanalyse eröffnet aber vor allem auch dem **Bewährungshelfer,** dem **Jugendgerichtshelfer** im Rahmen seiner betreuenden und überwachenden Tätigkeit (§ 38 Abs. 2 S. 3 JGG) und den **Vollzugsbediensteten,** also vor allem dem *Anstaltsleiter,* dem *Sozialarbeiter* und dem *Lehrer,* neue Möglichkeiten einer differenzierten und gezielten *Einwirkung* (s. u. Kap. VII, 2.). Gerade weil das Instrumentarium nicht nur auf irgendwelche Persönlichkeitsmerkmale abstellt, deren kriminologische Relevanz unsicher ist, sondern die spezifisch kriminologisch bedeutsamen „Schwächen" und „Stärken" aufzuzeigen vermag, ist es nahezu unabdingbare Voraussetzung für eine unmittelbare Einwirkung auf den Straffälligen im Sinne der Resozialisierung: Letztlich können nur aufgrund einer entsprechend differenzierten kriminologischen Diagnose die in spezialpräventiver Hinsicht angezeigten Maßnahmen in die Wege geleitet und zielgerichtet Hilfestellungen geleistet werden. Zugleich könnte eine solche Diagnose dazu beitragen, die Fälle, bei denen eine entsprechende Einwirkung sinnvoll und notwendig ist, von jenen zu unterscheiden, bei denen Hilfestellungen nicht erforderlich sind (oder auch von vornherein aussichtslos erscheinen), um so die vorhandene Kapazität ökonomisch einzusetzen.

Schließlich kann die mit Hilfe der Methode der idealtypisch-vergleichenden Einzelfallanalyse erstellte Diagnose über den Täter in seinen sozialen Bezügen dem mit dem Straffälligen befaßten **Psychologen** wichtige Hinweise auf jene Besonderheiten des Probanden geben, die in engem Zusammenhang mit seiner Delinquenz stehen. Die auf diese Weise gewonnenen spezifisch kriminologischen Erkenntnisse über den Einzelfall könnten dann im Zusammenspiel mit der herkömmlichen psychologischen Diagnose eine wesentliche Grundlage für die therapeutischen Bemühungen um den (wiederholt) Straffälligen bilden (s. u. Kap. III, 2. und Kap. VII, 2.).

2.4. Zur konkreten Anwendung in der täglichen Praxis

Das nachfolgend dargestellte Instrumentarium ist nach den bisherigen Erfahrungen auch im herkömmlichen Strafverfahren durchaus **praktikabel:** Gerade in Fällen mittlerer und schwerer oder auch immer wiederkehrender Kriminalität werden in der derzeitigen Praxis ohnehin schon in gewissem Umfang Erhebungen zur Person des Angeklagten und zu seiner Lebensentwicklung durchgeführt. Die für die kriminologische Erfassung des Täters in seinen sozialen Bezügen erforderlichen Erhebungen unterscheiden sich hinsichtlich Umfang und Themenbereich nicht grundsätzlich von diesen durch die *(Jugend-)Gerichtshilfe* oder auch durch die ermittelnden *Kriminalbeamten* herbeigeschafften Informationen. Um eine brauchbare Grundlage für die kriminologische Beurteilung abzugeben, müßten diese Erhebungen und Berichte zur Person und zur Lebensentwicklung des Beschuldigten lediglich unter Berücksichtigung der für eine kriminologische Analyse erforderlichen Kriterien (s. dazu im einzelnen u. Kap. V) *systematisch* durchgeführt und aufbereitet werden und alle für die spätere Analyse wesentlichen Gesichtspunkte berücksichtigen. Dabei brauchen die Erhebungen nicht unbedingt umfangreicher zu werden als bisher, da ein Teil der vielfach üblichen Erhebungen für eine sachgerechte Erfassung des Täters in seinen sozialen Bezügen überflüssig ist und durch andere, relevante Gesichtspunkte ersetzt werden könnte.

Der *Strafjurist* hätte dann anhand der in den Akten festgehaltenen Erhebungen unschwer die Möglichkeit, den einen oder anderen ihm für seine kriminologische Stellungnahme besonders relevant erscheinenden Gesichtspunkt ohne großen Zeitaufwand, etwa im Rahmen der Vernehmungen des Angeklagten in der *Hauptverhandlung* oder im Rahmen einer Anhörung des Verurteilten durch das *Vollstreckungsgericht,* durch eigene Erhebungen zu ergänzen, zu vertiefen und Widersprüche zu klären. Gerade diese Kombination von Befragungen und Explorationen, die durch verschiedene Untersucher zu unterschiedlichen Zeitpunkten durchgeführt werden, könnte die Grundlage für die kriminologische Beurteilung weiter verbessern und gleichzeitig durch „Arbeitsteilung" eine rationellere Vorgehensweise ermöglichen (s. auch u. Kap. VII, 2.). Da mit Hilfe der hier dargelegten Methode für den Strafjuristen die Stellung einer kriminologischen Diagnose im Einzelfall möglich wird, könnte seine Sachkompetenz erheblich ausgebaut werden, so daß die Beiziehung eines kriminologischen Sachverständigen nur auf wenige besonders schwierige Ausnahmefälle oder aber auf Entscheidungen zur Entlassung von „Lebenslänglichen" oder Langzeitgefangenen beschränkt bliebe.

Bei einer solchen systematischen Anwendung der Methode der idealtypisch-vergleichenden Einzelfallanalyse zur Erfassung des einzelnen Täters in seinen sozialen Bezügen wäre schließlich die *Weitergabe* der im bisherigen Strafverfahren gewonnenen kriminologischen Erkenntnisse an den *Bewährungshelfer* bzw. an die *Vollzugsanstalt* von entscheidender Bedeutung. Diese sind ja letztlich dafür verantwortlich, daß die spezialpräventiven Überlegungen auch in praktische Maßnahmen und Einwirkungsversuche umgesetzt werden. Dabei bedeutet es eine unnötige Verzögerung, wenn sie — wie heute vielfach üblich — die hierfür

notwendigen Informationen über den Probanden zunächst selbst erheben müssen
und erst im Anschluß daran zielgerichtet auf ihn einwirken können.

Abgesehen davon wäre ganz grundsätzlich die Weitergabe der bisherigen kriminologischen
Erkenntnisse über den Täter in seinen sozialen Bezügen an die jeweils nächste mit dem Verurteilten
befaßte Institution anzustreben. Bei wiederholt Straffälligen bedürfte es so in einem erneuten
Strafverfahren lediglich der Stellungnahme über die zwischenzeitliche Weiterentwicklung und des
Vergleichs mit früheren Erkenntnissen. Hier bestünde allenfalls bei entsprechend oberflächlicher
Behandlung die Gefahr, daß die einmal getroffene Beurteilung am Probanden haften bleibt,
während bei jeweils erneuter, unvoreingenommener Überprüfung der früheren Erkenntnisse und
Stellungnahmen gerade auch *Veränderungen* im allgemeinen Verhalten des Täters sichtbar werden
könnten, die den Ausklang oder gar den Abbruch seiner kriminellen Karriere andeuten (s. auch u.
Kap. VI, 3.1. und Kap. VII, 2.).

II. Die Tübinger Jungtäter-Vergleichsuntersuchung als wissenschaftliche Grundlage

1. Zur Anlage der Forschung

Die im folgenden dargestellte Methode zur kriminologischen Beurteilung des Einzelfalles baut im wesentlichen auf den erfahrungswissenschaftlich gewonnenen Erkenntnissen der *Tübinger Jungtäter-Vergleichsuntersuchung* auf (vgl. GÖPPINGER 1983)[2]. Mit dieser Untersuchung sollte festgestellt werden, ob — und gegebenenfalls welche — Unterschiede zwischen (wiederholt) Straffälligen und der Durchschnittspopulation bestehen. Hierzu wurde eine durch Zufallsauswahl gewonnene Gruppe von 200 männlichen Häftlingen (H-Probanden) im Alter zwischen 20 und 30 Jahren, die mindestens 6 Monate Freiheitsstrafe zu verbüßen hatten, einer Vergleichsgruppe (V-Probanden) von 200 männlichen Personen gleichen Alters aus der Durchschnittspopulation gegenübergestellt, die aus einer Grundgesamtheit von über 240 000 Personen auslesefrei gezogen worden war. Bei dieser Vergleichsgruppe handelte es sich keineswegs um eine Extremgruppe sozial und strafrechtlich unauffälliger Personen; sie entsprach vielmehr auch insoweit der „normalen" Bevölkerung dieser Altersgruppe, als die Probanden nicht nur soziale Auffälligkeiten und Delinquenz im Dunkelfeld aufwiesen, sondern auch 23,5% dieser Vergleichsprobanden zum Untersuchungszeitpunkt bereits vorbestraft waren.

Die Untersuchungen wurden mit interdisziplinärem Ansatz von einem Forscherteam aus Juristen, Medizinern (vorrangig Psychiatern), Psychologen, Soziologen und Sozialarbeitern durchgeführt. Im Mittelpunkt des weitgehend freien, nicht hypothesengeleiteten Vorgehens standen *intensive Einzelfallerhebungen* zu Sozialbereich und Person der Probanden. Mit Hilfe von Befragungen, psychiatrischen Explorationen, psychologischen Tests und medizinischen Untersuchungen der Probanden selbst, Drittbefragungen im sozialen Umfeld sowie eingehenden Aktenanalysen konnte über die Lebensentwicklung eines jeden einzelnen Probanden eine Fülle von Informationen gewonnen werden. Obwohl die Erhebungen selbst weitgehend frei blieben von vorweggenommenen theoretischen Festlegungen, war die Forschung nicht schlechthin voraussetzungslos. Sie wurde mitbestimmt durch Erkenntnisse zu Einzelbereichen aus bisherigen Forschungen und durch umfangreiche Voruntersuchungen. Diese konnten jedoch die Untersuchung selbst nicht in dem Maße prägen wie bei hypothetisch-deduktiven Forschungen; man war sich vielmehr dessen bewußt, daß die entsprechenden Annahmen zumeist aus der eingeschränkten Perspektive einer Bezugswissenschaft der Kriminologie gewonnen waren, welche dem komplexen Geflecht von Bedingungszusammenhängen der Straffälligkeit nicht gerecht wird. Noch entscheidender für die Begründung dieser offenen Vorgehensweise war jedoch die — wie sich im Laufe der Untersuchung mehrfach zeigte — berechtigte Annahme, daß überraschende, nicht vorausbedachte Fakten und Umstände eine wichtige Rolle spielen könnten, die bei vorgegebenen Untersuchungshypothesen gar nicht erfaßbar wären. (Ausführlich zu Gegenstand und Anlage der Untersuchung vgl. GÖPPINGER 1983, S. 3ff.)

---

[2] GÖPPINGER, H.: Der Täter in seinen sozialen Bezügen. Ergebnisse aus der Tübinger Jungtäter-Vergleichsuntersuchung; Berlin, Heidelberg, New York, Tokyo: Springer 1983. — Im folgenden zitiert: GÖPPINGER 1983

2. Überblick zu den statistischen Ergebnissen

Soweit es sich um (statistisch faßbare) Einzelaspekte bzw. um grundsätzliche Tendenzen insbesondere im Sozialbereich handelt, stimmen die bei dieser Untersuchung gewonnenen Ergebnisse weitgehend mit jenen überein, die bei den (wenigen) hinsichtlich Anlage und Umfang vergleichbaren multifaktoriellen Untersuchungen in der internationalen Kriminologie gewonnen wurden. Die im folgenden dargelegten Unterschiede zwischen den beiden Untersuchungsgruppen können daher über ihre unmittelbare räumlich-zeitliche Gültigkeit hinaus zumindest im Hinblick auf ihren prinzipiellen Aussagewert auch ein erhebliches Maß an Allgemeingültigkeit beanspruchen.

Die **Untersuchungen zur Person** erbrachten im *medizinisch-somatischen* und im *psychopathologischen* Bereich (auch unter Berücksichtigung der EEG-Untersuchungen und der zytogenetischen Analysen) kaum relevante Unterschiede (vgl. GÖPPINGER 1983, S. 125 ff.). Lediglich die im Rahmen der psychiatrischen Exploration festgestellten, in ihrer Genese allerdings noch ungeklärten sogenannten *endoreaktiven Drangzustände* fanden sich gehäuft bei den H-Probanden: Dabei handelt es sich um einen unregelmäßig auftretenden zügellosen Tätigkeitsdrang, verbunden mit motorischer Unruhe, Getriebenheit und zielloser Unrast. Er tritt manchmal ohne ersichtlichen Grund auf, wird jedoch oft auch ausgelöst durch äußere, mehr oder weniger belanglose Ereignisse, und es kommt meist zu irgendwelchen Entladungen, etwa in Form von Alkoholmißbrauch oder sinnlosem Umherfahren bzw. Wegfahren usw.

Die bei den *testpsychologischen Untersuchungen* zur Persönlichkeitsdiagnostik festgestellten Unterschiede ließen sich nicht einheitlich interpretieren (vgl. GÖPPINGER 1983, S. 133 ff.). Deutliche Unterschiede ergaben sich lediglich hinsichtlich der Intelligenz, und zwar nicht im Durchschnittsbereich, in dem H-(Häftlings-) und V-(Vergleichs-)Probanden ungefähr gleich stark vertreten waren, sondern im unteren Bereich (IQ nach HAWIE unter 90), in dem die H-Probanden deutlich überrepräsentiert waren. Wie wenig aussagekräftig das Merkmal Intelligenz – für sich genommen – jedoch ist, zeigte nicht zuletzt ein Vergleich der (H- und V-)Probanden mit mittlerer Intelligenz im Hinblick auf einen erfolgreichen Schulabschluß: Während fast alle dieser V-Probanden den Hauptschulabschluß schafften, scheiterte knapp die Hälfte der betreffenden H-Probanden (vgl. GÖPPINGER 1983, S. 61 f.).

Obgleich sich die beiden Untersuchungsgruppen also in der Untersuchungssituation selbst weder im Hinblick auf psychopathologische noch auf testdiagnostisch gewonnene Kriterien deutlich voneinander trennen ließen, kristallisierten sich vor allem im Rahmen der *psychiatrischen Exploration* bei der Mehrzahl der H-Probanden ganz bestimmte, mit ihrer Lebensweise verbundene Verhaltensmuster heraus, die – zumindest in diesem Umfang und in dieser Ausprägung – bei V-Probanden nicht festzustellen waren (vgl. GÖPPINGER 1983, S. 136): Diese

Verhaltensmuster kamen in einem „ungebremsten Leben im Augenblick" zum Ausdruck, das gekennzeichnet war durch eine kurze Zeitperspektive, mangelnde Realitätskontrolle und fehlende Lebensplanung. Diese Lebensweise wurde bestimmt durch die Suche nach sofortiger Befriedigung augenblicklicher Wünsche und spontaner Bedürfnisse – ohne Rücksicht auf schädliche Folgen körperlicher, materieller oder auch ideeller Art für sich oder andere. Damit verbunden war einerseits eine Haltung, die bei geringer Ausdauer und Belastbarkeit dazu führte, den Anforderungen an die eigene Person bei irgendwelchen Problemen auszuweichen, und zwar ohne möglicherweise erst dadurch hervorgerufene, wesentlich gravierendere Schwierigkeiten zu bedenken. Andererseits ließen sich Haltungen erkennen, die als inadäquat hohes Anspruchsniveau, paradoxe Anpassungserwartung und Forderung nach Ungebundenheit charakterisiert werden können.

In Übereinstimmung mit diesen Haltungen und dieser spezifischen Lebensweise ergaben die Befunde zum **Sozialbereich** ein relativ einheitliches Bild: Zwischen den Probanden der beiden Untersuchungsgruppen zeigten sich grundsätzliche (und statistisch hochsignifikante) Unterschiede in ihrem alltäglichen Verhalten, etwa bei der Arbeit, in der Freizeit oder bei den zwischenmenschlichen Kontakten, und zwar mit zunehmendem Alter immer deutlicher. Entscheidend waren hierbei weniger die Unterschiede in den vorgegebenen äußeren Umständen, in die die Probanden gewissermaßen hineingeboren worden waren, als vielmehr die Unterschiede im eigenen Verhalten der Probanden und in ihren selbstgewählten Bezügen.

Zum Zweck der Analyse wurde der gesamte Sozialbereich der Probanden in fünf Einzelbereiche aufgespalten: In den Bereich der *Herkunftsfamilie*, den *Aufenthaltsbereich*, den *Leistungsbereich*, den *Freizeitbereich* und den *Kontaktbereich*. Diese Aufteilung ist notwendigerweise willkürlich; sie hat sich aber grundsätzlich bewährt, zumal bei der Analyse der Einzelbereiche stets die gegenseitige Bezogenheit und wechselseitige Abhängigkeit der Bereiche berücksichtigt wurde. Vielfach waren erst dadurch die spezifischen Unterschiede zwischen der H- und der V-Gruppe deutlich zu erkennen.

Im Bereich der **Herkunftsfamilie** waren die H-Probanden bzw. deren Familien insgesamt stärkeren Belastungen, wie geringem sozioökonomischen Status, sozialer und strafrechtlicher Auffälligkeit von Erziehungspersonen und längerfristigem Aufenthalt in unzureichenden Wohnverhältnissen ausgesetzt. Auch bezüglich der Innenverhältnisse der Herkunftsfamilie, bei denen den funktionalen Aspekten weit mehr Bedeutung zukam als den strukturell-formalen, waren die H-Probanden häufiger von ungünstigen Bedingungen betroffen; so erhielten die meisten eine inkonsequente Erziehung, bei jeweils etwas weniger als der Hälfte war die Beziehung zwischen den Eltern gestört und es gab keine ausreichende Kontrolle, wobei sich freilich ein Teil der Probanden den Kontrollversuchen von Erziehungspersonen aktiv entzog.

Wenngleich sich diese belastenden äußeren und inneren familiären Bedingungen bei den H-Probanden aus der Unterschicht häuften, konnten sie nicht als (unter-)schichtspezifisch interpretiert werden; denn in der V-Gruppe verteilten sich dieselben Belastungen weitgehend schichtunabhängig, wie sich überhaupt die *Schichtvariable* als solche durchweg in allen Bereichen als *kriminologisch unspe-*

zifisch herausstellte. Aber auch die *Sozialisationsbedingungen* selbst waren in ihrer Bedeutung für (spätere) Straffälligkeit im allgemeinen zu *unspezifisch:* Zum einen wuchs eine beachtliche Zahl von H-Probanden in geordneten familiären Verhältnissen auf, zum anderen war jeweils ein nicht unerheblicher Teil der V-Probanden im Bereich der Herkunftsfamilie gravierenden Belastungen ausgesetzt (vgl. GÖPPINGER 1983, S. 29 ff.).

Im **Aufenthaltsbereich** fanden sich die wesentlichen Unterschiede zwischen den H- und V-Probanden weniger bei den in der Kindheit zunächst vorgegebenen äußeren Verhältnissen als vielmehr im eigenen Verhalten der Probanden in späteren Jahren: So waren zwar deutlich mehr H- als V-Probanden in ihrer Kindheit und Jugendzeit in Heimen bzw. bei anderen Erziehungspersonen als den Eltern untergebracht, die Mehrzahl der Probanden beider Gruppen wuchs jedoch im Elternhaus auf. Die Herkunftsfamilie und das Elternhaus verloren allerdings bei den H-Probanden im Vergleich zu den V-Probanden sehr viel früher an Bedeutung. Dies kam nicht zuletzt darin zum Ausdruck, daß sich die Probanden der H-Gruppe insgesamt frühzeitiger als die der V-Gruppe vom Elternhaus lösten (und zwar auch dann, wenn dieses intakt war). Darüber hinaus wies der Aufenthaltsbereich bei der Mehrzahl der H-Probanden ab etwa dem 15. Lebensjahr, also ab einem Zeitpunkt, zu dem die Probanden „selbständiger" wurden, eine erhöhte Mobilität auf, die bis zum Untersuchungszeitpunkt anhielt. Dieser häufigere Wechsel des Aufenthaltsortes war jedoch keineswegs allein durch Heim- oder Haftaufenthalte und dem damit zwangsläufig verbundenen Aufenthaltswechsel zu erklären. Es zeigte sich vielmehr, daß das eigene Zuhause, die eigene Wohnung, bei den meisten H-Probanden nur einen geringen Stellenwert besaß: Sie begnügten sich häufig mit Notunterkünften und „Unterschlupfmöglichkeiten", und ein beträchtlicher Teil von ihnen streunte immer wieder einmal vorübergehend wohnsitzlos umher. Vor allem bei den zuletzt genannten Probanden war die Zielrichtung ihrer erhöhten Mobilität die (Groß-)Stadt, die im übrigen von der Mehrzahl der H-Probanden als Freizeitaufenthaltsort besonders bevorzugt wurde. Der Aufenthaltsbereich der V-Gruppe zeichnete sich dagegen durch eine große Beständigkeit, einen seltenen Wechsel des Wohn- und Aufenthaltsortes und durch vielfältige soziale Einbindungen in einen bestimmten örtlichen Bereich aus. (Zum Aufenthaltsbereich vgl. GÖPPINGER 1983, S. 45 ff.)

Im **Leistungsbereich** ließen sich ähnliche grundlegende Unterschiede zwischen den beiden Gruppen schon in der *Schulzeit* feststellen: Über die Hälfte der H-Probanden gegenüber nur einem Zehntel der V-Probanden erreichte den Hauptschulabschluß nicht. Dieser mangelnde Schulerfolg stand in deutlichem Zusammenhang mit schulischen Verhaltensauffälligkeiten (z. B. häufiges Schwänzen, Delikte innerhalb der Schule), die bei der Mehrzahl der H-Probanden, jedoch nur bei einem Fünftel der V-Probanden vorzufinden waren. Bei den schwerwiegenderen Auffälligkeiten wurden die Unterschiede zwischen den beiden Gruppen noch deutlicher. Dabei kam es in der Schule um so häufiger zu einem Mißerfolg, je früher die erste Auffälligkeit aufgetreten war. Zugleich bestand ein gewisser Zusammenhang mit den häuslichen Verhältnissen: Die in der Schule auffälligen H-Probanden wurden überwiegend nicht ausreichend durch Erziehungspersonen kontrolliert bzw. entzogen sich dieser Kontrolle. (Zum Verhalten in der Schule vgl. GÖPPINGER 1983, S. 60 ff.)

Im *Berufsleben* traten diese Unterschiede zwischen den Häftlingsprobanden und der Durchschnittspopulation noch deutlicher zutage: Während die Mehrzahl der V-Probanden nach erfolgreichem Schulabschluß auch eine abgeschlossene *Berufs-ausbildung* erreichte, begann zwar ein großer Teil der H-Probanden eine Berufsausbildung, brach diese jedoch überwiegend schon nach kurzer Zeit wieder ab. Dem Abbruch folgte bei ihnen im Laufe des *weiteren Arbeitslebens* ein beruflicher Abstieg, begleitet von häufigem Arbeitsplatzwechsel, wiederkehrender beruflicher Untätigkeit (unabhängig von konjunkturell bedingter Arbeitslosigkeit) und schlechtem Arbeitsverhalten, dem zumeist schon ein entsprechend negatives schulisches Verhalten vorausgegangen war. Durch ein solches Leistungsverhalten hatten zum Untersuchungszeitpunkt insgesamt drei Viertel der H-Probanden (unabhängig von ihrer Ausgangslage im Hinblick auf ihre Herkunfts- bzw. Eigenschicht) die Berufsposition eines Ungelernten, während bei den V-Probanden eine deutliche Tendenz zu beruflichem Aufstieg oder zumindest zum Beibehalten der beruflichen Ausgangsposition bestand. Trotz vielfach mißlicher Erfahrungen im Berufsleben fand sich bei den H-Probanden häufig keine adäquate Einschätzung der beruflichen Möglichkeiten; viele waren mit ihren beruflichen Plänen, Zielen und Erwartungen weit von der Realität des Berufslebens entfernt. Aber nicht nur bei entsprechenden Fehlschlägen, sondern auch sonst zeigte sich häufig, daß sie die Berufstätigkeit ganz aufgaben, alles „hinwarfen" und nur noch „gammelten". Dabei war in gewisser Weise typisch für dieses „Hinwerfen" der Arbeit, daß – im Gegensatz etwa zu einer Situation nach Scheitern beruflicher Pläne – oft kein äußerer Anlaß für das Aufgeben des Arbeitsplatzes oder der (regelmäßigen) Arbeit überhaupt festzu-stellen war. Vielmehr entstand der Eindruck, daß es sich gleichsam um ein „Abschüt-teln" der in der Berufstätigkeit als lästig empfundenen Pflicht, um ein „Ausbrechen aus dem beruflichen Leistungsbereich" handelte.

Die Ergebnisse zum Leistungsbereich zeigten deutlich, daß zwar äußere Merkmale wie Herkunftsschicht und Schulabschluß beim beruflichen Werdegang der Probanden eine Rolle spielten, daß sie aber nicht die entscheidenden, bestimmenden Faktoren für die Hinentwicklung zu den extrem auffälligen beruflichen Verhaltensweisen waren. Denn die starken Unterschiede zwischen der H- und V-Gruppe verringerten sich nur geringfügig, wenn man jene Probanden beider Gruppen miteinander verglich, die in dieser Hinsicht die gleichen Aus-gangsbedingungen hatten. Ebensowenig konnten vorangegangene Freiheitsentzie-hungen für die beruflichen Mängel verantwortlich gemacht werden; zumeist war schon zuvor der berufliche Abstieg vollzogen bzw. waren die beruflichen Auffälligkeiten schon aufgetreten. Oft ging dem jeweiligen Haftaufenthalt eine Zeit beruflicher Untätigkeit voraus, in der jene Straftaten begangen wurden, die dann erst die Inhaftierung nach sich zogen. Allerdings konnten die zur Straffälligkeit führende Entwicklung und der damit verbundene Freiheitsentzug auch nicht als bloße Folge der beruflichen Fehlanpassung gesehen werden; denn in der Mehrzahl der Fälle bestand eine Wechselbeziehung zwischen beiden Entwicklungen, wobei die berufliche Vernachlässigung Hand in Hand ging mit der Begehung von Straftaten. (Zur beruflichen Ausbildung und Berufstätigkeit vgl. GÖPPINGER 1983, S. 68 ff.)

Ähnlich dem Leistungsverhalten zeigten sich auch im **Freizeitbereich** mit zunehmendem Alter immer deutlichere Unterschiede zwischen den beiden Untersuchungsgruppen. Bedeutsam waren hierbei weniger die einzelnen Tätigkeiten, mit denen die Freizeit zugebracht wurde (obwohl sich auch hier Unterschiede ergaben), als vielmehr deren ganz konkrete Struktur sowie deren Stellenwert innerhalb des Freizeitbereichs und vor allem auch in der gesamten Lebensausrichtung. Die Mehrzahl der H-Probanden tendierte vom Schulalter über das Ausbildungsalter bis hin zur Untersuchungszeit in zunehmendem Maße zu überwiegend außerhäusiger Freizeitgestaltung mit inhaltlich völlig offenen, d. h. hinsichtlich Struktur und Verlauf auch vom Probanden selbst jeweils nicht konkret vorhersehbaren Abläufen. Die Freizeit beanspruchte dabei innerhalb des täglichen Zeitbudgets einen zunehmend größeren Anteil, was dazu führte, daß die „Freizeit" zunächst auf Kosten der notwendigen Ruhe und des Schlafes, dann aber vor allem zu Lasten einer geregelten Arbeit (durch „Blaumachen", Krankfeiern, berufliche Untätigkeit) ausgeweitet wurde.

Bei der V-Gruppe herrschte dagegen ein Freizeitverhalten vor, das durch die Übernahme der verschiedensten Verpflichtungen (Nebentätigkeiten, Weiterbildung, regelmäßige häusliche Mitarbeit, aktives Betreiben von Hobby oder Sport usw.) häufig zur Folge hatte, daß die Zeit, die nach achtstündigem Arbeitstag und nach der notwendigen Ruhe- und Schlafperiode noch zur freien Verfügung stand, erheblich eingeschränkt wurde. Die Probanden hielten sich dabei überwiegend innerhäusig bzw. teils inner-, teils außerhäusig auf und gingen vor allem Aktivitäten mit feststehenden, bestimmte Grenzen nicht überschreitenden Abläufen nach. (Zum Freizeitbereich vgl. GÖPPINGER 1983, S. 89 ff.)

Wie in den anderen Lebensbereichen mangelte es auch im **Kontaktbereich** der H-Probanden an Beständigkeit und Dauerhaftigkeit. Die schicksalhaft vorgegebenen Kontakte zur Herkunftsfamilie waren häufig schon von Kindheit an konfliktbelastet und spielten bei der Mehrzahl der H-Probanden im späteren Leben nur noch eine untergeordnete Rolle oder wurden allenfalls unter momentanen Nützlichkeitserwägungen bedeutsam. Engere zwischenmenschliche Beziehungen von längerer Dauer zu Freunden und Bekannten fanden sich kaum; es bestand vielmehr die deutliche Tendenz zu häufig wechselnden, oberflächlichen Beziehungen, die wie die Kontakte zur Herkunftsfamilie überwiegend utilitaristisch ausgerichtet und nicht selten „milieu"-orientiert waren. Bei den Sexualkontakten erfolgte der erste Geschlechtsverkehr oft erheblich früher als bei der Vergleichsgruppe; im übrigen zeigte sich auch hier die Unverbindlichkeit der Beziehungen, die (nahezu konsequent) auch nach der Eheschließung anhielt. Die Heirat stellte bei der Mehrzahl der betreffenden H-Probanden keinen Einschnitt in ihr Leben dar; die Ehe selbst war – unabhängig von Gefängnisaufenthalten – von nur geringer Tragfähigkeit und relativ hoher Unbeständigkeit.

Bei den V-Probanden nahmen dagegen feste, tragende Kontakte zu wenigen Freunden und Bekannten sowie vor allem die Beziehungen zur Herkunftsfamilie, in späteren Jahren insbesondere aber jene zur eigenen (Prokreations-)Familie eine zentrale Stellung in ihrem Leben ein. Auch bei den Sexualkontakten beschränkten sie sich überwiegend auf einige wenige voreheliche Partnerinnen; ihre Ehen selbst erschienen stabiler und tragfähiger. (Zum Kontaktbereich vgl. GÖPPINGER 1983, S. 107 ff.)

Im **Delinquenzbereich** zeigte sich, daß die Hälfte der H-Probanden, jedoch nur ein Zehntel der V-Probanden bereits im *Kindesalter* mit schwerwiegenderen „deliktischen" Auffälligkeiten wie Stehlen, Betrügen, extremer Rauflust usw. belastet war.

Aufgrund einer Zusatzuntersuchung zum *Dunkelfeld* der Häftlingsgruppe und der Durchschnittspopulation kann im übrigen davon ausgegangen werden, daß unabhängig von der registrierten Delinquenz auch die tatsächliche Delinquenzbelastung (also registrierte und nicht registrierte Straftaten zusammengenommen) im Hinblick auf Schwere und Häufigkeit der Delikte bei den H-Probanden um ein Vielfaches über jener der V-Probanden bzw. der Durchschnittspopulation liegt.

Die (registrierte) *Kriminalität der H-Probanden* spiegelte zwar fast die ganze Bandbreite der Delinquenz wider; den Schwerpunkt bildeten jedoch bei der Mehrzahl eine ganze Reihe von Eigentumsdelikten, aber auch Vermögens- und Verkehrsdelikte. Die Delinquenz fügte sich in Anbetracht der Planlosigkeit und Beliebigkeit, mit der die Taten begangen wurden, ohne weiteres in das Bild des allgemeinen Sozialverhaltens der H-Probanden ein. Freilich stellt die H-Gruppe in bezug auf soziale Auffälligkeiten keine homogene Gruppe dar. Bereits bei der Analyse des Verhaltens in den einzelnen Lebensbereichen hat eine Differenzierung nach dem Alter bei der ersten strafrechtlichen Sanktion ergeben, daß jene H-Probanden, die erst spät (nach dem 18. Lebensjahr) delinquent geworden waren, in ihrem Verhalten im Kindes- und Jugendalter eher den V-Probanden glichen bzw. eine gewisse Mittelstellung einnahmen. Dagegen wiesen sie zum Untersuchungszeitpunkt, nachdem sie also zwischenzeitlich ebenfalls straffällig geworden waren, keine Unterschiede gegenüber jenen H-Probanden mehr auf, die bereits vor ihrem 18. Lebensjahr strafrechtlich in Erscheinung getreten waren. Eine weitere Differenzierung nach dem Alter bei Delinquenzbeginn bestätigte, daß soziale Auffälligkeiten um so früher und ausgeprägter vorlagen, je früher die Probanden erstmals straffällig geworden waren. Noch deutlicher konnte das konkrete Zusammenspiel von sozialer Auffälligkeit und Straffälligkeit bei der Analyse jener Lebenssituation, aus der die (letzte) Straftat entstanden war, aufgezeigt werden. Es ließen sich hierbei einige (typische) Erscheinungsformen herausschälen: Während einmal die Straftat aus dem gesamten Lebenszuschnitt mit mehr oder weniger zwingender Folgerichtigkeit hervorging, war es in anderen Fällen die spezifische soziale Situation vor der Tat — sei es eine „Gelegenheit" im sozialen Nahraum, sei es die Gesellschaft von „Kumpeln" und Alkoholkonsum in Gaststätten — die zum Tatentschluß führte.

Dieser Zusammenhang von sozialer Auffälligkeit und Delinquenz zeigte sich teilweise auch bei der Auswertung des *Delinquenzbereichs der* (vorbestraften) *V-Probanden:* Keine Unterschiede offenbarten sich bei einem Vergleich der nur wegen Verkehrsdelikten vorbestraften V-Probanden mit den nicht vorbestraften V-Probanden. Demgegenüber unterschieden sich die wegen „klassischer" Delikte vorbestraften V-Probanden — zumindest in jenem Zeitraum, in dem es zur Delinquenz gekommen war (häufig im Jugendalter) — durch ihr Sozialverhalten recht deutlich von den nicht vorbestraften V-Probanden; die sozialen Auffälligkeiten traten bei ihnen jedoch regelmäßig nur vorübergehend auf und beschränkten sich überwiegend auf den Freizeit- und Kontaktbereich. (Zum Delinquenzbereich vgl. GÖPPINGER 1983, S. 138 ff.)

Insgesamt bildete also die Gruppe der H-Probanden *in ihrem gesamten Verhalten* gegenüber der Durchschnittspopulation *einen starken Kontrast.* Freilich waren die beiden Gruppen in sich keineswegs so homogen, wie es zunächst erscheinen könnte. Auf dieser Ebene der Analyse konnte jedoch als *Ergebnis* festgehalten werden, daß (erhebliche) **soziale Auffälligkeiten** ein brauchbarer **Indikator** für Grad und Ausmaß der kriminellen Entwicklung sind. In pauschaler und damit notwendigerweise verkürzter Form kann man sagen, daß die *Frühdelinquenten,* die vergleichsweise häufig aus ungeordneten häuslichen Verhältnissen stammten, in der Regel schon in der Schulzeit auffielen und mit zunehmendem Alter in wachsendem Maße vom — gemessen an der Durchschnittspopulation — normalen Sozialverhalten abwichen, bis hin zu einem in sämtlichen Lebensbereichen zum Ausdruck kommenden sozial auffälligen Lebensstil. Bei den *Spätdelinquenten,* die überwiegend in geordneten familiären Verhältnissen aufgewachsen waren, setzte die sozial auffällige Entwicklung erst später ein und verstärkte sich bei einem beträchtlichen Teil erst im Heranwachsenden- und Erwachsenenalter. Die *vorbestraften Vergleichsprobanden* (sowie einige „atypische" H-Probanden) blieben zumeist entsprechend dem Charakter ihrer Kriminalität sozial unauffällig oder fielen nur vorübergehend auf, wobei sich dann die Auffälligkeiten aber nicht auf alle Lebensbereiche erstreckten, sondern meist auf den Freizeitbereich beschränkt blieben und kaum einmal den Leistungsbereich erfaßten.

3. Übergreifende Gesamtbetrachtung des „Täters in seinen sozialen Bezügen"

Die Bemühungen um eine komplexe Gesamtbetrachtung des „Täters in seinen sozialen Bezügen" stellen das zentrale Anliegen der Tübinger Jungtäter-Vergleichsuntersuchung dar. Es zeigte sich bald, daß für diesen Zweck die *statistische Ebene der Auswertung* verlassen werden mußte. Weder die Vielzahl der statistischen Einzelbefunde noch die Zusammenfassung der bedeutsamsten Kriterien aus den verschiedenen Lebensbereichen zu Syndromen (s. dazu u. Anhang) vermochten das komplexe Bild, das bei den Einzelfalluntersuchungen gewonnen worden war, auch nur annähernd wiederzugeben. Der rein statistischen Analyse sind — selbst bei aufwendigen Verfahren — enge Grenzen gesetzt, sobald über Häufigkeitsverhältnisse hinaus Fragen nach der Gewichtung, der Bedeutung und dem konkreten Zusammenspiel verschiedener Variablen anstehen. Dies gilt ganz besonders, wenn es im Rahmen eines kriminellen Entwicklungsprozesses um die innere Folgerichtigkeit eines Geschehens geht. (Ausführlich hierzu GÖPPINGER 1983, S. 179 ff.)

Trotz der deutlichen Unzulänglichkeiten einer rein statistischen Auswertung blieben alle vergleichbaren multifaktoriellen Untersuchungen in der Kriminologie bisher auf dieser Ebene der Auswertung stehen. Dies zeigen nicht zuletzt die Versuche, die jeweils (statistisch) gewonnenen Erkenntnisse in Form von (statistischen) Prognosetafeln für die Praxis und damit für die Beurteilung des Einzelfalles nutzbar zu machen, obwohl selbst statistisch eindeutige Aussagen für den Einzelfall letztlich unverbindlich bleiben. Gerade die methodisch bedingten Unzulänglichkeiten haben daher die Tauglichkeit von Prognosetafeln für die tägliche Praxis seit jeher erheblich eingeschränkt. (Zur Prognose in der Kriminologie vgl. GÖPPINGER 1980, S. 331 ff.)

Andererseits konnten die *Einzelfalluntersuchungen,* die bei der Tübinger Jungtäter-Vergleichsuntersuchung stets in gewisser Weise als Korrektiv für den durch die statistische Auswertung verursachten Verlust an Lebensnähe herangezogen wurden (wie dies in ähnlicher Weise auch bei anderen multifaktoriellen Untersuchungen erfolgte), als solche nicht weiterführen: Bei der Einzelfalluntersuchung wird zwar (für den konkreten Einzelfall) die innere Folgerichtigkeit (beispielsweise der Zusammenhang einer spezifischen Lebensweise mit folgender Delinquenz) unmittelbar deutlich und verständlich; die Ergebnisse von Einzelfalluntersuchungen als solche können in ihrer Aussage jedoch nicht verallgemeinert werden. Das Ziel weiterer Bemühungen mußte daher sein, die Kluft zwischen Wirklichkeitsnähe und Verallgemeinerungsfähigkeit durch eine aus verschiedenen Perspektiven erfolgende „Verdichtung" der Informationsfülle aus den Einzelfalluntersuchungen zu überwinden.

Bei den auf diese Weise gewonnenen *Erfahrungsregeln* in Form von *„Idealtypen"* bleibt der entscheidende Vorteil der Einzelfalluntersuchungen erhalten, nämlich die Einsicht in die in ihrer inneren Folgerichtigkeit *verstehbaren* Geschehensabläufe. Zugleich können diese „Idealtypen" aber auch aufgrund ihrer Entstehung aus den Einzelfalluntersuchungen und ihrer Überprüfung an denselben als *Erfahrungsregeln* Gültigkeit beanspruchen. Bei diesen „Idealtypen" handelt es sich also keineswegs um zwar einleuchtende, jedoch rein theoretische Konstruktionen von Zusammenhängen. Es wurde vielmehr anhand der *tatsächlichen* Geschehensabläufe stets überprüft, ob die Zusammenhänge, deren innere Folgerichtigkeit unmittelbar einleuchtete, auch *tatsächlich* vorlagen. Freilich konnte sich die Überprüfung des faktischen Vorliegens dieser idealtypischen Begriffe entsprechend deren Eigenart (s. dazu im einzelnen u. Kap. III, 1.) nur auf Grade der Häufigkeit und Grade der Annäherung im konreten Fall beziehen. (Vgl. allgemein zur idealtypischen Begriffsbildung GÖPPINGER 1983, S. 181 ff.)

Zunächst wurde systematisch eine *kontrastierende Beschreibung von Verhaltensweisen* der H- und V-Probanden im **Lebenslängsschnitt,** also von der Kindheit bis zum Untersuchungszeitpunkt bzw. dem Zeitpunkt der letzten Tat, vorgenommen, und zwar aufgegliedert nach den verschiedenen Lebensbereichen (vgl. GÖPPINGER 1983, S. 185 ff.; s. u. Kap. V, 2.). Diese Gegenüberstellung kann insofern als idealtypisch angesehen werden, als sie Zwischenformen außer acht läßt und gewissermaßen die beiden extremen Pole kriminorelevanten Verhaltens bezeichnet. Neben jenen Verhaltensweisen, die sich bei der statistischen Auswertung als wesentlich und trennkräftig erwiesen hatten, mußten vor allem auch solche Fakten berücksichtigt werden, die bei der statistischen Auswertung keine Bedeutung erlangt hatten, weil die Mehrzahl der Probanden davon nicht betroffen war, die aber doch, wenn sie vorlagen, für die Beurteilung des entsprechenden Bereichs aufschlußreich oder gar ausschlaggebend waren, weil sie das allgemeine Bild ergänzten und ihm oftmals geradezu sein charakteristisches Gepräge gaben.

Bei der Erfassung des **Lebensquerschnitts,** also des Lebenszuschnitts kurz vor dem Untersuchungszeitpunkt bzw. vor der letzten Tat, wurde dieser Vergleich nach Vorarbeiten, u. a. in Form von Tageslaufanalysen (s. auch u. Kap. IV, 2.1.2.), noch weiter „verdichtet" durch die Erarbeitung von kriminorelevanten Kriterien und bestimmten Konstellationen. Aufbauend auf den Eindrücken vor allem aus den psychiatrischen Explorationen hinsichtlich der spezifischen Lebensweise der (H- und V-)Probanden und der damit verbundenen Haltungen wurden Kriterien gebildet, die nicht mehr in Form von einzelnen Fakten unmittelbar erhebbar waren, deren „Vorliegen" vielmehr für jeden einzelnen Probanden im Rahmen einer Gesamtbetrachtung seines Sozialverhaltens erschlossen werden mußte. Auch diese Kriterien wurden stets an den Einzelfällen auf ihre Gültigkeit überprüft, wobei allerdings in Anbetracht der Vielfalt der individuellen Lebensumstände eine strenge Operationalisierung aus systematischen Gründen ausgeschlossen war. Bei diesen Kriterien handelt es sich um sogenannte *Relationsbegriffe* (s. dazu u. Kap. V, 3.): Das Verhalten des jeweiligen Probanden mußte stets vor dem Hintergrund *seiner* konkreten Lebensumstände gesehen und auf diese bezogen werden. Dabei zeigte sich erneut, daß dem einzelnen Kriterium, der einzelnen „Haltung", *isoliert* betrachtet, keine Bedeutung zukommen muß, hingegen die Kombination mehrerer einzelner Kriterien zu bestimmten Konstellationen von entscheidendem Gewicht im Hinblick auf Delinquenz ist. Als Ergebnis dieser Bemühungen kristallisierten sich (zunächst) einerseits mehrere kriminovalente Konstellationen heraus, bei deren Vorliegen es regelmäßig zu Straffälligkeit kam, und andererseits mehrere kriminoresistente Konstellationen, die Straffälligkeit ganz unwahrscheinlich machten.

Auch diese Konstellationen wurden nunmehr hinsichtlich ihres *tatsächlichen* Vorkommens in den beiden Untersuchungsgruppen überprüft. Hierbei zeigte sich, daß die Gruppe der H-Probanden am besten durch die folgende *kriminovalente Konstellation* „repräsentiert" wird:
1) Vernachlässigung des Arbeits- und Leistungsbereichs sowie familiärer und sonstiger sozialer Pflichten, zusammen mit
2) fehlendem Verhältnis zu Geld und Eigentum,
3) unstrukturiertem Freizeitverhalten und
4) fehlender Lebensplanung.
Diese kriminovalente Konstellation lag bei 60,5% der H-Probanden und bei keinem V-Probanden vor.

Eine gesonderte Überprüfung bei der Gruppe jener H-Probanden, deren „letzte" Straftat vor dem Untersuchungszeitpunkt ein Eigentums- oder Vermögensdelikt war, führte zu einer Quote von 81%. Daran wird deutlich, daß *dieser* kriminovalenten Konstellation eine besondere Aussagekraft im Hinblick auf Eigentums- oder Vermögenstäter zukommt. Dies wird unmittelbar verständlich bei Berücksichtigung der inneren Folgerichtigkeit, mit der ein von diesen vier Faktoren geprägter Lebenszuschnitt in eine Entwicklung mündet, die zur Begehung von Eigentums- oder Vermögensdelikten führt (s. dazu u. Kap. VI, 2.2.).

Die aus *anderen* „H-spezifischen" Kriterien (zu den einzelnen Kriterien s. u. Kap. V, 3.1.) zusammengestellten kriminovalenten Konstellationen ließen sich an *dieser* Untersuchungsgruppe hingegen nicht eindeutig bestätigen; sie können jedoch den Ausgangspunkt für die Erforschung weiterer Konstellationen bilden (zu ihrer Bedeutung im Rahmen der Einzelfallbeurteilung s. u. Kap. VI, 2.2.).

Für die Gruppe der V-Probanden kristallisierte sich bei der Überprüfung verschiedener Konstellationen die folgende *kriminoresistente Konstellation* heraus:

1) Erfüllung der sozialen Pflichten zusammen mit
2) adäquatem Anspruchsniveau,
3) Gebundenheit an eine geordnete Häuslichkeit (und an ein Familienleben) sowie
4) realem Verhältnis zu Geld und Eigentum.

Sie konnte bei 79,5% der V-Probanden und zudem bei insgesamt 6 H-Probanden festgestellt werden. Diese 6 H-Probanden fielen bezeichnenderweise sowohl hinsichtlich ihres Lebenszuschnitts als auch ihrer Delikte völlig aus der übrigen H-Population heraus (vgl. GÖPPINGER 1983, S. 202).

Die bei den V-Probanden erschlossenen weiteren „V-spezifischen" Kriterien (s. dazu u. Kap. V, 3.2.) ließen sich — wie schon die entsprechenden Kriterien bei den H-Probanden — an *dieser* Untersuchungsgruppe nicht zu aussagekräftigen, d. h. spezifischen, kriminoresistenten Konstellationen zusammenfassen.

Obwohl die Querschnittanalyse das Verhalten im unmittelbaren zeitlichen Zusammenhang mit der Straftat untersuchte und damit einen besonderen Zugang zum kriminellen Geschehen bot, war mit ihr das Ziel einer übergreifenden Gesamtbetrachtung des „Täters in seinen sozialen Bezügen" noch nicht erreicht. Sie vermag beispielsweise keine Auskunft darüber zu geben, ob das Vorliegen (oder Fehlen) bestimmter Kriterien oder Konstellationen gewissermaßen das „natürliche" Resultat der gesamten Lebensentwicklung des Probanden darstellt, oder ob es sich nur um einmalige oder vorübergehende Auffälligkeiten handelt. Auch das idealtypische Verhalten in den verschiedenen Lebensbereichen (s. u. Kap. V, 2.) und die statistisch gewonnenen Merkmalsverteilungen vermögen solche dynamischen Aspekte nicht zu erfassen.

Der nächste Schritt mußte demzufolge sein, Erkenntnisse über die Lebensentwicklung und über die **Stellung der Delinquenz im Lebenslängsschnitt** zu gewinnen (vgl. GÖPPINGER 1983, S. 213 ff.). Schon durch die Art und den Umfang der Untersuchungsgruppe bedingt, konnte hierbei allerdings keine geschlossene Typologie, die das ganze Spektrum von Delinquenz erfassen könnte, erwartet werden. Gleichwohl ließen sich — vor allem auch unter Berücksichtigung der Lebensentwicklung der Vorbestraften unter den V-Probanden — verschiedene Formen der Stellung der Tat im Lebenslängsschnitt finden (s. im einzelnen auch u. Kap. VI, 3.).

Bei dem einen Extremfall, der *„kontinuierlichen Hinentwicklung zur Kriminalität mit Beginn in der frühen Jugend"*, führen die im Laufe des Lebens zunehmenden Auffälligkeiten schließlich zur kriminovalenten Konstellation und mit einer unmittelbar einsichtigen inneren Folgerichtigkeit zum Delikt (s. u. Kap. VI, 3.1.). Das Gegenstück bildet der *„kriminelle Übersprung"*, bei dem die Straftat einen völlig unerwarteten Einbruch in die bisher sozial gänzlich unauffällige Lebenskontinuität des Täters darstellt (s. u. Kap. VI, 3.5.). Zwischen diesen beiden idealtypischen Extremfällen konnten einige Zwischenformen umrissen werden: Bei der *„Hinentwicklung zur Kriminalität mit Beginn im Heranwachsenden- bzw. Erwachsenenalter"* bleiben äußerlich sichtbare soziale

Auffälligkeiten zunächst noch aus, solange der Proband unter dem Einfluß eines starken sozialen Ordnungsgefüges, meist in der Herkunftsfamilie, steht. Nach dessen Wegfall treten dann aber soziale Auffälligkeiten in einem solchen Maße zutage, daß sich im Querschnitt unmittelbar vor der Tat keine Unterschiede mehr zu der frühbeginnenden kontinuierlichen Hinentwicklung finden (s. u. Kap. VI, 3.2.). Die *„Kriminalität im Rahmen der Persönlichkeitsreifung"* zeichnet sich durch vorübergehende soziale Auffälligkeiten in der entsprechenden (biologischen) Lebensphase aus, die jedoch weder alle Lebensbereiche erfassen noch (im Längsschnitt) anhaltend bestehen bleiben; nach Abklingen dieser Lebensphase kommt es vielmehr wieder zur vollen sozialen (Re-)Integration (s. u. Kap. VI, 3.3.). Mit *„Kriminalität bei sonstiger sozialer Unauffälligkeit"* wird schließlich eine Form bezeichnet, bei der die in der Tübinger Jungtäter-Vergleichsuntersuchung erarbeiteten Kriterien sozialer Auffälligkeit weniger zuverlässig greifen. Bei dieser Kategorie gehört jedoch – im Unterschied zur sozialen Unauffälligkeit beim „kriminellen Übersprung" – das (gelegentliche) Sich-Bewegen in einem gewissen Grenzbereich strafbarer Handlungen durchaus zur üblichen Lebensführung des Täters (s. u. Kap. VI, 3.4.).

Trotz dieser weitgehenden Differenzierungen verstärkte sich zunehmend der Eindruck, daß sowohl das Auseinanderklaffen der H- und V-spezifischen Merkmale und Kriterien als auch die unterschiedliche Stellung der Delinquenz in der Lebensentwicklung aus dem Blickwinkel des (äußeren) Sozialverhaltens allein nur bedingt einsichtig werden. Die – an sich selbstverständliche, häufig jedoch in den Hintergrund tretende – Überlegung, daß im Verhalten eines Menschen individuelle Haltungen und Persönlichkeitszüge ebenso zum Ausdruck kommen wie es auch Ausfluß des individuellen Wertgefüges ist, führte zu Versuchen, stärker in den persönlichkeitsspezifischen Bereich vorzudringen.

Dieser hatte sich jedoch im Hinblick auf etwaige Unterschiede zwischen den H- und V-Probanden den herkömmlichen testpsychologischen (und auch psychopathologischen) Untersuchungen weitgehend entzogen; dies verwundert nicht, da die mit den üblichen psychologischen Untersuchungen erfaßten psychischen Eigenschaften an sich wertfrei sind, der Entschluß zum Delikt jedoch letztlich stets einer *Wertentscheidung* bedarf. Daher wurde versucht, über die Analyse der *Relevanzbezüge* und der *Wertorientierung* (vgl. dazu GÖPPINGER 1980, S. 325 ff.; im einzelnen u. Kap. V, 4.1.) an diesen persönlichkeitsspezifischen Bereich heranzukommen. Obwohl die **Relevanzbezüge** zunächst kriminologisch unspezifisch sind und keine für die Gesamtgruppe der H- oder V-Probanden besonders charakteristischen Züge herausgearbeitet werden konnten, lassen sich mit ihnen doch in gewisser Weise die bestimmenden Grundintentionen, die tief in der Persönlichkeit begründet sind, wie auch ihre – im Laufe des Lebens durchaus wechselnden – Interessen erschließen und dadurch im Zusammenhang mit den sonstigen Lebensumständen eines Menschen auch bestimmte Gefahrenmomente im Hinblick auf Kriminalität erkennen.

Noch größer erwiesen sich die Schwierigkeiten, zum *Wertgefüge* der Probanden vorzudringen. Da sich dieses aus methodischen Gründen dem empirischen Zugriff entzieht (vgl. GÖPPINGER 1980, S. 326 f.), mußte es bei Versuchen bleiben, über die **Wertorientierung** der Probanden einen gewissen Zugang zu den für sie verbindlichen und ihr Handeln bestimmenden Werten zu finden (s. dazu auch u. Kap. V, 4.2.). Dabei konnte der allgemeine Eindruck gewonnen werden, daß zwischen H- und V-Probanden ganz erhebliche Unterschiede bezüglich Gegenstand und Inhalt ihrer mehr oder weniger ausdrücklichen Wertorientierung vorlagen. Zwar stand der teilweise ausgesprochen „positiven" (auf ein sozial integriertes Leben ausgerichteten) Wertorientierung der V-Probanden keineswegs gleichsam spiegelbildlich eine „negative" Wertorientierung bei den H-Probanden gegenüber (und umgekehrt); es lagen jedoch bei beiden Gruppen bestimmte „Werte" einfach außerhalb der jeweiligen Vorstellungswelt. Zudem zeigte sich, daß bei den V-Probanden eine Durchformung des Handelns anhand bestimmter leitender Prinzipien erfolgte, die dem Lebenszuschnitt seine Stetigkeit verleihen, während man eine solche Ausrichtung bei den H-Probanden vielfach vermißte. Bei ihnen bestimmten vielmehr weitgehend unmittelbare Antriebe und kurzfristige utilitaristische Motive das Verhalten, was nicht zuletzt in der Sprunghaftigkeit und Wechselhaftigkeit der Lebensführung dieser Probanden zum Ausdruck kam.

Mit der Berücksichtigung der Relevanzbezüge und der Wertorientierung erhielten die Kriterien des Lebensquerschnitts und die verschiedenen Formen der Stellung der Tat im Lebenslängsschnitt eine zusätzliche Fundierung. Auch bei dieser qualitativen Auswertung blieb jedoch jede aus einem einzelnen Blickwinkel unternommene Betrachtungsweise unvollständig (vgl. GÖPPINGER 1983, S. 246 f.). Nur bei einer **zusammenfassenden Betrachtung** von *Lebenslängsschnitt* und *Lebensquerschnitt* einerseits sowie *Relevanzbezügen* und *Wertorientierung* einer Person andererseits konnte einigermaßen begründet dazu Stellung genommen werden, ob sich das Sozialverhalten in Übereinstimmung mit den grundlegenden Intentionen befindet oder ob zwischen beiden Diskrepanzen bestehen. (Zur Bedeutung dieser Frage für Schlußfolgerungen aus der Diagnose des Einzelfalls s. u. Kap. VI, 2.3.)

Erst durch das Ineinandergreifen dieser drei Dimensionen, die in der **Kriminologischen Trias** zusammengeführt wurden, war das Ziel einer *übergreifenden Gesamtbetrachtung des Täters in seinen sozialen Bezügen* erreicht. Für jede einzelne dieser drei Betrachtungsweisen war eine eingehende Erfassung der ganz konkreten Lebensumstände und des individuellen Lebenszuschnitts des jeweiligen Probanden erforderlich, so daß die *Wirklichkeitsnähe* der Einzelfalluntersuchungen stets gewahrt blieb. Andererseits wurde durch die „Verdichtung" des Erfahrungswissens zu idealtypischen Formen gleichzeitig dem Erfordernis der *Verallgemeinerungsfähigkeit* Rechnung getragen.

Diese in der Kriminologischen Trias zusammengeführten spezifisch kriminologischen Kriterien bilden die **Grundlagen für die Anwendung dieses Erfahrungswissens in der Praxis der Einzelfallbeurteilung.**

Waren die Idealtypen der Kriminologischen Trias im wissenschaftlichen Erkenntnisprozeß ein Mittel, durch die „Verdichtung" des konkreten Einzelgeschehens den komplexen Gegenstand der Erkenntnis überhaupt einer begrifflichen Bearbeitung und erfahrungswissenschaftlichen Überprüfung an der Gesamtheit der

Einzelfälle zugänglich zu machen, so kommt im Rahmen der Einzelfallbeurteilung nunmehr der zweite Aspekt des Idealtypus zum Tragen: Hier stellt er den *Vergleichsmaßstab* für das zu beurteilende konkrete Verhalten des jeweiligen Probanden dar. In den idealtypischen Begriffen wurde das Geschehen gewissermaßen zu einer „reinen" Form verdichtet, so daß zwischen ihnen und dem konkreten Geschehen im Einzelfall eine Differenz besteht, die allenfalls in Extremfällen aufgehoben ist. Gerade diese grundsätzliche Diskrepanz zwischen Idealtypus und realem Geschehen erlaubt nun aber im jeweiligen Einzelfall, das Maß der Annäherung des realen, konkreten Geschehens an den „idealen" Vergleichsmaßstab zu bestimmen. (Zur Vorgehensweise im einzelnen s. u. Zweiter Teil.) Mit Hilfe der *Methode der idealtypisch-vergleichenden Einzelfallanalyse* kann auf diese Weise das Erfahrungswissen aus der Tübinger Jungtäter-Vergleichsuntersuchung für eine spezifisch kriminologische Beurteilung des Täters in seinen sozialen Bezügen fruchtbar gemacht werden (s. u. Kap. III).

Zweiter Teil

Die kriminologische Erfassung des „Täters in seinen sozialen Bezügen"

III. Einführung in die Methode der idealtypisch-vergleichenden Einzelfallanalyse

1. Die spezifisch kriminologische Betrachtungsweise

Als eine eigenständige kriminologische Betrachtungsweise greift die Methode der idealtypisch-vergleichenden Einzelfallanalyse nicht (mehr) auf die speziellen Analyse-, Bewertungs- und Erklärungsmodelle und -ansätze der Bezugswissenschaften der Kriminologie, etwa der Soziologie, Psychologie oder Psychiatrie, zurück. Bei den Sichtweisen dieser Bezugswissenschaften erscheint der *straffällig gewordene* Mensch jeweils nur in einem gewissen (meist sehr kleinen) Teilbereich aus dem ganzen Spektrum ihres Erkenntnisinteresses, und er wird jeweils nur unter ganz bestimmten, nämlich für die betreffende Bezugswissenschaft relevanten Aspekten − ausschnitthaft − erfaßt und analysiert (vgl. dazu GÖPPINGER 1980, S. 7 ff.). Bei der kriminologischen Grundlagenforschung, auf der sowohl die Methode der idealtypisch-vergleichenden Einzelfallanalyse als auch die (inhaltlichen) Beurteilungskriterien der Kriminologischen Trias aufbauen, steht dagegen der *straffällig gewordene* Mensch, der „Täter in seinen sozialen Bezügen", als *komplexe Einheit* im Mittelpunkt des wissenschaftlichen Erkenntnisinteresses. Methode und Inhalt dieser Betrachtungsweise ermöglichen daher spezifisch *kriminologische*, d. h. gerade für die Tatsache der Straffälligkeit relevante und gültige Aussagen über den Täter in seinen sozialen Bezügen. Bei der hier dargestellten Vorgehensweise werden demzufolge ausschließlich solche Gesichtspunkte berücksichtigt, in denen sich (wiederholt) Straffällige von der Durchschnittspopulation unterscheiden, die folglich für die Frage der Straffälligkeit spezifisch sind.

Den **Ausgangspunkt** für diese kriminologische Betrachtungsweise bilden verhältnismäßig leicht erfaßbare *Verhaltens- und Reaktionsweisen* des zu beurteilenden Probanden in seinem *alltäglichen Leben* in der Vergangenheit und in der Gegenwart. (Zur Gewinnung der relevanten Fakten s. u. Kap. IV.)

Als **Maßstab,** an dem das konkrete Verhalten des Probanden gemessen wird, dienen verschiedene Formen von *Idealtypen.* (Zu ihrer Entstehung im Laufe eines erfahrungswissenschaftlichen Erkenntnisprozesses s. o. Kap. II, 3.) Diese Idealtypen spiegeln kriminologisch relevante Verhaltensweisen, Sachverhalte und Entwicklungen gewissermaßen in Reinform wider. Es handelt sich bei ihnen um Abstraktionen besonderer Art: Sie bringen jeweils den charakteristischen Kern einer realen Erscheinung auf den Begriff, indem sie all das (andere) weglassen, was im realen Leben regelmäßig mehr oder minder zugleich damit verknüpft ist. Der Idealtypus stellt damit stets ein Extrem dar, das in der Wirklichkeit allenfalls als Ausnahme vorkommt. Üblicherweise liegt eine mehr oder weniger große Distanz zwischen dem realen Geschehen und dem Idealtypus. Stellt man sich einen Maßstab zur Bestimmung des konkreten Ausprägungsgrades einer realen Erscheinung vor, so liegt dessen äußerste Marke direkt beim Idealtypus. Bei der Prüfung faktisch vorliegender Verhältnisse am Idealtypus kann es demzufolge stets nur um *Annäherungen* des realen Geschehens an den Idealtypus oder um *Tendenzen* der realen Verhältnisse in die eine oder andere Richtung dieser idealtypischen Extremausprägungen gehen. Dies bedeutet, daß der zu beurteilende Einzelfall keinesfalls durch Deduktion oder Subsumtion zu dem Idealtypus in Beziehung gesetzt werden kann.

Es handelt sich bei den hier herangezogenen idealtypischen Beurteilungskriterien auch nicht um eine Anzahl von Merkmalen, deren „Vorliegen" oder „Nichtvorliegen" einfach der Reihe nach geprüft und „abgehakt" werden könnte. Erforderlich ist vielmehr in *jedem Einzelfall* stets eine in qualitativer Form vorzunehmende Einschätzung und Urteilsbildung darüber, ob und in welchem Ausmaß das konkrete Verhalten des Probanden sich dem Idealtypus annähert und aufgrund welcher Fakten diese Zuordnung und Einschätzung vorgenommen werden kann (s. im einzelnen u. Kap. V, 2.).

Mit besonderem Nachdruck ist darauf hinzuweisen, daß es bei den hier als Beurteilungsmaßstab verwendeten Idealtypen *nicht* um Feststellungen *normativer* Art geht — wie sie insbesondere der Jurist trifft —, sondern um erfahrungswissenschaftlich gewonnene Sachverhalte (s. o. Kap. II). Die einzelnen idealtypischen Verhaltensweisen, Verlaufsformen usw. sind also weder im Sinne von „gut" noch im Sinne von „schlecht" zu verstehen. Eine solche Fehlinterpretation liegt um so näher, als viele der konkreten Verhaltensweisen, die hier angesprochen sind, gesellschaftlich-kulturell gemeinhin tatsächlich als „gut" bzw. „schlecht" bewertet werden. Dies ändert jedoch nichts daran, daß die den Kern dieser Verhaltensweisen zum Ausdruck bringenden Idealtypen aus *Erfahrungswissen* hervorgegangen sind, wobei die zugrundeliegenden Tatsachen als solche genommen wurden, ohne daß sie mit Wertattributionen versehen worden wären.

Die **Beurteilung** des individuellen Probanden anhand der verschiedenen Formen von Idealtypen erfolgt in zwei Stufen:

Zunächst wird das konkrete Verhalten des Probanden im *Lebenslängsschnitt,* also von der Kindheit bis zum Zeitpunkt der Untersuchung bzw. der letzten Tat (s. u. Kap. V, 2.), verglichen mit dem idealtypischen Verhalten von (wiederholt) Straffälligen einerseits und jenem von (sozial und strafrechtlich unauffälligen) Menschen aus der Durchschnittspopulation andererseits. Zwischen diesen Extrempolen kriminorelevanten Verhaltens im Sinne besonderer krimineller Gefährdung bzw. besonderer Resistenz in krimineller Hinsicht läßt sich so ein individuelles *Profil* des jeweiligen Probanden gewinnen. Bei der *Querschnittbetrachtung* (s. u. Kap. V, 3.) wird das Verhalten während eines relativ kurzen Zeitraums vor der letzten Straftat in Beziehung gesetzt zu bestimmten kriminorelevanten Kriterien. Schließlich wird versucht, mit Hilfe der *Relevanzbezüge* (s. u. Kap. V, 4.) die im alltäglichen Leben bedeutsamen, tief in der Persönlichkeit begründeten Intentionen sowie die Interessen des Probanden herauszuschälen und die als bestimmender Hintergrund wirkende *Wertorientierung* zu erschließen.

Die Tatsache der *Delinquenz* spielt auf dieser Analyseebene nur insoweit eine Rolle, als sie zunächst lediglich als (vorläufig nicht zu berücksichtigendes) Faktum (und als Anlaß für die kriminologische Beurteilung des betreffenden Menschen) hingenommen wird. Die Analyse des Delinquenzbereichs (s. u. Kap. V, 2.6.) erfolgt ebenfalls anhand von rein deskriptiven kriminologischen Kriterien, wobei (zunächst) kein unmittelbarer Bezug zu den anderen Lebensbereichen und zur Lebensentwicklung hergestellt wird.

Erst auf der *zweiten Stufe* der Beurteilung des Täters in seinen sozialen Bezügen (s. u. Kap. VI) wird die Delinquenz in Beziehung gesetzt zu seinem allgemeinen Sozialverhalten. Den Bezugspunkt dieser zusammenführenden Beurteilung bilden die Kriterien der **Kriminologischen Trias:** Ausgehend von verschiedenen (idealtypischen) Formen der *Stellung der Tat im Lebenslängsschnitt* und von den *kriminorelevanten Konstellationen im Lebensquerschnitt* wird unter Berücksichtigung der *Relevanzbezüge* und der *Wertorientierung* des zu beurteilenden Täters versucht, eine Aussage darüber zu gewinnen, in welchem Zusammenhang das konkrete Delikt und gegebenenfalls auch frühere Straftaten — rückblickend betrachtet — mit dem allgemeinen Sozialverhalten des Täters stehen, vor allem ob und bis zu welchem Grad an Folgerichtigkeit das Delikt aus diesem Sozialverhalten und dem Lebenszuschnitt des Täters hervorgegangen ist.

2. Leistungsfähigkeit und Grenzen

Stellt sich heraus, daß ein bestimmtes Sozialverhalten sozusagen folgerichtig zum Delikt geführt hat (s. hierzu insbesondere die kontinuierliche Hinentwicklung zur Kriminalität u. Kap. VI, 3.1.), dann ist zugleich eine **prognostische Schlußfolgerung** der Art möglich, daß dieser konkrete Mensch bei (weitgehend) gleichbleibenden Grundintentionen, Haltungen und Verhaltensweisen, bei gleichbleibendem Lebenszuschnitt und Lebensstil sowie bei im wesentlichen unveränderten oder vergleichbaren Verhältnissen und Bedingungen in seinem sozialen Umfeld *erfahrungsgemäß* in absehbarer Zeit erneut straffällig werden wird. Grundlage dieser Aussage ist zunächst lediglich die Feststellung bestimmter (konstanter oder immer wiederkehrender) Verhaltensweisen des Probanden in den verschiedenen Lebensbereichen oder bestimmter Entwicklungen oder auch nur einzelner Fakten und Gegebenheiten im allgemeinen Sozialverhalten. Entscheidend für die Schlußfolgerung ist nun, daß es aus erfahrungswissenschaftlicher Sicht gerade diese Merkmale sind, die der Kriminalität vorausgehen oder sie begleiten. Soweit sich überhaupt das Delikt „folgerichtig" aus dem Sozialverhalten ergibt, wird man diese Folgerichtigkeit nur in einem relativ engen zeitlichen Zusammenhang zwischen sozialen Verhaltensweisen und der Straftat herstellen können. Je weiter man in das frühere Leben des Täters zurückgeht, desto häufiger wird man auf „Weichenstellungen" und Entscheidungsmöglichkeiten des Probanden im Hinblick auf alternative Verhaltensweisen und Entwicklungen treffen und desto weniger wird man das Delikt „folgerichtig" aus diesen früheren Verhaltensweisen herleiten können. Hier muß man sich mit der Tatsache begnügen, daß diese Verhaltensweisen bei dem Betreffenden vorliegen und dem Verhalten von wiederholt Straffälligen entsprechen, ohne daß der direkte Zusammenhang mit Straffälligkeit unmittelbar einsichtig wird.

Demzufolge kann es bei der idealtypisch-vergleichenden Einzelfallanalyse nicht um eine in strengem Sinne genetische oder gar kausale Erklärung gehen, die letztlich die Delinquenz auf bestimmte Faktoren der Sozialisation, der (genuinen) Persönlichkeitsstruktur oder der Persönlichkeitsentwicklung zurückführt. Es werden also keine Aussagen darüber angestrebt, wer (z. B. die Eltern) oder was (z. B. schlechte sozioökonomische Verhältnisse) letztlich für die Entwicklung zur Delinquenz verantwortlich sein könnte. Dieser Verzicht ist angesichts der einander widersprechenden vielfältigen Kausalerklärungen von Kriminalität nicht nur angezeigt, sondern geradezu notwendig, wenn die Methode als taugliches Instrument der Praxis gelten soll. Im übrigen wäre für die Aufgaben, die sich in der strafrechtlichen Praxis stellen, mit dem Herausfinden einer „Ursache" der konkreten Straftat oder der Kriminalität, etwa einer bestimmten frühkindlichen Störung, im allgemeinen nichts gewonnen. (Anders liegen die Verhältnisse bei einer (analytischen) Psychotherapie. Allgemein zur Behandlung s. u. Kap. VII, 2.)

Freilich ist mit der Annahme einer Folgerichtigkeit zwischen Sozialverhalten und Delikt nicht die Vorstellung einer Zwangsläufigkeit oder gar einer Gesetzmäßigkeit verbunden. Dies zeigt sich in umgekehrter Richtung schon beim sogenannten kriminellen Übersprung, bei dem die Straftat gerade völlig unerwartet aus einem sozial unauffälligen Lebenszuschnitt heraus erfolgt (s. u. Kap. VI, 3.5.). Aber auch beim Vorliegen einer kontinuierlichen Hinentwicklung zur Kriminalität muß *nicht absolut zwingend* ein Delikt erfolgen. Es ist zwar eine Binsenweisheit, aber dennoch kann nicht oft genug betont werden, daß in der Erfahrungswissenschaft noch niemals durch bestimmte Faktoren fest programmierte Verhaltensabläufe gefunden wurden und es deshalb absolute prognostische Sicherheit nicht geben kann. So können nicht nur unvorhergesehene Veränderungen der äußeren Lebensumstände eintreten (z. B., daß der Proband eine Erbschaft macht, die ihm einen aufwendigen Lebensstil erlaubt ohne die Notwendigkeit, seinen Lebensunterhalt durch Arbeit zu bestreiten), sondern auch z. B. unerwartete Änderungen im persönlichen Bereich (etwa eine starke Beziehung zu einer sozial integrierten Frau oder – was man gelegentlich auch erlebt – ein religiöses Erlebnis).

In seltenen Fällen (auch solche haben wir beobachtet) kann sich der Straffällige auch eines Tages dafür entscheiden, aus seinem bisherigen, mit ständiger Straffälligkeit verbundenen Lebensstil auszuscheren, ohne daß sich an seiner übrigen Lebenssituation irgend etwas verändert hätte und ohne daß er selbst einen bestimmten Grund angeben könnte. Er trifft dann – aus welchen Gründen auch immer – gewissermaßen eine Wertentscheidung gegen die Straftat. Nicht nur der Lebensführung als solcher, sondern jeder Straftat liegt letztlich eine *Wertentscheidung* zugrunde. Freilich wird diese Entscheidung im Einzelfall zumeist nicht jedes Mal aufs neue bewußt gefällt, sondern ergibt sich vielfach schon aus nach und nach getroffenen Entscheidungen für (oder gegen) bestimmte Verhaltensweisen, die in einen Lebensstil einmünden, der mit einer grundsätzlichen Negierung bestimmter Rechtsnormen verbunden ist. Umgekehrt kommt es daher auch vor, daß (vor allem ältere) Täter trotz gleichbleibender sonstiger Umstände sich für eine Abkehr von ihrem bisherigen Lebenszuschnitt und damit zugleich gegen Straftaten entscheiden und daß ihnen – langfristig gesehen – die Realisierung dieser Entscheidung (nach einer entsprechenden Veränderung ihres Lebensstils) auch gelingt („Ich habe einfach genug gehabt von diesem Leben"). Eine solche völlig „unerwartete" Entwicklung vorherzusagen, liegt jedoch prinzipiell außerhalb der Möglichkeiten kriminologischer erfahrungswissenschaftlicher Erkenntnis.

Grundsätzlich muß man sich darüber im klaren sein, daß mit der Methode der idealtypisch-vergleichenden Einzelfallanalyse letztlich nur eine **kriminologische Diagnose** bezüglich des betreffenden Probanden gestellt wird. Nun wird eine

Diagnose nicht als Selbstzweck gestellt. Wie in der Medizin ist auch die kriminologische Diagnose untrennbar verbunden mit einer Prognose und mit Behandlung bzw. Einwirkung. Ebenso wie dort kann eine Diagnose durchaus richtig sein, auch wenn sich die prognostischen Erwartungen nicht erfüllen. Andererseits erfolgt in der Medizin aufgrund der Diagnose eine bestimmte Therapie, deren erwartete Wirkung in die Prognose einbezogen wird. Ähnlich ist es auch hier: Die Frage nach der kriminologischen Prognose stellt sich nicht abstrakt; sie wird ja nicht auf der Grundlage völlig gleichbleibender Verhältnisse getroffen, sondern muß stets die Wirkung einer möglichen Intervention, die einer Straftat folgt, mitberücksichtigen. Überlegungen zur Prognose und zur effektiven Einwirkungsmöglichkeit sind also in der strafrechtlichen Praxis eng miteinander verflochten.

Auch wenn der Schwerpunkt der kriminologischen Beurteilung auf diagnostischen (und darin implizierten prognostischen) Aussagen liegt, so gibt sie doch zugleich *Hinweise und Anhaltspunkte* für die praktisch bedeutsame Frage der **konkreten Einwirkungsmöglichkeiten im Einzelfall.** Hier kommt die Eigenart der idealtypisch-vergleichenden Einzelfallanalyse sogar in besonderem Maße zur Geltung. Dadurch, daß der Einzelfall nicht unter Oberbegriffe subsumiert, sondern mit idealtypischen Kriterien verglichen wird, *bleibt seine Besonderheit nicht nur erhalten, sondern wird erst eigens herausgearbeitet.* Selbst dort, wo sich ein Zusammenhang im Sinne einer Folgerichtigkeit zwischen dem allgemeinen Sozialverhalten und dem Delikt nicht ergibt, wo der Einzelfall vom (K-)idealtypischen[1] Bild erheblich abweicht bzw. ihm gar nicht mehr entspricht, zeigen sich in der Regel zahlreiche Anhaltspunkte für eine effektive Intervention. Die idealtypisch-vergleichende Einzelfallanalyse erlaubt es gerade, nicht nur die besonderen (kriminologisch bedeutsamen) „Schwächen" im Verhalten des jeweiligen Menschen herauszuschälen, sondern zugleich auch seine (kriminologisch bedeutsamen) „Stärken" zu erkennen. Oft wird die Kenntnis einer besonderen „Schwäche" oder „Stärke" schon genügen, um etwa durch eine entsprechende gerichtliche Weisung die richtige Weichenstellung im Einzelfall zu treffen. Auch in schwierigeren Fällen, insbesondere bei Probanden, bei denen über einen längeren Zeitraum hinweg immer wiederkehrende, zum Delikt führende Verhaltensweisen zu beobachten sind, kann die kriminologische Diagnose die Ansatzpunkte für gezielte intervenierende Maßnahmen aufzeigen.

Die mit Hilfe der Methode der idealtypisch-vergleichenden Einzelfallanalyse mögliche kriminologische Aussage findet jedoch dort ihre Grenze, wo — bei einer Minderheit von Straffälligen — eine erfolgreiche Intervention nicht ohne fachspezifische *therapeutische* Maßnahmen im engeren Sinne (beispielsweise solchen der Psychologie oder Psychiatrie) denkbar ist. Zwar lassen sich bei der kriminologischen Erfassung des Täters in seinen sozialen Bezügen aufgrund der sogenannten „besonderen Aspekte", vor allem der „internen Aspekte" (s. u. Kap. VI, 4.), auch Hinweise auf die besonderen, in der Person des Täters liegenden „Schwachstellen" finden. Auf welche Weise und mit welchen Mitteln diese kriminologisch relevanten „Schwachstellen" im individuellen Fall *therapeutisch* anzugehen sind, kann jedoch allein aufgrund der kriminologischen Diagnose nicht beantwortet werden. Für diese Frage bedarf es herkömmlicher bzw. neu zu entwickelnder Methoden und Ansätze

---

[1] „K" steht für „Kriminalität" – s. auch u. S. 77, Fußnote 1

der Bezugswissenschaften, insbesondere solcher aus dem Bereich der Psychologie. Diesen bleibt es vorbehalten, mit ihrem eigenen Instrumentarium bei jenen Straffälligen die (persönlichkeitsspezifischen) Problempunkte anzugehen, die im Rahmen der kriminologischen Beurteilung mit Hilfe der hier dargestellten Methode zutage getreten sind (s. auch u. Kap. VII, 2.).

Für diese Kompetenzverteilung bietet sich erneut ein Vergleich zur Medizin an: Auch dort werden für die Diagnose (und daran anknüpfend für die Prognose) andere Methoden, Beurteilungskriterien und wissenschaftliche Grundlagen herangezogen als für die spätere Therapie, deren Grundlagen teilweise von ganz anderen Wissenschaftsgebieten erarbeitet werden. Gerade für gezielte (psycho-)therapeutische Maßnahmen gilt es zu berücksichtigen, daß im Verhalten, auf das sich bei der kriminologischen Analyse des Täters in seinen sozialen Bezügen das Augenmerk konzentriert, stets die Persönlichkeitszüge des betreffenden Menschen ihren Ausdruck finden. Eine Therapie im engeren Sinne muß daher, wenn sie erfolgreich sein will, wesentlich stärker in den persönlich-keitsspezifischen Bereich des Probanden vordringen, als dies mit den üblichen Einwirkungen im Rahmen der Rechtspflege möglich ist, und fällt damit nicht mehr in die engere Kompetenz der Kriminologie.

Freilich wäre es irrig, aus der Tatsache, daß bei dem hier dargestellten Instrumentarium vorrangig Verhaltens- und Reaktionsweisen des Probanden bzw. soziale Fakten und Gegebenheiten herangezogen werden, den Schluß herzuleiten, es seien schlicht die sozialen Verhältnisse oder einzelne Verhaltensweisen, die − gewissermaßen eindimensional − das Feld für die Kriminalität bereiten. Die weitgehend äußerlich-deskriptive Betrachtungsweise ist vielmehr lediglich das geeignete Mittel, über den verhältnismäßig leicht erhebbaren sozialen Bereich einen gewissen Zugang zu einer Person zu finden, deren Besonderheit in diesem Fall in ihrer (wiederholten) Straffälligkeit liegt. Die damit erfaßbaren Fakten genügen jedoch für die Zwecke einer kriminologischen Diagnose (und Prognose) vollauf.

Die immanenten **Grenzen der kriminologischen Diagnose** ergeben sich aus der Eigenart der idealtypisch-vergleichenden Einzelfallanalyse. Obwohl bei der Mehrzahl der Delikte ein − von einem externen Standpunkt aus betrachtet − objektivierbarer Zusammenhang, ein bestimmtes Maß an Folgerichtigkeit zwischen Verhaltensweisen und Haltungen einerseits und dem Delikt andererseits rückblickend „verständlich" wird, können solche Zusammenhänge nicht bei jeder Straftat und bei jeder Deliktsart erschlossen werden. So liegen grundsätzlich alle Delikte, die im Zusammenhang mit einer *psychischen Abnormität* erfolgen, außerhalb des mit dem hier dargestellten Instrumentarium erfaßbaren Bereichs von Straftaten. Gerade dadurch, daß diese Delikte mit Hilfe der kriminologischen Analyse nicht verständlich werden, überhaupt nicht „aufgehen", ergeben sich jedoch − etwa für den mit dem Fall befaßten Richter − Hinweise auf psychisch Abnormes, so daß gegebenenfalls ein Sachverständiger hinzugezogen werden kann. Insofern ist auch hier die kriminologische Analyse zunächst durchaus sinnvoll.

Obwohl auch bei den *Fahrlässigkeitsdelikten* ein Zusammenhang mit dem Lebenszuschnitt und mit sozialen Auffälligkeiten bestehen dürfte, wurde ein solcher bisher noch nicht herausgearbeitet bzw. genügend differenziert, so daß sich die kriminologische Analyse vorläufig weitgehend auf vorsätzlich begangene Delikte beschränkt.

Im Spektrum der Vorsatztaten bilden die Eigentums- und Vermögensdelikte den Kernbereich. Auf sie ist die kriminologische Analyse zugeschnitten; dort ist der Zusammenhang zwischen allgemeinem Sozialverhalten und dem Delikt in den meisten Fällen unmittelbar einleuchtend. Dagegen können mit Hilfe der hier vorgelegten Kriterien die sogenannten *körpernahen Delikte,* also vor allem ausgesprochene Aggressionsdelikte, aber auch die meisten Sexualstraftaten, noch nicht spezifisch und differenziert genug erfaßt und beurteilt werden. Dennoch ist etwa die Feststellung, daß bei einem bestimmten Probanden neben den entsprechenden Delikten gravierende soziale Auffälligkeiten vorliegen (oder auch nicht), für dessen kriminologische Beurteilung außerordentlich aufschlußreich. Die kriminologische Analyse erlaubt nur dort keine diagnostische (und prognostische) Aussage, wo solche körpernahen Delikte, etwa Sexualstraftaten, völlig isoliert vom übrigen Lebenszusammenhang auftreten.

Allgemein kann gesagt werden, daß die Methode dort weniger „greift", wo Kriminalität aus *völliger sozialer Unauffälligkeit* heraus erfolgt. Dies ergibt sich daraus, daß diese Methode im wesentlichen auf sozialen Verhaltensweisen der Probanden und auf insoweit bestehenden Unterschieden und Auffälligkeiten gegenüber der Durchschnittspopulation aufbaut. Andererseits kann jedoch allein die Feststellung, daß ein Delikt aus sonstiger sozialer Unauffälligkeit heraus begangen wurde, durchaus von Gewicht sein. Darüber hinaus können auch in diesen Fällen — selbst bei allgemeiner sozialer Unauffälligkeit des Lebenslängs- und -querschnitts — gewisse, auch für die strafrechtliche Reaktion bedeutsame Aussagen gemacht werden: Gelingt es, die Relevanzbezüge, also sowohl die Interessen als auch die tief in der Persönlichkeit begründeten Intentionen, zu erfassen sowie die Haltungen und die Wertorientierung des betreffenden Täters darzustellen, die sein alltägliches Verhalten bestimmen, so kann man auch bei ansonsten unauffälligem Sozialverhalten Erkenntnisse und Einsichten bezüglich seiner Straffälligkeit gewinnen (s. u. Kap. VI, 3.4.).

Obwohl die inhaltlichen Beurteilungskriterien an männlichen Straffälligen bzw. an der männlichen Durchschnittspopulation gewonnen wurden, bestehen keine grundsätzlichen Hindernisse, diese Methode auf die Erfassung *weiblicher Täter* zu übertragen. Nach ersten Eindrücken aus einer entsprechenden Untersuchung müssen die Beurteilungskriterien lediglich insofern modifiziert werden, als sich im Lebenszuschnitt der Frau gewisse, unter Umständen durch ihre herkömmliche Rolle im sozialen Leben bedingte Besonderheiten ergeben. Gesicherte Ergebnisse stehen hierzu zur Zeit jedoch noch aus.

3. Zur sachgerechten Anwendung der Methode

Zahlreiche der im folgenden dargestellten einzelnen Gesichtspunkte und Kriterien oder auch bestimmte Betrachtungsweisen werden gerade dem Praktiker nicht fremd sein, nicht zuletzt deshalb, weil sie „die Wirklichkeit" widerspiegeln und damit auch der Erfahrung des Praktikers aus seinem (beruflichen) Umgang mit dem Straffälligen entsprechen. Gerade deshalb besteht jedoch die *Gefahr*, daß nunmehr *einzelne*, nach der subjektiven Einschätzung besonders überzeugende oder vermeintlich besonders relevante Punkte aus dem dargestellten Instrumentarium „herausgezogen" und in der eigenen Beurteilungspraxis berücksichtigt werden, in der irrigen Meinung, es handle sich nunmehr um empirisch gesicherte Sachverhalte und nicht mehr um rein subjektive Einschätzungen. Unter Umständen kann es daher gerade dem Praktiker, der sich im Laufe der Zeit seine eigenen Beurteilungsmaßstäbe geschaffen hat, anfänglich sehr viel schwerer fallen als dem insoweit noch Unbefangenen, mit diesem Instrumentarium sachgerecht umzugehen. Für die *Gültigkeit der dargestellten Methode* kommt es jedoch entscheidend auf die *systematische Erhebung* und auf die **konsequente, systematische Auswertung aller Analysekriterien und -aspekte** an sowie auf die diese Einzelaspekte zusammenführende **komplexe Betrachtung** anhand der Bezugskriterien der Kriminologischen Trias. Die Berücksichtigung **nur des einen oder anderen** Kriteriums, **des einen oder anderen** Blickwinkels macht das vorgelegte Instrumentarium als solches **wertlos** und führt zum Verlust der ihm eigenen Aussagekraft. Vor allem mögliche „Stärken" des Täters als entscheidender Ansatzpunkt für sinnvolle Einwirkungen können so nicht erkannt werden.

Schon ein Blick auf die Analyse- und Beurteilungskriterien zeigt, wie entscheidend das Zusammenspiel der verschiedenen Perspektiven und die komplexe Betrachtungsweise sind: Die *einzelnen* Kriterien können − eben als Einzelfakten − bei einer beliebigen Anzahl strafrechtlich völlig unauffälliger, sozial weitgehend integrierter Menschen anzutreffen sein. Ausschlaggebend für die *kriminologische Relevanz* und damit für die Aussagekraft dieser Gesichtspunkte ist *erst das Zusammenwirken* einer Vielzahl von bestimmten Einzelaspekten. Dieses Zusammenspiel ist jedoch nur durch eine systematische Erhebung und Analyse zu erkennen.

Eine Gefahr ist auch darin zu sehen, daß sich der Untersucher nicht streng auf die erforderliche **rein deskriptive Erhebung und Analyse** der Fakten beschränkt, sondern sowohl an die Erhebungen als auch an die Analyse der Fakten mit einer (subjektiven) Leitidee oder „Alltagstheorie" herangeht, sie aus diesem Blickwinkel beleuchtet und in diese Ausgangs„theorie" hineininterpretiert und auf diese Weise mehr oder weniger nur jene Punkte erhebt und „analysiert", die seiner „Theorie", seiner Leitidee oder seinem Ansatz entsprechen. Bei der Anwendung dieses Instrumentariums muß sich der Untersucher jedoch völlig freimachen von außerhalb der Methode liegenden Ansätzen und Sichtweisen, seien es solche subjektiver Natur oder seien es Erklärungs- oder Interpretationsmodelle der Bezugswissenschaften der Kriminologie oder gar darauf basierende, in aller Regel verkürzte und unrichtige, vielfach geradezu modische Erklärungen, die man immer wieder in populärwissenschaftlichen Veröffentlichungen usw. findet. Nur das stete Bemühen, gegenüber den *Fakten* aufgeschlossen zu bleiben und sie nicht vorschnell zu interpretieren, zu „erklären" und nach „der Ursache" zu suchen, kann zu einer sachgerechten Erhebung und zu einer richtigen *kriminologischen* Beurteilung des Täters in seinen sozialen Bezügen führen.

Entsprechend dem Vorgehen in der Praxis werden im folgenden zunächst die Erhebungen beschrieben, mit denen die Grundlage für die anschließende Analyse (und Diagnose) geschaffen wird. Für die sachgerechte Durchführung dieser Erhebungen sind jedoch eingehende Kenntnisse über jene Sachverhalte erforderlich, die bei der kriminologischen Analyse und Bewertung relevant werden. Für den

Leser ist es daher empfehlenswert, sich zunächst mit den Ausführungen zur *Analyse* der Erhebungen (s. u. Kap. V) und zur zusammenführenden kriminologischen Beurteilung bzw. kriminologischen *Diagnose* (s. u. Kap. VI) vertraut zu machen und erst im Anschluß daran den Abschnitt über die Durchführung der *Erhebungen* (s. u. Kap. IV) zu berücksichtigen.

IV. Die Erhebungen

1. Zum Vorgehen bei den Erhebungen

Mit den Erhebungen sollen umfassende und differenzierte Informationen über die Person des Täters, über seinen bisherigen Lebenslauf und Lebenszuschnitt sowie über seine Verflochtenheit im sozialen Umfeld gewonnen werden. Obgleich hierfür im Prinzip eine möglichst große Anzahl von Informationen anzustreben ist, kann es keineswegs darum gehen, nun mehr oder weniger wahllos zahlreiche beliebige Daten zu sammeln. Die Erhebungen müssen sich vielmehr auf die für die spätere Analyse relevanten Fakten beschränken, andererseits aber hierzu auch eine ausreichende und solide Grundlage bieten: Anhand der erhobenen Fakten muß es also möglich sein, das Verhalten des Probanden in den einzelnen Lebensbereichen (einschließlich des Delinquenzbereichs) im Längsschnitt (s. u. Kap. V, 2.) zu beurteilen und eine Aussage zu den kriminorelevanten Kriterien im Lebensquerschnitt (s. u. Kap. V, 3.) zu machen. Außerdem sollten sich Anhaltspunkte zu den Relevanzbezügen und zur Wertorientierung (s. u. Kap. V, 4.) des Probanden ergeben. Inhaltlich geht es demzufolge vor allem darum, Fakten und (an den Tatsachen orientierte) Eindrücke über das bisherige Verhalten des Probanden in verschiedenen Lebenssituationen und in den einzelnen Lebensbereichen, über Entwicklungen in diesen Lebensbereichen sowie − zumindest in gewissen Grenzen − Erkenntnisse über die soziale Umgebung des Probanden zu erlangen.

Im Rahmen der Erhebungen wird versucht, die bisherige Lebensentwicklung des Probanden von der Kindheit bis in die Gegenwart im wesentlichen nachzuzeichnen. Dabei ist im Prinzip eine um so detailliertere und differenziertere Erfassung anzustreben, je näher die entsprechenden Gegebenheiten an die Gegenwart bzw. an die letzte Straftat heranreichen.

Der Untersucher sollte bemüht sein, grundsätzlich zu jeder relevanten Frage der Lebensentwicklung des Probanden genaue und wahrheitsgemäße Angaben zu erhalten. Dies ist freilich oftmals nicht uneingeschränkt möglich. Aber gerade durch die Vielzahl von Einzelfakten, die im Rahmen der Erhebungen gewonnen werden und die sich gewissermaßen wie Mosaiksteinchen zu einem Bild des Täters in seinen sozialen Bezügen zusammenfügen, kann gegebenenfalls auf das eine oder andere Faktum verzichtet werden, wenn es nur mit unangemessen hohem Aufwand einigermaßen zuverlässig zu erheben wäre. Ebenso kann gelegentlich eine nicht ganz überzeugende Aussage des Probanden hingenommen werden, wenn sich das Bild insgesamt durch eine Vielzahl anderer Fakten ohnehin schon weitgehend abzeichnet. Es besteht insoweit also ein wesentlicher Unterschied beispielsweise zur Prüfung des strafrechtlichen Tatbestands durch das Gericht, bei der die Entscheidung nicht selten von einigen wenigen, ganz bestimmten Fakten und Merkmalen abhängt, da bereits bei Fehlen eines einzigen Merkmals die Tatbestandsmäßigkeit einer Handlung nicht gegeben ist.

Bei der Beurteilung der Zuverlässigkeit und des Wahrheitsgehalts der erhobenen Fakten wird der Untersucher vor allem darauf achten, inwieweit bestimmte Angaben in sich schlüssig sind und mit den entsprechenden Angaben aus anderen Quellen übereinstimmen. Neben der allgemeinen Lebenserfahrung bedarf es dabei oftmals auch einer gewissen kriminologischen Erfahrung.

Der *Umfang* der für die kriminologische Beurteilung notwendigen Erhebungen variiert von Fall zu Fall. Er hängt ebenso vom Alter des Probanden wie von der Komplexität und Vielgestaltigkeit seiner Lebensgeschichte sowie von der Zahl seiner früheren Straftaten ab. Auch hier muß es letztlich weitgehend dem Gespür und der Erfahrung des Untersuchers in der kriminologischen Erfassung eines Probanden überlassen bleiben, das richtige Maß zu finden. In aller Regel wird der Anfänger grundsätzlich mehr und oftmals zuviel erheben, während der Erfahrene nicht selten bereits mit einigen scheinbar nur skizzenhaften Erhebungen schon ein recht zuverlässiges Bild gewinnen kann.

2. Informationsquellen

Die in der Praxis wichtigsten *Quellen* für die erforderlichen Informationen sind vor allem die eigenen Angaben des Täters, die durch die **kriminologische Exploration des Probanden** (s. u. 2.1.) erlangt werden. Daneben kommt dem Inhalt der bisher über den Probanden angelegten **Akten** (z. B. Strafakten, Vollzugsakten, Vollstrek- kungsakten, Jugendamtsakten usw.) erhebliche Bedeutung zu (s. u. 2.2.). Die durch diese beiden Erhebungsarten gewonnenen Erkenntnisse können − soweit zeitlich möglich und sachlich notwendig − sinnvoll ergänzt werden durch unmittelbare **Erhebungen im sozialen Umfeld** (s. u. 2.3.), beispielsweise durch Hausbesuche der (Jugend-)Gerichtshilfe bei der Ehefrau bzw. bei den Eltern, durch Auskünfte von anderen Erziehungspersonen, auch der Schule und Berufsschule, sowie von Arbeitgebern, Freunden und sonstigen Kontaktpersonen.

Gerade die *Kombination* von verschiedenen Informationsquellen bietet die Chance einer umfassenden, relativ zuverlässigen und einigermaßen objektiven Erfassung des Täters in seinen sozialen Bezügen. Hierdurch werden vor allem die Schwächen und Mängel, die der jeweiligen Erhebungsmethode von ihrer Anlage her unvermeidlich anhaften, weitgehend ausgeglichen. Die Aktenanalysen geben beispielsweise vielfach nur zu einem eng umgrenzten Sachverhalt aus dem Leben des Probanden Auskunft; sie bieten aber dennoch bei zahlreichen Einzelfragen zum Lebenslauf ein wirksames Korrektiv zu Befragungen, zumal die Erinnerungsfähig- keit des Probanden (oder anderer Personen) oft nicht zu einer genaueren Rekonstruktion ausreicht, vor allem dann, wenn es auf exakte Zeitangaben ankommt. Andererseits können Befragungen (und Ortsbesichtigungen) in der sozialen Umgebung des Probanden insbesondere bei „weichen" Daten und Umständen (z. B. dem „eigentlichen" Grund der Arbeitsplatzaufgabe, dem Verhältnis des Probanden zu einer bestimmten Person usw.) und bei Einschätzungen aufschlußreicher sein als die Exploration des Probanden selbst oder die Akten- analyse; zudem geben solche Drittbefragungen einen weiteren, vom Probanden bzw. vom Aktenersteller unabhängigen Blickwinkel auf die − ohnehin nur ausschnitthaft erfaßbare − soziale Wirklichkeit frei.

Bei der Vielfalt der Erhebungs- und Betrachtungsweisen, die erst in ihrer Summe der Komplexität des Gegenstandes annähernd gerecht werden, sind freilich deren *Eigenarten* und – soweit es um ihre Relevanz für die kriminologische Einzelfallanalyse geht – auch deren *Schwächen* zu berücksichtigen (s. im einzelnen u. 2.2.; vgl. dazu auch GÖPPINGER 1980, S. 111 ff.). Grundsätzlich kann keiner Quellenart ein Vorrang hinsichtlich Zuverlässigkeit und Wahrheitsgehalt eingeräumt werden.

Die *zeitliche Reihenfolge,* in der die einzelnen Erkenntnismittel herangezogen werden, läßt sich nicht generell festlegen. Einerseits gibt die Auswertung der verschiedenen Akten bereits erste Hinweise auf das Leben des Probanden und kann damit bis zu einem gewissen Grad verhindern, daß der Untersucher vom Probanden zunächst falsch oder unvollständig informiert oder unter Umständen auch angelogen wird. Vielfach liefern die Akteninformationen außerdem ein gewisses Gerüst für die Exploration des Probanden und können so zu einer in zeitlicher Hinsicht ökonomischen Exploration beitragen. Andererseits birgt die Kenntnis der Akten die Gefahr einer – mehr oder weniger unbewußten – Voreingenommenheit gegenüber dem Probanden in sich (die freilich gerade dadurch, daß man sich diese Gefahr immer wieder vergegenwärtigt, weitgehend vermieden werden kann). Untersuchungen im sozialen Umfeld sind demgegenüber generell erst nach eingehender Exploration des Probanden sinnvoll.

In der Praxis wird die Reihenfolge der Erhebungen ohnehin zwangsläufig durch den *üblichen Geschäftsgang* bestimmt; so wird der Kriminalbeamte oder der (Jugend-)Gerichtshelfer im Ermittlungsverfahren in den bisher angefallenen Akten nichts oder nur wenig kriminologisch Relevantes vorfinden und sich daher in der Regel zuerst eingehend mit dem Probanden selbst oder dessen Umgebung befassen; der Strafjurist oder der Vollzugsbedienstete wird dagegen zuerst eher auf die unter Umständen bereits umfangreichen Akten zurückgreifen.

2.1. Kriminologische Exploration des Probanden

2.1.1. Grundsätzliches zur Exploration

Im Mittelpunkt der Erhebung kriminologisch relevanter Fakten und Umstände steht die unmittelbare *Exploration* des Probanden durch den Untersucher. Die fachgerecht durchgeführte Exploration setzt voraus, daß der Untersucher sowohl mit der spezifischen Betrachtungsweise der kriminologischen Einzelfallbeurteilung als auch mit den einzelnen Analysekriterien vertraut ist. Sein Bestreben muß sein, den Täter in seinen sozialen Bezügen möglichst objektiv zu erfassen und hierzu durch entsprechende Fragestellungen *systematisch* Erkenntnisse zu sämtlichen im individuellen Fall *relevanten* Analysekriterien zu erhalten.

Im Gegensatz zu den meisten Interviewformen, bei denen es lediglich um die Gewinnung der vom Befragten angebotenen (subjektiven) Daten und Informatio-

nen geht (eine gewisse Ausnahme bildet das sog. Tiefeninterview), kommt es bei der
Exploration auch auf die **Beurteilung dieser Informationen** durch den Explorierenden und auf die *fachgerechte Erfassung des Probanden* an. Die Exploration
unterscheidet sich daher sowohl von ihrem Zweck her als auch durch das für sie
erforderliche Fachwissen vom Interview. Während ein guter Interviewer, der die
Befragungstechnik beherrscht, auch ohne entsprechendes Fachwissen auf vielerlei
Gebieten kunstgerechte Interviews durchführen kann, setzt die Exploration gerade
ein entsprechendes Fachwissen voraus.

Bei der kriminologischen Exploration kann sich der Untersucher nicht darauf
beschränken, vom Probanden durch entsprechende Fragestellungen zu den
verschiedenen Lebensbereichen Informationen zu erhalten. Er muß diese Informationen vielmehr stets sofort daraufhin überprüfen, inwieweit sie für die
kriminologische Beurteilung des Täters in seinen sozialen Bezügen von Bedeutung
sind. Die Antworten des Täters geben zugleich Hinweise, in welcher Richtung er
weiterfragen muß, um zu einem bestimmten Problemkreis und zu bestimmten
Analysekriterien zusätzliche (relevante) Informationen zu erhalten. Auch bei einer
kunstgerechten kriminologischen Exploration ist also wie bei der psychiatrischen
oder psychologischen Exploration „eine ständige Analyse dessen erforderlich, was
während des Explorierens erfaßt und beobachtet wird; zugleich geht es um eine
Reduktion der komplexen Eindrücke und um eine anschließende Synthese der
einzelnen Fakten zu einem Gesamtbild des Probanden. Die jeweiligen Fragen bauen
auf dem Ergebnis der vorhergehenden auf, werden Schritt für Schritt angesetzt und
formuliert" (GÖPPINGER 1980, S. 118 f.), basierend auf dem Erfahrungswissen und
den Erkenntnissen, die in der Angewandten Kriminologie ihren Niederschlag
gefunden haben.

Neben dem systematischen Erheben und Zusammenfügen von (kriminologisch relevanten)
Fakten, Meinungen, Einstellungen usw., die der Proband im Laufe der Exploration anbietet, wird
der erfahrene Untersucher auch aufmerksam registrieren, wie der Proband bei dieser Gelegenheit
durch die Wortwahl, durch die Art des Sprechens, durch Gestik und Mimik seine innere Beteiligung
und seine Gefühle zum Ausdruck bringt. Diese zusätzlichen Informationen sind sowohl für die weitere Fragestellung als auch für die gesamte Beurteilung des Probanden von erheblichem Nutzen.

2.1.2. Praktische Hinweise zur Durchführung der Exploration

Ohne im einzelnen auf die Explorations- und Befragungstechnik einzugehen, sei hier
nur auf einige wenige, unmittelbar mit der Eigenart der kriminologischen
Exploration zusammenhängende Punkte hingewiesen:

Die kriminologische Exploration erfolgt im allgemeinen in einem **Zweierge-
spräch** zwischen dem Probanden und dem Untersucher. Sie kann jedoch auch
gleichzeitig von mehreren Untersuchern gemeinsam durchgeführt werden.

Zugunsten möglichst umfassender und vollständiger Erhebungen ist es sinnvoll,
den Probanden *mehrmals, mindestens aber zweimal* und an verschiedenen Tagen zu
explorieren. Dabei empfiehlt es sich, nach dem ersten Termin anhand der
gewonnenen Informationen eine kurze kriminologische Analyse anzufertigen. Meist
wird man dann eine ganze Anzahl noch offener und widersprüchlicher Punkte oder

auch Divergenzen zwischen den Angaben des Probanden und dem Akteninhalt oder den Drittbefragungen feststellen, die dann in der folgenden Sitzung geklärt werden können. Dies gilt vor allem für Explorierende, die noch nicht viel Erfahrung mit einer kriminologischen Erhebung haben, während der Erfahrene, der bereits 20 oder 30 kriminologische Explorationen durchgeführt und dazu kriminologische Stellungnahmen angefertigt hat, in der Regel mit einem weit geringeren Zeitaufwand auskommt.

Soweit im Rahmen eines Strafverfahrens die (Jugend-)Gerichtshilfe eingeschaltet ist, wird sie ohnehin mehrere Explorationen des Täters oder auch anderer Personen, etwa der Angehörigen, durchführen, um dem Gericht solide Unterlagen zur Verfügung stellen zu können. – Auch die richterliche Vernehmung des Angeklagten zu seinem Werdegang kann durchaus im Sinne einer kriminologischen Exploration erfolgen.

Die Exploration wird grundsätzlich in einem möglichst **zwanglosen Gespräch** durchgeführt, das sich „organisch" entwickelt: Der Untersucher wechselt von einem (kriminologisch relevanten) Thema zum anderen, spricht einmal diesen, einmal jenen Lebensbereich an und gibt so dem Probanden Gelegenheit, sich über bestimmte Themen eingehender zu äußern, von sich aus (das kriminologisch Relevante) zu erzählen, sein Verhalten darzustellen, bestimmte Lebenssituationen zu beschreiben usw. Der Untersucher muß sich also bemühen, den Probanden für ein lebhaftes Mitgehen zu gewinnen. Vielfach wird dies ohne weiteres möglich sein; selbst sehr zurückhaltende Probanden zeigen sich meist recht aufgeschlossen und gesprächsbereit, wenn sie ein gewisses (echtes) Interesse des Untersuchers an ihrer Person und ihrem Werdegang verspüren und dieser sie reden läßt. Freilich bedarf es bisweilen auch immer wieder erneuter Anstöße durch den Untersucher.

Obwohl die einzelnen Lebensbereiche und Analysekriterien um der Vollständigkeit der Erhebungen willen schon während des Gesprächs *gedanklich* durchgeprüft werden müssen, wäre es geradezu schädlich und falsch, systematisch einen Lebensbereich nach dem anderen „abzufragen" oder gar innerhalb der einzelnen Lebensbereiche in einer ganz bestimmten Reihenfolge alle Analysekriterien und Gesichtspunkte gewissermaßen nacheinander „abzuhaken". Die zwanglose Gesprächssituation sollte vielmehr gerade auch durch den **Befragungsmodus** unterstützt werden. Dieser muß im wesentlichen durch *unkomplizierte, geradezu naive Fragestellungen und offene* (d. h. keine bestimmten Antwortmöglichkeiten vorgebende) *Fragen* geprägt sein, die den Probanden veranlassen, möglichst viel von sich zu berichten. Solche Fragen können beispielsweise sein: Was machten Sie anschließend? – Wie sah das aus? – Wie kam das? – Was ist das? – Wie ging es dann weiter? usw. Besonders wichtig ist hierbei auch, keine Fragen mit Alternativantworten zu stellen, sondern den Probanden über ein knapp angeschnittenes Problemgebiet von sich aus reden, die Darstellung selbst übernehmen zu lassen. Damit verringert sich die Gefahr, daß der Proband vom Untersucher – weitgehend unbewußt – durch die Art der Fragestellung in eine ganz bestimmte Richtung gedrängt wird. Zugleich wird dadurch vermieden, Angaben des Probanden im Sinne sozialer Erwünschtheit zu provozieren. Allerdings spielt für die Art der Exploration auch das Intelligenzniveau und die Ausdrucksfähigkeit des Probanden eine Rolle. Bisweilen ist es geradezu unumgänglich, eine ganze Palette von „Lösungsmöglichkeiten" bei einer Frage vorzulegen, um dem Probanden daran beispielhaft zu zeigen, worauf es bei der Frage überhaupt ankommt. Ein lockerer Befragungsmodus schließt auch keineswegs aus, daß der Proband durch (unter Umständen auch zahlreiche) *Einwürfe* und *Zwischenfragen* gezielt veranlaßt wird, zu ganz bestimmten Sachverhalten Stellung zu nehmen. Unter Umständen können bei einer solchen Exploration auch einmal *Suggestivfragen* oder *gewisse Provokationen* angezeigt sein. Diese sollten jedoch die Ausnahme bilden und − wenn überhaupt − sehr überlegt zu einem ganz bestimmten Zweck eingesetzt werden. Gerade der routinierte Untersucher weiß um den Wert solcher wohldosierten Suggestivfragen und Provokationen. Entgegen der häufig anzutreffenden Meinung werden damit keineswegs ausschließlich die vom Explorierenden − scheinbar − vorgegebenen Ansichten bestätigt und die Antwortmöglichkeiten des Probanden eingeschränkt; man kann vielmehr mit solchen Fragen − kunstgerecht angewendet − den Probanden veranlassen, daß er mehr aus sich herausgeht und sich an der Exploration reger beteiligt. Freilich bedarf es dazu langer Erfahrung. Grundsätzlich kann jedoch eine kriminologische Exploration weder mit einer (polizeilichen) Vernehmung noch mit einem allgemeinen Interview noch mit einer ergänzenden Befragung im Rahmen psychologischer Testuntersuchungen oder gar einem therapeutischen oder pädagogischen Gespräch verglichen werden. Dies sollte man sich immer wieder vor Augen halten.

Von besonderer Bedeutung ist schließlich, daß der Untersucher mit einer gewissen Hartnäckigkeit auf möglichst **detaillierte und genaue Angaben** des Probanden drängt. Während dies für den Praktiker in den für seinen beruflichen Alltag unmittelbar bedeutsamen Bereichen (etwa für den Strafrichter im Bereich der Angaben zu den strafrechtlichen Tatbestandsmerkmalen) selbstverständlich ist, hat man häufig den Eindruck, daß er sich in anderen Bereichen, etwa den hier relevanten Lebensbereichen, erstaunlich rasch mit oberflächlichen und pauschalen Angaben zufrieden gibt (Beispiel: „Haben Sie eine Lehre gemacht?" − „Ja." − Keine weiteren Fragen, obwohl genügend Anlaß besteht, daran zu zweifeln. Oder: „Was haben Sie im letzten Jahr in Ihrer Freizeit gemacht?" − „Ich bin spazieren gegangen und habe Beeren gesammelt". . . .?).

Auch bei *vermeintlich klaren Begriffen* und Einschätzungen ist oft besondere Vorsicht geboten: „Gelegenheitsarbeiten" oder „Gaststättenbesuche" können z. B. hinsichtlich Struktur, Verlauf und formaler Voraussetzungen sehr unterschiedlich aussehen, ebenso kann der Untersucher unter Bezeichnungen wie „Freund", „Kumpel" oder „Braut" und „Freundin" etwas völlig anderes verstehen als der Proband (s. im einzelnen u. 3.5.).

Unabhängig von diesen Einzelfragen muß der Untersucher trotz des ständigen (gedanklichen) Zuordnens und Überprüfens der erhaltenen Informationen unter allen Umständen vermeiden, den Probanden *vorschnell zuzuordnen* und in der Folge durch weitere gezielte Fragen sich allenfalls noch um eine Bestätigung dieser getroffenen Zuordnung zu bemühen. Er läuft sonst Gefahr, den Probanden in ein bestimmtes Raster zu pressen und sich so den Blick für die in jedem Fall vorhandenen und für die Analyse wichtigen Besonderheiten zu verstellen.

Erfahrungsgemäß läßt sich die Exploration durch gewisse **Hilfestellungen** erleichtern und vor allem hinsichtlich des Zeitaufwands ökonomisch gestalten: Selbst bei kurzen Lebensläufen (etwa von Jugendlichen) ist es sinnvoll, wenn sich der Untersucher vorab anhand der Akten oder aber gemeinsam mit dem Probanden ein knappes *Gerüst von wesentlichen Lebensdaten* des Probanden (z. B. Geburtsdatum, Einschulung, Schulabschluß, Lehrbeginn bzw. -ende, Bundeswehr-/Zivildienstzeit, Anfang und Ende verschiedener Arbeitstätigkeiten, Zeitangaben zum Wohnortwechsel oder ähnliches, aber auch markante Daten zum Freizeit- und Kontaktbereich) erarbeitet. Dies erlaubt sowohl dem Untersucher als auch dem Probanden, dem (wie fast jedem Menschen) seine eigenen exakten Lebensdaten in aller Regel keineswegs spontan präsent sind, eine gewisse Orientierung.

Meist bietet es sich an, anhand dieses Gerüstes *bestimmte Zeitabschnitte* jeweils hinsichtlich aller Lebensbereiche durchzugehen. Solche Abschnitte lassen sich beispielsweise eingrenzen durch die Dauer der Tätigkeit in einem bestimmten Betrieb, durch den Aufenthalt an einem bestimmten Wohnort oder durch das Zusammensein mit einer bestimmten Person (z. B. „während der ersten Ehe" oder ähnlichem). Der Proband ist so eher in der Lage, sich zu erinnern, was er in diesem Zeitraum etwa abends im Anschluß an die Arbeit gemacht hat, als bei Fragestellungen, die lediglich an ein bestimmtes, für den Probanden weitgehend abstraktes Datum anknüpfen. (Beispiel: „Was haben Sie im Mai 1976 an den Wochenenden gemacht?" Im Gegensatz dazu: „Was haben Sie an den Wochenenden gemacht, als Sie bei der Fa. X. arbeiteten und bei Ihrer Freundin Y. wohnten?")

Ein recht plastisches Bild vom Täter und seinem Lebenszuschnitt läßt sich oft durch *Tageslaufschilderungen* des Probanden gewinnen. Von Interesse kann neben dem Tag der Deliktsbegehung beispielsweise ein Tag aus der jüngsten Vergangenheit sein, will man einen möglichst aktuellen Einblick in das Leben des Probanden erhalten. Aber auch ein Vergleich von Tagesläufen aus verschiedenen Zeitabschnitten des bisherigen Lebens kann angezeigt sein. Solche Tageslaufschilderungen, z. B. von einem „typischen" Arbeitstag und einem „typischen" Tag, an dem der Proband nicht arbeitet (z. B. Samstag oder „Blaumachen"), geben aufschlußreiche Hinweise zum gesamten Lebensstil, zu den für den Probanden im alltäglichen Leben besonders wichtigen Dingen, zu seinen Interessen usw. Gleichzeitig finden sich Anhaltspunkte zu weiterführenden Fragen. Voraussetzung ist allerdings auch hier das Drängen auf eine eingehende Darstellung. Eine Tageslaufschilderung, die sich etwa darauf beschränkt, festzustellen, daß der Proband tagsüber arbeitet und nach Feierabend „noch ein Bier trinken" geht, ist völlig unergiebig. Hier wäre ganz genau nachzufragen, zur Feierabendsituation etwa in folgender Weise: Schildern Sie doch einmal, wie Ihr Feierabend aussieht! Was machen Sie ganz genau, wenn Sie abends die Werkstatt verlassen? Gehen Sie gleich nach Hause? Gibt es eine ganz bestimmte Gaststätte, die Sie nach Arbeitsschluß aufsuchen? Wen treffen Sie dort? Was passiert dann? Und danach? Sind Sie dann immer noch mit den gleichen Leuten zusammen? Und wie geht es dann weiter? Welche Gaststätten werden denn besucht im Laufe des Abends? Was tun Sie in den einzelnen Gaststätten? Wieviel Bier trinken sie bei dieser Gelegenheit? usw.

Dabei kann es auch sehr hilfreich sein, ein *Zeitdiagramm* zu erstellen, sich also vom Probanden detaillierte Zeitangaben und die genaue Dauer einzelner Tätigkeiten geben zu lassen und diese zu addieren; man kann so sehr schnell erkennen, wie viele Stunden vom Tag scheinbar übrigbleiben, wo bestimmte Angaben des Probanden nicht ganz aufgehen können usw.

Bei einiger Erfahrung des Untersuchers bezüglich des Lebenszuschnitts wiederholt Straffälliger muß es ihm möglich sein, aufgrund der Angaben des Probanden den erhobenen Lebensbereich *vor sich erstehen zu lassen* und sich die Situationen und Abläufe gewissermaßen plastisch vor Augen zu führen. Falls dies nicht gelingt, sollten weitere Informationen erfragt werden. Das Bemühen, auf diese Weise einen Zugang zu dem Probanden in den verschiedenen Lebenssituationen und Lebensbereichen zu gewinnen, ist für die Erfassung des Täters in seinen sozialen Bezügen weit hilfreicher als das bloße Sammeln von − evtl. durchaus relevanten − Fakten. Selbst bei einer nahezu unendlichen Vielzahl von Einzelangaben und einzelnen Tatsachen entziehen sich die eigentlichen Lebenssachverhalte so lange dem Zugriff und bleiben blaß, wie es nicht gelingt, sich anhand dieser Fakten die Situationen und Umstände konkret vorzustellen.

Von diesem Bemühen scharf zu unterscheiden ist der Versuch, sich in den Probanden „hineinzuversetzen" und sich selbst und seine eigene Persönlichkeit an der Stelle des Probanden und seiner Persönlichkeit zu sehen. Dies ist auf alle Fälle zu vermeiden, denn faktisch kann man sich in einen anderen Menschen gar nicht hineinversetzen. Versucht man es dennoch, so erlebt man in einer entsprechenden (vorgestellten) Situation stets sich, sein eigenes Empfinden, seine eigenen Reaktionen, nicht aber das Erleben und Empfinden des anderen, um den es allein geht. Jedes Abgleiten in solchermaßen subjektiv geleitetes Befragen birgt die Gefahr unrichtiger und daher nutzloser Erhebungen in sich und kann die Wertlosigkeit der gesamten kriminologischen Beurteilung nach sich ziehen.

2.2. Aktenauswertung

Die zweite Säule der kriminologischen Erhebung bildet die Aktenauswertung. Hilfreich sind hier neben den **Strafakten** im engeren Sinne, welche die unmittelbar mit den begangenen Straftaten zusammenhängenden Erkenntnisse beinhalten, vor allem die **Berichte der (Jugend-)Gerichtshilfe,** die **Unterlagen des Jugendamtes** und des **Bewährungshelfers** sowie die **Vollzugsakten,** und zwar auch solche aus früheren Verfahren.

Trotz der Fülle von Informationen, die z. B. in den Strafakten − vor allem bei schwerwiegenden Delikten − enthalten sein können, beschränken sich diese doch in der Mehrzahl der Fälle auf den unmittelbar strafrechtlich relevanten Sachverhalt und geben meist keine zufriedenstellende Auskunft hinsichtlich der einzelnen kriminologisch interessanten Fragen zum allgemeinen Sozialverhalten im täglichen Leben. Neben ihrem − sehr unterschiedlichen − unmittelbaren Nutzen als Quelle für zusätzliche Erkenntnisse kommt den Akten jedoch vor allem für die kriminologische Exploration des Probanden erhebliche Bedeutung zu: Sie stellen fast regelmäßig ein *Gerüst* von einigermaßen objektivierten Lebensdaten zur Verfügung, an dem sich nicht nur der Untersucher, sondern oft auch der Proband orientieren kann. So können z. B. die Angaben eines entsprechend langen *Strafregisterauszuges* — die als solche für die kriminologische Analyse eigentlich nur von relativ geringem Interesse sind — die Grundlage für eine sinnvolle, vor allem aber ökonomische Exploration bilden, da häufig erst mit ihrer Hilfe in das Leben des Probanden eine einigermaßen überschaubare zeitliche „Ordnung" gebracht werden kann.

Obwohl der Wert der Akteninformationen für die kriminologische Erhebung grundsätzlich recht hoch einzuschätzen ist, sind gerade für die Aktenauswertung einige **Einschränkungen** zu bedenken (vgl. GÖPPINGER 1980, S. 112 ff.): So muß stets berücksichtigt werden, nach welchen Gesichtspunkten und mit welcher Zielsetzung die eine oder andere Art von Akten angelegt worden ist. Denn der jeweilige Inhalt läßt sich nur dann richtig erfassen und einschätzen, wenn die für den betreffenden Aktenzweck relevanten Angaben von jenen unterschieden werden können, die gewissermaßen beiläufig in die Akte aufgenommen und damit häufig im einzelnen nicht oder nicht so gründlich überprüft worden sind. Selbst in Gerichtsurteilen festgestellte „Tatsachen" stimmen keineswegs immer mit der Wirklichkeit überein.

In Strafakten findet man — naturgemäß — die größte Genauigkeit bei der Feststellung der tatsächlichen Voraussetzungen der gesetzlichen Tatbestände, die im konkreten Fall in Betracht kommen. Hingegen sollte man bei der Verwertung solcher Tatsachen, die für die Strafzumessung von Bedeutung sind und die außerhalb der normativen Tatbestandsvoraussetzungen liegen, durchaus zurückhaltend sein. Dies gilt nicht nur für Angaben über Einkommen, Vermögen, Krankheit usw., sondern insbesondere auch für Angaben (z. B. in Urteilen) über den bisherigen Lebensweg, hier vor allem über den Leistungsbereich, also etwa über den — angeblich — erfolgreichen Abschluß der Schule oder einer Lehre, über die Zahl und Dauer von Beschäftigungsverhältnissen, den ausgeübten Beruf usw.

Abgesehen von diesen speziellen Sachbereichen, die je nach Aktenzweck von größerer oder geringerer Zuverlässigkeit und damit Verwertbarkeit sind, wird man auch noch auf die Quellen achten müssen, die den einzelnen Aktenangaben zugrunde liegen. So ist z. B. zu unterscheiden, ob die Informationen durch ein rasches, routinemäßiges Abfragen ohne intensivere Überprüfung gewonnen wurden oder ob eine sehr ausgiebige Befragung mit vielen Rückfragen die Basis bildet. Freilich werden von den Vernehmenden, insbesondere der Kriminalpolizei, unbeabsichtigt nicht ganz selten bestimmte Angaben, vor allem auch über Motive und Tatzusammenhänge, in den Tatverdächtigen erst „hineingefragt": Schon deshalb wären in gravierenden Fällen bei (kriminal-)polizeilichen Vernehmungen wörtliche Protokolle angezeigt. Am zuverlässigsten ist die Wiedergabe von unmittelbaren Beobachtungen, sofern sie in beschreibender und nicht bereits in klassifizierender oder interpretierender Weise erfolgt. Problematisch wird es, wenn in den Akten Wertungen enthalten sind, insbesondere wenn diese sich nicht auf Feststellungen beziehen, die von dem betreffenden Referenten selbst erhoben wurden, sondern auf Berichte Dritter, die sich ihrerseits wieder auf fremde Angaben, etwa der Nachbarn oder der Angehörigen des Probanden, stützen.

Andererseits sollte man auch bei den in den Akten befindlichen Aussagen des Probanden zu allen affektbeladenen Bereichen, vor allem im Zusammenhang mit den „dunklen" Punkten seiner Vergangenheit, skeptisch sein. Bei manchen falschen Angaben sind die Motive nicht ohne weiteres einsichtig, oder die Angaben beziehen sich auf völlig belanglose Gebiete, so daß zunächst nichts auf ihre Unrichtigkeit hindeutet. Umgekehrt kommt es aber auch durchaus vor, daß Angaben, die sich schließlich als richtig herausstellen, zunächst als unzutreffend angesehen werden.

Generell vermögen die Akten jedoch nicht nur Lücken zu schließen, sondern können auch deshalb beträchtlich zum *Wahrheitsgehalt* der Erhebungen beitragen, weil sie aus völlig verschiedenen Bereichen stammen, von vielerlei Personen unabhängig voneinander angelegt wurden und in aller Regel zeitlich näher an den tatsächlichen Ereignissen liegen als die spätere kriminologische Erhebung. Trotz dieser unbestrittenen Vorzüge würden die aus den Akten zu erlangenden Informationen jedoch überbewertet, wenn man ihnen prinzipiell den höheren Rang bei *Widersprüchen* einräumte. Es wäre vor allem ungerechtfertigt und falsch, alle Differenzen zwischen den Aussagen des Probanden und dem Akteninhalt einerseits oder später durch den Probanden wieder korrigierte Aussagen in den Akten andererseits als Ausdruck der Unglaubwürdigkeit des Probanden anzusehen. Vielfach sind trotz größten Bemühens um Richtigkeit die Antworten infolge (unbewußter) Erinnerungsverfälschung oder schlichten Vergessens unrichtig oder zumindest nicht erschöpfend.

Auch die Tatsache, daß ein Proband während der Exploration eine zuvor gemachte Angabe später, in einem anderen Zusammenhang, korrigiert, sollte man nicht ohne weiteres als Indiz für dessen Unglaubwürdigkeit ansehen (wie dies übrigens bei Gerichtsverhandlungen auch bezüglich der Zeugen oft der Fall ist). Die meisten Menschen wissen aus eigenem Erleben, daß ein bestimmtes Faktum zunächst in der Erinnerung anders erscheinen mag, als es tatsächlich war; die richtige Version fällt einem oft erst dann wieder ein, wenn man sich an das Umfeld dieses Faktums, an die ganze Situation, in der es stand, erinnert, wenn also — meist erst nach einem längeren Gespräch über jenen Zeitraum — ein solches Erleben in allen seinen Verknüpfungen wieder gegenwärtig wird.

2.3. Drittbefragungen

Die Erhebungen im sozialen Umfeld des Probanden können insbesondere zur Aufklärung von Widersprüchen beitragen und die Exploration des Probanden sowie die Aktenauswertung im einen oder anderen Fall sinnvoll ergänzen. Im Vordergrund stehen dabei die **Befragungen der nächsten Angehörigen** des Probanden über dessen allgemeine Biographie, über die Krankheitsanamnese (vor allem in der Kindheit) oder im Hinblick auf Einzelaspekte aus der allgemeinen Sozialanamnese. Gelegentlich können auch zusätzliche Erkundigungen, beispielsweise am Arbeitsplatz, nützliche Hinweise geben. Im Rahmen solcher **Erhebungen im sozialen Umfeld** können gleichzeitig Ortsbesichtigungen durchgeführt und auf diese Weise — gewissermaßen als Nebenprodukt — Eindrücke von den Örtlichkeiten gewonnen werden. Da der Zeitaufwand für solche Fremderhebungen in der Regel jedoch recht beträchtlich ist, werden diese Informationsquellen meist nur durch das Einschalten der (Jugend-)Gerichtshilfe zu erschließen sein. Allerdings kann sich vor allem bei Jugendlichen ein Besuch im Elternhaus für eine kriminologische Erfassung des Probanden auch als unbedingt notwendig und sehr fruchtbar erweisen. Dies wird in der Praxis bei „Problemfällen" des Jugendamtes und bei den Ermittlungen der Jugendgerichtshilfe ohnehin in der Regel geschehen.

3. Das allgemeine Sozialverhalten des Probanden

Um den gesamten Sozialbereich erfassen zu können, bedarf es zunächst einer Aufspaltung in einzelne Lebensbereiche und Teilaspekte. Diese ist notwendigerweise künstlich; sie ist aber aus methodischen Gründen im Hinblick auf die spätere Analyse (s. u. Kap. V) unumgänglich.

Das Gewicht und die Bedeutung der **einzelnen Erhebungsbereiche** ist von Fall zu Fall sehr unterschiedlich. Im Mittelpunkt stehen der *Leistungsbereich* (s. u. 3.3.), der *Freizeitbereich* (s. u. 3.4.) und der *Kontaktbereich* (s. u. 3.5.), einschließlich der *eigenen Familie* (s. u. 3.6.); hinzu kommt noch der *Aufenthaltsbereich* (s. u. 3.2.). Eingehende Erhebungen zum Bereich der *Herkunftsfamilie* sind demgegenüber nur dann sinnvoll, wenn der Proband noch in seiner Elternfamilie lebt oder ein enger Kontakt besteht. Ansonsten wird man sich in diesem Bereich weitgehend auf das Erziehungsverhalten der Eltern (bzw. im Heim) und die Reaktionen des Probanden darauf sowie auf einige grobe Eindrücke zur Situation in der Elternfamilie beschränken (s. u. 3.1.). Andere Teilbereiche, etwa die *Krankheitsanamnese* (s. u. 3.8.) oder *Alkohol- und Drogenkonsum* (s. u. 3.7.), werden lediglich als Teilaspekte der übrigen Lebensbereiche gesondert berücksichtigt; sie können im Einzelfall gänzlich irrelevant, andererseits aber auch der Anlaß sein, einen (psychiatrischen) Sachverständigen beizuziehen.

Im *Delinquenzbereich* (s. u. 4.) werden vor dem Hintergrund der Erhebungen zum allgemeinen Sozialverhalten die (registrierten und nicht registrierten) Straftaten vorrangig unter kriminologischen Aspekten zusammengefaßt.

Unter dem Begriff der *allgemeinen Lebensorientierung* (s. u. 5.) werden schließlich vom konkreten Verhalten abstrahierende grundsätzliche Einstellungen und Haltungen des Probanden berücksichtigt.

Sofern sich der Proband zum Zeitpunkt der kriminologischen Untersuchung schon seit längerer Zeit *in Haft* befindet, wird sein Verhalten während dieses Zeitraums als gesonderter Punkt behandelt (s. u. 6.).

Die bei den einzelnen Erhebungsbereichen angegebenen Fragestellungen und Gliederungsgesichtspunkte sind keineswegs erschöpfend; sie können und sollen es auch gar nicht sein. Sie besitzen **lediglich beispielhaften Charakter** und sollen als Anhaltspunkte dienen. Unabdingbare *Voraussetzung* für eine sinnvolle Erhebung ist die *genaue Kenntnis* des Gegenstandes, um den es geht, hier also *der gesamten*

Analyse- und Diagnosekriterien (s. u. Kap. V und VI). Nur dann können die für die Beurteilung tatsächlich relevanten Dinge erhoben und so eine solide Grundlage für die Analyse geschaffen werden. Die nachfolgende Auflistung von möglichen Fragekomplexen darf also − dies sei nochmals betont − **auf keinen Fall als Fragebogen** (miß-)verstanden werden, den es mehr oder weniger „abzuhaken" gilt. Dem steht zum einen entgegen, daß die angeführten Fragen fast durchweg viel zu komplex und zu abstrakt sind, als daß sie etwa bei der Exploration direkt angewendet werden können; sie müssen zu diesem Zweck in aller Regel noch weiter aufgegliedert werden. Zum anderen kommt ein systematisches Abfragen der einzelnen Lebensbereiche im Rahmen der kriminologischen Exploration ohnehin nur als seltene Ausnahme in Frage (s. o. 2.1.2.). Noch gewichtiger ist schließlich die Überlegung, daß keineswegs allgemein verbindlich festgelegt werden kann, welche Art und welche Anzahl von Einzelfakten (und Einzelfragen) im jeweiligen Einzelfall, der stets einzigartig und einmalig ist, für eine fundierte Erhebung ausreichen. Jeder „Fall" hat seine spezifischen Eigenheiten, bei denen nicht nur einzelnen Fakten, sondern unter Umständen ganzen Bereichen unterschiedliche Bedeutung zukommt. Was im einen Fall letztlich unwichtig oder gar überflüssig ist, kann im anderen Fall von großer Bedeutung sein.

3.1. Kindheit und Erziehung (Elternfamilie)[1]

Erfahrungsgemäß ist gerade bezüglich der Herkunftsfamilie die Gefahr besonders groß, daß aufgrund irgendwelcher Globalerklärungen oder auch bestimmter, für den Einzelfall meist völlig irrelevanter Theorien bereits bei den Erhebungen sehr schnell (Kausal-)Zusammenhänge zwischen bestimmten Merkmalen der Herkunftsfamilie (z. B. Schichtzugehörigkeit, Familienstruktur, Familienleben, Sozialverhalten der Eltern usw.) und dem späteren Verhalten des Probanden hergestellt werden und damit die ganze folgende Erhebung (und Analyse) auf ein falsches Geleise gerät. Es sei deshalb auch im Hinblick auf die Erhebungen darauf hingewiesen, daß es bei der kriminologischen Beurteilung nicht um Kausalerklärungen geht, sondern darum, aus dem bisherigen Verhalten des Probanden durch eine beschreibende Analyse eine kriminologische Diagnose (und Prognose) abzuleiten (s. dazu grundsätzlich o. Kap. III, 2.). Bei den kriminologischen Erhebungen kommt es daher in erster Linie auf den *Probanden,* auf *seine* Lebensführung, auf *seine* Einstellungen und auf *sein* Verhalten an.

Demzufolge wird bei den Erhebungen zum Familienbereich auch auf eine vollständige Erfassung der Herkunftsfamilie verzichtet. Das Interesse gilt hier in erster Linie dem Verhalten des Probanden im Zusammenhang mit der Erziehung im Kindesalter durch die Eltern oder gegebenenfalls auch im Rahmen eines Heimaufenthalts; alle anderen Aspekte seines Verhaltens während der Kindheit werden bei den anderen Lebensbereichen, also beim Aufenthalts-, Leistungs-,

---

[1] *Beispiel* zu Art und Umfang der Erhebungen zu diesem Bereich s. u. Fall B., Kap. IX, 2.1.1.

Freizeit- und Kontaktbereich, berücksichtigt. Daneben erlauben bereits einige wenige äußere Daten eine grobe Orientierung über die Herkunftsfamilie, die im Rahmen der Gesamterhebungen zur kriminologischen Erfassung des Probanden in der Regel ausreicht.

Als *Quelle* für Informationen zu diesem Bereich kommen neben der Exploration des Probanden vor allem die Angaben der Eltern bzw. sonstiger Erziehungspersonen in Betracht; über die Erziehung des Probanden und über die häuslichen Verhältnisse in früheren Jahren können aber auch die Akten, z. B. des Jugendamtes, wichtige Hinweise enthalten.

Bezüglich der *Eltern* können sich die Erhebungen auf überwiegend leicht feststellbare Fakten beschränken: Alter, örtliche und soziale Herkunft, erlernter Beruf, ausgeübte Berufstätigkeit, irgendwelche Auffälligkeiten (etwa übermäßiger Alkoholkonsum, Straffälligkeit usw.), aber auch besonderes soziales Engagement, Ehrenämter usw. und schließlich die Frage nach gravierenden Krankheiten.

Ähnliche Angaben sollten auch zu den *Geschwistern* erhoben werden, zumal ihre Entwicklung und ihr weiterer Lebensweg als Vergleich zu Entwicklung und Lebensweg des Probanden unter Umständen recht aufschlußreich sein können.

Über *sonstige Verwandte* (häufig z. B. die miterziehenden Großeltern, Tanten usw.) können einige nähere Angaben für den Fall von Belang sein, daß sie für den Werdegang oder im bisherigen Leben des Probanden eine besondere Rolle gespielt haben oder noch spielen. In diesem Zusammenhang sollte auch nach *sonstigen Personen* gefragt werden, die in gewisser Weise eine „Vater-" oder „Mutterstelle" eingenommen haben (z. B. der Freund der ledigen Mutter des Probanden, der Stiefvater oder bei Heimunterbringung auch ein bestimmter Erzieher usw.).

Eingehender zu erheben ist dagegen die Erziehung des Probanden, und zwar vor allem das **Verhalten des Probanden im Zusammenhang mit der Erziehung:** Hierfür sind zunächst einige Angaben zur *Erziehung* selbst erforderlich (In wessen Hand lag die Erziehung? Wie sah die Erziehung konkret aus? Stand der Proband unter einer gewissen Aufsicht und Kontrolle? Wußten die Erziehungspersonen z. B., wo sich der Proband außerhalb des Hauses aufhielt und mit wem er Umgang hatte? Nahmen sich die Eltern Zeit für den Probanden bzw. für ihre Kinder? Zu welchen Konsequenzen führte Ungehorsam? Welche Sanktionen gab es? Wie war die Erziehung insgesamt? War sie streng oder nachgiebig? War sie konsequent oder widersprüchlich und wechselhaft? Standen Lob und Tadel in situationsgerechtem (ausgewogenem) Verhältnis zueinander? Stimmten die Eltern untereinander bei ihrer Erziehung überein? Gab es Unterschiede in der Erziehung des Probanden und seiner Geschwister? Wechselten die Erziehungspersonen? Wie war es bei den Eltern? Wie im Heim? usw.).

Das Augenmerk richtet sich dann vor allem auf das *Verhalten des Probanden* (Wie reagierte der Proband auf die Erziehung? Fügte er sich weitgehend? Entzog er sich ihr? In welcher Weise? Wie sah das genau aus? Wie reagierte er auf inkonsistente oder widersprüchliche Erziehung? Wie auf Lob, Tadel oder Strafe? Wie empfand er sie? Wie stellt er sich nachträglich dazu? usw.).

Von einigem Gewicht ist in diesem Zusammenhang auch die Frage, inwieweit dem Probanden schon als Kind eine gewisse – altersgemäße – *Verantwortung*, etwa in Form bestimmter *Aufgaben und Pflichten,* übertragen worden ist (Hatte er über

längere Zeit hinweg genau festgelegte Aufgaben und Pflichten zu erfüllen? Ist er
diesen Verpflichtungen nachgekommen oder hat er sie vernachlässigt? Suchte er sich
unter Umständen sogar selbst einen altersgemäßen Aufgaben- und Pflichtenkreis?
Bekam er Taschengeld? Wieviel? Was machte er damit konkret? Kam er mit dem
Geld aus? Wurde ihm sonst schon in irgendeiner Form Verantwortung übertragen?
usw.).

Der *Umfang* der Erhebungen zum Familienbereich wird je nach Alter des
Probanden und seines noch bestehenden Wohnsitzes bei den Eltern unterschiedlich
sein. Es sollte aber stets geklärt werden, ob und wie lange die Elternfamilie oder
einzelne Personen der Herkunftsfamilie auch im späteren Leben des Probanden von
Bedeutung waren bzw. ob sie später (z. B. während eines Haftaufenthalts) wieder
eine Rolle spielten. Dies wäre Anlaß, die Beziehungen zu den jeweiligen Personen
im Rahmen des Kontaktbereichs (s. u. 3.5.) eingehender zu erheben.

3.2. Aufenthaltsbereich[2]

Unter dem Aufenthaltsbereich ist der tatsächliche Wohn- und Aufenthaltsort (nicht
der formale Wohnsitz im melderechtlichen Sinn) mit seinem Umkreis zu verstehen.
Gemeint ist also jener Raum, in dem sich üblicherweise das alltägliche Leben des
Probanden abspielt. Spezielle, jeweils nur kurzfristige Aufenthaltsorte, die entweder
bereits von dem eigentlichen Aufenthaltsort im weiteren Sinne umfaßt werden oder
von denen der Proband immer wieder zu seinem ständigen Aufenthalts- und
Wohnort zurückkehrt (z. B. die Arbeitsstätte oder die verschiedenen Orte, an denen
er seine Freizeit verbringt, also bestimmte Gaststätten, der Sportplatz, aber auch
etwaige Urlaubsorte, kurzfristige Krankenhausaufenthalte usw.), bleiben hier
unberücksichtigt und werden in die entsprechenden Lebensbereiche (also vor allem
in den Leistungs- und Freizeitbereich) mit einbezogen.

Insgesamt sollte der Aufenthaltsort in der Darstellung nicht zuviel Raum
einnehmen, andererseits aber ein gewisses *Zeitraster* für die anderen Lebensbereiche
abgeben. Daher kann es bei diesem Bereich ausnahmsweise sinnvoll sein, die
Erhebungen selbst bereits chronologisch durchzuführen (s. o. 2.1.2.) und nicht, wie
sonst üblich, erst nachträglich systematisch zu ordnen.

Quellen für die Erhebungen zum Aufenthaltsbereich sind neben den Angaben zum Wohnsitz in
den Akten vor allem die Exploration des Probanden und Drittbefragungen, insbesondere wenn
diese – im Hinblick auf den Wohnbereich – mit einer Ortsbesichtigung verbunden werden
können.

Neben der Feststellung des jeweiligen Wohnsitzes sind vor allem **Zeitpunkt** und
Gründe eines Wechsels zu erheben. Dieser kann z. B. wegen Heimunterbringung
oder auswärtiger Ausbildung, zur Ableistung des Wehr- oder Zivildienstes, wegen

---

[2] *Beispiel* zu Art und Umfang der Erhebungen zu diesem Bereich s. u. Fall B., Kap. IX,
2.1.2.

eines Haftaufenthalts oder wegen einer längerfristigen Unterbringung in einem Sanatorium erfolgen. Ab wann hatte der Proband eine eigene Unterkunft oder (eheliche) Wohnung? Kam es jemals in seinem Leben zu wohnsitzlosem Herumstreunen? Wie kam es dazu? Wie lief das im einzelnen ab? Wie lange hat der Proband noch regelmäßig zu Hause gegessen und geschlafen? Wann hat er das Elternhaus endgültig verlassen und aus welchen Gründen? Zudem sollte in Erfahrung gebracht werden, ob sich der Proband (bzw. seine Familie) unter den jeweils gegebenen Wohnverhältnissen wohlfühlte oder nicht und ob der Wechsel jeweils eine Verbesserung oder eine Verschlechterung der Wohnverhältnisse mit sich brachte.

Im Zusammenhang mit dem Aufenthaltsbereich ist auch der **Wohnbereich** (d. h. die eigentliche Wohnung, das Zimmer, die Unterkunft des Probanden, deren Ausgestaltung und Atmosphäre, aber auch die Art der Wohngegend) von Interesse. Im Vordergrund steht dabei die Beziehung, die der Proband zu seinem Zuhause hat. Einen gewissen Eindruck hiervon kann man z. B. dadurch erhalten, daß man sich das eigene Zimmer oder die Wohnung genau schildern läßt. Je nach Differenziertheit des Probanden können Art und Reichhaltigkeit seiner Schilderung wichtige Anhaltspunkte für seine innere Einstellung und Beziehung zu diesem seinem eigenen Bereich geben. Gelegentlich erfährt man über diesen Umweg zugleich einiges über das (frühere) Zusammenleben in der Elternfamilie, z. B. daß der Proband nie einen eigenen Bereich in der Wohnung hatte, daß häufig auch andere, nicht zur Familie gehörende Personen in der elterlichen Wohnung übernachteten und ähnliches. Da die Bedeutung des Wohnbereichs von Fall zu Fall variiert und dieser Bereich bei dem einen Probanden geradezu den Mittelpunkt seines Lebens darstellen, bei dem anderen jedoch eine völlig nebensächliche Rolle spielen kann, hängt auch der Umfang der Erhebungen zu diesem Bereich vom jeweiligen Einzelfall ab.

3.3. Leistungsbereich[3]

Dem Leistungsbereich werden alle mit Verhaltens- und Leistungsanforderungen zusammenhängenden Gesichtspunkte zugeordnet, die sich auf den Werdegang des Probanden in der *Schule* und der *Berufsausbildung* sowie auf seine *Berufstätigkeit* beziehen. Anderweitige Leistungsanforderungen, beispielsweise im Zusammenhang mit bestimmten Pflichten in der Familie oder einer bestimmten Art der Freizeitgestaltung, bleiben hier zunächst unberücksichtigt und werden − vor allem auch im Hinblick auf die spätere Analyse − vorrangig dem Freizeitbereich zugeordnet.

Ergiebige *Informationsquellen* zum Verhalten im Leistungsbereich können neben den Angaben des Probanden insbesondere die Akten (z. B. Arbeitsbescheinigungen, Zeugnisabschriften,

---

[3] *Beispiel* zu Art und Umfang der Erhebungen zu diesem Bereich s. u. Fall B., Kap. IX, 2.1.3.

Berichte der Gerichtshilfe, des Bewährungshelfers oder des Jugendamtes) sowie Auskünfte Dritter (z. B. des Lehrers oder des Arbeitgebers) sein.

Zum Verhalten in der **Schule** sind die mehr oder weniger *formalen Gesichtspunkte* (Schulart, Dauer des Schulbesuchs, Klassenwiederholung, Schulabschluß usw.) in der Regel verhältnismäßig leicht feststellbar und grundsätzlich bei jedem Probanden zu erheben. Schwieriger ist es demgegenüber, zuverlässige Angaben über die eigentlichen kriminologisch relevanten Sachverhalte zu erlangen. Je nach Alter des Probanden wird dabei das Bemühen um eingehendere Erkenntnisse zum schulischen Verhalten variieren, obgleich es auch bei älteren Probanden aufschlußreich sein kann, wenn man erste Ansätze und Parallelen zum späteren Arbeitsverhalten bereits im schulischen Verhalten vorfindet.

So interessieren neben den *Gründen* für das Wiederholen einer Klasse oder für den fehlenden (Haupt-)Schulabschluß nähere Angaben
über die *schulischen Leistungen* (Grundsätzliches Interesse an der Schule? Zeugnisnoten? Lieblingsfächer? Besondere Schwächen? Was wurde dagegen unternommen? Wurden die Hausaufgaben regelmäßig gemacht? Zeigten die Eltern Interesse an den schulischen Leistungen des Probanden?),
über das *allgemeine Verhalten in der Schule* (z. B. Verhältnis des Probanden zu Mitschülern und Lehrern, Verhalten während des Unterrichts usw.),
über die *Einschätzung der Schule durch den Probanden* (Gern in die Schule gegangen? Bestand ein über die unmittelbaren Anforderungen hinausgehendes Interesse an der Schule?),
sowie vor allem Angaben über *Art und Ausmaß des Schwänzens* (Wurde überhaupt geschwänzt? Wie oft? Über längere Zeiträume hinweg? Warum wurde geschwänzt? Wurde stets allein oder stets zusammen mit anderen oder wechselweise geschwänzt? Wie lief das Schwänzen im einzelnen ab? Was wurde während dieser Zeit unternommen? Streunte der Proband dabei herum? Wurde das Schwänzen in irgendeiner Weise von ihm vertuscht? Welcher Art waren die Entschuldigungen? Wurden Entschuldigungsschreiben vom Probanden gefälscht? Wurde das Schwänzen von den Eltern gedeckt? Hielten die Eltern den Probanden unter Umständen sogar zum Schwänzen an? usw.).

Auch bei der **Berufsausbildung** gilt es zunächst zu klären, ob *überhaupt* eine Lehre oder eine sonstige Ausbildung angefangen wurde bzw. aus welchen *Gründen* dies nicht geschah (Hatte der Proband kein Interesse? Bestanden keine entsprechenden Ausbildungsmöglichkeiten? Konnte er nirgends einen Ausbildungsplatz erhalten? Warum? Wollte der Proband gleich – als Hilfsarbeiter – mehr Geld verdienen? Waren die Eltern mit dieser Entscheidung einverstanden? Oder sogar dafür ausschlaggebend – beispielsweise damit der Proband sofort zum Unterhalt der Familie beitragen konnte? usw.).

Für den Fall des Beginns einer Lehre kann von Interesse sein, wie der Lehrberuf und die Lehrstelle gefunden wurden (Eigener Wunsch und eigene Wahl des Probanden? Entscheidung der Eltern? Durch Vermittlung des Arbeitsamtes oder anderer Dritter?), aber auch, um welche Art von „Lehrbetrieb" es sich handelte (Anerkannter Lehrbetrieb oder etwas dubioser Betrieb ohne Ausbildungsberechtigung?).

Wichtiger ist jedoch in aller Regel auch hier das weitere *Leistungsverhalten* des

Probanden (Wie waren seine Leistungen? Kam er seinen Verpflichtungen nach? Machte er „blau"? Wie oft? Wie reagierte der Arbeitgeber darauf? Wie der Proband? Entschuldigte er sich nachträglich? Nahm er nachträglich Urlaub? Feierte er krank?).

Wurde die Lehre erfolgreich *abgeschlossen?* (Wenn nein, warum nicht? Schlechte Leistungen? Warum? − Keine Lust, kein Interesse mehr gehabt? Warum? − Zu wenig verdient? Schwierigkeiten mit dem Meister oder mit Kollegen bekommen? usw.) Wurde bei *vorzeitigem Lehrabbruch* eine neue Lehre − gegebenenfalls in einem anderen Beruf − angefangen?

Daneben kann das *allgemeine Verhalten an der Ausbildungsstelle* gegenüber Meister und Arbeitskollegen (Gab es Streitigkeiten? Wer trug − aus der Sicht des Probanden − daran die Schuld? Wie wurden sie bereinigt?) für das Gesamtbild genauso aufschlußreich sein wie die Frage, was mit der *Lehrlingsvergütung* geschah (Durfte der Proband sie für sich behalten? Mußte er zu Hause Kostgeld abgeben? usw.) bzw. wie er überhaupt in der Lehrzeit mit dem ihm zur Verfügung stehenden *Geld* umging (Was hat er damit angefangen? Gespart? Ausgegeben? Wofür? Ist er damit ausgekommen? Hat er Schulden gemacht? usw.).

Schließlich sollte das Verhalten des Probanden in der *Berufsschule* nicht vernachlässigt werden, zumal gar nicht so selten bereits dort bestimmte Auffälligkeiten, wie häufigeres und hartnäckiges *Schwänzen* (Was wurde während dieser Zeit gemacht? Wie waren die Entschuldigungen? usw.), erhebliches Stören des Unterrichts, Renitenz und Handgreiflichkeiten gegenüber dem Lehrer oder auch gegenüber Mitschülern, auftreten, denen man an der Lehrstelle wieder begegnet.

Für den Fall, daß der *Wehrdienst* (bzw. der Zivildienst) abgeleistet wurde, lassen sich manchmal deutliche Parallelen zum sonstigen Arbeitsverhalten finden (Wie wurde z. B. beim Wehrdienst die Zeit nach der Grundausbildung verbracht? Wurde sie in irgendeiner Form sinnvoll genutzt, z. B. durch Fortbildungslehrgänge, zur Erlangung des Führerscheins usw.? Wie war das Verhältnis zu Vorgesetzten und Kameraden? Gab es erhebliche Einordnungsschwierigkeiten? usw.).

Das Schwergewicht der Erhebungen (und der Analyse) zum Leistungsbereich liegt jedoch bei der **Berufstätigkeit** des Probanden. Dementsprechend eingehend und differenziert sollten daher auch die Erhebungen sein: Neben der *Anzahl* und der − möglichst genau (mit Datum) festzustellenden − *Dauer der Arbeitsverhältnisse* (Lagen zwischen den einzelnen Arbeitsverhältnissen längere Zeiten beruflicher Untätigkeit? Wurde zeitweilig überhaupt nicht gearbeitet?) ist es ratsam, sich die jeweilige *Arbeitstätigkeit* ganz konkret und genau schildern zu lassen und sich nicht mit pauschalen, oft völlig irreführenden Berufsbezeichnungen zu begnügen (Wie sah die Arbeit genau aus? Was hatte der Proband im einzelnen zu tun? Wie lief sein Arbeitstag ab? usw.).

Von Bedeutung sind daneben die grundsätzliche *Arbeitshaltung* und die *Einstellung* des Probanden zu seiner Arbeit (Hatte er Interesse an der Arbeit? Fühlte er sich unentbehrlich? War er jederzeit bereit, „blauzumachen" oder krankzufeiern? Sah er seine Arbeit als Job und als Möglichkeit an, auf möglichst einfache Weise Geld zu verdienen? usw.), aber auch das *Verhalten gegenüber Vorgesetzten und Kollegen* (Wie sah z. B. die Vesperpause aus? Hat der Proband im Betrieb besondere Pflichten, eine gewisse Vertrauensstellung oder besondere Verantwortung übernommen? usw.) und sein *Verhältnis zum Betrieb* (Fühlte er sich mit dem Betrieb verbunden?).

Mit der Frage, was den Probanden an einer bestimmten Arbeitsstelle hielt, wird gleichzeitig ein in kriminologischer Hinsicht zentraler Punkt des Leistungsbereichs angesprochen, nämlich die Häufigkeit und die *Art des Arbeitsstellenwechsels* (Welche *Gründe* werden für den Wechsel angegeben? Wer kündigte? Wurde überhaupt gekündigt, oder blieb der Proband einfach der Arbeit fern? Kündigte der Arbeitgeber tatsächlich deshalb, weil ihm eine frühere Straftat oder ein Haftaufenthalt des Probanden bekannt geworden war oder nicht doch wegen der schlechten Arbeitsleistung, wegen des häufigen Fehlens am Arbeitsplatz, des „Blaumachens" oder Krankfeierns? *Wie* erfolgte der Arbeitsstellenwechsel? War bei Kündigung des alten der neue Arbeitsplatz bereits gefunden – nahtloser Übergang? Oder mußte sich der Proband erst auf die Suche nach einer neuen Arbeit machen? Wann begann er mit der Suche? Wie ernst war es ihm mit dieser Suche?).

Nicht zuletzt sollten die Erhebungen zum Leistungsbereich auch Auskunft über das Interesse des Probanden an beruflicher *Fort- und Weiterbildung* (Wurden entsprechende Möglichkeiten wahrgenommen? Erfolgreich?) und vor allem über die *finanziellen Verhältnisse* und das finanzielle Gebaren des Probanden geben. Neben der Frage nach Schulden (Wofür? In welcher Höhe? Ratenzahlungen? Unterhaltspflichten gegenüber nichtehelichen Kindern?) oder Sparguthaben kann es unter Umständen hilfreich sein, zusammen mit dem Probanden dem (Monats-)Einkommen die Ausgaben gegenüberzustellen und so einen Überblick darüber zu erhalten, welche Summen wofür in welchen Zeiträumen ausgegeben wurden.

3.4. Freizeitbereich[4]

Neben dem Leistungsbereich stellt die Freizeit den wohl wichtigsten Lebensbereich für die kriminologische Beurteilung des Täters in seinen sozialen Bezügen dar. Ein einigermaßen geschlossenes Bild des Freizeitverhaltens ist jedoch aus verschiedenen Gründen ungleich schwerer zu gewinnen als beispielsweise vom Leistungsbereich. Zum einen kann im Freizeitbereich nicht wie etwa beim Leistungsbereich auf klar abgrenzbaren äußeren Daten aufgebaut werden, die für die Erhebung schon ein bestimmtes Gerüst bieten. Zum anderen gibt es auch keine verbindliche Definition dessen, was unter Freizeit zu verstehen ist. Für die kriminologische Erhebung (und Analyse) empfiehlt es sich daher, den Freizeitbereich nach pragmatisch-formalen Gesichtspunkten vom Leistungsbereich abzugrenzen:

Der *Freizeitbereich* umfaßt jenen Zeitraum, der nach Abzug einer achtstündigen täglichen Arbeitszeit (bzw. der Unterrichtszeit in der Schule) einschließlich der Wege zur und von der Arbeitsstätte (bzw. Schule) bei einer Fünf-Tage-Woche (Schulwoche) sowie der üblicherweise notwendigen Zeit für Mahlzeiten, Schlaf und

---

[4] *Beispiel* zu Art und Umfang der Erhebungen zu diesem Bereich s. u. Fall B., Kap. IX, 2.1.4.

Hygiene übrigbleibt. Demzufolge sind ihm neben den üblichen Freizeittätigkeiten, wie Hobby, Sport, Zusammensein mit der Familie, gemeinsame Unternehmungen mit Freunden und Bekannten usw., also auch alle leistungsorientierten Aktivitäten, wie Überstunden (bzw. Erledigung der Hausaufgaben), Nebenarbeiten (einschließlich der Schwarzarbeit), Fort- und Weiterbildung usw. zuzurechnen.

Schon in Anbetracht der Vielgestaltigkeit dieses Bereichs und der breitgefächerten Möglichkeiten, die Freizeit zu verbringen, wird man sich bei den Erhebungen — insbesondere soweit sie lange zurückliegende Zeiträume betreffen — auf die *wesentlichen* Freizeittätigkeiten beschränken müssen. Gleichwohl sollte man sich aber auch bei einem erwachsenen Probanden einen Eindruck davon verschaffen, wie er seine Freizeit in der Kindheit und in der Jugendzeit verbracht hat. Man kann freilich kaum erwarten, daß der Proband wirklich präzise darüber Auskunft gibt (bzw. geben kann), wie er irgendwann einmal seine Freizeit verbracht hat. Dies ist jedoch für die kriminologische Analyse auch nicht erforderlich.

Als *Quelle* für diese Erhebungen kommen in erster Linie die Angaben des Probanden in Betracht, gelegentlich kann auch auf Hinweise Dritter zurückgegriffen werden. In den herkömmlichen Strafakten und sonstigen Unterlagen finden sich demgegenüber kaum einmal brauchbare Hinweise auf das Freizeitverhalten eines Probanden, die über vereinzelte und pauschale Angaben hinausführen.

Einen Einstieg in die Erhebung des Freizeitbereichs erhält man zumeist mit der schlichten Frage, *was* der Proband in der Freizeit gemacht hat. Freilich darf man sich mit der daraufhin angegebenen Tätigkeit (z. B. „Kumpel getroffen" oder „Bier getrunken" oder „ins Kino gegangen" usw.) auf keinen Fall zufriedengeben, sondern muß nunmehr nachfragen: *Wie* lief das genau ab? Ganz genau! Konnte der Proband stets im voraus sagen, wo und mit wem er den Abend bzw. das Wochenende verbringen würde und wie lange diese Unternehmungen dauern würden? — *Wo* fand das statt? Was waren das für Lokale? Gutbürgerliche Gaststätten, in die „jeder gehen kann"? Schlecht beleumundete „Kneipen"? „Milieu"-Gaststätten? — *Mit wem* war der Proband zusammen? — *Wie lange* dauerte das? Konnte es auch einmal länger gehen? Wie spät war es dann? Wie sah es dann am nächsten Morgen mit dem Aufstehen aus? — *Wie oft* kam das vor? Wie oft fand „ausnahmsweise" im Monat statt? — *Was* wurde *sonst* in der Freizeit gemacht? Ganz genau! Wie verlief der Urlaub? usw.

Mehr als in jedem anderen Bereich ist beim Freizeitverhalten auf genaue Schilderungen des Ablaufs zu drängen. Nur so kann man sich ein Bild von der individuellen Freizeitgestaltung des Probanden machen, und nur so zeigt sich dann, daß ein zunächst ähnlich erscheinendes Freizeitverhalten, das z. B. beim Untersucher (und bei vielen anderen Menschen) in einer ganz bestimmten Weise abläuft, beim Probanden unter Umständen völlig andere Strukturen besitzt.

Die Erhebungen zum Freizeitverhalten können sich aber nicht darauf beschränken, pauschale Aufzählungen von Freizeitaktivitäten zu erhalten. Im Mittelpunkt steht vielmehr die Erkenntnis über die **Verfügbarkeit** der Freizeit, also welchen *zeitlichen Umfang* sie im Tagesablauf einnimmt, ob und wie oft die Freizeit z. B. auf

Kosten der Ruhe- und Schlafperiode oder auch zu Lasten der regelmäßigen Arbeitstätigkeit (z. B. durch Verschlafen, „Blaumachen", Krankfeiern usw.) *ausgedehnt* oder auch wegen Überstunden, Nachbarschaftshilfe, Fortbildung usw. *eingeschränkt* wird. Von Interesse sind daneben **Struktur und Verlauf** der konkreten Freizeittätigkeiten des Probanden. Aufschlußreich ist schließlich auch der **Freizeitaufenthalt,** also die Frage nach dem Stellenwert, der *innerhäusiger* (d. h. daheim, in der eigenen Wohnung, in den „eigenen vier Wänden") und *außerhäusiger* Freizeitgestaltung zukommt, und welche Motive und Gründe der Proband hierfür angibt.

Der Untersucher muß sich also bereits bei der Erhebung des Freizeitverhaltens deutlicher als bei den Erhebungen zu anderen Bereichen an den kriminologischen Analysekriterien (s. u. Kap. V, 2.4.) orientieren und bei den angegebenen konkreten Verhaltensweisen des Probanden stets sofort versuchen, sich vor Augen zu führen, wie dieses Freizeitverhalten wohl *ablief,* welchen *zeitlichen* Umfang es beanspruchte und *wo* es stattfand.

3.5. Kontaktbereich[5]

Der Kontaktbereich ist eng verquickt mit dem Leistungs- und Freizeitbereich. Schon wegen der fast unbegrenzten Zahl von Kontakten mit anderen Menschen, zu denen es im Laufe des Lebens kommt und die bereits während eines Arbeitstages – faßt man den Begriff des Kontaktes entsprechend weit – durchaus viele Dutzend ausmachen können, gilt es auch hier, die Erhebungen (und die Analyse) auf die wesentlicheren Kontakte zu konzentrieren. Die Kontakte, die für den einzelnen und seinen Werdegang besonders prägend waren und gleichzeitig seine Einbettung in die soziale Umgebung kennzeichnen, lassen sich formal relativ klar abgrenzen: Es sind dies in der Regel zum einen die *Kontakte zur Herkunftsfamilie,* die zunächst *schicksalhaft vorgegeben* sind, die später dann aber bis zu einem gewissen Grad selbst weitergestaltet – oder auch vernachlässigt – werden können. Zum anderen handelt es sich um die *selbstgewählten* Kontakte zu (männlichen und weiblichen) *Freunden und Bekannten,* bei denen die *Sexualkontakte* einen Teilaspekt bilden. Eine Sonderstellung unter den selbstgewählten Kontakten nimmt schließlich die *eigene Familie* (s. u. 3.6.) ein.

Als *Quellen* für die Erhebungen zum Kontaktbereich kommen neben der Exploration des Probanden vor allem Erhebungen im sozialen Umfeld (z. B. bei den Eltern, bei der Ehefrau usw.) in Betracht; in den (Straf-)Akten finden sich brauchbare Hinweise meist nur dann, wenn ein Delikt des Probanden eine Person aus seinem sozialen Nahraum unmittelbar tangierte.

Die Erhebungen konzentrieren sich zunächst auf eine eher *äußerlich-formale* Betrachtung des Kontaktbereichs. Je nach dem Umfang der gegenwärtigen Einbindung des Probanden in das Elternhaus bzw. in die Herkunftsfamilie werden die **schicksalhaft vorgegebenen Kontakte** mehr oder weniger intensiv zu erheben sein (s. auch o. 3.1.). Grundsätzlich ist jedoch auch bei älteren Probanden stets zu

---

[5] *Beispiel* zu Art und Umfang der Erhebungen zu diesem Bereich s. u. Fall B., Kap. IX, 2.1.5.

klären, ob zu den Eltern oder zu einzelnen Verwandten *noch* bzw. *wieder* eine Beziehung (nunmehr als selbstgewählter Kontakt) besteht oder in der Vergangenheit bestanden hat (Wie häufig trifft man sich? Wie ist das Verhältnis? Wie ist der Umgangston? Gibt es eine besondere Art der Zuwendung? Gibt es Streit? Aus welchem Anlaß? Wie oft? Wie wird der Streit beigelegt? usw.). Von Interesse ist dabei auch, ob es sich um ein echtes Vertrauensverhältnis mit gegenseitigem Geben und Nehmen handelt oder ob es sich auf ein mehr oder weniger einseitiges (utilitaristisches) Ausnutzen der Beziehung durch den Probanden beschränkt (Welche – auch materiellen – Vorteile zieht der Proband aus dieser Beziehung? Welche die Eltern bzw. die sonstigen Angehörigen? usw.). Andererseits kann aber auch eine für das Alter des Probanden ungewöhnlich starke Abhängigkeit von den Eltern bestehen (Ist der Proband bei jeder Entscheidung mehr oder weniger auf seine Eltern angewiesen? Hat er auch einmal eine eigene Meinung? Kann er sie durchsetzen? In welcher Weise? Kann er sie adäquat durchsetzen? usw.).

Im Unterschied zu diesen schicksalhaft vorgegebenen Kontakten, in die der Mensch hineingeboren wird und an die er – zumindest bis zu einem gewissen Alter – in fast jeder Hinsicht gebunden ist, sind die in späteren Jahren **selbstgewählten Kontakte zu Freunden und Bekannten** für die einzelne Persönlichkeit charakteristischer und manchmal geradezu von wegweisender Bedeutung. Sie sind demzufolge auch für die kriminologische Beurteilung besonders aufschlußreich.

Bei den Erhebungen zum Kontaktbereich ist daher vor allem zu fragen, ob überhaupt selbstgewählte Kontakte in diesem Sinn bestanden, ob der Proband also (männliche und weibliche) „Bekannte", „Freunde", „Kumpel" usw. hatte. Dabei muß stets geklärt werden, was der Proband unter dem jeweiligen Begriff versteht: So verbirgt sich hinter dem Ausdruck „Kumpel" bisweilen ein Arbeitskollege, manchmal der beste Freund und bei anderen wiederum eine vollkommen oberflächliche, zufällige Bekanntschaft, bei der die individuelle Person jederzeit austauschbar ist.

Bei entsprechenden Beziehungen muß durch weitere Fragen darüber Aufschluß gewonnen werden, welcher Art diese Kontakte waren:
Handelte es sich dabei um *feste Kontakte* (Wie genau kannte der Proband seine „Freunde", seine „Bekannten", seine „Kumpel"? Fühlte man sich zusammengehörig? Bestand ein gewisses Vertrauensverhältnis? Wie oft traf man sich? Wie sah das Zusammensein aus? usw.)
oder um *lose Kontakte* (Waren es flüchtige Begegnungen bzw. vorübergehende, völlig unverbindliche Beziehungen, bei denen die kurzfristige gemeinsame Unternehmung, nicht aber längerfristige gemeinsame persönlich-menschliche Interessen im Vordergrund standen? Blieb ein erneutes Treffen dem Zufall überlassen? Wurde es überhaupt erwogen?)
oder um ausgesprochene *„Milieu"-Kontakte,* die weniger durch die konkrete Kontaktperson als vielmehr durch den *Ort* der Kontaktaufnahme bestimmt wurden (Wo wurden die losen Kontakte aufgenommen? An „einschlägig" bekannten Treffpunkten, von denen man wußte, daß dort „irgend jemand" zu finden sein würde, mit dem man die Zeit verbringen oder „irgend etwas" unternehmen könnte? Fanden sich solche Örtlichkeiten in der Schulzeit beispielsweise in Spielhallen, am Kino oder an bestimmten Straßenecken usw.? Erfolgte in späteren Jahren eine

Hinwendung zum städtischen „Milieu" mit seinem sozial und kriminell auffälligen Personenkreis? Hielten diese Kontakte allenfalls für die Dauer eines Abends? Wurden sie dann durch andere Kontakte der gleichen Art abgelöst? Bestanden mehrere solcher Kontakte gleichzeitig in loser Form nebeneinander? Wurden diese Kontakte bisher immer sehr schnell hergestellt und waren sie getragen von einem Zugehörigkeitsgefühl zum „Milieu" und dessen Personenkreis? Hatten diese Kontakte deutlich utilitaristischen Charakter? Waren für die Kontaktaufnahme z. B. unmittelbare – auch materielle – Belange, etwa gemeinsames Trinken, Kontaktaufnahme mit Mädchen, Überlegungen zu Fragen des – raschen – Gelderwerbs oder auch nur hinsichtlich einer Übernachtungsmöglichkeit ausschlaggebend? Waren die entsprechenden Partner ohne weiteres auswechselbar? usw.).

Wichtiges *Indiz* für die Art der Kontakte kann die *Dauer* der Beziehungen sein (Überdauerten die Beziehungen zu Arbeitskollegen oder in Vereinen z. B. den Wechsel der Arbeitsstelle oder des Wohnorts längerfristig?), aber auch die Frage, *wo* und *wie* die einzelnen Kontakte und Beziehungen zustande gekommen sind. Daneben kann es gerade in kriminologischer Hinsicht wichtig sein, ob die Freunde und Bekannten sozial oder strafrechtlich (erheblich) auffällig waren.

Bei den selbstgewählten Kontakten verdienen die Kontakte zu Mädchen und Frauen (s. auch o.), und dabei vor allem die **sexuellen Kontakte**, besondere Beachtung (Hatte der Proband bisher überhaupt entsprechende Kontakte? Bestanden sexuelle Kontakte? In welchem Alter hatte er seinen ersten sexuellen Kontakt, seinen ersten Geschlechtsverkehr? Wie alt war die Partnerin? War diese sozial auffällig? Wie groß war das Intervall zwischen Kennenlernen und erstem Geschlechtsverkehr? Mit welchen Frauen hatte der Proband später sexuellen Umgang? Alter? Auffälligkeiten? Prostituierte? Wie viele waren es? Nach welcher Zeit kam es jeweils das erste Mal zum Geschlechtsverkehr? Was stand bei den Beziehungen im Vordergrund? Waren es reine Sexualbekanntschaften, oder war auch oder vor allem die Person der Partnerin von Interesse? Wie lange dauerten die Beziehungen jeweils? Wer brach sie ab? Warum wurden sie abgebrochen? Wie reagierte der Proband – und wie die Partnerin – auf den Abbruch einer solchen Beziehung? Wie lange dauerte es, bis der Proband eine neue Beziehung einging? usw.). – Entsprechende Gesichtspunkte sind auch bei homosexuellen Kontakten von Interesse.

Mit diesen Fragen ist bereits ein zweiter, über die eher äußerlich-formale Erhebung hinausgehender Gesichtspunkt angesprochen: Gerade bei der Exploration des Probanden zu den Kontakten und zwischenmenschlichen Beziehungen kann der erfahrene Untersucher in aller Regel auch einen *Eindruck* davon gewinnen, inwieweit der Proband z. B. gefühlsmäßig ansprechbar ist (Wie redet er z. B. von seinen „Mädchen"? Wie lange „trauerte" er einer abgebrochenen Beziehung nach? Wie „tief" gehen solche Kontakte bei ihm? – Zeigt der Proband bei der Exploration insoweit gewisse „Regungen" und „Gefühle"? usw.). Obwohl solche Gesichtspunkte über eine rein beschreibende Darlegung von einzelnen Fakten hinausgehen, sind sie doch für die Analyse von Bedeutung, vor allem für die „besonderen Aspekte" (s. u. Kap. VI, 4.), aber auch z. B. im Zusammenhang mit der Frage, ob die einzelnen Kontakte tragfähig waren, ob eine gewisse Bindung an eine bestimmte Person bestand usw. Solche Eindrücke sollten daher im Rahmen der Exploration durchaus registriert und festgehalten werden (s. o. 2.1.1.).

3.6. Eigene Familie

Mit der eigenen Familie wird ein komplexer Lebenssachverhalt gesondert betrachtet, der zwar zunächst nur einen Teilaspekt des Kontaktbereichs betrifft, aber vielfach auch Auswirkungen auf alle anderen Lebensbereiche mit sich bringt. Im Hinblick auf die **Beziehung** des Probanden zu *Ehefrau* (Alter und soziale Herkunft der Ehefrau? Beruflicher Werdegang? Soziale Auffälligkeiten?) und *Kindern* (Alter der Kinder? Außerehelich? Sonst nichtehelich?) gelten ähnliche Erhebungsgesichtspunkte wie im Kontaktbereich (Wie lange kannten sich z. B. die Eheleute vor der Heirat? Wie ist die Beziehung des Probanden zu Ehefrau und Kindern? Gibt es Gemeinsamkeiten im alltäglichen Leben? Welche? Gibt es Streitigkeiten? Warum? Wie spielen sich diese ab? Wie enden diese? Wer gibt nach? – Wie redet der Proband von Ehefrau und Kindern? Kennt er z. B. auch ihre Geburtstage? Den Hochzeitstag? usw.).

Ein kriminologisch relevanter Schwerpunkt liegt bei den Erhebungen zur eigenen Familie jedoch auf den **Auswirkungen der Eheschließung auf die anderen Lebensbereiche** des Probanden (Bedeutete die Eheschließung einen gewissen *Einschnitt* in das Leben des Probanden, der Ehefrau? Hat sich der gesamte Lebenszuschnitt irgendwie geändert? usw.). Solche *Auswirkungen* können sowohl im *Freizeit- und Kontaktbereich* festzustellen sein (Wird seither gemeinsamen Interessen nachgegangen? Werden gemeinsame Unternehmungen durchgeführt? Wurden von den Ehepartnern frühere Hobbys zugunsten gemeinsamer neuer Hobbys aufgegeben? Wurde ein neuer, gemeinsamer Bekanntenkreis aufgebaut? Oder änderte sich nichts am bisherigen Leben? Verbrachte der Proband die Freizeit nach wie vor mit seinen „Kumpeln", ohne sich um seine Frau und die Kinder zu kümmern? Ging auch die Frau ihre eigenen Wege? usw.) als auch im *Leistungsbereich* (Bemühte sich der Proband z. B. um ein geregeltes Einkommen? Sorgte er in finanzieller Hinsicht für seine Familie? Oder ging er nach wie vor keiner geregelten Arbeit nach? Verbrauchte er weiterhin sein Einkommen für sich allein? usw.). Daneben ergeben sich gerade im Zusammenhang mit der eigenen Familie vielfach wichtige Hinweise auf die *allgemeine Lebensvorsorge und Vorausschau* des Probanden (War die Heirat z. B. in irgendeiner Weise in materieller Hinsicht vorbereitet, oder erfolgte sie mehr oder weniger überstürzt? Wie sahen diese Vorbereitungen aus? War z. B. eine Wohnung vorhanden? Schränkten die Partner ihre Ansprüche gegebenenfalls zugunsten der Familie ein? Wurde für die gemeinsame Zukunft in materieller Hinsicht Sorge getragen? usw. – s. dazu auch u. 5.).

Bei *mehreren Ehen* (Tod des Ehepartners? – Scheidung? Warum?) sind die gleichen Gesichtspunkte – mehr oder weniger intensiv – zu den früheren Ehen zu erheben, wobei auch auf die Kinder aus diesen Ehen und auf den weiteren Kontakt zu ihnen (Verkehrsregelung? Sorgerecht? Unterhaltspflicht?) einzugehen ist. Auch für das in der Regel weniger verbindliche *eheähnliche Verhältnis* können die oben genannten Gesichtspunkte entsprechend herangezogen werden.

3.7. Alkohol- und Drogenkonsum[6]

Im Hinblick auf den Suchtmittelgenuß besitzt erfahrungsgemäß vor allem der Alkohol- und Drogenkonsum erhebliches Gewicht. Allerdings können z.B auch Medikamentenmißbrauch oder starker Nikotinkonsum mittelbar von Bedeutung sein. Bei jeder Erhebung sollte demzufolge darauf geachtet werden, und zwar selbst dann, wenn es sich im Einzelfall letztlich als kriminologisch irrelevant erweist.

Genauere Angaben über Beginn, Mengen und Häufigkeit des Konsums können bisweilen erst durch hartnäckiges Nachfragen einigermaßen zuverlässig in Erfahrung gebracht werden. Von Interesse sind daneben aber auch Zeit und Ort des Konsums, die Frage, bei welcher Gelegenheit Alkohol bzw. Drogen konsumiert werden, ob dies in der Regel allein oder überwiegend in Gesellschaft anderer erfolgt, und nicht zuletzt die dafür genannten Gründe und Motive. Ganz grundsätzlich sei darauf verwiesen, daß erfahrungsgemäß in kaum einem anderen Bereich so häufig unrichtige Angaben gemacht werden wie beim Alkohol- und Drogenkonsum bzw. -mißbrauch.

Da im Rahmen der kriminologischen Analyse weniger die medizinischen als vielmehr die spezifisch kriminologisch relevanten Aspekte im Mittelpunkt stehen, sollte versucht werden, die **Auswirkungen des Konsums auf die übrigen Lebensbereiche** (s. dazu eingehend u. Kap. V, 3.1.) genau zu erfassen (Gab es irgendwelche Veränderungen im Verhalten in den anderen Lebensbereichen, die mit dem Alkohol- bzw. Drogenkonsum in Verbindung stehen? Wie wirkte sich das im einzelnen aus? Gab es Probleme am Arbeitsplatz? Mit der Familie? usw.).

Daneben ist auch wichtig zu erfahren, was der Proband gegen diese Probleme und gegen seinen unkontrollierten Alkohol- oder Drogenkonsum usw. unternommen hat (Versuchte er, davon loszukommen? Allein? Mit Hilfe anderer? Machte er eine Entziehungskur? Drogentherapie? Freiwillig oder zwangsweise eingewiesen? Erfolgreich oder abgebrochen? usw.).

3.8. Anhang: Zur Krankheitsanamnese

Schon in Anbetracht fehlender medizinischer Fachkenntnisse des (kriminologischen) Untersuchers und der häufig recht unzuverlässigen Angaben des Probanden

---

[6] *Beispiel* zu Art und Umfang der Erhebungen hierzu s. u. Fall B., Kap. IX, 2.1.6.

kann es sich bei der Krankheitsanamnese nur um eine *grobe Orientierung* handeln. Gleichwohl sollte bei jeder kriminologischen Erhebung durch die Frage nach schwerwiegenderen Krankheiten, Unfällen oder Verletzungen überprüft werden, ob sich irgendwelche Anhaltspunkte finden, die eine (psychiatrische) Fachuntersuchung notwendig erscheinen lassen.

An einzelnen Punkten können hierbei neben den genannten Fragen auch Auffälligkeiten bei der Geburt oder in der frühkindlichen Entwicklung, Sprachschwierigkeiten, Stottern, Bettnässen und dergleichen erhoben werden. Bei Unfällen sollte man stets nach einer etwaigen Bewußtlosigkeit fragen, wobei allerdings eine genauere Schilderung des Hergangs geboten ist, da sich, häufiger als man zunächst annimmt, eine vermeintliche Bewußtlosigkeit als alkoholbedingte Gedächtnislücke herausstellen kann. Bezüglich eventueller Geistes- und Nervenkrankheiten, Anfallsleiden oder Selbstmordversuche sind auch entsprechende Angaben über die Familie von Bedeutung. Daneben sollte nach den augenblicklichen Beschwerden und etwaigem Medikamentenkonsum bzw. medikamentöser Behandlung gefragt werden (s. auch o. 3.7.).

Im Hinblick auf andere Lebensbereiche können schließlich auch Tätowierungen und Narben Anhaltspunkte für weitere Fragen geben (Wann und wo ließ sich der Proband tätowieren? Welchen Umgang hatte er damals? Was waren die Gründe für die Tätowierung? Ließ er sich z. B. in der Jugendhaftanstalt tätowieren? – Stammen die Narben von Schlägereien? Wie kam es zum Streit? Wie lief die Auseinandersetzung ab? War dabei Alkohol im Spiel? usw.).

4. Delinquenzbereich[7]

4.1. Vorfeld und frühere Straftaten sowie Verurteilungen und Haftverbüßungen

Der Delinquenzbereich umfaßt *alle* bisherigen Straftaten; er erstreckt sich auch auf „deliktische" Handlungen im Kindesalter sowie auf solche Straftaten, die nicht verfolgt wurden oder nicht bekannt geworden sind.

In der Praxis, insbesondere im Strafverfahren, kann diese möglichst umfassende Erhebung bei solchen Straftaten, die längere Zeit zurückliegen, unter Umständen mit gesetzlichen Verwertungsverboten (vgl. z. B. § 49 BZRG) kollidieren; daneben können sich auch insofern gewisse Schwierigkeiten ergeben, als der Proband mit Angaben zu seinen nicht entdeckten Straftaten eher zurückhaltend sein wird. Beides steht jedoch einer kriminologischen Erfassung des Täters in seinen sozialen Bezügen und der Erhebung des Delinquenzbereichs nicht entgegen: Da der Schwerpunkt der kriminologischen Analyse auf dem *allgemeinen* Sozialverhalten liegt, kann ein Proband grundsätzlich auch ohne differenzierte Erkenntnisse über jede einzelne seiner *früheren* Straftaten recht zuverlässig erfaßt werden; zum eigentlichen Bezugspunkt der Analyse, der *letzten* Tat (s. dazu u. 4.2.), erfolgen im Strafverfahren ohnedies eingehende Feststellungen.

---

[7] *Beispiel* zu Art und Umfang der Erhebungen zu diesem Bereich s. u. Fall B., Kap. IX, 2.2.

Es empfiehlt sich, die Erhebungen zum Delinquenzbereich in *chronologischer Reihenfolge der Delikte* durchzuführen. Auch hier gilt der Grundsatz, daß es letztlich in Anbetracht der Vielzahl anderer zuverlässig zu erhebender Fakten zu diesem Bereich nicht auf jedes einzelne frühere Delikt ankommt (s. dazu o. 1.). Man wird sich auch beim Delinquenzbereich häufig mit eher pauschalen Angaben zufriedengeben müssen, da sich der Proband bei entsprechender Vorstrafenbelastung meist nicht mehr an alle Delikte oder gar an Details erinnern kann. Unter Umständen kann man sich hier mit Angaben zur Größenordnung der einer früheren Verurteilung zugrunde liegenden Delikte behelfen (z. B. daß der Proband damals etwa weitere 20 Autos aufgebrochen hat) und auf eine eingehende Erfassung der einzelnen Delikte verzichten.

Die wichtigste *Quelle* für die Erhebung des Delinquenzbereichs ist der Strafregisterauszug; er sollte auf jeden Fall beigezogen werden. Neben den Akten des laufenden Straf- bzw. Vollstreckungsverfahrens kann es vielfach nützlich sein, auch die Akten früherer Verfahren beizuziehen. Besonders aufschlußreich ist dabei oft die Akte über das erste Strafverfahren gegen den Probanden; wenn es sich damals nicht gerade um ein ganz geringfügiges Delikt gehandelt hat, sind in ihr die Erhebungen zum Werdegang und Lebenslauf des Probanden (bis zum damaligen Zeitpunkt) meist noch recht ausführlich und umfassend, während entsprechende Angaben in späteren Akten oft nur noch „fortgeschrieben" werden. Zu den „deliktischen Handlungen" im Kindesalter ist gegebenenfalls die Beiziehung der Jugendamtsakten sinnvoll. Eine ebenfalls wichtige Informationsquelle − gerade im Hinblick auf die *kriminologische* Erfassung des Delinquenzbereichs (s. u.) − ist schließlich auch hier die Exploration des Probanden.

Bei den Erhebungen zu den einzelnen Straftaten liegt das Schwergewicht auf einer **Beschreibung des Tatgeschehens** im Hinblick auf bestimmte kriminologische Kriterien und Betrachtungsweisen. Die genaue rechtliche Qualifizierung der Tat ist dabei nur von untergeordneter Bedeutung. Neben dem eigentlichen Tatgeschehen ist vor allem der Zeitraum unmittelbar *vor* der Tatbegehung, aber auch die Zeit unmittelbar *nach* der Tatbegehung zu berücksichtigen. Grundsätzlich handelt es sich insoweit um die gleichen Erhebungsgesichtspunkte wie zur letzten Tat (s. dazu im einzelnen u. 4.2.). Die Erhebungen zu den früheren Straftaten können sich jedoch oft auf einen kursorischen Eindruck beschränken und brauchen nicht so ausführlich zu sein wie zur letzten Tat.

Neben den einzelnen Delikten sollten nicht nur die **Verurteilungen,** sondern vor allem auch die *genauen* Zeiten der **Haftaufenthalte** (Strafhaft, Untersuchungshaft sowie sonstige zwangsweise Unterbringungen), die üblicherweise ohnehin im Aufenthaltsbereich erhoben werden, erfaßt werden. In Verbindung mit den genauen Tatzeiten kann so Aufschluß über die *straf-* bzw. *deliktsfreien Intervalle* gewonnen werden, also jene Zeiträume, in denen der Proband in Freiheit war, ohne daß Straftaten bekannt geworden sind.

4.2. Letzte Tat(en)

Die Erhebungen zur letzten Tat bzw. zu den letzten Taten sind in der Regel im Vergleich zu früheren Delikten wesentlich intensiver (s. o. 4.1.), denn die letzte Tat ist meist der eigentliche Anlaß der kriminologischen Beurteilung und bildet zugleich den Bezugspunkt für die Analyse der bisherigen Lebensentwicklung im Längsschnitt und die Betrachtung des Lebensquerschnitts (s. u. Kap. V).

Die hier relevante „letzte Tat" wird in der Regel die zeitlich zuletzt begangene (einzelne) Straftat sein; die intensiveren Erhebungen im Hinblick auf diese „letzte Tat" können sich aber auch auf mehrere Straftaten erstrecken, etwa dann, wenn es sich um zahlreiche in enger zeitlicher Abfolge liegende Delikte oder um ganze Deliktsserien handelt. Andererseits kann man sich unter Umständen aber auch auf eine bestimmte, besonders gravierende Tat beschränken und andere, eher am Rande liegende Delikte mehr oder weniger vernachlässigen. Letztlich kann dies nur im Einzelfall festgelegt werden (s. dazu u. Fall A., Kap. VIII, 1. und Fall B., Kap. IX, 2.2.2.).

Als *Quelle* für eine differenzierte Analyse der letzten Tat wird der Inhalt der Strafakten, der weitgehend an den Erfordernissen des strafrechtlichen Tatbestands ausgerichtet ist, oft nicht ausreichen; es müssen daher weitere Informationen durch die Exploration des Probanden sowie unter Umständen auch durch die Befragung des Opfers gewonnen werden.

Die entsprechenden Erhebungen schließen auch die Zeit unmittelbar vor und nach der Tat ein. Bei der **Zeit unmittelbar vor der Tat** können einige Stunden, aber auch mehrere Tage von Interesse sein; auch dies läßt sich nur im konkreten Fall festlegen. Für die Abgrenzung kann eine genaue Tageslaufschilderung des Tattages bzw. des Tages vor der Tatbegehung erste Hinweise geben.

Durch eine solche Tageslaufschilderung lassen sich Anhaltspunkte dafür gewinnen, *aus welcher Lebenssituation* heraus es zur Straftat kam. Lagen beispielsweise im *allgemeinen Verhalten* am Tattag irgendwelche Veränderungen gegenüber dem sonstigen Verhalten vor (z. B. Unregelmäßigkeiten am Arbeitsplatz, Ausdehnung der Freizeit bis tief in die Nacht durch Gaststättenbesuche, mehr oder weniger planloses Umherstreunen usw.)?

Besondere Beachtung verdient der *Alkoholkonsum* im Zeitraum vor der Tat, wobei möglichst genaue Mengenangaben – auch im Vergleich zum ansonsten üblichen Alkoholkonsum des Probanden – in Erfahrung gebracht werden sollten.

Des weiteren ist auf etwaige *besondere Stimmungslagen* vor der Tat zu achten (Hatte der Proband eine unterschwellige Wut? Eine „Stinkwut"? War er aus konkretem Anlaß zornig, verärgert? Bestand eine allgemeine Gereiztheit? Hat ihm „alles gestunken"? Kam es im Vorfeld der Tat zu irgendwelchen affektiven Entladungen [Äußerungen oder Handlungen oder beides]? Oder war der Proband irgendwie niedergeschlagen, deprimiert? Oder bestand eine gewisse Hochstimmung? usw. – Warum?).

Auch *sonstige Auffälligkeiten*, z. B. eine allgemeine körperliche Unruhe, Getriebenheit und ziellose Unrast, die dem Probanden selbst unerklärlich waren (endoreaktiver Drangzustand? – s. o. Kap. II, 2.), können von Interesse sein.

Einen engen Bezug zur späteren Tatbegehung können schließlich auch vorausgehende *Kontakte* aufweisen (Mit wem war der Proband vor der Tatbegehung zusammen? Handelte es sich um sozial oder strafrechtlich auffällige Personen? Frühere Heim- oder Gefängnisbekanntschaften? Waren diese Personen spätere Tatbeteiligte? Besteht sonst irgendeine Beziehung zwischen diesen Kontakten und der späteren Tat?).

Mit wem wurde die Tat begangen? – Bei *gemeinschaftlicher Tatbegehung* ist stets zu klären, welche Rolle – sowohl im Vorfeld der Tat als auch bei der Tat selbst – der Proband bzw. die Tatgenossen spielten. Dabei kann es auch auf die Struktur der Tätergruppe ankommen (Kam es eher „zufällig", spontan zur gemeinschaftlichen Tatbegehung? Handelte es sich um eine Clique oder Gelegenheitsgruppe mit lockerem Zusammenhalt und einer latenten Bereitschaft, neben allgemeinem Unfug auch Straftaten zu begehen? War es eine mehr oder weniger organisierte Gruppe mit einem gewissen Zusammengehörigkeitsgefühl und bestimmter Funktionsverteilung oder gar eine organisierte Bande mit hierarchischer Struktur und arbeitsteiligem Vorgehen, die sich zum Zwecke der Begehung von Straftaten zusammengeschlossen hatte? Welche Rolle spielte der Proband in dieser Gruppe? Welchen Stellenwert hatte die Gruppe für den Probanden?).

Wie kam es zur Straftat? – Grundsätzlich sollte bei jeder Straftat auf die *konkrete Art ihres Zustandekommens* geachtet werden (Wurde die Tat spontan, aus der Situation heraus begangen? Oder trug sich der Proband schon seit geraumer Zeit mit entsprechenden Gedanken? Wurden z. B. im Kreise der „Kumpel" entsprechende Möglichkeiten erörtert? Wurde der Entschluß zur Tat erst gefaßt, nachdem eine „günstige Gelegenheit" als solche erkannt worden war? Oder hatte der Proband etwa schon zuvor ein „bestimmtes Gefühl" gehabt, daß „heute etwas passieren wird"?).

Wurde die Tat in irgendeiner Weise *geplant*? (War sie streng durchgeplant, z. B. hinsichtlich Zeit, Ort, Objekt, Vorgehensweise usw.? Wurden entsprechende Vorbereitungen getroffen, z. B. ausgekundschaftet, die Rollenverteilung festgelegt usw.? Sollte „nur irgendwo nachgeschaut" werden, ob man etwas finden könnte? Oder wollte der Proband nur „irgend etwas drehen", z. B. um an Geld zu kommen? Wurde bei der Planung auch ein Mißerfolg einkalkuliert? Wurden auch die *Tatfolgen* bedacht? Stand z. B. die Beuteverwertung fest? War ein Hehler zur Hand? Wurde an Flucht- oder Verdunkelungsmöglichkeiten gedacht? Wurde die Gefahr des Entdecktwerdens auf frischer Tat bedacht? Wurden hierfür konkrete Maßnahmen getroffen? usw.)

Beim eigentlichen **Tatgeschehen** können im Hinblick auf das äußere Tatbild Angaben zu Tatort und Tatzeit, aber auch zu Tatobjekt (z. B. Kraftfahrzeug) und Tatmittel (Schußwaffe, Messer) je nach Fall von unterschiedlichem Gewicht für die spätere Analyse sein.

Das *Opfer* der Straftat gewinnt vor allem Bedeutung, wenn der Täter mit ihm bei der Tatbegehung unmittelbar zusammengetroffen ist; aber auch ansonsten kann es aufschlußreich sein, ob der Täter das Opfer bereits vor der Tatbegehung kannte (Wie genau kannte er es? Fand schon früher irgendeine Interaktion zwischen Täter und Opfer statt? Handelte es sich um ein anonymes Opfer? Wurde das Opfer gezielt ausgewählt, oder war es als solches bedeutungslos und daher beliebig auswechselbar? Leistete das Opfer in irgendeiner Form einen Tatbeitrag?). Dabei sind die (aktenkundigen) Angaben des Opfers dann besonders kritisch zu bewerten, wenn diese möglicherweise auf eine Beschönigung oder Bagatellisierung des eigenen Tatbeitrags abzielen oder im Sinne sozialer Erwünschtheit erfolgen.

Bei der *Art der Tatausführung* ist es unter Umständen aufschlußreich, wie genau sich der Täter an seine Planung hielt, welche zusätzlichen Risiken er einging, aber

auch wie er im einzelnen vorging und wie er sich z. B. gegenüber dem Opfer
verhielt.

Bei entsprechenden Anhaltspunkten ist hinsichtlich einer möglicherweise
vorliegenden *Tatdynamik* zu überprüfen, ob das Tatgeschehen zu einem bestimmten
Zeitpunkt der Kontrolle des Täters entglitt und eine gewisse Eigendynamik
entfaltete (Von welcher Seite ging der Anstoß zu einer solchen Eigengesetzlichkeit
aus? Vom Opfer − z. B. durch vom Täter unerwartete Gegenwehr? Vom Tatmittel
− z. B. durch die häufig eine gewisse Auslöser- und Verstärkerfunktion bewirkende
Schußwaffe? Vom Täter selbst − z. B. durch psycho[patho]logische Besonderheiten, etwa ein Sichhineinsteigern? Von Tatgenossen bzw. von der Gruppe als
solcher?).

Schließlich sollte bei den Erhebungen zur letzten Tat auch noch ein Blick auf die
Zeit nach der Tat geworfen werden (Wie *verhielt* sich der Proband unmittelbar nach
der Tat? Floh er? Entsprechend seinem Plan oder mehr oder weniger „kopflos"?
Versteckte er sich? Stellte er sich der Polizei? Besorgte er sich ein Alibi oder traf er
irgendwelche sonstigen Verdunkelungsmaßnahmen?). Bei Eigentums- und Vermögensdelikten ist die Art der *Beuteverwertung* (Was machte der Proband mit der
Beute? Verwertete er sie überhaupt in irgendeiner Form? Verschenkte er sie?
Hortete er sie ohne ersichtlichen Nutzen? Warf er sie weg?) und der *Beuteteilung* bei
mehreren Tatbeteiligten von Bedeutung für die Analyse. Ebenso kann das *Verhalten
gegenüber dem Opfer* (Kümmerte sich der Proband gleich nach der Tat oder auf
längere Sicht in irgendeiner Form um das Opfer?) weiterführende Hinweise auf die
Person des Täters geben.

Grundsätzlich sollte abschließend versucht werden, etwas über die *innere
Einstellung des Täters zu seiner Tat* zu erfahren: Ist er sich der Tragweite (und der
Strafbarkeit) seiner Tat überhaupt bewußt? Welche *Motive* gibt er für sein Handeln
an? − Dabei ist freilich zu beachten, daß menschlichem Handeln kaum einmal nur
ein einzelnes Motiv zugrunde liegt, sondern meist Motivbündel, und daß die
eigentlichen Motive dem Täter selbst bisweilen nicht oder nur ansatzweise oder
verzerrt bewußt sind. Häufig handelt es sich bei den angegebenen Motiven (z. B.
auch dahingehend, kein „Spielverderber" oder „Feigling" sein zu wollen, dem Opfer
etwas „heimzahlen" zu wollen, „Rache" zu üben und ähnliches) um Sekundärmo-
tivationen. Diese müssen keineswegs Beschönigungs- oder Täuschungsabsichten des
Probanden entspringen; gerade Handlungen, die dem Betreffenden unbegreiflich
sind, etwa weil sie mit von ihm ansonsten respektierten Werten kollidieren, also
eigentlich gar nicht zu ihm passen, wird er häufig nachträglich rational zu erklären
versuchen. Nicht ganz selten werden auch bestimmte Motive bei Vernehmungen
geradezu in den Täter „hineingefragt". Eine ähnlich kritische Bewertung ist
gegenüber der nachträglich geäußerten *Einstellung* zur Tat geboten; gleichwohl kann
es aufschlußreich sein, ob die Tat beim Täter überhaupt keinen Eindruck
hinterlassen hat, ob er sich eher rechtfertigend äußert oder ob er ihr fassungslos
gegenübersteht; ebenso können Reuebekundungen hinsichtlich der Tat als solcher
(Tatreue, die verhältnismäßig selten anzutreffen ist), aber auch hinsichtlich der den
Täter treffenden Folgen der Tat (Tatfolgenreue, die ungleich häufiger vorliegt)
wichtige Hinweise für die Täterbeurteilung geben. Bei entsprechenden Schlußfolgerungen sollte allerdings berücksichtigt werden, daß vielfach mit zunehmendem

zeitlichen Abstand zur Tat eine Verfälschung des Tathergangs im Sinne einer
Entlastung der eigenen Person, meist verbunden mit einer Distanzierung vom
Opfer, eintritt.

5. Zur Lebensorientierung[8]

Bereits im Laufe der Erhebungen sollte sich der Untersucher bemühen, über die
konkreten Verhaltensweisen und das alltägliche Verhalten hinaus ein komplexeres
Bild von der allgemeinen Lebensorientierung des Probanden zu gewinnen.

Dabei bietet es sich zunächst an, die **Zeitperspektive** des Probanden näher zu
beleuchten. Ein Anknüpfungspunkt hierfür kann etwa die Frage nach der zum
Zeitpunkt der Exploration bestehenden (konkreten) *Zukunftsplanung* sein (Besteht
überhaupt eine Zukunftsplanung? Wie sieht diese in kurzfristiger Hinsicht aus? Wie
in langfristiger? Was will der Proband beispielsweise morgen machen, was nächste
Woche, was in einem halben Jahr? Wie will er bestimmte Probleme angehen?
Welche konkreten Vorstellungen hat er z. B. hinsichtlich seines Leistungsbereichs,
seiner Freizeit, seiner Kontakte usw.? Sind irgendwelche Ansätze einer Realisierung
dieser Vorstellungen und Vorsätze festzustellen? Sind konkrete Vorbereitungen
hierzu getroffen? usw.).

Notwendig ist aber stets auch ein Blick in die *Vergangenheit*, zumal die dort
vorliegenden Fakten die Äußerungen bezüglich der Zukunft untermauern oder aber
relativieren können (Verlief das bisherige Leben nach einer mehr oder weniger
genauen Planung? Zeigt sich eine gewisse Stetigkeit des Lebens? Oder gab sich der
Proband eher den Impulsen und Bestrebungen des Augenblicks hin, ohne an
„morgen" zu denken? Stand bisher immer die Befriedigung unmittelbarer
Bedürfnisse ganz beherrschend im Vordergrund? Oder konnte er auch zugunsten
der Verwirklichung weitgesteckter Ziele auf aktuelle Annehmlichkeiten verzichten?
Wurde schon einmal oder auch über längere Zeiträume hinweg in irgendeiner Weise
Vorsorge im Hinblick auf die Notwendigkeiten des alltäglichen Lebens getroffen?
Wie ist überhaupt der *Zeitbezug* des Probanden? Hat er ein gewisses Verhältnis zur
Zeit, oder lebt er in den Tag hinein? Lebt er vor allem „im Augenblick"?
usw.).

Der zweite wichtige Aspekt neben der Zeitperspektive ist die **Wertorientierung**
des Probanden (s. dazu grundsätzlich u. Kap. V, 4.2.), also die Frage nach jenen
Werten, die ihn in seinem alltäglichen Leben leiten. Dabei kann man zunächst von
den einzelnen Erhebungsbereichen und Lebenssituationen ausgehen und überlegen,
ob *in seinem Verhalten*, z. B. gegenüber seiner eigenen Familie, im Hinblick auf sein
Arbeitsverhalten usw., eine Orientierung an bestimmten Werten deutlich wird.
Daran anknüpfend kann man auch versuchen, mit einfachen, geradezu naiven

---

[8] *Beispiel* zur Art der Erhebungen zu diesem Gesichtspunkt s. u. Fall B., Kap. IX, 2.3.

Fragestellungen bis zu einem gewissen Grad an die Wertorientierung des Probanden heranzukommen (Was ist ihm z. B. wichtig? Woran orientiert er sich? Kann er sich unter einem „Wert" überhaupt etwas vorstellen? Kann er bestimmte Dinge aus seinem Leben nennen, die für ihn einen Wert darstellen? Sieht er z. B. einen bestimmten Lebenssinn? Hat er ein oder auch mehrere Lebensziele? Besteht ein [weitgehend] geschlossenes Lebenskonzept? usw.). Das Bemühen, einen Eindruck von der Wertorientierung des Probanden zu gewinnen, wird allerdings oft fruchtlos bleiben (s. auch u. Kap. V, 4.2.). Falls der Proband jedoch gewisse Wertvorstellungen äußert, kann es unter Umständen sinnvoll sein, (evtl. zusammen mit ihm) zu prüfen, ob die angegebenen Werte im bisherigen Leben schon zum Ausdruck gekommen sind, ob also z. B. einzelne Ziele trotz aller Widrigkeiten tatsächlich verfolgt wurden. Nicht selten wird es sich bei den angegebenen Werten nur um Floskeln oder um Angaben im Sinne sozialer Erwünschtheit (s. o. 2.1.2.) handeln. Unter Umständen kann es aber auch möglich sein, das gesamte bisherige Leben insoweit „auf einen bestimmten Nenner" zu bringen und auch im Hinblick auf die Wertorientierung eine gewisse Lebensausrichtung festzustellen.

6. Verhalten in der Haftanstalt

Falls sich der Proband zum Zeitpunkt der Exploration bereits längerfristig in Haft befindet, insbesondere in *langjähriger Strafhaft* oder in *Sicherungsverwahrung,* ist das Verhalten in der Haftanstalt gesondert zu erheben. Frühere Haftaufenthalte werden dabei in der Regel nicht eingehender berücksichtigt, sondern allenfalls gestreift, um evtl. Vergleichsmöglichkeiten zwischen dem derzeitigen und dem früheren Verhalten in der Haft zu gewinnen (s. u. Kap. VI, 5.).

> Ergiebige *Quellen* für die Erhebungen zum Haftverhalten sind vor allem die Exploration des Probanden und die Gefangenenpersonalakten; insbesondere bei Langzeitgefangenen geben diese Akten in Form von Rapportzetteln, Meldungen usw. meist zahlreiche Hinweise und bieten Anhaltspunkte für weitere Fragen.

Im Mittelpunkt stehen hier der Leistungs-, der Freizeit- und der Kontaktbereich. Aber auch der *Aufenthalts- bzw. Wohnbereich* (z. B. die Zellenausgestaltung) kann von Bedeutung sein.

Zum *Leistungsbereich* gilt es Auskunft darüber zu erhalten, ob der Proband überhaupt arbeitet, wie lange er es an einem Arbeitsplatz aushält, welche Leistungen er erbringt und wie sein Arbeitsverhalten aussieht, ob er beispielsweise willig und ausdauernd ist oder der Arbeit eher nörgelnd und ablehnend gegenübersteht. Versucht er immer wieder, den Arbeitsplatz zu wechseln? Gab es Arbeitsverweigerungen? Warum? Hat er gewisse Vertrauensposten erhalten? usw.

Im *Freizeitbereich* geht es neben der Frage, was er in der Freizeit macht, vor allem darum, welche Art von Freizeitmöglichkeiten er wahrnimmt, ob er sich für etwas engagieren kann, ob er einer einmal gewählten Freizeitgestaltung, z. B. einem Hobby oder einem Weiterbildungskurs, ernsthaft und mit einer gewissen Ausdauer nachgeht oder ob er sie alsbald wieder aufgibt, ob es sich also bei dem „Engagement" nur um ein „Strohfeuer" handelt.

Hinsichtlich der *Kontakte* gelten − abgesehen von der eingeschränkten Zahl der Kontaktmöglichkeiten − im wesentlichen die gleichen Gesichtspunkte wie beim Verhalten in Freiheit (s. o. 3.5.): Welche Kontakte hat der Proband in der Anstalt? Wie sind die Kontakte zu den *Mitgefangenen?* Wem schließt er sich dabei an? Wie intensiv sind diese Kontakte? Wie sieht es mit dem Kontakt zum *Anstaltspersonal* aus? Welche Kontakte hält er mit der *Außenwelt?* Handelt es sich um utilitaristische Kontakte? Wie lange bestehen die Kontakte? Welcher Art sind die Kontaktpersonen? usw.

Aufschlußreich für das Haftverhalten können daneben vor allem bestimmte *Auffälligkeiten* sein, die Anlaß zu Disziplinarmaßnahmen gaben und die unschwer den Gefangenenpersonalakten entnommen werden können.

Ein besonders wichtiger Punkt ist schließlich die *Zukunftsplanung* des Probanden für die Zeit nach der Entlassung und dabei vor allem die Frage, ob die Planung einigermaßen realistisch ist und inwieweit bereits während der Haft und vor allem in der Endphase *konkrete Vorbereitungen* für das Leben in Freiheit getroffen worden sind.

V. Analyse der Erhebungen

1. Zum Vorgehen bei der Analyse

Die Analyse der erhobenen Fakten soll die *Grundlage* für die umfassende Beurteilung des Täters in seinen sozialen Bezügen schaffen (s. u. Kap. VI). Bei der dort angestrebten kriminologischen Diagnose geht es dann letztlich um die Frage des Zusammenhangs von Lebensentwicklung und allgemeinem Sozialverhalten mit der Delinquenz, insbesondere der letzten Straftat (s. u. Kap. VI, 2. und o. Kap. III, 2.). Die *letzte Straftat* stellt daher in der Regel den Endpunkt der zu analysierenden Entwicklung dar und bildet zugleich den *zeitlichen Bezugspunkt,* an dem sich die gesamte Analyse orientiert.

Im Zentrum der Analyse steht jedoch das allgemeine Sozialverhalten in den einzelnen Lebensbereichen. Dabei wird das Leben des Probanden in seiner Vielschichtigkeit aus drei verschiedenen Perspektiven betrachtet:
Bei der *Analyse des Lebenslängsschnitts* (s. u. 2.) geht es hauptsächlich um das bisherige Verhalten des Probanden in den einzelnen Lebensbereichen und um seine Lebensentwicklung bis zur letzten Tat sowie um die Analyse des Delinquenzbereichs.
Im Rahmen der *Analyse des Lebensquerschnitts* (s. u. 3.) wird der Zeitraum unmittelbar vor der letzten Tat zusätzlich im Hinblick auf bestimmte Kriterien untersucht. Dabei wird auch die Dauer des Vorliegens dieser Kriterien überprüft, indem man, vom Lebensquerschnitt ausgehend, gewissermaßen gegenläufig zur Analyse des Lebenslängsschnitts, in die Vergangenheit zurückblendet.
In einem dritten Schritt wird schließlich versucht, aufgrund der Erkenntnisse aus der Analyse des Lebenslängs- und -querschnitts mit den *Relevanzbezügen* (s. u. 4.1.) die für den jeweiligen Täter charakteristischen Interessen und die ihn bestimmenden Grundintentionen herauszuarbeiten sowie einen gewissen Zugang zu seiner *Wertorientierung* (s. u. 4.2.) zu finden.

Gegenstand der Analyse ist hierbei grundsätzlich nur das *Verhalten des Probanden in der Freiheit* (das extramurale Verhalten). Liegt zwischen dem Zeitpunkt der letzten Tat und der Inhaftierung (bzw. dem Beurteilungszeitpunkt) ein größeres Intervall, so erstreckt sich die Analyse auch auf diesen Zeitraum, und zwar nicht nur auf das weitere Verhalten in den einzelnen Lebensbereichen, sondern gegebenenfalls auch auf die in dieser Zeit begangenen weiteren Straftaten. Frühere und derzeitige Haftaufenthalte bleiben dagegen zunächst weitgehend unberücksichtigt; sie werden erst in einem späteren Stadium der Analyse vor dem Hintergrund der einheitlichen Beurteilung des extramuralen Verhaltens in die Betrachtung einbezogen (s. u. Kap. VI, 5.).

2. Analyse des Lebenslängsschnitts

Bei diesem ersten Teil der Analyse werden das *allgemeine Sozialverhalten* und — getrennt hiervon — die *Delinquenz* des Probanden im Lebenslängsschnitt von der Kindheit bis zur letzten Tat überprüft.

Das **allgemeine Sozialverhalten** wird zu diesem Zweck den einzelnen Lebensbereichen zugeordnet und analysiert. Dabei handelt es sich um den *Aufenthaltsbereich,* den *Leistungsbereich,* den *Freizeitbereich,* den *Kontaktbereich,* gegebenenfalls einschließlich des Bereichs der *eigenen Familie,* sowie um das Verhalten im Zusammenhang mit der *Erziehung* im Kindes- und (frühen) Jugendalter.

Die relevanten **Beurteilungskriterien** finden sich im idealtypisch „verdichteten" Verhalten in diesen einzelnen Lebensbereichen (s. u. 2.1. bis 2.5.): Am einen Extrempol steht das idealtypische Verhalten wiederholt Straffälliger — das sogenannte **„K-idealtypische Verhalten"**[1], am anderen Extrempol das idealtypische Verhalten sozial und strafrechtlich unauffälliger Menschen aus der Durchschnittspopulation — das sogenannte **„D-idealtypische Verhalten"**[1].

Der Proband steht mit seinen eigenen realen Verhaltensweisen in den einzelnen Lebensbereichen jeweils *in einem bestimmten Verhältnis* zu diesen idealtypischen Ausprägungen, wobei sein Verhalten einmal mehr zu dem einen, einmal mehr zu dem anderen Pol tendiert. Entsprechend der Eigenart der idealtypischen Begriffsbildung (s. dazu grundsätzlich o. Kap. III, 1.) kann es bei der Überprüfung des konkreten Verhaltens des jeweiligen Probanden anhand der idealtypischen Ausprägungen in der Regel nur um mehr oder weniger starke **Annäherungen** des realen Geschehens an den Idealtypus bzw. um **Tendenzen** in die eine oder andere Richtung idealtypischer Ausprägungen gehen (s. u. Fall A., Kap. VIII, 2.1.1.1. und Fall B., Kap. IX, 3.1.1.). Als „idealtypisch" ist bei der nachfolgend dargestellten Synopse nicht die *einzelne* Verhaltensweise anzusehen, sondern das *gesamte* Verhalten im entsprechenden Lebensbereich: Schon ein Blick auf diese Synopse zeigt, daß im konkreten Fall wohl zahlreiche einzelne, *keineswegs aber sämtliche* der in der jeweiligen Spalte genannten Verhaltensweisen vorliegen können, da sie teilweise einander ausschließen bzw. Alternativen darstellen.

Bei der Analyse des Einzelfalls wird nun das Verhalten des Probanden anhand der in der Synopse (s. u. 2.1. bis 2.5.) aufgeführten Verhaltensweisen systematisch überprüft. Durch den Vergleich des konkreten mit dem idealtypischen Verhalten lassen sich sowohl in den einzelnen Lebensbereichen als auch über die jeweiligen Bereiche hinweg im *gesamten Lebenszuschnitt Entwicklungen und grundsätzliche,* in eine bestimmte Richtung weisende *Tendenzen* feststellen; es lassen sich aber unter

---

[1] „K" steht hier für „Kriminalität", „D" für „Durchschnitt"; entsprechend der Bezeichnung der beiden Untersuchungsgruppen in der Tübinger Jungtäter-Vergleichsuntersuchung wurden in der Monographie „Der Täter in seinen sozialen Bezügen" (GÖPPINGER 1983) und im Anschluß daran auch o. Kap. II statt „K" die Bezeichnung „H" (Häftlingsgruppe) und statt „D" die Bezeichnung „V" (Vergleichsgruppe) verwendet

Umständen auch *einzelne Phasen* im bisherigen Leben herausschälen, in denen das Verhalten des Probanden hinsichtlich Intensität und Tendenz von dem sonst bei ihm beobachteten Verhalten abweicht. Obwohl solche *Verhaltensänderungen* häufig zunächst nur in einem bestimmten Lebensbereich zu erkennen sind, ergeben sich bei genauer Analyse vielfach in anderen Lebensbereichen gleichzeitig, unmittelbar vorausgehend oder nachfolgend ebenfalls Veränderungen. Nicht selten können auf diese Weise erste Ansatzpunkte und Hinweise für spätere Überlegungen zur gezielten Einwirkung auf den Probanden gewonnen werden.

Im konkreten Fall werden allerdings kaum einmal sämtliche Verhaltensweisen des Straftäters ausschließlich zum K-idealtypischen Pol zeigen. Selbst bei wiederholt Straffälligen mit einer Vielzahl von Straftaten und Verurteilungen kann sich eine ganze Anzahl einzelner Verhaltensweisen finden, die dem Verhalten der sozial unauffälligen Durchschnittspopulation entsprechen oder in diese Richtung tendieren (s. u. Fall A., Kap. VIII, 2.1.1.1. und Fall B., Kap. IX, 3.1.1.); umgekehrt mag man bei einem bisher strafrechtlich nicht in Erscheinung getretenen, sozial (weitgehend) unauffälligen Menschen dennoch die eine oder andere Verhaltensweise feststellen, die eher zum idealtypischen Verhalten wiederholt Straffälliger (also zum K-ideal-typischen Pol) weist. In aller Regel stehen diese jeweils „andersartigen" Verhaltensweisen dann freilich weitgehend isoliert und kennzeichnen kaum einmal den betreffenden Lebensbereich als Ganzes. Zudem kann vergleichbaren Verhaltensweisen von Fall zu Fall sehr *unterschiedliches Gewicht* zukommen; so kann selbst eine ganze Anzahl einzelner Verhaltensweisen, die in einem bestimmten Bereich in die eine Richtung idealtypischen Verhaltens (z. B. zum D-Pol) zeigen, durch eine oder einige wenige in die andere Richtung (z. B. zum K-Pol) tendierende Verhaltensweisen in ihrer Wirkung „neutralisiert" werden.
Bei einer Betrachtung des gesamten Lebens des Betroffenen wird die soziale bzw. kriminologische Bedeutung bestimmter Verhaltensweisen im Vergleich zu anderen meist ohne weiteres einsichtig. Auch bekommt der Untersucher im Laufe der Zeit ein sicheres Gespür dafür, wie einzelne Verhaltensweisen zu beurteilen und zu gewichten sind, da ihm die Erfahrungen aus früheren Einzelfallbeurteilungen als Vergleich zur Verfügung stehen (selbst wenn ein solcher Vergleich nicht explizit angestellt wird).

Es sei hier besonders darauf verwiesen, daß keineswegs immer ein Zusammenhang zwischen Deliktshäufigkeit und extrem zum K-Pol zeigenden Verhaltensweisen im Lebenslängsschnitt zu bestehen braucht, wie auch umgekehrt die erstmalige oder auch wiederholte Straffälligkeit als solche keinerlei Rückschluß auf das bisherige Sozialverhalten erlaubt. Gerade die Tatsache, daß – trotz Verstoßes gegen die gleiche Strafrechtsnorm – teilweise sehr große Unterschiede bezüglich des Sozialverhaltens bei den verschiedenen Tätern bestehen, gibt der kriminologischen Analyse im Vergleich zu einer am jeweiligen Straftatbestand orientierten Betrachtung ihr eigenständiges und bezüglich der Strafrechtsfolgen besonderes Gewicht.

Als **Ergebnis** der Längsschnittanalyse des allgemeinen Sozialverhaltens erhält man ein differenziertes **Längsschnittprofil des individuellen Probanden,** das in mehrfacher Hinsicht für diesen Probanden *spezifisch* ist: Zum einen kennzeichnet dieses Profil den Probanden hinsichtlich des Grades der *Annäherung* der einzelnen konkreten Verhaltensweisen an den jeweiligen idealtypischen Pol, zum anderen zeichnet es die *Konturen in den einzelnen Lebensbereichen* und schließlich erstellt es das *Bild des gesamten Lebenslängsschnitts* über alle Lebensbereiche hinweg.

Völlig gesondert von dieser Analyse des allgemeinen Sozialverhaltens erfolgt anschließend die *Analyse des Delinquenzbereichs*, also der gesamten bisherigen Delinquenz unter besonderer Berücksichtigung der letzten Tat. Auch diese Analyse orientiert sich an erfahrungswissenschaftlich gewonnenen deskriptiven Kriterien, wobei neben dem einzelnen Delikt vor allem auch im Längsschnitt festzustellende Entwicklungen und Tendenzen innerhalb des Delinquenzbereichs von Interesse sind (s. dazu im einzelnen u. 2.6.).

Die **Beurteilungskriterien** *für die Analyse des Sozialverhaltens im Lebenslängsschnitt ergeben sich aus dem im folgenden angeführten idealtypisch „verdichteten" extremen Verhalten:*

2.1. Verhalten des Probanden im Zusammenhang mit der (elterlichen) Erziehung im Kindes- und Jugendalter

K-idealtypisch[2]

Entzieht sich aktiv der elterlichen Kontrolle
oder
nutzt das Fehlen einer Kontrolle in jeder Hinsicht aus

Täuscht und übervorteilt die Erziehungspersonen bzw. verstärkt eine inkonsequente Erziehung durch geschicktes Taktieren und durch gegenseitiges Ausspielen der Erziehungspersonen (diese werden mit dem Probanden „nicht fertig")

Lehnt die Übernahme bestimmter (altersgemäßer) Aufgaben und Pflichten konsequent ab und entzieht sich der damit verbundenen Verantwortung

D-idealtypisch[3]

Akzeptiert die elterliche Kontrolle
oder
sucht bei Fehlen eines geordneten Familienbereichs Anschluß an eine (geordnete) Familie (z. B. die eines Freundes)

Ist gegenüber Erziehungspersonen grundsätzlich offen und nutzt auch eine inkonsequente Erziehung nicht aus

Übernimmt (freiwillig) altersgemäße Aufgaben und Pflichten
oder
sucht sich einen entsprechenden Aufgabenbereich, für den er sich verantwortlich fühlt

---

[2] „K" steht für „Kriminalität"

[3] „D" steht für „Durchschnitt"

2.2. Aufenthaltsbereich

K-idealtypisch

Wechselt schon in der Kindheit (zusammen mit der Familie) häufig den Aufenthaltsort
oder
pendelt zwischen Elternhaus, Verwandten, Pflegeeltern und Heimen hin und her

Wird frühzeitig wegen untragbaren Verhaltens und/oder Verwahrlosungserscheinungen in Heimen untergebracht

Reißt wiederholt aus den Heimen aus, streunt herum, begeht Delikte und wird daher im Laufe der Zeit in verschiedenen, immer strenger geführten Heimen untergebracht

Betont früh seine Unabhängigkeit; sieht den elterlichen Wohnbereich zunehmend nicht mehr als Zuhause, sondern nur noch als Schlafstelle an

Verläßt frühzeitig das Elternhaus, ohne sich in der Folgezeit einen eigenen Wohnbereich zu schaffen; statt dessen sucht er Unterkunft bei irgendwelchen Bekannten, in zweifelhaftem „Milieu", bei Prostituierten usw.

Wechselt häufig den Aufenthaltsort und zeigt keinerlei Interesse an einer einigermaßen beständigen Wohnung, sondern nimmt mit kurzfristigen Untermietverhältnissen, wechselnden Firmenunterkünften, Männerwohnheimen oder ungeregelten Wohngelegenheiten bei Bekannten vorlieb

Ist immer wieder zeitweilig wohnsitzlos, streunt herum, übernachtet auf der Straße, im Asyl, in Scheunen, in Gartenhäuschen oder ähnlichem

D-idealtypisch

Wächst im Elternhaus auf und ist in der Kindheit nie längere Zeit von zu Hause weg

Ist auch in der Jugendzeit uneingeschränkt im Elternhaus integriert, wobei er die elterliche Wohnung als sein Zuhause ansieht

Verläßt das Elternhaus erst im Zusammenhang mit einer auswärtigen Berufsausbildung oder zur Ableistung des Wehr- bzw. Zivildienstes; eine wirkliche (äußerliche) Loslösung im Sinne des Selbständigwerdens erfolgt jedoch erst nach der Heirat bzw. dem Aufbau einer eigenen Existenz

Wechselt sehr selten den Aufenthaltsort; wenn, dann aus beruflichen Gründen oder wegen der Heirat, wobei der Wechsel ausschließlich geplant und geordnet erfolgt

K-idealtypisch

Zeigt frühzeitig die ausgepägte Tendenz, sich vom sozialen Nahraum weg in „anonymere", vor allem großstädtische Bereiche zu begeben

D-idealtypisch

Ist am jeweiligen Aufenthaltsort in keiner Weise sozial eingebunden, so daß ein Ortswechsel für ihn praktisch nur den Wechsel von ohnehin austauschbaren personellen und sachlichen Kontakten bedeutet

Ist in vielfältiger Weise durch Beruf, Vereinsmitgliedschaften, Bekanntenkreis, Familie und Verwandtschaft in die örtliche Gemeinschaft sozial eingebunden; ein Ortswechsel erscheint ihm nicht zuletzt aufgrund dieser Einbettung nicht wünschenswert

Zeigt keinerlei Interesse, den Wohnort bzw. die Wohngegend nach bestimmten Gesichtspunkten auszuwählen; stattdessen findet er sich mit dem ab, was ohne größere Mühe zu bekommen ist bzw. was ihm (z. B. vom Sozialamt) zugewiesen wird, und nimmt auch mit einer Unterkunft in „asozialen" Verhältnissen vorlieb

Wählt seinen Wohnort und die Wohngegend im Hinblick auf die Arbeitsstätte, auf die (künftigen) Ausbildungsmöglichkeiten für die Kinder sowie unter vielfältigen sozialen Gesichtspunkten (ordentliche Gegend, Nachbarschaft, Atmosphäre, Freizeiteinrichtungen usw.) aus; vorübergehend werden auch nicht zusagende Verhältnisse zunächst hingenommen, es zeigt sich dann jedoch ein nachdrückliches Bestreben, in eine Wohnung oder Umgebung zu kommen, die den eigenen Vorstellungen entspricht

Zeigt keinerlei Interesse an der eigenen Wohnung oder Unterkunft und an deren Ausgestaltung; Wohnung und Unterkunft dienen ihm nur als Schlafstelle und nicht als Zuhause

Hat großes Interesse am eigenen Wohnbereich und ist bestrebt, der Unterkunft − unter erheblichem Zeitaufwand − einen individuellen und dem eigenen Wohlbefinden entsprechenden Charakter zu verleihen; die Wohnung dient ihm als Zuhause

2.3. Leistungsbereich

Schule

K-idealtypisch

Erbringt in der Schule aus Desinteresse bzw. wegen Faulheit, Bummelns oder häufigen Schwänzens schlechte Leistungen

Bleibt deswegen in der Grund- und Hauptschule mehrfach sitzen
oder
besucht die Sonderschule

Weist keinen erfolgreichen Schulabschluß auf

Schwänzt häufig und hartnäckig oder zeitweilig auch dauernd die Schule, streunt dabei herum, begeht (kleinere) (Eigentums-)Delikte und Sachbeschädigungen und versucht, sein Verhalten durch raffinierte Täuschungen und Lügnereien zu verbergen

Stört durch sein (albernes, großsprecherisches) Verhalten und durch ständige Unruhe den Unterricht

Ist ungehorsam, aufsässig und aggressiv gegenüber dem Lehrer

Ist bei Raufereien mit Mitschülern rücksichtslos und brutal und schreckt auch nicht davor zurück, die anderen ernsthaft zu verletzen

Zeigt sich an (schulischen) Fort- und Weiterbildungsmöglichkeiten desinteressiert

D-idealtypisch

Zeigt Interesse an der Schule und erbringt ordentliche Leistungen

Schließt die Hauptschule erfolgreich ab
oder
besucht eine weiterführende Schule

Schwänzt nicht
oder
jedenfalls nicht hartnäckig und zeigt auch keine entsprechenden Begleiterscheinungen wie Herumstreunen, Täuschungen und Lügnereien

Arbeitet im Unterricht gut mit und benimmt sich ordentlich bzw. fällt im Unterricht nicht unangenehm auf

Hat ein gutes Verhältnis zum Lehrer

Hält sich bei Raufereien in gewisser Weise zurück, so daß es nicht zu ernsthaften Verletzungen kommt

Nimmt (schulische) Fort- und Weiterbildungsmöglichkeiten wahr

Berufliche Ausbildung

K-idealtypisch

Hat nach Beendigung der Schule kein Interesse an Lehre und Ausbildung

Besitzt keine erfolgreich abgeschlossene Lehre oder Ausbildung, sondern gibt der Möglichkeit, sofort als Ungelernter bzw. Hilfsarbeiter Geld zu verdienen, den Vorzug gegenüber einer soliden Ausbildung und tritt deshalb keine Lehre an
oder
beginnt zwar eine Lehre, bricht diese aber ab
oder
wechselt (wiederholt) die Lehrstelle (oder auch den Lehrberuf), erreicht aber auch an der neuen Stelle keinen Abschluß

Nennt als Grund für den Abbruch der Lehre, daß er keine Lust, kein Interesse mehr gehabt habe, mit den Vorgesetzten und Kollegen nicht mehr ausgekommen sei, ihm alles „gestunken" habe, daß er mehr Geld habe verdienen wollen
oder
verliert die Lehrstelle wegen Unregelmäßigkeiten (schlechte Arbeitsleistung, Kameradendiebstahl u. ä.)

Erbringt schlechte Arbeitsleistungen, macht an der Lehrstelle häufig „blau" und schwänzt die Berufsschule

Hat deswegen häufig Schwierigkeiten mit dem Lehrherrn, den Vorgesetzten und den Arbeitskollegen

D-idealtypisch

Hat bei Schulabschluß ein konkretes Berufsziel vor Augen; sieht Lehre und Ausbildung als Voraussetzung eines befriedigenden Berufs und diesen wiederum als wichtigen Bestandteil des eigenen Lebens an

Verfügt über eine abgeschlossene Lehre oder Ausbildung; auch bei auftretenden Schwierigkeiten oder wenn ihm der gewählte Beruf nicht ganz zusagt, strebt er doch auf jeden Fall einen Lehrabschluß an und bricht die Lehre nicht ab

Erbringt gute Arbeitsleistungen, zeigt Interesse an der Arbeit, erfüllt seine Arbeitspflicht pünktlich und besucht regelmäßig die Berufsschule

Hat keine gravierenden Schwierigkeiten mit Vorgesetzten und Kollegen
oder
falls doch, so werden diese auf jeden Fall irgendwie durchgestanden und bereinigt

K-idealtypisch

Gibt bei Schwierigkeiten, Lehrabbruch oder Kündigung stets den anderen (Vorgesetzten, Kollegen) bzw. den „Umständen" die Schuld

Führt auch Lehrversuche, die während Heim- oder Haftaufenthalten begonnen wurden, nicht erfolgreich zu Ende

Hat keinerlei Interesse an beruflicher Spezialisierung oder Fort- und Weiterbildung

D-idealtypisch

Sucht bei Schwierigkeiten die Schuld auch bei sich selbst und sieht den eigenen Anteil an den Problemen mit anderen

Nimmt Fort- und Weiterbildungsmöglichkeiten wahr, schließt berufliche Zusatzausbildungen und Spezialisierungen (z. B. in Form von Kursen) erfolgreich ab
oder
versucht, versäumte Ausbildungsmöglichkeiten (über den zweiten Bildungsweg, Fernstudien usw.) nachzuholen

Berufstätigkeit

K-idealtypisch

Sieht das vorrangige Anliegen seiner Berufstätigkeit darin, rasch und mit möglichst geringem Aufwand zu Geld zu kommen

Ist jederzeit bereit, die Stelle zugunsten vermeintlich besserer und bequemerer Möglichkeiten des Gelderwerbs aufzugeben, ohne sich zuvor über die tatsächlichen Gegebenheiten informiert zu haben

Bevorzugt abwechslungsreiche und ungebundene Tätigkeiten ohne direkte Aufsicht und ohne zeitliche und örtliche Begrenzung (z. B. als Hilfskraft bei Schaustellern, als Zeitschriftenwerber oder „selbständige" Tätigkeiten wie „Vertreter" oder macht − von Anfang an unrealistische − Versuche, einen eigenen Betrieb zu eröffnen); im Laufe der Zeit erfolgt nicht nur ein Abstieg in

D-idealtypisch

Bevorzugt bei der Berufstätigkeit einen wohl langsamen, jedoch fundierten und gesicherten Aufstieg gegenüber einem zunächst zwar schnellen Geldverdienen, das ihm aber keinen späteren Aufstieg oder kein berufliches Weiterkommen gewährleistet

Weist ausschließlich langjährige Arbeitsverhältnisse auf

Neben beruflichem Vorwärtskommen und Aufstieg sind für ihn vor allem die Stabilität und die Sicherheit des Arbeitsplatzes sowie eine befriedigende Tätigkeit und ein gutes Betriebsklima von entscheidender Bedeutung

K-idealtypisch   *D-idealtypisch*

niedrigere Berufspositionen, sondern
auch eine Zunahme von ungeordneten
Tätigkeiten in Form von Gelegenheitsarbeiten (ohne Sozialversicherung) und
ähnlichem

Ist jederzeit bereit, „blauzumachen"
und bei geringsten Schwierigkeiten oder
auch nur aus Unlust und aus momentanen Stimmungen heraus von der Arbeit
wegzulaufen und zu kündigen

Wechselt häufig den Arbeitsplatz; der
Wechsel erfolgt ungeplant und spontan,
ohne daß ein konkreter neuer Arbeitsplatz in Aussicht wäre; geht zwischen den
einzelnen Arbeitsverhältnissen immer
wieder längerfristig, teilweise monate-
lang keinerlei Berufstätigkeit nach und
bemüht sich auch nicht um einen neuen
Arbeitsplatz; zwischen den einzelnen
Arbeitsverhältnissen besteht daher kein
nahtloser Übergang

Nennt als Gründe für einen Arbeitsplatzwechsel Auseinandersetzungen mit
Vorgesetzten und Kollegen oder vermeintlich (stets nur momentane und
kurzfristige) bessere Verdienstmöglich-
keiten

Zeigt insgesamt eine Arbeitshaltung, die
von Desinteresse und Unlust geprägt ist;
innerhalb kürzester Zeit kommt es an
jeder Arbeitsstelle zu Klagen wegen
schlechter Arbeitsleistung, Trunken-
heit, Streitlust, Unverträglichkeiten und
Unzuverlässigkeit, die immer wieder zu
fristlosen Kündigungen durch den Arbeitgeber führen

Hat keinerlei Interesse an einer beruflichen Weiterbildung; allenfalls während
Haftaufenthalten werden aus sachfrem-
den Erwägungen heraus irgendwelche
Kurse belegt, auf denen aber später
nicht mehr aufgebaut wird

Hält sich im Betrieb für unentbehrlich
und ist der Meinung, es dem Betrieb,
den Vorgesetzten und den Kollegen
„nicht antun zu können", schlechte
Arbeit zu erbringen oder zu fehlen;
auftretende Probleme werden durchgestanden

Wechselt den Arbeitsplatz erst nach reif-
licher Überlegung und nach sicherer Zu-
sage der neuen Arbeitsstelle; weist stets
einen nahtlosen Übergang der einzelnen
Arbeitsverhältnisse auf; falls es ausnahmsweise zu Arbeitslosigkeit kommt,
dann unverschuldet; bemüht sich in diesem Fall nachhaltig um einen neuen Arbeitsplatz und nimmt dabei (vorübergehend) auch beruflichen Abstieg in Kauf

Nennt als Grund für den Arbeitsplatzwechsel berufliches Vorwärtskommen
und beruflichen Aufstieg sowie – auch
auf längere Sicht bestehende – finanzielle oder ideelle Verbesserungsmög-
lichkeiten

Legt eine Arbeitshaltung an den Tag,
die von Verantwortungsgefühl gegenüber Betrieb, Vorgesetzten und Kollegen gekennzeichnet ist; zeigt eine große
Betriebsverbundenheit und ist bereit,
Verantwortung zu tragen

Besitzt erhebliches Interesse an beruflicher Qualifizierung, was durch den erfolgreichen Abschluß von Fort- und
Weiterbildungskursen, Lehrgängen usw.
in die Tat umgesetzt wird

K-idealtypisch

Lebt hinsichtlich seiner finanziellen Verhältnisse „von der Hand in den Mund";
das Geld wird verschleudert, wie es
hereinkommt; es bestehen eine Vielzahl
von Abzahlungsverpflichtungen und unübersehbare Schulden

Weist insgesamt keinerlei Vorsorge auf,
sei es, daß er ausschließlich Gelegenheitsarbeiten nachgeht oder in dubiosen
Betrieben ohne korrekte Anmeldung
und ohne sozialversicherungsrechtliche
Absicherung arbeitet, sei es, daß er in
keiner Weise, etwa durch Sparen, für
Notlagen vorsorgt

D-idealtypisch

Gibt sein Geld geplant und überlegt aus
und verfügt über Sparverträge, Bausparverträge, Lebensversicherungen usw.;
die finanziellen Verhältnisse sind geordnet, die finanziellen Verpflichtungen
stets überschaubar und hinsichtlich der
Tilgung von Schulden realistisch

Betreibt umfassende Vorsorgemaßnah-
men: Neben der als selbstverständlich
angesehenen Sozialversicherung wird
zusätzlich durch Lebensversicherungen,
Haftpflichtversicherungen usw. private
Vorsorge getroffen

2.4. Freizeitbereich

Verfügbarkeit der Freizeit

K-idealtypisch

Weitet seine Freizeit im Laufe der Jahre
zunehmend bzw. ständig aus, und zwar
vor allem zu Lasten des Leistungsbereichs durch „Blaumachen", Zuspätkommen am Arbeitsplatz oder Aufgabe
jeglicher geregelter Arbeitstätigkeit; dabei kommt es schließlich zu einer völligen
Unordnung des Tagesablaufs und zu einer Tagesablaufverschiebung, d. h. der
Tag beginnt erst nachmittags und endet
am nächsten Morgen

Weitet allenfalls vorübergehend, insbesondere nach Haftentlassungen, die
Freizeit nur auf Kosten des Schlafes aus
oder schränkt sie auch in gewisser Weise
ein, es kommt jedoch alsbald wieder zu
erheblichen Ausweitungen zu Lasten
des Leistungsbereichs

D-idealtypisch

Schränkt seine Freizeit von Kindheit an
zunehmend und erheblich ein durch eine
Vielzahl selbstgewählter, teilweise ausgesprochen leistungsorientierter Verpflichtungen (z. B. Überstunden, Nebenarbeiten, Fortbildung, häusliche
Mitarbeit und ähnliches)

Weitet seine Freizeit allenfalls gelegentlich auf Kosten des Schlafes, nie aber zu
Lasten des Leistungsbereichs aus

Struktur und Verlauf der Freizeittätigkeiten

K-idealtypisch

Verbringt den überwiegenden Teil der Freizeit mit Tätigkeiten, die inhaltlich nicht vorhersehbare, völlig offene Abläufe aufweisen, bei denen also weder der Ort noch die Verweildauer oder die möglichen Kontaktpersonen vorher genauer bekannt sind und denen jegliche Planung und Vorbereitung fehlt.

Es handelt sich dabei um Gaststättentouren, um Aufenthalte in schlecht beleumundeten Lokalen, um das Aufsuchen von Treffpunkten im kriminell gefährdenden, vorzugsweise großstädtischen Bahnhofs-, Spielhallen- und Altstadt-„Milieu" mit dem entsprechenden Kontakt zu sozial auffälligen oder auch straffälligen Personen usw.
und/oder
um plan- und zielloses Umherfahren mit Moped, Motorrad oder Auto, stets auf der Suche nach Reizsituationen, nach „Abenteuer" usw.

Dabei wird die Freizeit zu einem erheblichen Teil durch „Ausschweifungen", wie übermäßigen Alkoholgenuß, unkontrolliertes Geldausgeben oder auch gewalttätige Auseinandersetzungen, bestimmt

Bevorzugt auch bei den Freizeittätigkeiten mit übersehbaren, bestimmte Grenzen nicht überschreitenden Abläufen solche, die eine gewisse Unruhe, Abwechslung und Betriebsamkeit mit sich bringen (z. B. Kino-, Gaststätten- oder Diskothekenbesuch)

Zeigt keinerlei Engagement oder persönlichen Einsatz für langfristig angelegte, systematisch betriebene
und/oder
formal organisierte Freizeittätigkeiten

D-idealtypisch

Füllt seine Freizeit von Kindheit an zunehmend mit langfristig angelegten, systematisch betriebenen
und/oder
formal organisierten Freizeittätigkeiten mit feststehenden Abläufen aus; neben leistungsorientierten Tätigkeiten (Nebenerwerb, Weiterbildung usw.) wird mit großer Ausdauer und erheblichem Engagement vor allem regelmäßigen sportlichen Aktivitäten, Hobbys oder ehrenamtlichen Verpflichtungen nachgegangen

Sieht in Freizeittätigkeiten mit übersehbaren, bestimmte Grenzen nicht überschreitenden Abläufen vorrangig eine Möglichkeit zur Erholung und Entspannung und bevorzugt daher Tätigkeiten, die eher eine gewisse Muße erfordern (z. B. Lesen, Basteln, Spazierengehen, gemeinsame Unternehmungen mit der Familie)

Zeigt keinerlei Interesse an Freizeittätigkeiten mit inhaltlich nicht vorhersehbaren, völlig offenen Abläufen; allenfalls in der Reifungsphase kann es vorübergehend einmal zu einem solchen

K-idealtypisch

mit feststehenden Abläufen; selbst wenn
während Haftaufenthalten bestimmten
Hobbys nachgegangen oder Fort- und
Weiterbildungsmöglichkeiten wahrge-
nommen wurden, werden diese nach der
Haftentlassung nicht weitergeführt

D-idealtypisch

Freizeitverhalten kommen, das aber
auch in dieser Phase für die Freizeit
insgesamt nicht bestimmend ist

Freizeitaufenthalt

K-idealtypisch

Verbringt seine Freizeit nahezu ausschließlich außerhäusig und „milieu"-orientiert; die elterliche oder später die eigene Wohnung dient nur als
Schlafstelle, nicht aber als Möglichkeit
zur Freizeitgestaltung

Hält sich in der Freizeit kaum innerhäusig auf; innerhäusige Freizeitgestaltung
wird als langweilig empfunden und stellt
die Ausnahme dar

D-idealtypisch

Verbringt seine Freizeit vorzugsweise
innerhäusig, wobei der eigene, individuell gestaltete Wohnbereich, das Zusammensein mit der Familie und eine gewisse „Einbettung" eine zentrale Rolle
spielen

Beschränkt sich auch bei außerhäusigem
Freizeitaufenthalt, der insgesamt von
untergeordneter Bedeutung ist, auf
einen oder einige wenige bestimmte
Orte im sozialen Nahraum und auf
geplante Unternehmungen, häufig zusammen mit der eigenen Familie

2.5. Kontaktbereich

Schicksalhaft vorgegebene Kontakte

K-idealtypisch

Führt durch sein Verhalten und Taktieren schon im Kindesalter Konflikte zwischen den Erziehungspersonen herbei,
mit der Folge gestörter familiärer Beziehungen auch unter den anderen Familienmitgliedern, und ordnet sich in keiner Weise in die Familiengemeinschaft
ein

Steht seiner Elternfamilie ablehnend
oder indifferent gegenüber

D-idealtypisch

Ordnet sich nicht nur mit einer gewissen
Selbstverständlichkeit in die Familiengemeinschaft ein, sondern es ist ihm geradezu ein Bedürfnis, mit der Familie
zusammen zu sein

Hält (auch später) zu seiner Elternfamilie, nimmt sie in Schutz, verteidigt sie

K-idealtypisch

oder
wechselt je nach Gutdünken oder auch
zur Rechtfertigung des eigenen Verhaltens zwischen Anschwärzen der Familie
und (insbesondere wenn es sich um
„asoziale" Verhältnisse handelt) völlig
unkritischer Einstellung gegenüber der
Familie (und den Verhältnissen) sowie
uneingeschränkter Identifizierung mit
einzelnen Familienmitgliedern und gegebenenfalls auch mit deren kriminellen
Praktiken

Löst sich frühzeitig von den Eltern und
Geschwistern und hat in der Folgezeit
keine engeren Kontakte mehr zur Herkunftsfamilie

Findet allenfalls in (finanziellen) Notsi-
tuationen oder um irgendwelcher (materieller) Vorteile willen in späteren
Jahren vorübergehend zu seiner Familie
zurück und nutzt sie dann entsprechend
aus

D-idealtypisch

und schirmt die Familie nach außen ab,
selbst wenn er sich nicht mit ihr identi-
fiziert

Hält auch nach dem Auszug aus dem
Elternhaus und äußerlicher Loslösung
von seiner Herkunftsfamilie die Verbindung zu ihr und zur weiteren Verwandtschaft durchgängig mehr oder weniger
intensiv aufrecht

Selbstgewählte Kontakte zu Freunden und Bekannten

K-idealtypisch

Besitzt eine Vielzahl oberflächlicher
Kontakte zu irgendwelchen „Kumpeln"
und Bekannten, jedoch keine echten
Freundschaften und keine tragfähige
Bindung zu einer bestimmten Person

Besitzt kein Interesse an der individuellen Persönlichkeit der Kontaktpersonen;
die Aufnahme von Kontakten dient zur
Befriedigung unmittelbarer Bedürfnisse
und ist zweckgerichtet (utilitaristische
Kontakte); die einzelnen Personen sind
demzufolge auf der entsprechenden
Ebene beliebig auswechselbar

D-idealtypisch

Hat nur einige wenige Freunde und
Bekannte und hält auch nach der Tren-
nung vom Elternhaus den Kontakt zur
Herkunftsfamilie oder zu einzelnen
Familienmitgliedern (nunmehr als
selbstgewählten Kontakt) aufrecht, wo-
bei teilweise ausgesprochen tragende
Bindungen bestehen

Wählt seinen Bekanntenkreis im Hinblick auf die jeweilige Person und auf
gemeinsame, langfristig angelegte Interessen, auf Zuverlässigkeit usw. aus; es
bestehen langjährige, tragende Freundschaften mit einer gewissen Vertrauensbasis und ein relativ kleiner, fester Bekanntenkreis, dessen Personen nicht beliebig auswechselbar sind

K-idealtypisch

Bevorzugt „Milieu"-Kontakte zu einem lockeren Kreis von „Kumpeln" ohne Vertrauensbasis und mit wechselseitiger Übervorteilung, wobei er gegenüber den Bekannten und deren Eigenarten eine übergroße „Toleranz" zeigt und in dieser Hinsicht geradezu unempfindlich zu sein scheint

D-idealtypisch

Fühlt sich von „Milieu"-Kontakten nicht angezogen und gibt „schlechten Umgang" − sofern es (vor allem in der Jugendzeit) überhaupt dazu kommt − alsbald wieder auf

Sexuelle Kontakte

K-idealtypisch

Hat schon im Schulalter seinen ersten Geschlechtsverkehr mit einer wesentlich älteren, sexuell verwahrlosten Partnerin

Wechselt seine GV-Partnerinnen häufig und hat außerdem häufigere Kontakte zu Prostituierten

Wählt seine Sexualpartnerin vorrangig nach „äußeren" Qualitäten aus und gibt diesen den Vorzug gegenüber der individuellen Persönlichkeit und „inneren", menschlichen Qualitäten; im Vordergrund steht die Möglichkeit des Sexualkontakts, nicht die individuelle Persönlichkeit; die Partnerin ist dementsprechend beliebig austauschbar

D-idealtypisch

Hat seinen ersten Geschlechtsverkehr erst im späteren Jugendalter oder als Erwachsener und mit einer gleichaltrigen, sozial unauffälligen Partnerin

Beschränkt sich auf eine oder einige wenige GV-Partnerinnen

Wählt seine Partnerin im Hinblick auf die individuelle Persönlichkeit aus; diese ist daher nicht beliebig auswechselbar. Im Vordergrund stehen tragfähige menschliche Bindungen, keine reinen Sexualbekanntschaften

Eigene Familie

K-idealtypisch

Zeigt nur geringe Bereitschaft, eine Ehe oder eine langfristig angelegte Partnerschaft einzugehen
oder
falls dennoch die Heirat erfolgt oder eine Partnerschaft eingegangen wird, dann in jugendlichem Alter und schon wenige Wochen nach dem Kennenlernen
oder

D-idealtypisch

Ist grundsätzlich bereit, eine feste Bindung einzugehen und entsprechende Verantwortung zu übernehmen; heiratet jedoch erst nach längerer Bekanntschaft oder nach längerer Verlobungszeit in einem Alter, in dem er auch aufgrund einer gewissen Reife und der beruflichen Absicherung die mit einer Heirat verbundenen Verpflichtungen erfüllen kann

K-idealtypisch

heiratet während der Haft, ohne die Partnerin näher zu kennen, häufig im Hinblick auf Vergünstigungen (Urlaubsgewährung, Strafrestaussetzung zur Bewährung usw.)

Nimmt wesentlich jüngere, ebenfalls sozial auffällige Partnerin zur Frau oder
heiratet (vor allem bei Haftehen) eine wesentlich ältere Partnerin

Bringt ebenso wie seine Ehefrau ein Kind mit in die Ehe bzw. ist einem nicht aus der Ehe stammenden Kind unterhaltspflichtig

Trifft keinerlei (materielle) Vorbereitungen für die Ehe; beide Partner bringen bereits Schulden in die Ehe ein; eine Absicherung durch regelmäßige Berufstätigkeit besteht nicht, ebensowenig sind Wohnung, Wohnungseinrichtung und Aussteuer vorhanden

Ändert auch nach der Eheschließung in keiner Weise sein früheres Verhalten in den einzelnen Lebensbereichen; jeder Partner geht seinen eigenen Weg; es bestehen keinerlei Gemeinsamkeiten, keine Verantwortung für die Partnerin oder für die gemeinsamen Kinder; die eigenen Bedürfnisse stehen weiterhin im Vordergrund zu Lasten der Versorgung gemeinsamer Kinder; der spezifische Lebensstil mit unregelmäßiger Arbeitsleistung, Ausweitung der Freizeit durch außerhäusige, unstrukturierte, „milieu"-orientierte Freizeitgestaltung einschließlich anderweitiger Sexualkontakte wird beibehalten

D-idealtypisch

Heiratet sozial unauffällige, etwa gleichaltrige Partnerin

Hat vor der Eheschließung keine Kinder von anderen Partnerinnen

Sieht die Erfüllung einer ganzen Anzahl von Bedingungen als Voraussetzung für eine Ehe an und trifft intensive Vorbereitungen für die Ehe; abgesehen von gegenseitiger Zuneigung, gemeinsamen Interessen usw. wird Wert darauf gelegt, daß der Ehepartner von der Familie akzeptiert wird; daneben haben materielle Absicherung der Ehe in Form einer abgeschlossenen Ausbildung im Hinblick auf berufliche und finanzielle Sicherheit sowie das Vorhandensein einer Wohnung usw. große Bedeutung

Zeigt durch eine Änderung seines Verhaltens, daß die Eheschließung einen deutlichen Einschnitt in sein Leben darstellt; die eigenen Ansprüche werden in der Folgezeit zugunsten dieser Partnerschaft eingeschränkt und das gesamte Leben auf diese ausgerichtet; für die Partnerin und die Kinder wird Verantwortung übernommen und durch entsprechenden Arbeitseinsatz für den Unterhalt Sorge getragen; die Freizeit konzentriert sich auf die Familie und wird zusammen mit ihr verbracht; der jeweilige Bekanntenkreis des einzelnen Partners wird weiter eingeschränkt bzw. verändert sich zugunsten eines gemeinsamen (neuen) Bekanntenkreises

K-idealtypisch

Schon wenige Monate nach der Eheschließung wird die Scheidung betrieben, nachdem bereits zuvor häufige,
lautstarke, auch tätlich und öffentlich
(d. h. vor der gesamten Nachbarschaft)
ausgetragene Auseinandersetzungen –
insbesondere unter Alkoholeinfluß – an
der Tagesordnung waren

D-idealtypisch

Hat keine gravierenden Meinungsver-
schiedenheiten mit seiner Partnerin, und
es kommt vor allem nicht zu tätlichen
Auseinandersetzungen; Probleme werden nicht zu irgendwelchen Dritten
hinausgetragen, sondern es wird ein
gewisser „Schutzwall" um die Familie
errichtet.

2.6. Delinquenzbereich

Den Abschluß der Betrachtung des Lebenslängsschnitts bildet die Analyse des
Delinquenzbereichs. Ähnlich wie vom allgemeinen Sozialverhalten des Probanden
in den einzelnen Lebensbereichen wird auch von seinen bisherigen Straftaten ein
Längsschnittbild erstellt: Es umfaßt neben der letzten Tat alle früheren registrierten
und nicht registrierten Straftaten ebenso wie die „deliktischen Handlungen" im
strafunmündigen Alter.

„**Deliktische Handlungen**" im Kindesalter sind nahezu bei jedem Menschen
festzustellen, auch wenn sie nur selten der Polizei zur Kenntnis gelangen. Im
Hinblick auf spätere Kriminalität können sie völlig belanglos oder weitgehend
unbeachtlich sein; sie können aber unter Umständen auch die ersten Anzeichen
einer sich im Laufe der Zeit zunehmend verfestigenden Delinquenz darstellen. Dies
läßt sich oftmals erst *rückblickend* erkennen, wenn sich vor dem Hintergrund der
späteren Delinquenz bereits im Kindesalter erste Vorläufer späterer Straftaten
finden. Für die aktuelle Beurteilung des Jugendlichen oder Erwachsenen, insbesondere zur Frage einer kriminellen Verfestigung innerhalb des Delinquenzbereichs (s. u.), kann dies dennoch von Bedeutung sein.

Erfahrungsgemäß ist die Wahrscheinlichkeit späterer Straffälligkeit dann
erhöht, wenn bestimmte Erscheinungsformen und Ausprägungen „deliktischer
Handlungen" vorliegen. Aus kriminologischer Sicht sind für die Weiterentwicklung
„Delikte" im Kindesalter dann **eher als belanglos** anzusehen, wenn sie
– aus einer Spielsituation heraus entstehen,
– gemeinschaftlich und unter einem gewissen Gruppeneinfluß begangen werden,
– eine einfache Tatausführung aufweisen, es sich vor allem um einfache Wegnahme
handelt oder nur eine günstige Gelegenheit ausgenutzt wird (z. B. im Warenhaus
bzw. Selbstbedienungsladen),
– eine einmalige Verfehlung darstellen oder die „Delikte" nur während einer
kurzen Phase erfolgen.

Demgegenüber besteht die **Gefahr einer kriminellen Verfestigung,** wenn die „Delikte"
– auf eine gewisse Zielstrebigkeit hinweisen, etwa in Form eines planmäßigen, überlegten Vorgehens mit differenzierter Tatausführung, die eine Überwindung von Hindernissen erforderlich macht oder mit raffinierten Täuschungen einhergeht,
– darauf abzielen, eine dem Täter bekannte Schwäche des Opfers auszunutzen,
– eine gewisse Vielseitigkeit erkennen lassen, indem sie verschiedenartigen Deliktsgruppen (Eigentumsdelikte, Sachbeschädigungen, Körperverletzungen usw.) zuzurechnen sind bzw. bei gleichartiger Deliktsgruppe verschiedenartige Tatausführungen aufweisen,
– über einen längeren Zeitraum hinweg auftreten.

Die Analyse der (registrierten und nicht registrierten) **Straftaten** im strafmündigen Alter erschöpft sich nicht in einer Darlegung der normativen Straftatbestände oder der Deliktsgruppen. Sie orientiert sich vielmehr vor allem an Gesichtspunkten, welche die Erscheinungsformen der verschiedenen Tatmodalitäten umschreiben, wie z. B. Zustandekommen der Tat, Tatplanung, Tatbeteiligung, Vorgehensweise, Reaktion nach der Tat usw., wobei der Einbettung der Tat in die allgemeine Lebenssituation ein besonderes Gewicht zukommt (s. u.). Diese Gesichtspunkte ermöglichen zunächst einen **Zugang zum einzelnen Delikt.** Freilich ist nicht jeder dieser Tatumstände bei jedem Delikt von Bedeutung, und auch das Gewicht ihrer Aussagekraft variiert von Fall zu Fall, je nach Zusammenspiel der verschiedenen Tatmodalitäten. (So mag etwa ein differenzierter Tatplan bei einem Eigentumsdelikt eher auf eine vermehrte Zielstrebigkeit hinweisen, während dies bei der Tötung eines nicht auswechselbaren Opfers aus einer länger schwelenden Konfliktsituation heraus nicht unbedingt der Fall sein muß.)

Die folgende Gegenüberstellung soll – mit allen Vorbehalten – *Anhaltspunkte* dafür geben, welche Ausprägungen einzelner Tatmodalitäten erfahrungsgemäß auf vermehrte bzw. geringere Zielstrebigkeit bei der Deliktsbegehung hinweisen:

Modalitäten, die eher auf **vermehrte Zielstrebigkeit** *bei der Tatbegehung hindeuten:*	*Modalitäten, die eher auf* **geringere Zielstrebigkeit** *bei der Tatbegehung hindeuten:*

Zustandekommen der Tat/Tatentschluß

Tatentschluß aufgrund nüchternen Abwägens	Tatentschluß unter erheblichem Alkoholeinfluß oder in besonderer, außergewöhnlicher Stimmungslage oder Konfliktsituation oder unter dem Einfluß von Tatgenossen bzw. Dritter

Tatplanung

Sorgfältige Planung der Tat (Vorbereitungsmaßnahmen, Opfer, Tatobjekt, Tatmittel, Vorgehensweise, alternative Vorgehensweisen, besondere Vorsichts-	Keine Planung im eigentlichen Sinne; spontanes Wahrnehmen einer „günstigen" bzw. „verführrerischen" Gelegenheit

maßnahmen usw.) und der Tatfolgen (Verdunkelungsmaßnahmen, Beuteverwertung usw.)

Tatbeteiligung

Nach Abwägen der Vor- und Nachteile Alleintäter bzw. gemeinschaftliches Vorgehen

Mehr oder weniger zufälligerweise Alleintäter bzw. Tatbeteiligung Dritter

Vorgehensweise

Nach vorher festgelegtem Tatplan; bei Tatbeteiligung Dritter arbeitsteiliges Vorgehen, differenzierte, raffinierte oder dreiste Vorgehensweise; Durchsetzen der Tat bzw. Anstreben des Taterfolgs mit allen Mitteln, auch bei unvorhergesehenen Veränderungen der Tatsituation und notfalls durch von vornherein geplante oder in rascher Erkenntnis der Lage rücksichtslose Gewaltanwendung gegen Personen

Weitgehend unüberlegtes Vorgehen; naive, teilweise geradezu einfältige Vorgehensweise; der Täter „stolpert" gewissermaßen in das Delikt hinein, von einem Ausführungsschritt zum anderen; bei gemeinschaftlicher Tatbegehung erfolgt wechselseitige Stimulanz und Bestärkung im Sinne einer Gruppendynamik; unter Umständen entfaltet die Tat auch in anderem Zusammenhang (Gegenwehr des Opfers, Tatmittel) eine gewisse Eigendynamik, die dem Täter die Tatherrschaft entgleiten läßt; bei Auftreten unvorhergesehener Schwierigkeiten wird von der weiteren Tatausführung eher Abstand genommen; Tatbeitrag des Opfers im Sinne einer Erleichterung oder Forcierung der Tat

Verhalten nach der Tat

Wohlüberlegtes Sich-Entfernen vom Tatort oder planmäßig vorbereitete Flucht; Ergreifen besonderer Maßnahmen zur Verdeckung und zur Verdunkelung der Tat; bei Eigentums- und Vermögensdelikten planmäßige Beuteverwertung (Verkauf, zweckorientiertes Verschenken)

Weitgehend unüberlegtes, kopfloses Flüchten oder wenig erfolgversprechendes naives Sich-Verstecken; bei Eigentums- und Vermögensdelikten nutzloses Horten der Beute in einem Versteck oder achtloses Liegenlassen oder Weggabe ohne ersichtlichen Nutzen

Für einen umfassenden Zugang zum Delikt ist neben diesen Tatumständen vor allem auch die **allgemeine Lebenssituation** im zeitlichen Umfeld der Tat zu berücksichtigen. Vielfach wird hierbei das Zusammenspiel eines bestimmten Verhaltens im alltäglichen Leben und eines bestimmten Lebenszuschnitts mit dem jeweiligen Tatgeschehen deutlich:

Das Delikt kann beispielsweise aus einer besonders „verführerischen" Gelegenheit, etwa im sozialen Nahraum, entspringen, welcher der Proband nicht zu widerstehen vermochte; es kann im Zusammenhang mit einer unbefriedigenden Feierabendsituation stehen, bei der nach Gaststättenbesuch und Alkoholkonsum im Kreise der Kumpel aus einer Mischung von Langeweile und Tätigkeitsdrang heraus „noch irgend etwas passieren" mußte; ebenso kann die Straftat dem Abreagieren von Wut und Ärger, die in irgendeiner Form oder an irgend jemandem ausgetobt werden mußten, oder der Befriedigung einer „Motorleidenschaft" oder „Autonarrheit" gedient haben; sie kann im Zusammenhang mit einer Konfliktsituation im zwischenmenschlichen Bereich zu sehen sein, der Befriedigung von Bedürfnissen gedient haben, die der Proband aufgrund seiner unrealistischen (materiellen) Ansprüche hatte, oder aber zum Bestreiten des notwendigsten Lebensunterhalts, beispielsweise weil der Proband aufgrund seines gesamten Lebensstils in eine für ihn nahezu ausweglose Zwangslage gekommen war, die er nicht anders als durch ein Delikt glaubte bewältigen zu können.

In der Praxis der Einzelfallbeurteilung wird sich die Analyse des Delinquenzbereichs allerdings oft nicht auf ein einzelnes Delikt, die „letzte" Tat, beschränken; es werden vielmehr in der Vergangenheit bereits *mehrere,* unter Umständen sogar *zahlreiche Straftaten* (oder auch „deliktische Handlungen") vorliegen. In solchen Fällen kommt es nun keineswegs darauf an, jedes einzelne Delikt anhand der genannten Kriterien differenziert zu erfassen. Statt dessen sollte versucht werden, beginnend mit den „deliktischen Handlungen" im Kindesalter über die früheren Straftaten bis hin zur letzten Tat mit Hilfe dieser Kriterien **Gemeinsamkeiten** bzw. **Unterschiede** oder auch **Entwicklungstendenzen innerhalb des Delinquenzbereichs** im Hinblick auf die Tatmodalitäten herauszuschälen. Auf diese Weise läßt sich eine Aussage darüber treffen, wie sich die letzte Tat in die bisherige Delinquenz einfügt, ob sie also beispielsweise mehr oder weniger beziehungslos und unverbunden neben andersartigen Delikten steht oder aber als nahezu konsequente Weiterentwicklung früherer Straftaten anzusehen ist.

Noch mehr als für die Analyse der einzelnen Straftaten ist es für das Erkennen solcher übergeordneter Gesichtspunkte erforderlich, sich von der normativen Beurteilung freizumachen, zugunsten des Beschreibens und Erkennens der (äußerlichen) Erscheinungsformen der Delikte: So können etwa normativ völlig unterschiedliche Straftaten insofern *gleichartig* sein, als sie beim betreffenden Täter weitgehend *einheitliche Geschehensabläufe* aufweisen oder stets *vergleichbaren Lebenssituationen* entspringen (z. B. „muß" nach einer unbefriedigenden Feierabendsituation immer noch irgend etwas passieren, sei es ein Einbruch, eine Sachbeschädigung, eine Körperverletzung oder eine Vergewaltigung; nicht selten erweist es sich, daß der betreffende Täter beispielsweise stets aus bestimmten Situationen heraus oder aber nur zusammen mit – bestimmten – Tatgenossen Delikte begeht).

Entwicklungstendenzen innerhalb des Delinquenzbereichs können insbesondere darin zum Ausdruck kommen, daß im Laufe der Zeit bei den einzelnen Delikten immer mehr Tatmodalitäten in solchen Ausprägungen auftreten, die eher auf eine vermehrte Zielstrebigkeit bei der Tatbegehung hinweisen: Der Wechsel vom bloßen Ausnutzen von Gelegenheiten zum Diebstahl oder Betrug zu planmäßigen

Einbruchsdiebstählen oder groß angelegten, raffinierten Betrugshandlungen, die größer werdende Schadenshöhe bei Vermögensdelikten, die Verfeinerung der Vorgehensweise oder die erstmalige Anwendung von Gewalt gegen Menschen bei der Tatbegehung sowie der Wechsel vom Alleintäter zum Mittäter oder umgekehrt von der gemeinschaftlichen Tatbegehung zum Alleintäter aus wohlüberlegten Gründen (Abwägung des Erfolgs, Gefahr des Entdecktwerdens, Notwendigkeit der Beuteteilung usw.) oder die zunehmende Routine im Aufsuchen und Erkennen von „günstigen" Gelegenheiten sind ebenso wie die Vergrößerung des Aktionsradius zur Begehung der jeweiligen Straftat starke Indizien für eine weitere Verfestigung der Kriminalität.

Neben einzelnen Phasen, in denen es gehäuft zu Straftaten gekommen ist, kann schließlich auch die Zu- oder Abnahme der *Dauer der straf- und deliktsfreien Intervalle* weitere Hinweise für Veränderungen innerhalb des Delinquenzbereichs geben.

Als **Ergebnis** dieser Längsschnittanalyse des Delinquenzbereichs läßt sich auf diese Weise nicht nur die einzelne Straftat, insbesondere die letzte Tat, kriminologisch umschreiben, man erhält vielmehr auch Aufschluß darüber, welche Gemeinsamkeiten und Unterschiede zwischen verschiedenen Straftaten bestehen, welche Entwicklungen sich innerhalb des Delinquenzbereichs abzeichnen und in welche Richtung diese tendieren, ob sie also eher eine kriminelle Verfestigung andeuten oder auf ein Nachlassen der Zielstrebigkeit bei der Begehung von Straftaten hinweisen.

Trotz dieser differenzierten Erfassung der Straftaten gewinnt eine solche Analyse des Delinquenzbereichs jedoch **keine eigenständige Bedeutung,** die zu unmittelbaren Schlußfolgerungen im Hinblick auf Diagnose, Prognose und Ein-wirkungen führen kann. Die Straftaten müssen vielmehr stets im *Zusammenhang mit dem Verhalten in den übrigen Lebensbereichen* gesehen werden; nur vor diesem Hintergrund ist eine fundierte Aussage über die Bedeutung und den Stellenwert der einzelnen Straftat und der gesamten Delinquenz im Leben des Täters zu erhalten (s. u. Kap. VI, 3.).

3. Analyse des Lebensquerschnitts

Im Mittelpunkt des zweiten Teils der Analyse steht der *Lebensquerschnitt* des Probanden *vor der letzten Tat.* Obwohl sein Verhalten insgesamt und damit auch dasjenige unmittelbar vor der Tat schon Gegenstand der Längsschnittanalyse war, wird es hier unter einem anderen Blickwinkel, nämlich im Hinblick auf bestimmte **kriminorelevante Kriterien,** einer gesonderten Überprüfung unterzogen.

Im Gegensatz zum idealtypischen Verhalten im Längsschnitt ist bei diesen *krimino*relevanten Kriterien vor allem auf den unmittelbaren *zeitlichen Bezug zum*

Delikt zu achten: Den Ausgangspunkt für die Querschnittanalyse bildet der Zeitraum vor der letzten Straftat. Der genaue Umfang dieses Intervalls läßt sich nicht generell festlegen. Im wesentlichen hängt er davon ab, wie lange der Lebenszuschnitt des Probanden, aus dem heraus es zur Straftat kam, bereits angehalten hat. Im einen Fall mag es sich hierbei nur um einige Tage oder Wochen, im anderen um mehrere Monate handeln (s. auch u. Fall A., Kap. VIII, 2.1.2. und Fall B., Kap. IX, 3.2.). Eine genaue Fixierung des Zeitraums vor der Tat kann ausnahmsweise auch einmal entbehrlich sein, vor allem dann, wenn sich rückblik- kend feststellen läßt, daß der Lebenszuschnitt über einen sehr langen Zeitraum hinweg, also evtl. über Monate oder gar Jahre hindurch, gleichgeblieben und daß auch unmittelbar vor der Tat keine Änderung eingetreten ist. Da bei der Prüfung eines jeden kriminorelevanten Kriteriums nicht nur das Querschnittintervall bzw. die Zeit unmittelbar vor der Tat berücksichtigt wird, sondern darüber hinaus in Form einer *Rückblende* geklärt werden muß, *wie lange* das betreffende Kriterium bereits vorliegt, wird automatisch die gesamte Zeit erfaßt, in der das Kriterium vorhanden war. Dabei ist auch zu prüfen, ob das Kriterium in der Vergangenheit schon einmal oder immer wieder *vorübergehend* vorgelegen hat und ob jeweils ein Zusammenhang mit der Begehung von Delikten bestand.

Die **kriminorelevanten Kriterien** abstrahieren von den einzelnen Verhaltens- weisen. Sie können daher nicht unmittelbar festgestellt, sondern erst aufgrund einer umfassenden Betrachtung verschiedener Verhaltensweisen beurteilt werden. Teil- weise beschreiben sie Haltungen, die sich nicht auf einen einzelnen Lebensbereich beschränken, sondern auch in anderen Bereichen zum Ausdruck kommen und mit dem allgemeinen Lebenszuschnitt verbunden sind. Teilweise konzentrieren sie sich auch auf generelle Tendenzen in den einzelnen Lebensbereichen, die aus dem alltäglichen Verhalten erschlossen werden können.

Im einzelnen werden bei der Querschnittanalyse die folgenden *K-Kriterien* (die in krimineller Hinsicht grundsätzlich eher gefährdend sind) und *D-Kriterien* (die grundsätzlich eher als kriminalitätshemmend anzusehen sind) geprüft:

K-Kriterien
Vernachlässigung des Arbeits- und Leistungsbereichs sowie familiärer und sonstiger sozialer Pflichten
Fehlendes Verhältnis zu Geld und Eigentum
Unstrukturiertes Freizeitverhalten
Fehlende Lebensplanung
Inadäquat hohes Anspruchsniveau
Mangelnde Realitätskontrolle
Geringe Belastbarkeit
Paradoxe Anpassungserwartung
Forderung nach Ungebundenheit
Unkontrollierter, übermäßiger Alkoholkonsum

D-Kriterien
Erfüllung der sozialen Pflichten
Adäquates Anspruchsniveau
Gebundenheit an eine geordnete Häuslichkeit (und an ein Familienleben)
Reales Verhältnis zu Geld und Eigentum
Arbeitseinsatz und Befriedigung bei der Berufstätigkeit
Produktive Freizeitgestaltung
Persönliches Engagement für personale und Sachinteressen
Anpassungsbereitschaft
Tragende menschliche Bindungen
Hohe Belastbarkeit bei großer Ausdauer
Verantwortungsbereitschaft und Eigenverantwortung
Gute Realitätskontrolle
Lebensplanung und Zielstrebigkeit

Bei diesen kriminorelevanten Kriterien handelt es sich um *Relationsbegriffe:* Das „Vorliegen" oder „Nichtvorliegen" der Kriterien kann nur beurteilt werden, wenn **das konkrete Verhalten des Probanden auf seine individuellen Lebensumstände bezogen** und innerhalb dieses Bezugsrahmens gesehen wird. Der besondere Charakter dieser Kriterien kommt beispielsweise im Begriff des „inadäquat hohen Anspruchsniveaus" unmittelbar zum Ausdruck: Ein solches kann nicht bestimmt werden durch eine generelle Festlegung, von wann ab – etwa am Durchschnittseinkommen der Bevölkerung gemessen – ein Anspruchsniveau als inadäquat hoch anzusehen ist, sondern es hängt davon ab, welches Anspruchsniveau der konkreten Lebenssituation des jeweiligen Probanden angemessen ist: Dies bedeutet, daß z. B. für einen Rentner oder Lehrling, der monatlich höchstens über 600 DM verfügen kann, von denen er neben seinem Lebensunterhalt auch noch die Unterkunft bezahlen muß, der Anspruch auf den Konsum von täglich zwei Schachteln Zigaretten und einigen Litern Bier sowie gar noch auf das Halten eines Autos inadäquat hoch ist, nicht aber für jemanden, der über 2000 DM monatlich verfügen kann.

Da es also entscheidend auf die ganz konkrete, persönliche Situation ankommt, können zu den einzelnen Kriterien auch keine abstrakten und allgemeingültigen Definitionen vorgelegt, sondern allenfalls beispielhafte Erläuterungen und Anhaltspunkte dafür gegeben werden (s. dazu u. 3.1. und 3.2.), aus welchen Verhaltensweisen man auf das Vorliegen der Kriterien schließen kann. Diese Beispiele dürfen aber nicht dazu führen, daß die stets erforderliche Bezogenheit auf die konkreten Verhältnisse im Einzelfall außer acht gelassen wird. Das äußerlich gleiche Verhalten kann im einen Fall dem Kriterium entsprechen, im anderen nicht: Bei der Überprüfung der „Erfüllung sozialer Pflichten" kommt es z. B. stets auch auf jene Personen an, denen gegenüber solche Pflichten bestehen. So kann ein bestimmtes Verhalten in familiären Verhältnissen, bei denen ohnehin jeder ohne Rücksicht auf den anderen seinen eigenen Weg geht, nicht als Vernachlässigung der sozialen Pflichten gegenüber *dieser* konkreten Familie angesehen werden, während das gleiche Verhalten bei einer anderen Familie mit starkem sozialen Zusammenhalt als eine solche Vernachlässigung gelten kann. Gerade weil stets der konkrete Bezugsrahmen berücksichtigt werden muß, gibt es auch keine allgemeingültige

Grenze, ab welchem Grad der Annäherung bzw. ab welcher Anzahl von einzelnen Indizien man vom Vorliegen eines bestimmten Kriteriums sprechen kann.

Eine gewisse *Hilfestellung* für die Einschätzung und Beurteilung der Kriterien im Einzelfall gibt der Versuch, die zu prüfende Haltung gewissermaßen an ihrem Negativ zu messen: Bei der Frage nach dem *„fehlenden* Verhältnis zu Geld und Eigentum" wäre beispielsweise zu überlegen, wie es aussehen würde, wenn *dieser* Proband in *seiner* Situation ein *reales* Verhältnis zu Geld und Eigentum hätte. Auf diese Weise läßt sich in der Regel mindestens die grundsätzliche Ausrichtung des tatsächlichen Verhaltens in die eine oder andere Richtung erkennen. Dies muß jedoch noch keineswegs dazu führen, das Vorliegen des entsprechenden Kriteriums zu bejahen oder zu verneinen. Häufig wird man zu der Einschätzung gelangen, daß einiges *für* das Bejahen des betreffenden Kriteriums spricht, einiges – Gleichgewichtiges – aber auch *dagegen.* Dann ist allerdings das Vorliegen des Kriteriums stets zu *verneinen.*

Als **Ergebnis** der Querschnittanalyse muß eine klare Aussage darüber möglich sein, **welche** der **K-** oder **D-Kriterien** im Querschnittintervall vorliegen und **wie lange** die zugrundeliegenden Verhaltensweisen in die Vergangenheit zurückverfolgt werden können. Wie bei der Längsschnittanalyse werden auch hier kaum einmal *alle* K- oder *alle* D-Kriterien zu bejahen sein; in aller Regel werden beim jeweiligen Probanden mehrere der in die eine Richtung weisenden Kriterien und nur wenige oder keine der anderen Gruppe vorliegen.

3.1. Erläuterungen zu den K-Kriterien

Entsprechend dem Charakter der kriminorelevanten Kriterien als Relationsbegriffe (s. o. 3.) sind die nachfolgenden Versuche, die einzelnen Kriterien näher zu erläutern und ihren Bedeutungsgehalt durch konkretisierende Beschreibungen zu umreißen, nur **beispielhaft** zu verstehen. Das dargestellte Verhalten ist also stets auf die Verhältnisse und die Situation des Einzelfalls bezogen, und es muß demzufolge jeweils gedanklich „entsprechend der Lage des Probanden" ergänzt werden. Die folgenden Darstellungen können lediglich Anhaltspunkte dafür geben, wann in der Regel das Vorliegen eines Kriteriums bejaht werden kann, indem typische Beispiele aufgezeigt werden. (Weitere Beispiele s. u. Fall A., Kap. VIII, 2.1.2. und Fall B., Kap. IX, 3.2.)

Das Kriterium **Vernachlässigung des Arbeits- und Leistungsbereichs sowie familiärer und sonstiger sozialer Pflichten** umfaßt zwei verschiedene Gesichtspunkte: Zum einen die *leistungsbezogenen Erfordernisse* im weiteren Sinne, deren Erfüllung in der Regel Voraussetzung für die materielle, insbesondere finanzielle Grundlage des Lebens ist, zum anderen die sozialen Erfordernisse, deren Beachtung für ein gedeihliches Zusammenleben in der Gemeinschaft und vor allem in der Familie notwendig ist. Von einer Vernachlässigung des Arbeits- und Leistungsbereichs kann beispielsweise ausgegangen werden, wenn der Proband im Zeitraum vor der Tat (bzw. bei der Rückblende auch in vorangegangenen Zeiten – s. o. 3.) keiner geregelten oder überhaupt keiner Arbeit nachgegangen ist, obwohl er dazu in der Lage gewesen wäre (also nicht krank war), grundsätzlich Arbeitsmöglichkeiten vorhanden waren und der Proband zum Bestreiten seines Lebensunterhalts (bzw. dem seiner Angehörigen) auf solche Einkünfte angewiesen war. Soweit dem Probanden überhaupt eine unmittelbare Verantwortung für andere Menschen (z. B. Ehefrau, Kind, bedürftige Eltern usw.) zukommt, wird mit dieser Vernachlässigung des Arbeits- und Leistungsbereichs in aller Regel auch eine gravierende Vernachlässigung *familiärer und sonstiger sozialer Pflichten* einhergehen, weil er zum Lebensunterhalt der Familie nichts mehr beiträgt (zu den „sozialen Pflichten“, s. auch u. 3.2.). Vielfach fehlt bei einem solchen Probanden beispielsweise von vornherein die Absicht und die Bereitschaft, längerfristig ein festes Arbeitsverhältnis mit all seinen Verpflichtungen einzugehen und diesen auch nachzukommen. Neben dem häufigen Wechsel des Arbeitsplatzes können Indizien hierfür beispielsweise darin gesehen werden, daß der Proband sich nicht an Arbeitszeiten hält, häufig „blaumacht“ oder krankfeiert und insgesamt schlechte Arbeitsleistungen erbringt. Falls er nicht schon aus diesen Gründen vom Arbeitgeber entlassen wird, kündigt er nach kurzer Zeit selbst, ohne bereits eine neue Arbeitsstelle in Aussicht zu haben. Es folgen dann mehr oder weniger lange Zeiten beruflicher Untätigkeit, während derer sich der Proband auch nicht um einen neuen Arbeitsplatz bemüht, sondern allenfalls Gelegenheitsarbeiten nachgeht. In der Regel wird auch in keiner Weise mehr zum Lebensunterhalt der Familie beigetragen. Der Proband verbraucht die geringen Einkünfte zur Befriedigung seiner eigenen Ansprüche und läßt sich letztlich von der Familie oder von der Ehefrau aushalten, ohne zu entsprechenden Gegenleistungen (beispielsweise durch Übernahme häuslicher Pflichten usw.) bereit zu sein.

Bei der Beurteilung des Kriteriums **fehlendes Verhältnis zu Geld und Eigentum** geht es vor allem um den Umgang des Probanden mit seinen *eigenen Sachwerten,* also mit seinem *eigenen* Geld und Eigentum. Hingegen bleibt das Verhältnis zum *abstrakten Rechtsgut* „Eigentum“ stets unberücksichtigt, insbesondere darf nicht schon aus der Tatsache der Begehung eines Eigentumsdelikts auf die hier in Frage stehende Beziehung geschlossen werden. Im Vordergrund stehen vielmehr solche Fälle, in denen der Proband gewissermaßen „von der Hand in den Mund lebt“, sein Geld also ausgibt, wie es hereinkommt, und in keiner Weise zu „wirtschaften“ und mit seinem Geld umzugehen vermag. Auch im Umgang mit seinen Sachen läßt er jegliche Sorgfalt vermissen und kümmert sich in keiner Weise um sein Hab und Gut.

Ein Indiz für das fehlende Verhältnis zu den eigenen Sachwerten kann beispielsweise sein, daß der Proband den gesamten Wochenlohn bereits am Wochenende, unter Umständen sogar schon am Freitagabend wieder ausgibt, etwa durch großzügiges Einladen von „Kumpeln“, durch „Rundenspendieren“ in der Gaststätte oder für ausgiebige und auch häufige Taxifahrten (z. B. sowohl zum Einkaufen oder in die Gaststätte als auch über größere Strecken hinweg in eine Großstadt, wo „etwas los ist“), für Barbesuche oder Glücksspiel usw., ohne daß er weiß, wovon er in der kommenden Woche leben soll. Ein gewisses Indiz kann auch darin gesehen werden, daß der gerade erst aus der Haft Entlassene seine geringe

Barschaft dazu benutzt, um mit dem Taxi statt mit öffentlichen Verkehrsmitteln nach Hause oder zur nächsten Gaststätte zu fahren, sein Überbrückungsgeld noch am Morgen der Haftentlassung in Alkohol „umsetzt" bzw. durch „unnötige" oder seiner Situation „unangemessene" Einkäufe verschleudert. Selbst größere Summen, die etwa durch eine Erbschaft erlangt worden sind, werden in solchen Fällen innerhalb kürzester Zeit auf ähnliche Weise verbraucht. Vielfach werden Schulden gemacht, die nicht durch entsprechende Substanz abgedeckt sind. Es entstehen dann innerhalb kürzester Zeit unübersehbare Ratenzahlungsverpflichtungen für Auto, Fernsehgerät, Wohnungseinrichtung usw., die von vornherein in keinem Verhältnis zu den zu erwartenden Einkünften stehen und demzufolge meist nicht eingehalten werden können. Insgesamt besitzt der Proband keinerlei Überblick über seine finanzielle Situation; ebensowenig finden sich irgendwelche Ansätze einer Planung in finanziellen Angelegenheiten. Der Proband hat noch nie in nennenswerter Weise Geld angespart und ist auch noch nie im Besitz eines Sparbuchs oder dergleichen gewesen. Weitere Indizien für das fehlende Verhältnis zu Geld und Eigentum können z. B. auch darin gesehen werden, daß die eigenen Sachen in Schließfächern oder (Gaststätten-)Unterkünften einfach zurückgelassen werden, ohne daß sich der Proband weiter darum kümmert, oder daß die letzte Habe in die Pfandleihe getragen wird, ohne die Absicht, sie jemals wieder auszulösen. Die besondere Art des Umgangs mit Geld und Eigentum kann aber auch darin zum Ausdruck kommen, daß der Proband in keiner Weise auf seine Kleidung achtet und diese beispielsweise, anstatt sie zu waschen bzw. reinigen zu lassen, einfach wegwirft und Neuanschaffungen macht. Ähnliches kann im Umgang mit dem eigenen Kraftfahrzeug oder auch mit der Wohnungseinrichtung festzustellen sein: Diese wird innerhalb kürzester Zeit durch achtlosen, unsachgemäßen Gebrauch beschädigt oder gar zerstört; notwendige Reparaturen, auch kleinere, die der Proband ohne weiteres selbst bewerkstelligen könnte, werden nicht durchgeführt, so daß sich der Schaden vergrößert und schließlich zu Neuanschaffungen zwingt. (Die gleiche Nachlässigkeit läßt sich übrigens in solchen Fällen in der Regel auch im Umgang mit fremdem Eigentum feststellen, etwa dem des Arbeitgebers oder des Vermieters, was dann zu weiteren Problemen und Schwierigkeiten führt.)

Unter einem **unstrukturierten Freizeitverhalten** werden hier Freizeittätigkeiten mit völlig offenen Abläufen verstanden, wie z. B. das Aufsuchen von schlecht beleumundeten Treffpunkten und Aufenthalte im „Milieu", die bis zum frühen Morgen dauern, oder plan- und zielloses Umherfahren auf der Suche nach Abenteuer und Reizsituationen usw. Für das Vorliegen des Kriteriums müssen diese Tätigkeiten den überwiegenden Teil der Freizeit ausfüllen; meist kommt es dadurch fast zwangsläufig auch zu gravierenden Ausweitungen der Freizeit zu Lasten des Leistungsbereichs und damit einhergehend zu einer völligen Verschiebung des Tagesablaufs, so daß der Tag erst nachmittags beginnt und am nächsten Morgen endet. Bisweilen erfolgen solche Ausweitungen der Freizeit aber auch nur auf Kosten des Schlafes.

Kennzeichnend für ein derartiges Freizeitverhalten ist, daß in der Regel weder die jeweiligen Freizeitaufenthaltsorte noch die Verweildauer dort noch die möglichen Kontaktpersonen zu Beginn der „Freizeitunternehmungen" konkret genannt werden können. Manchmal besteht ein fester Treffpunkt, der Ausgangspunkt für weitere Aktionen ist; es fehlt jedoch jegliche Planung, und sei sie auch nur kurzfristig, etwa auf den konkreten Abend bezogen. Der Proband wartet vielmehr ab, welche Möglichkeiten sich für ihn auftun, und nimmt diese mehr oder weniger spontan wahr. Verbunden ist damit in aller Regel eine zumindest latente, oft aber auch recht aktuelle Bereitschaft zu „Ausschweifungen", sei es in Form von übermäßigem Alkoholkonsum (etwa im Zusammenhang mit dem Aufsuchen einer Vielzahl von Lokalen im Laufe des Abends bei sogenannten „Gaststättentouren") oder von unkontrolliertem Geldausgeben (Vertrinken des Wochenlohns, „Rundenspendieren", weite Taxifahrten oder ähnliches) oder aber auch von Streitigkeiten oder gewalttätigen Auseinandersetzungen. Falls sich nicht schon die Treffpunkte dort befinden, so enden solche Aktionen doch ziemlich regelmäßig in „einschlägig bekannten" Bars, Gaststätten und Vergnügungslokalen des (groß-)städtischen „Milieus", jenem Bereich, zu dem sich sozial Auffällige und Straffällige unterschiedlichster Art hingezogen fühlen, in dem sie andere Personen mit vergleichbarem Lebensstil finden und wo sie sich wohlfühlen.

Fehlende Lebensplanung liegt vor, wenn aus dem gegenwärtigen Verhalten des Probanden in den einzelnen Lebensbereichen auf keinerlei Vorausschau oder konkrete, über die akuten täglichen Bedürfnisse hinausgehende Vorkehrungen und auf kein längerfristig anhaltendes Streben nach irgendeinem Ziel, etwa in beruflicher Hinsicht, geschlossen werden kann. Bei diesem Kriterium wird keineswegs vorausgesetzt, daß der Proband genaue und detaillierte Vorstellungen von seinem (ganzen) zukünftigen Leben hat oder gar über ein mehr oder weniger geschlossenes Lebenskonzept verfügt. Andererseits genügen jedoch auch momentane Zukunftsüberlegungen ohne konkrete Ansätze zu ihrer Realisierung nicht, um von einer Lebensplanung ausgehen und dieses Kriterium verneinen zu können.

Da die Lebensplanung immer auf längere Zeiträume gerichtet ist, reicht für die Prüfung dieses Kriteriums häufig das Querschnittintervall als eigentlicher Bezugszeitrahmen nicht aus, insbesondere wenn der Querschnittbetrachtung ein sehr kurzes Intervall zugrunde gelegt wurde. In der Regel wird demzufolge über das eigentliche Querschnittintervall hinaus erst eine kursorische Rückblende auf die einzelnen Lebensbereiche Aufschluß über Art und Umfang einer Lebensplanung geben, wobei (frühere) Indizien für eine vorhandene Lebensplanung aber auch im Querschnittintervall noch feststellbar sein bzw. in irgendeiner Form zum Tragen kommen sollten.

Im einzelnen kann das Fehlen einer Lebensplanung in allen Lebensbereichen seinen Ausdruck finden. Am deutlichsten zeigt es sich in der Regel im Leistungsbereich, etwa in der wiederholten, unüberlegten und spontanen Aufgabe des Arbeitsplatzes mit anschließendem häufigen Wechsel, meist einhergehend mit beruflichem Abstieg. Ebenso kann es aber auch in einer unvorbereiteten Heirat seinen Ausdruck finden, die − abgesehen von der Kürze der Bekanntschaft − allein schon mangels einer gewissen materiellen Absicherung zu (weiteren) Problemen und Schwierigkeiten führen muß. Im übrigen zeigt sich häufig, daß der Proband sich bisher kaum Gedanken über seine Vergangenheit und Zukunft gemacht hat. So fehlen etwa konkrete (und realistische) Vorstellungen hinsichtlich der allernächsten Zukunft, beispielsweise für die Zeit nach der (unmittelbar bevorstehenden) Haftentlassung, für die bisher keinerlei konkrete Vorbereitungen in Angriff genommen worden sind; ebenso fehlt jegliche Vorsorge für Krankheits- oder sonstige Notfälle. Insgesamt entsteht der Eindruck, daß der Proband mehr oder weniger „im Augenblick lebt", sich „treiben läßt", „in den Tag hinein lebt" und stets offen ist für alle von außen auf ihn eindringenden Impulse, für momentane Lust- und Unlustgefühle, für Stimmungen usw., denen widerstandslos nachgegeben wird.

Das **inadäquat hohe Anspruchsniveau** bezieht sich bei dem betreffenden Probanden in der Regel auf rein materielle Ansprüche, etwa viel zu verdienen, sich einen in materieller Hinsicht (verhältnismäßig) hohen Lebensstandard zu leisten usw., oder aber auf unmittelbare Annehmlichkeiten und Vorteile. Entscheidend für das Vorliegen des Kriteriums ist, daß diese Ansprüche in keinem Verhältnis stehen zu den eigenen (wirtschaftlichen) Voraussetzungen und den eigenen Möglichkeiten und (beruflichen) Fähigkeiten oder auch zum eigenen Beitrag im zwischenmenschlichen Umgang. Meist findet sich nicht einmal die grundsätzliche Bereitschaft, die entsprechenden Voraussetzungen durch (sozial adäquate) Leistungen (also nicht durch Delikte, Glücksspiel usw.) oder durch entsprechendes Verhalten im zwischenmenschlichen Bereich zu schaffen.

Das Kriterium läßt sich beispielsweise daraus erschließen, daß der Proband mit jeder Arbeit und jeder Bezahlung unzufrieden ist, ohne einzusehen, daß andere, an deren beruflicher Position und deren Lebensstandard er sich orientiert, bessere Voraussetzungen mitbringen, höhere Qualifikationen aufweisen und weit mehr Leistung erbracht haben, als er zu erfüllen bereit ist. Geradezu bezeichnend ist, daß solchen inadäquat hohen materiellen Ansprüchen durchweg recht dürftige immaterielle Ansprüche an das Leben (z. B. Interessen im kulturellen oder auch im zwischenmenschlichen Bereich) gegenüberstehen.

Von **mangelnder Realitätskontrolle** kann ausgegangen werden, wenn sich der Proband beispielsweise im Alltag weitgehend von Wunschvorstellungen leiten läßt, die in einem Mißverhältnis zu seiner konkreten Situation, zu seinen Fähigkeiten und Möglichkeiten stehen. Charakteristisch dafür ist unter anderem, daß dem Probanden Ziele vorschweben, die für ihn nur schwer, nicht selten aber auch gar nicht erreichbar sind, schon deshalb, weil er (vorübergehende) Entbehrungen, die zum Erreichen dieser Ziele notwendig wären, ebenso ablehnt wie einen persönlichen, zähen, kontinuierlichen Einsatz um dieser Ziele willen. Dennoch sieht er in der Regel solche Ziele als ohne weiteres realisierbar an, wenn ihm nur das Glück zu Hilfe käme. Dieses Kriterium kann beispielsweise in dem Wunsch nach dem „Traumjob" mit hohem Prestige und vor allem mit hohem Einkommen seinen Ausdruck finden, wobei der Proband ohne kritische Distanz jede Idee aufgreift, die von irgendeiner Seite an ihn herangetragen wird. Häufig schweben ihm dabei vor allem (vermeintlich) unabhängige Berufe (z. B. „Vertreter") oder die Eröffnung eines eigenen Betriebs („Selbständiger", z. B. als „Dachrinnenreinigungsfirma" oder „Antiquitätenhändler") vor, wobei er aber nur die vermuteten Annehmlichkeiten, nicht jedoch die Voraussetzungen, Anforderungen und Risiken sowie die vielfältigen weitergehenden Belastungen und Schwierigkeiten sieht, die mit einer solchen Tätigkeit zwangsläufig verbunden sind. Die mangelnde Realitätskontrolle kann aber auch im zwischenmenschlichen Bereich zum Ausdruck kommen, etwa darin, daß der Proband die Probleme nicht sieht, die sich aus der Beziehung zu einer bestimmten Frau oder aus dem Nebeneinander von Verhältnissen mit verschiedenen Frauen fast notwendigerweise ergeben müssen. Völlig unkritisch wird darauf vertraut, daß alles „schon irgendwie gut gehen werde" oder daß beispielsweise nach der Haftentlassung, nach der Heirat usw. grundsätzlich alles anders sein werde. Fast charakteristisch für den Probanden ist dabei, daß er selbst aus früheren Rückschlägen bei dem Versuch einer Realisierung vergleichbarer Wünsche und aus dem Scheitern ähnlich überzogener Pläne keinerlei Lehren gezogen hat im Hinblick auf eine realistischere Einschätzung seiner eigenen Möglichkeiten, sondern in aller Regel die Schuld am Scheitern seiner Vorstellungen und Wünsche anderweitig sucht.

Geringe Belastbarkeit kommt im zwischenmenschlichen Umgang zum Ausdruck, zeigt sich aber vor allem auch bei den ganz „normalen" und üblichen Anforderungen im Alltags- und Arbeitsleben: Der Proband verträgt z. B. keinerlei Kritik an seiner Person, seinem Verhalten, seinen Arbeitsleistungen usw. und reagiert darauf in gewisser Weise überschießend. Hinweise auf eine geringe Belastbarkeit können beispielsweise sein, daß der Proband nach einem unbedeutenden Streit mit den Eltern von zu Hause wegläuft oder wegen einer belanglosen Auseinandersetzung mit dem Meister die Arbeit niederlegt, wegen einer geringfügigen Rüge die Arbeitsstelle kündigt, sich grundsätzlich außerstande sieht, einen normalen Arbeitstag im Betrieb durchzustehen, konkreten Leistungsanforderungen einigermaßen zu entsprechen oder längerfristig (über Monate oder gar Jahre) an einer Arbeitsstelle auszuharren. Insgesamt ist für einen nur gering belastbaren Probanden kennzeichnend, daß er vor Problemen und belastenden Situationen jedweder Art im buchstäblichen Sinne des Wortes davonläuft und damit letztlich eine weitere Verschlechterung seiner Lage herbeiführt.

Unter **paradoxer Anpassungserwartung** ist die Ablehnung jeglicher eigener Anpassung an die Umgebung bei gleichzeitigem Anspruch des Probanden auf Anpassung der Umwelt an ihn zu verstehen. Als ein gewisses Indiz für eine paradoxe Anpassungserwartung kann gelten, daß der Proband die Schuld für seine von ihm als unbefriedigend empfundene Lage stets anderen (Personen oder „Umständen") zuschreibt. In der Regel hat er, wo immer er im Laufe seines Lebens hingekommen ist, wegen seines Verhaltens laufend Probleme und Schwierigkeiten mit seiner Umgebung, z. B. mit den Eltern, Mitschülern, Kollegen oder Lehrern und Vorgesetzten, gehabt. Anlaß für die vielfältigen Konflikte waren – nach Meinung des Probanden – meist Benachteiligungen seiner Person, für die „die anderen" ebenso selbstverständlich verantwortlich sind, wie der Proband abstreitet, auch nur ansatzweise persönlich einen Teil zu den Problemen beigetragen zu haben.

Von einer **Forderung nach Ungebundenheit** kann in jenen Fällen ausgegangen werden, in denen sich der Proband Verpflichtungen jeglicher Art und der Einordnung in einen bestimmten Bereich zu entziehen versucht, um seine „Selbständigkeit", „Unabhängigkeit" und „Freiheit" zu bewahren. Diese Forderung nach Ungebundenheit kann (abgesehen vom Querschnittintervall) schon sehr früh in der fehlenden Einordnung in die Herkunftsfamilie und/oder in der frühzeitigen Loslösung vom Elternhaus zum Ausdruck kommen; sie kann sich im späteren Leben zum einen in der Unbeständigkeit des Aufenthaltsbereichs (häufiger Wechsel, „Unterschlupfmöglichkeiten", „Herumstreunen") fortsetzen, zum anderen aber auch im Freizeit- und Kontaktverhalten (keine in irgendeiner Form verpflichtenden Freizeittätigkeiten, keine festen Kontakte, insbesondere keine Heirat — und wenn Heirat, dann ohne Änderung des Lebensstils unter Beibehalten aller bisherigen Freiheiten) und im Leistungsbereich ihren Ausdruck finden, indem sich der Proband beispielsweise gegen jegliche Einbindung in ein bestimmtes Arbeitsverhältnis sträubt. Meist werden bei dem betreffenden Probanden auch eine gewisse Abenteuerlust, Erlebnishunger und verstärkte Suche nach Reizsituationen und Abwechslung festzustellen sein, was sich wiederum in wohnsitzlosem Umherstreunen oder „Gammeln" äußern kann.

Von besonderer kriminologischer Relevanz ist schließlich der **unkontrollierte, übermäßige Alkoholkonsum.** Dabei geht es aber nicht um die akuten Auswirkungen einer etwaigen Alkoholsucht oder um den Alkoholgenuß an sich; von zentraler Bedeutung ist vielmehr die letztlich alle Lebensbereiche durchziehende *Hintergrundwirkung* des regelmäßigen starken Alkoholkonsums, der die Tendenzen zum K-idealtypischen Verhalten in den einzelnen Lebensbereichen in aller Regel verfestigt. Abgesehen von der Bedeutung des Alkohols im unmittelbaren Vorfeld der Straftat und bei der Deliktsbegehung selbst, zeigen sich seine kriminologisch relevanten Auswirkungen beispielsweise darin, daß er die Vernachlässigung zwischenmenschlicher Beziehungen eher verstärken, das Freizeitverhalten vermehrt in Richtung offener Abläufe drängen und zu (weiteren) Auffälligkeiten im Leistungsbereich führen kann.

Zugleich wird hier besonders deutlich, daß für eine etwaige kriminologische Relevanz das Kriterium keineswegs isoliert, sondern stets in bezug auf die konkreten Lebensumstände und Verhaltensweisen des individuellen Probanden betrachtet werden muß: Während etwa der regelmäßige (auch starke) Alkoholkonsum in der Arbeitszeit für einen Bauarbeiter sozial „üblich" ist und kriminologisch ohne Bedeutung bleibt, kann ähnlicher Alkoholkonsum an einer anderen Arbeitsstelle zu erheblichen Schwierigkeiten führen und so — bei an sich schon geringer Leistungsbereitschaft des betreffenden Probanden — zu einer weiteren Vernachlässigung des Leistungsbereichs beitragen, insbesondere dann, wenn auch der übrige Lebenszuschnitt erhebliche soziale Auffälligkeiten zeigt. Als weiteres Beispiel sei auf das für wiederholt Straffällige spezifische Freizeitverhalten mit offenen Abläufen, das zugleich verbunden ist mit der grundsätzlichen Bereitschaft zu „Ausschweifungen" jeglicher Art, verwiesen. Dieses Verhalten geht fast notwendigerweise einher mit übermäßigem und unkontrolliertem Alkoholkonsum, wird andererseits aber durch diesen noch weiter in Richtung auf einen völlig offenen Ablauf gedrängt. Demgegenüber bleibt ein ähnlich regelmäßiger oder auch übermäßiger Alkoholkonsum etwa am Stammtisch, der in eine teilstrukturierte Freizeitbetätigung eingebettet ist, bei der Ort, Zeitdauer und Kontaktpersonen im wesentlichen feststehen, in der Regel kriminologisch bedeutungslos.

3.2. Erläuterungen zu den D-Kriterien

Das Kriterium **Erfüllung der sozialen Pflichten** läßt sich kaum in allgemeingültiger
Weise beschreiben, da der einzelne Mensch in seiner individuellen Umgebung mit
einer Vielzahl sozialer Pflichten unterschiedlicher Art konfrontiert wird, die weit
über die rechtlich festgelegten Verpflichtungen hinausgehen können. Sie sind u. a.
gekennzeichnet durch das generelle Erfordernis einer gewissen Rücksichtnahme
gegenüber Dritten und einer grundsätzlichen Bereitschaft, im alltäglichen Leben
zugunsten der unmittelbaren Umgebung auf eigene Wünsche und Annehmlichkeiten
entweder ganz zu verzichten oder sie zurückzustellen. Bei der Analyse des
Einzelfalles wird es vielfach ausreichen, zu prüfen, ob sich irgendwelche Anzeichen
dafür finden, daß der Proband in seinem Umfeld bestimmten wesentlichen Pflichten
nicht nachgekommen ist. Fehlen entsprechende Indizien, so ist von der Erfüllung
sozialer Pflichten auszugehen. Solche wesentlichen Pflichten können beispielsweise
ebenso in der Sorge für den Lebensunterhalt der Angehörigen (vor allem der
Ehefrau und der Kinder) bestehen wie in der (finanziellen) Unterstützung
bedürftiger Eltern oder Geschwister, in der Kostgeldabgabe zu Hause, in der
Mithilfe im Haushalt oder im elterlichen Betrieb oder in der Nachbarschaftshilfe.
Über diesen häuslich-familiären Bereich hinaus können sich auch in anderen
Lebensbereichen soziale Pflichten ergeben, etwa am Arbeitsplatz gegenüber den
Kollegen und Vorgesetzten, bei der Freizeitgestaltung und im Umgang mit
Freunden und Bekannten. Obgleich die sozialen Pflichten nicht abschließend
definiert und auch nicht allgemeingültig im einzelnen dargestellt werden können, ist
charakteristisch für sie, daß jener Proband, der sie erfüllt, die sehr spezifischen
diesbezüglichen Erwartungen seiner Umgebung klar erkennt, dafür auch ein
gewisses Gespür entwickelt hat und sie als selbstverständlich akzeptiert. Bezeichnend hierfür sind beispielsweise Äußerungen wie „das hätte ich meinen Eltern nicht
antun können", „das war selbstverständlich", „das wurde einfach erwartet".

Ein **adäquates Anspruchsniveau** zeigt sich in der Regel in einer − auch vom
Außenstehenden als im wesentlichen richtig angesehenen − realistischen Einschätzung der eigenen Möglichkeiten durch den Probanden, an denen er seine Ansprüche
ausrichtet. Es geht meist einher mit einer gewissen Zufriedenheit des Probanden mit
seiner Lage, selbst dann, wenn er in recht bescheidenen Verhältnissen lebt. Streng
zu trennen vom adäquaten Anspruchsniveau in diesem Sinne sind manche hohen
Ansprüche, die ein Proband an sich selbst oder an ein etwaiges Lebensziel stellt.
Beides schließt sich nicht aus: Sofern bei einem Probanden − trotz hoher Lebensziele − die gegenwärtigen Ansprüche seinen derzeitigen Möglichkeiten entsprechen,
ist das Kriterium durchaus gegeben.

Bemerkenswert erscheint, daß gerade Probanden mit adäquatem Anspruchs-
niveau häufig weit geringere (materielle) Ansprüche an das Leben und an ihre
Umwelt stellen, als ihnen aufgrund ihrer beruflichen Leistungen und finanziellen
Situation usw. eigentlich möglich wäre; bei ihnen ist insoweit oft eine gewisse
Bescheidenheit festzustellen. Ihre Ansprüche zielen überwiegend auf eine solide
Lebensbasis, nicht auf augenblickliche Möglichkeiten.

Gebundenheit an eine geordnete Häuslichkeit (und ein Familienleben) ist beispielsweise darin zu sehen, daß das Zuhause, sei es die Familie oder die eigene Wohnung, für den Probanden von unmittelbarem Interesse ist. Ein gewisses Indiz für die Bedeutung, die das Zuhause im alltäglichen Leben des Probanden besitzt, kann die dort verbrachte Freizeit sein. Diese konzentriert sich bei dem Betreffenden fast ganz auf das Zusammensein mit der Familie, wobei man keineswegs den Eindruck gewinnt, der Proband füge sich nur notgedrungen in die damit verbundene Ordnung ein; vielmehr scheint ein gewisses „Eingebettetsein" in die häusliche Umgebung bzw. in das Familienleben für ihn ein echtes Bedürfnis zu sein.

Ein **reales Verhältnis zu Geld und Eigentum** kann angenommen werden, wenn der Proband mit seinem Geld umgehen und haushalten kann, also keine unübersehbaren, aufgrund seiner Einkommenssituation voraussichtlich nicht zu tilgenden Schulden hat, und der Umgang mit seinem Eigentum (aber auch mit dem Dritter) auf pflegliche und sorgsame Behandlung abzielt. Freilich beschränkt sich das (reale) Verhältnis zu Geld und Eigentum in aller Regel nicht auf das Fehlen von nicht vertretbaren bzw. nicht durch entsprechende Substanz gedeckten Schulden. Der Proband verfügt vielmehr meist über (unter Umständen mehrere) Bausparverträge, Sparkonten und ähnliches, auf die er regelmäßig Einzahlungen leistet. Anschaffungen erfolgen nur nach eingehendem Abwägen der Vor- und Nachteile und zielen auf ein möglichst günstiges Kosten-Nutzen-Verhältnis ab; sie werden also nicht nur für den Augenblick getätigt. Im Umgang mit den eigenen Sachwerten ist in der Regel ein deutliches Bestreben festzustellen, das eigene Hab und Gut zu erhalten. Dies kann sich u. a. darin äußern, daß die Kleidung sorgfältig behandelt und gepflegt wird, daß das eigene Kraftfahrzeug schonend gefahren und daß auf die Wohnungseinrichtung geachtet wird.

Arbeitseinsatz und Befriedigung bei der Berufstätigkeit sind dann gegeben, wenn Arbeit und Beruf für den Probanden ein wesentliches Element seiner (auch ideellen) Daseinsgestaltung ausmachen oder in gewisser Weise sogar der Selbstverwirklichung dienen, also nicht nur als „Job" und (beliebig austauschbare) Gelderwerbsquelle angesehen werden. Der Proband ist mit seiner Arbeit und seinem Beruf zufrieden, erbringt gute Leistungen, macht Überstunden oder geht auch noch einer Nebentätigkeit nach, die ihn ebenfalls befriedigt. Im übrigen zeigt er ein ausgeprägtes Verantwortungsgefühl am Arbeitsplatz, große Betriebsverbundenheit und fühlt sich für den Betrieb mehr oder weniger unentbehrlich.

Das Kriterium **produktive Freizeitgestaltung** liegt insbesondere dann vor, wenn die Freizeit des Probanden entweder überwiegend oder doch zu einem erheblichen Teil von langfristig angelegten, systematisch betriebenen und/oder formal organisierten, häufig stark leistungsorientierten Tätigkeiten mit feststehenden, geregelten Abläufen gekennzeichnet ist. Es erfolgt hier also eine klare Abgrenzung sowohl gegenüber teilstrukturierten Tätigkeiten, die mehr der allgemeinen psychischen wie physischen Erholung oder auch bis zu einem gewissen Grad der gelockerten Zerstreuung und Entspannung dienen, als auch gegenüber gänzlich unstrukturierten Tätigkeiten mit offenen Abläufen (s. o. 2.4. und 3.1.). Im einzelnen kann sich diese produktive Freizeitgestaltung sowohl in Überstunden und Nebentätigkeiten, in (gegenseitiger) Nachbarschaftshilfe, in der Mithilfe zu Hause, in Fort- und Weiterbildung, in ehrenamtlichen Tätigkeiten, im aktiven Sporttreiben als auch im (bisweilen ausgesprochen schöpferischen) Ausüben eines Hobbys äußern.

Das Kriterium **persönliches Engagement für personale und Sachinteressen** läßt sich oft in Verbindung mit entsprechenden Stellungen und Funktionen in Vereinen, in der Gemeinde, in politischen, karitativen oder kirchlichen Organisationen feststellen. Dieses Engagement kann in Tätigkeiten zum Ausdruck kommen, die von der Telefonseelsorge, der Alten- oder Kinderbetreuung und der Jugendarbeit über den Naturschutz bis hin zum Sport oder zu den verschiedensten Formen von Hobbys reichen. Die entsprechenden Aufgaben und Tätigkeiten stellen für den Probanden einen echten Lebensinhalt dar, so daß er in ihnen geradezu aufgeht und darüber das Zusammensein und die gemeinsame Freizeit mit seiner Familie bisweilen etwas in den Hintergrund treten. Im Extremfall können sich diese (oft zahlreichen und besonders zeitintensiven) Aktivitäten dann freilich auch durchaus belastend für die Familie auswirken.

Anpassungsbereitschaft kann angenommen werden, wenn der Proband bei einer bestimmten, auch in der bisherigen Lebensausrichtung deutlich werdenden Prinzipienfestigkeit die grundsätzliche Bereitschaft zeigt, begründet erscheinenden Ansprüchen und Erwartungen Dritter im Hinblick auf sein Verhalten (mindestens zunächst) zu entsprechen. Die Anpassungsbereitschaft ist also nicht zu verwechseln mit leichter Beeinflußbarkeit, die von Widerstandslosigkeit gegenüber allen Einflüssen gekennzeichnet ist; sie ist vielmehr stets das Ergebnis einer gewissen Toleranz, für die wiederum feste (ideelle) Grundsätze Voraussetzung sind (s. auch u. 4.2.). Anhaltspunkte hierfür finden sich beispielsweise in der Bereitschaft des Probanden, sich an der Arbeitsstelle, im Kollegen- oder Bekanntenkreis den anderen Personen zunächst anzupassen, die Notwendigkeit etwa des Arbeitsablaufes im Betrieb zunächst eher hinzunehmen und den Anforderungen nachzukommen als sofort gegen irgendwelche, seinen Vorstellungen zuwiderlaufenden Anordnungen anzukämpfen. Das bedeutet jedoch keineswegs Anpassung um jeden Preis; kennzeichnend ist nämlich auch, daß sich der Proband, falls er im Laufe der Zeit seine eigenen Vorstellungen und Ansichten in seinen Bereich nicht einbringen kann, schließlich einen anderen Bereich und ein anderes Tätigkeitsfeld sucht, in dem er sich entsprechend seinen Grundsätzen und Vorstellungen eher verwirklichen kann.

Die Annahme **tragender menschlicher Bindungen** setzt in der Regel voraus, daß der Proband mindestens einen Menschen hat, der für ihn als individuelle Persönlichkeit von Bedeutung ist, dem er vertraut, dem er sich zugehörig und für den er sich verantwortlich fühlt. Solche Beziehungen können beispielsweise zunächst zu den Eltern, später auch zu Freunden, zur Freundin und vor allem zur Ehefrau (und den Kindern) bestehen.

Das Kriterium **hohe Belastbarkeit bei großer Ausdauer** ist nicht auf die unmittelbare situative Belastung beschränkt. Es kommt vielmehr vor allem in einem besonderen Einsatz und entsprechenden Leistungen (insbesondere im Rahmen der Berufstätigkeit) zum Ausdruck, kann sich aber ebenso auf die Verarbeitung des eigenen Lebensschicksals beziehen, wobei der Proband auch erhebliche Schwierigkeiten und Benachteiligungen oder auch Schicksalsschläge (aktiv) bewältigt. Kennzeichnend ist dabei, daß er sein Leben in die Hand nimmt, schwierige und belastende Situationen meistert oder sich sozial unauffällige Ausweichmöglichkeiten sucht und sich beispielsweise nicht auf etwaige Benachteiligungen beruft und wartet, bis er von außen irgendwelche (z. B. staatliche) Hilfen erlangt.

Verantwortungsbereitschaft und Eigenverantwortung können aus dem Verhalten in fast allen Lebensbereichen erschlossen werden. Der Proband erkennt seine jeweilige Verantwortung, etwa am Arbeitsplatz, gegenüber den Eltern, gegenüber der Ehefrau oder den Kindern usw. und ist bereit, diese zu tragen und gegebenenfalls auch die eigenen Ansprüche zurückzustellen. Die Verantwortungsbereitschaft kann darüber hinaus beispielsweise sowohl durch die Unterstützung von Angehörigen, die Mithilfe im Haushalt, im Betrieb oder in der Landwirtschaft der Eltern, unter Verzicht auf bestimmte Freizeittätigkeiten, als auch durch die Übernahme von Vertrauensposten an der Arbeitsstelle oder in ehrenamtlichen Verpflichtungen in Vereinen zum Ausdruck kommen. Daneben sieht der Proband vor allem seine ganz besondere Verantwortung für die eigene Person und für das eigene Leben und versucht, Probleme aus eigener Kraft zu bewältigen.

Gute Realitätskontrolle kann angenommen werden, wenn deutlich wird, daß der Proband seine eigenen Möglichkeiten und Fähigkeiten (etwa hinsichtlich des beruflichen Fortkommens) aber auch seine Schwächen und „Probleme" einigermaßen realistisch einzuschätzen und mit ihnen umzugehen vermag, nicht etwa Wunschträumen nachhängt und auch nicht versucht, sein Leben auf irgendwelchen irrationalen Erwartungen aufzubauen.

Für die Beurteilung des Kriteriums **Lebensplanung (und Zielstrebigkeit)** ist wiederum über die Querschnittbetrachtung hinaus ein Blick auf die bisherige Lebensentwicklung notwendig, zumal das Kriterium seinen Ausdruck vorrangig in einem Leben findet, das in allen Bereichen sehr geradlinig verläuft und bei dem in Anbetracht der sozialen Eingliederung des Probanden eine Entgleisung in irgendeiner Hinsicht nahezu unvorstellbar ist. Das Verhalten und die bisherige Entwicklung des Probanden zeugen in den einzelnen Lebensbereichen von realistischer Vorausschau und Planung sowie von Beständigkeit und Beharrlichkeit im Verfolgen bestimmter Ziele. Dabei wird deutlich, daß er in der Lage ist, die eigene Person im Hinblick auf langfristige Ziele entsprechend „einzuspannen", also zugunsten zwar erst längerfristig erreichbarer, jedoch (in materieller und ideeller Hinsicht) für ihn höherwertiger Ziele aktuellen Verzicht zu leisten. Auch in der Gegenwart, also im Querschnittintervall, läßt sich Vorsorge erkennen, und es werden konkrete Vorkehrungen für die Zukunft getroffen. Vielfach wird bei dem betreffenden Probanden darüber hinaus auch ein gewisser Ehrgeiz vor allem auf beruflichem Gebiet festzustellen sein; andererseits kann das bisherige Leben aber auch eher durch eine ausgewogene Zufriedenheit des Probanden mit seiner Situation und durch eine grundsätzliche Bescheidenheit gekennzeichnet sein.

4. Zur Erfassung der Relevanzbezüge und der Wertorientierung

4.1. Relevanzbezüge

Beim dritten Teil der Analyse wird zunächst versucht, mit den *Relevanzbezügen* jene charakteristischen Interessen und bestimmenden Grundintentionen des Probanden zu erfassen, die sein Verhalten und seine Lebensführung in besonderer Weise prägen und gestalten.

Als *Grundlage* dient auch hier das *allgemeine Sozialverhalten im täglichen Leben.* Nach der weitgehend deskriptiven Analyse des Verhaltens bei der Längsschnitt-betrachtung und der Querschnittanalyse geht es hier um jene Interessen und Grundintentionen, die den Probanden im Lebensgesamt (oder auch nur in einem gewissen Lebensabschnitt) am stärksten bestimmten und noch bestimmen. Ihre kriminologisch bedeutsamen Auswirkungen bleiben dabei zunächst unberücksichtigt (s. dazu u. Kap. VI, 2.3.). Es soll in diesem Stadium der Analyse lediglich versucht werden, über das allgemeine Sozialverhalten stärker in den persönlichkeitsspezi-fischen Bereich des Probanden vorzudringen, und zwar ohne Rückgriff auf psychologische Begriffe und Modelle.

Das *Mittel* hierzu bildet die Analyse der **Relevanzbezüge.** Dabei handelt es sich zum einen um *bestimmende Grundintentionen, die tief in der Persönlichkeitsstruktur verwurzelt sind.* Zum anderen sind damit *diejenigen personellen, sachlichen und örtlichen Bezüge* gemeint, *die für einen bestimmten Menschen in seinem alltäglichen Leben besonders bedeutsam sind, die er am meisten pflegt, die er als letztes vernachlässigt und die er sich unter allen Umständen zu erhalten oder zu verschaffen versucht* (vgl. GÖPPINGER 1980, S. 325). So sind es die Relevanzbezüge, die neben anderen Gesichtspunkten, wie z. B. psychischen Eigenschaften bzw. Persönlich-keitscharakteristika, die konkrete Art der Lebensführung (mit-)bestimmen. Sie kommen im Verhalten zum Ausdruck und werden aus der Lebensentwicklung, dem Lebenszuschnitt und dem Lebensstil des Probanden erschlossen.

Die Relevanzbezüge stellen kein geschlossenes begriffliches System dar; vielmehr bilden sie einen gewissermaßen heuristisch zu begreifenden, inhaltlich nicht völlig festgelegten Rahmen für die Analyse persönlichkeitsspezifischer Interessen und Intentionen.

Zum einen können Relevanzbezüge Ausdruck von *Grundintentionen* sein, die der „Vitalsphäre" zuzurechnen sind. Damit sind in der Regel nicht die Grundbe-dürfnisse des Lebens (wie Essen, Trinken, Schlafen usw.) gemeint, wenngleich diese in Ausnahmefällen, beispielsweise in Notzeiten, durchaus von hoher Relevanz im hier verstandenen Sinne sein können. Weit häufiger kann diese Art von Relevanzbezügen z. B. mit einer ständigen motorischen Unruhe zusammenhängen und sich in dem Bedürfnis nach körperlicher Betätigung und Aktivität, insbesondere im Freien („an der frischen Luft" – „es hält ihn nichts daheim"), oder auch in der ständigen Suche nach Abwechslung und in allgemeiner Umtriebigkeit äußern (weitere Beispiele s. u. Fall A., Kap. VIII, 2.1.3.1. und Fall B., Kap. IX, 3.3.1.). In der Regel lassen sich solche Relevanzbezüge mehr oder weniger während des gesamten bisherigen Lebens feststellen.

Zum anderen können in den Relevanzbezügen besonders starke und ausgeprägte *Interessen* ihren Niederschlag finden. Sie sind dann eher zielgerichtet und weisen einen inhaltlichen Bezug zum Gegenstand ihres Interesses auf (Beispiele s. auch u. Fall A., Kap. VIII, 2.1.3.1. und Fall B., Kap. IX, 3.3.1.). Dieser Bezug kann sich beispielsweise auf bestimmte Örtlichkeiten und Dinge, aber auch auf kulturelles Geschehen, auf Personen oder auf einen bestimmten Menschen richten. Allerdings wird nicht jedes Interesse eines Menschen im Sinne eines Relevanzbezuges wirksam; es kann erst dann als solcher angesehen werden, wenn es entscheidend auf die allgemeine Lebensgestaltung einwirkt. Relevanzbezüge, in denen ausgeprägte Interessen ihren Niederschlag finden, verändern sich meist im Laufe des Lebens, verlagern sich auf andere Bereiche und werden auch in einem gewissen Ausmaß von der jeweiligen Umgebung beeinflußt. Vor allem bei Jugendlichen ist es vielfach schwierig, derartige Relevanzbezüge, die mehr vom äußeren Angebot, etwa von bestimmten Kontaktpersonen und vom allgemeinen Umgang des Probanden oder auch von aktuellen Zeitströmungen, geprägt sind, von den „eigentlichen" und damit auch dauerhaften Relevanzbezügen des betreffenden Menschen, die in solchen Fällen häufig nur andeutungsweise festzustellen sind, zu unterscheiden.

Die Relevanzbezüge haben im allgemeinen eine ausgeprägt persönliche Note; bisweilen kennzeichnen sie in ihrer Gesamtheit geradezu eine Persönlichkeit. Es gibt zahlreiche inhaltliche Varianten, und auch die Art der einzelnen Relevanzbezüge bei einer Person sowie ihr Verhältnis untereinander sind recht verschieden. Das gleiche gilt für die Intensität ihrer Wirksamkeit. Der Bogen spannt sich hierbei von einem regen Interesse bis zum Drang oder sogar zum erlebten Sog, der von dem Inhalt bzw. von dem Gegenstand eines Relevanzbezuges ausgehen kann und am ehesten dem Ausgeliefertsein bei der Süchtigkeit vergleichbar ist.

Den wiederholt Straffälligen zieht es etwa unmittelbar nach der Haftentlassung (unter Umständen wird schon die Heimfahrt unterbrochen) oder nach einer kurzen Zeit geordneter Lebensführung trotz aller guten Vorsätze und (rational) ablehnender Einstellung wieder in das lärmende, unruhige „Milieu", zu Reizsituationen und fortwährender Abwechslung, zu den alten „Kumpeln", mit denen er alsbald erneut straffällig wird. Demgegenüber drängt es z. B. manchen (sozial integrierten) Menschen nach einer gewissen Zeit des Bummelns, bisweilen schon vor dem vorgesehenen Ende eines Urlaubs, wieder heim in die häusliche Geborgenheit, zur regelmäßigen Berufstätigkeit, zu den Freunden, zum Hobby, zum geordneten Leben.

Die Relevanzbezüge weisen auf besonders bedeutsame und spezifische Lebens- und Wirkungsbereiche eines Menschen hin und zeigen zugleich eine phänomenologisch nicht unmittelbar zugängliche und dem einzelnen oft auch gar nicht bewußte Richtung der Lebensgestaltung an. Bei entsprechender Intensität kann nicht nur mehreren solcher Relevanzbezüge zusammen, sondern unter Umständen schon einem einzelnen Relevanzbezug eine geradezu lebensgestaltende Bedeutung zukommen.

Allerdings können, zumindest zum jetzigen Zeitpunkt, für die − kriminologische − **Wirkungsrichtung** bestimmter Relevanzbezüge *keine* Erfahrungsregeln von vergleichbarer Allgemeingültigkeit wie beispielsweise für jene der kriminorelevanten Kriterien angegeben werden. Die Relevanzbezüge an sich sind vielmehr offen für eine breite Palette von Formen und Inhalten, in denen sie sich realisieren bzw. äußern können. Ein bestimmter Relevanzbezug (z. B. „Fahrleidenschaft") kann also sowohl mit solchen Inhalten ausgefüllt und ausgelebt werden, die in kriminologischer Hinsicht gefährdend wirken (z. B. zielloses, mit großer Risikobereitschaft im Verkehr verbundenes Umherfahren mit dem Auto, unter Umständen bereits mit einem zu diesem Zweck entwendeten Kraftfahrzeug und ohne Fahrerlaubnis), als auch mit solchen, die „neutral" sind oder sich sogar eher in gewisser Weise kriminalitätshemmend auswirken können (z. B. Befriedigung der Fahrleidenschaft im Rahmen einer Arbeitstätigkeit als Fernfahrer). Dies verwundert nicht, wenn man bedenkt, daß hinter dem Verhalten, in dem die Relevanzbezüge zum Ausdruck kommen, psychische Eigenschaften stehen, die als solche grundsätzlich wertfrei sind und sich sowohl in der einen wie auch in der anderen Richtung auswirken können. Gerade weil Relevanzbezüge, die sich bisher in kriminell gefährdendem Verhalten verwirklicht haben, unter Umständen auch sozial adäquat ausgelebt werden können, kommt ihnen vor allem bei *Überlegungen zur Prophylaxe und zur Einwirkung bzw. Therapie* erhebliche Bedeutung zu (s. u. Kap. VI, 4. und Kap. VII, 2.).

Obgleich also die Relevanzbezüge an sich zunächst noch kriminologisch weitgehend unspezifisch und einzelne von ihnen möglicherweise sogar kriminologisch bedeutungslos sind, ziehen bestimmte Relevanzbezüge Verhaltensweisen nach sich, die durchaus zu Kriminalität führen oder für wiederholte Delinquenz geradezu das Feld bereiten können. Dies läßt sich aber erst bei Kenntnis der sonstigen Lebensumstände *im Einzelfall* beurteilen. Allerdings ist bisweilen allein schon aufgrund der Art eines Relevanzbezuges mit einer generellen Auswirkung in die eine oder andere Richtung zu rechnen. So kann beispielsweise davon ausgegangen werden, daß ein Mensch, für den das „Milieu" mit seiner unruhigen Atmosphäre in Kneipen und Bars und mit den entsprechenden Aktivitäten und Kontaktpersonen einen wichtigen Relevanzbezug darstellt, für den also Abwechslung, Umtriebigkeit und Reizsituationen ein fast elementares Bedürfnis sind und der die Arbeit allenfalls als (im Grunde unerwünschtes) Mittel zum Geldverdienen ansieht, in hohem Maße kriminell gefährdet ist. Hingegen wird bei einem Menschen, in dessen Lebensgestaltung der Familie, der Berufstätigkeit und dem Hobby oder der menschlichen Einbettung und einer gewissen Muße eine zentrale Bedeutung zukommt, die kriminelle Gefährdung sehr gering sein.

Für das **Erschließen der Relevanzbezüge** im Rahmen der Analyse des konkreten Einzelfalles ist es sinnvoll, zunächst das Leben des Probanden daraufhin zu überprüfen, ob dem Verhalten in den einzelnen Lebensbereichen oder auch bestimmten Verhaltensweisen in verschiedenen Lebensbereichen gleichartige Tendenzen zugrunde liegen, die im Leben des Probanden bisher ständig festzustellen waren, immer wieder auftauchten, sich im Laufe der Zeit verstärkten usw. Ausgeprägte Relevanzbezüge lassen sich vielfach bei einer genauen Betrachtung des Freizeit- und Kontaktbereichs finden, da dort die für einen Menschen relevante Lebensentfaltung häufig am deutlichsten zum Ausdruck kommt. Daneben können die Einstellung zur Arbeit und das berufliche Engagement nützliche Hinweise hierzu geben. Aufschlußreich kann auch eine Analyse des für den Probanden „typischen" Tagesablaufs sein, wobei vielfach leicht feststellbar ist, woran er sich in der Ausgestaltung seines alltäglichen Lebens orientiert, welche zeitlichen Präferenzen er setzt, was ihn leitet und anzieht, worauf er sich konzentriert und was er „am Rande liegen läßt". Wichtig für die Beurteilung sind darüber hinaus auch die Häufigkeit und Regelmäßigkeit, mit der ein bestimmtes Verhalten gezeigt wird oder bestimmte Tätigkeiten vollzogen oder bestimmte Orte aufgesucht werden.

Will man das für den Probanden tatsächlich und im eigentlichen Sinne Relevante erkennen, so ist allerdings eine differenzierte Betrachtung erforderlich. Es sollte sorgfältig geprüft werden, was genau an einem Bereich den Probanden so besonders reizt und anzieht: Ist es etwa bei den (häufigen) Gaststättenbesuchen die ganz bestimmte Gaststätte mit einem ganz bestimmten Kreis von Bekannten, sind es Gaststätten mit einer bestimmten Atmosphäre, sind es die „Kumpel", die er dort trifft, oder ist es die in jeder beliebigen anderen Gaststätte dieser Art vorzufindende Unruhe („Hauptsache, es ist etwas los!") oder der dort anzutreffende mehr oder weniger anonyme Personenkreis? Dabei läßt sich dann auch erkennen, inwieweit von dieser noch recht konkreten Ebene zu abstrahieren ist, um letztlich das umschreiben zu können, was für den Probanden nun im Sinne eines Relevanzbezuges von Bedeutung ist: Beim Gaststättenbesuch kann es beispielsweise die persönliche Anerkennung, das „Eingebettetsein" in einen bestimmten Bekanntenkreis ebenso sein wie die in jeder anderen beliebigen Gaststätte bestehende Möglichkeit zum Alkoholkonsum; es können aber auch das „Milieu" und dessen Personenkreis, die Abwechslung, die Unruhe und die Reizsituation in bestimmten „Kneipen" usw. sein. Als ein weiteres Beispiel sei die Aktivität in einem Sportverein genannt, bei der sowohl die sportliche Betätigung und Leistung an sich relevant sein können als auch das Zusammensein und die Anerkennung im Kreise der Sportkameraden oder aber in erster Linie die im Anschluß an das Training erfolgenden Trinkgelage.

Als **Ergebnis** des Bemühens, auf diese Weise das für den individuellen Probanden Relevante zu erfassen, lassen sich in der Regel **mehrere Relevanzbezüge** (in Ausnahmefällen aber auch nur ein einziger besonders relevanter Bezug) finden, die im bisherigen Leben dieses Menschen meist durchgängig mehr oder weniger deutlich ausgeprägt festzustellen sind. Dabei sollte man zunächst darauf achten, ob dem jeweiligen Relevanzbezug bestimmende Grundintentionen (die sich als solche kaum ändern) zugrunde liegen oder ob es sich dabei um (eher veränderbare) besondere Interessen handelt.

Darüber hinaus sind noch einige weitere Gesichtspunkte zu berücksichtigen: So können beispielsweise Relevanzbezüge, die zwar – in unterschiedlicher Intensität – gleichzeitig nebeneinander bestehen, jedoch in gewisser Weise widersprüchlich sind, erste Hinweise auf gezielte Einwirkungsmöglichkeiten zum Zwecke der Resozialisierung geben. Gleiches gilt, wenn sich im Laufe der Zeit die Gewichte verschiedener Relevanzbezüge eines Probanden untereinander verschoben haben oder sich die Ausgestaltung eines bestimmten Relevanzbezuges gewandelt hat (beispielsweise dahingehend, daß dieser zunächst eher in sozial auffälligen, in krimineller Hinsicht gefährdenden Verhaltensweisen zum Ausdruck gekommen war, sich später dagegen mehr auf sozial unauffällige, gesellschaftlich akzeptierte bzw. tolerierte Verhaltensweisen verlagerte oder umgekehrt).

Schließlich kann im Hinblick auf spätere Einwirkungen auch eine Aussage darüber von großer Bedeutung sein, was für diesen Menschen in seinem bisherigen Leben im Grunde **nicht relevant** war, aber z. B. für ein sozial unauffälliges Leben geradezu unabdingbar ist, wie z. B. eine geregelte, kontinuierliche Arbeitstätigkeit (s. auch u. Kap. VI, 4.).

4.2. Wertorientierung

Grundsätzlich könnte man einen Menschen in seinen sozialen Bezügen weit vollständiger und zuverlässiger erfassen als durch eine Analyse seines äußeren Verhaltens, wenn man einen verläßlichen Zugang zu seinem Wertgefüge erlangen könnte. Dieses „bildet das Fundament oder zumindest den bestimmenden Hintergrund für die selbstverständlichen täglichen Entscheidungen und Verhaltensweisen eines Menschen, ohne daß es in der Regel als solches bewußt wird" (GÖPPINGER 1980, S. 326). Eine empirisch zuverlässige Erfassung des Wertgefüges eines Menschen ist jedoch aus methodischen Gründen zumindest derzeit nicht möglich.

Daher ist auch der Versuch, im Rahmen der kriminologischen Einzelfallanalyse zu jenen Werten vorzudringen, von denen sich der zu beurteilende Proband leiten läßt und die in sein Verhalten eingehen, von vornherein begrenzt. Er muß darauf beschränkt bleiben, einen gewissen Eindruck von der **Wertorientierung** dieses Menschen zu erhalten und so Hinweise auf dessen Haltungen und Lebensvorstellungen zu gewinnen. Im wesentlichen geht es dabei um die Frage, *welches jene abstrakten Prinzipien und Werte sind, die in den verschiedensten alltäglichen (aber auch in außergewöhnlichen) Situationen für das Handeln des betreffenden Menschen bisher bestimmend waren.*

Eine Antwort auf diese Frage bereitet in der Regel schon deshalb ungleich größere Schwierigkeiten als jene auf die Frage nach den Relevanzbezügen, weil die Wertorientierung bei einem Menschen vielfach unbewußt wirksam wird oder jedenfalls im alltäglichen Handeln meist nicht aktuell bewußt ist. Zudem mangelt es an einem einigermaßen abgegrenzten Katalog von Werten, die Gegenstand der Wertorientierung sein können. Abgesehen davon, daß Werte auch kultur- und zeitabhängig sind, gibt es zumindest innerhalb der „modernen" Gesellschaft kein feststehendes, unabänderliches und allgemeinverbindliches Gerüst von „Grundwerten", geschweige denn eine Werthierarchie, an denen sich die Wertorientierung eines Menschen — sei es nun in „positiver" oder „negativer" Hinsicht — ausrichten könnte. So dürften die Meinungen darüber, was überhaupt Gegenstand einer mehr oder weniger ausdrücklichen Wertorientierung ist, erheblich auseinandergehen. Im übrigen findet man zu den gleichen Werten keineswegs nur ausdrücklich zustimmende oder ausdrücklich ablehnende Stellungnahmen; häufig liegen bestimmte Werte des einen Menschen einfach außerhalb der Vorstellung eines anderen Menschen.

Schließlich bereitet gelegentlich auch eine eindeutige Abgrenzung zwischen einem Relevanzbezug und der Wertorientierung im konkreten Fall Schwierigkeiten. Dies ist letztlich in der Praxis jedoch von geringer Bedeutung, da die Relevanzbezüge und die Wertorientierung sowohl bei der Diagnostik als auch bei den Überlegungen bezüglich einer geeigneten Einwirkung bzw. Therapie gleichermaßen zum Tragen kommen.

Im konkret zu beurteilenden Einzelfall wird man sich zunächst damit bescheiden müssen, aus bestimmten *Äußerungen* gewisse Rückschlüsse auf die Wertorientierung zu ziehen: So kann es beispielsweise recht aufschlußreich sein, wie der Proband von seiner Arbeit, von seinen Eltern, von seiner Ehefrau oder von seinen Kindern spricht; man kann daraus bis zu einem gewissen Grad erschließen, ob sie ihm etwas bedeuten, ob er insofern Verantwortung erkennt usw. Auch wiederkehrende Sätze, wie „das hätte ich meiner Familie nie antun können", „so etwas wäre niemals für mich in Frage gekommen", „das gab es einfach nicht" usw., können Hinweise auf die Wertorientierung geben. Entsprechende Äußerungen sollten jedoch stets daraufhin überprüft werden, inwieweit sie bisher *im sozialen Leben* des Probanden auch wirklich ihren Niederschlag gefunden haben. So wird nämlich nur selten ein Proband in seinen Äußerungen gängige gesellschaftliche Werte pauschal ablehnen; man kann sogar fast den Eindruck gewinnen, daß es (insbesondere bei Häftlingen) zum geäußerten Selbstverständnis gehört, sich von „dem Kriminellen" und „seinen" Werten abzugrenzen, wobei dies bei dem einen oder anderen in der jeweiligen Situation durchaus der inneren Überzeugung entsprechen mag. Oftmals scheinen sich die Betreffenden der Diskrepanz zwischen den (von ihnen geäußerten) Wertvorstellungen und ihrem Verhalten gar nicht bewußt zu sein, oder sie bagatellisieren ihre diesen Werten widersprechenden Verhaltensweisen und Haltungen. Etwas ganz anderes ist es jedoch für diese Probanden, sozial tragfähige Werte in ihr tägliches Leben *umzusetzen,* und sei es auch nur in ganz kleinen, allerersten Schritten, etwa im Rahmen der Entlassungsvorbereitungen.

Unabhängig von den *geäußerten* Wertvorstellungen des Probanden ist es für die Analyse der Wertorientierung daher im allgemeinen weiterführend, wenn der Untersucher das bisherige Leben des Probanden betrachtet und sich dabei folgende allgemeine Frage stellt: Ist bei dem betreffenden Menschen eine *Durchformung seines Handelns* anhand bestimmter leitender Prinzipien festzustellen, wodurch sein Lebenszuschnitt eine gewisse Stetigkeit erhält, oder bleibt es weitgehend bei persönlichen und sachlichen Beziehungen, die an unmittelbaren Antrieben und kurzfristigen utilitaristischen Motiven orientiert sind und beispielsweise in einem sprunghaften und wechselhaften Leben ihren Ausdruck finden? Hat die Wertorientierung des Probanden nur „hedonistischen", dem „Lustprinzip" folgenden Charakter? Dabei ist es jedoch wiederum unzulässig, aus der Gestaltung des Sozialverhaltens direkt auf eine entsprechende Wertorientierung zu schließen. Vielmehr muß auch damit gerechnet werden, daß die Wertorientierung zumindest teilweise oder zeitweilig von dem abweicht, was sich im Verhalten konkretisiert. Aus dem gleichen Grund kann die Wertorientierung auch nicht unmittelbar aus den Relevanzbezügen erschlossen werden; gelegentlich sind es gerade die (oder ein bestimmter der) Relevanzbezüge eines Menschen, die (vorübergehend) verhindern, daß sich sein Handeln in weitgehender Übereinstimmung mit seiner Wertorientierung vollzieht. Freilich kann dies stets nur ein vorübergehender Zustand sein, da auf Dauer zumindest eine gewisse Angleichung aneinander unerläßlich ist. So werden die Relevanzbezüge kaum einmal über längere Zeiträume hinweg grundlegend von der Wertorientierung des betreffenden Menschen abweichen; allenfalls während der Pubertät mag dies (vorübergehend) der Fall sein. Bisweilen stehen bei einem „orientierungslosen" Lebenszuschnitt zwar Werte im Hintergrund, diese sind aber nicht verbindlich. Gerade in solchen Fällen wird es schwierig sein, überhaupt etwas über die Werte zu erfahren, an denen sich der Proband ausrichtet, so daß man es bei der Feststellung bewenden lassen muß, daß „übliche" (und für ein sozial unauffälliges oder integriertes Leben „eigentlich notwendige") Werte anscheinend fehlen. Eine solche mangelnde Orientierung an Prinzipien und Werten kann sich im Extremfall auch ausdrücken in einer (vom Probanden geäußerten) allgemeinen Gleichgültigkeit gegenüber dem, was er tut und läßt, und vor allem gegenüber den Folgen, die daraus entstehen. Versucht der Proband, diese Gleichgültigkeit zu rationalisieren, versieht er sie oft mit der Begründung, es lohne sich nicht, irgend etwas anzustreben, weil er es doch nicht erreiche oder weil ihm der Aufwand zu groß sei, bzw. die gängigen, von „der Gesellschaft" für erstrebenswert gehaltenen Werte seien ohnehin als (spieß)bürgerlich abzulehnen. Nicht selten zählt für ihn nichts anderes, als schnell und ohne Aufwand zu möglichst viel Geld zu kommen, um seinen spontanen Bedürfnissen freien Lauf lassen zu können.

Das **Ergebnis** einer Analyse im Hinblick auf die Wertorientierung wird also notgedrungen vielfach auf *punktuellen und groben Eindrücken* beruhen, die jedoch mindestens tendenziell deutlich machen, ob bei dem Probanden überhaupt irgendwelche für ihn relevanten und wichtigen Werte festzustellen sind und ob sich dabei möglicherweise Ansatzpunkte für gezielte Einwirkungen finden oder ob die Wertorientierung des Probanden einem sozial tragfähigen und in strafrechtlicher Hinsicht unauffälligen Leben gewissermaßen im Wege steht. Trotz großen Bemühens wird man bei manchen Probanden hinsichtlich ihrer Wertorientierung – und auch gelegentlich im Hinblick auf ihre Relevanzbezüge – geradezu in ein Vakuum stoßen und sich dann damit abfinden müssen, daß hier nichts zu finden ist, schon um der Gefahr zu entgehen, unrichtige Werte oder Relevanzbezüge hineinzuinterpretieren.

VI. Kriminologische Diagnose

1. Zum Vorgehen bei der Diagnose

Die bei der Analyse der Erhebungen *gewonnenen Erkenntnisse* gilt es nunmehr *zu einem umfassenden Bild des „Täters in seinen sozialen Bezügen" als Einheit zusammenzuführen* und anhand der Bezugskriterien der Kriminologischen Trias (s. u. 2.) eine *Diagnose* über den individuellen Täter in seinen sozialen Bezügen zu erstellen (s. auch o. Kap. III, 2.). Obgleich diese Betrachtung ausschließlich auf den Erkenntnissen der vorangegangenen Analyse fußt, stellt sie keineswegs nur die Summe der bisherigen Analysegesichtspunkte dar; sie weist vielmehr in zweifacher Hinsicht darüber hinaus: Zum einen werden die Erkenntnisse aus den einzelnen Perspektiven, die jeweils nur einen Ausschnitt aus dem Leben des betreffenden Menschen zum Gegenstand hatten, im Zusammenhang mit den Erkenntnissen aus den jeweils anderen Betrachtungsweisen gesehen, so daß sich Bedeutung und Gewicht einzelner Punkte im Lebensgesamt einschätzen lassen. Zum anderen wird die *Delinquenz des Täters in Beziehung gesetzt zu seiner bisherigen sozialen Lebensentwicklung und zu seinem Lebenszuschnitt.* Es geht dabei um den Vergleich der individuellen Lebensentwicklung des Probanden mit bestimmten (idealtypischen) Bildern, die verschiedene Formen des Zusammenhangs zwischen dem allgemeinen Sozialverhalten und der Delinquenz beschreiben.

Anschließend werden die für den individuellen Täter, sein Verhalten, seinen Lebensstil und seine Lebensausrichtung charakteristischen *„besonderen Aspekte",* die bei der Analyse seines bisherigen Lebens zu erkennen waren und die vor allem im Hinblick auf Prognose und Einwirkungen von Belang sind, aus der Fülle der bisher bearbeiteten Fakten gewissermaßen herausgelöst und dargelegt (s. u. 4.). Im Mittelpunkt stehen dabei seine − kriminologisch bedeutsamen − besonderen „Schwächen" und „Stärken", aber auch seine sozialen Verflechtungen und die von außen auf ihn einwirkenden − kriminologisch relevanten − Einflüsse durch seine Umwelt.

Auf diese Weise gewinnt man eine **differenzierte kriminologische Diagnose.** Sie bildet eine solide Grundlage für die auf den *individuellen Probanden* abgestellten Schlußfolgerungen im Hinblick auf die *Prognose* (s. u. Kap. VII, 1.). Zugleich ergeben sich damit konkrete, aus kriminologischer Sicht bedeutsame Anhaltspunkte für erfolgversprechende *Einwirkungen* im Sinne der Resozialisierung (s. u. Kap. VII, 2.).

Liegt zwischen der letzten Straftat, also dem Zeitpunkt, auf den sich die Diagnose bezieht, und dem Zeitpunkt, in dem die kriminologische Beurteilung erfolgt, ein längerer Zeitraum − sei es, daß das Strafverfahren erst Monate oder gar Jahre nach der Tatbegehung stattfindet, sei es, daß der Proband inzwischen längere Zeit in Haft war (s. u. 5.) −, so wird vor dem Hintergrund des Wissens über den Lebenszuschnitt und die Lebensentwicklung bis zum Zeitpunkt der letzten Tat zusätzlich auch das weitere Verhalten betrachtet. Von besonderem Interesse sind dabei vor allem etwaige Veränderungen des Verhaltens und der grundsätzlichen Lebensausrichtung gegenüber jenem Zeitraum, in dem die Tat erfolgte.

2. Die Bezugskriterien der Kriminologischen Trias

Bei der vorausgegangenen Analyse (s. o. Kap. V) wurde das Sozialverhalten getrennt nach einzelnen Bereichen und aus verschiedenen Blickwinkeln untersucht. Damit wurde der in sich geschlossene Lebenszusammenhang zum Zweck der Analyse notwendigerweise künstlich aufgeteilt. Diese Teilaspekte müssen nunmehr wieder zu einer einheitlichen Betrachtung zusammengeführt werden, wenn man beurteilen will, welchen Stellenwert die Delinquenz im Lebensgesamt des jeweiligen Täters besitzt. Das *Hilfsmittel* hierfür und den *Maßstab* für die Zuordnung des individuellen Täters bilden die Bezugskriterien der **Kriminologischen Trias.** Mit ihnen läßt sich ein zugleich komplexes und einheitliches, gleichsam dreidimensionales *Gesamtbild des Täters in seinen sozialen Bezügen* gewinnen. Bei diesen Bezugskriterien handelt es sich um verschiedene Formen der *Stellung der Tat im Lebenslängsschnitt* (s. u. 2.1.) sowie um bereichsübergreifende *kriminorelevante Konstellationen* im Lebensquerschnitt (s. u. 2.2.). Sie werden abgerundet durch die Berücksichtigung der *Relevanzbezüge* und der *Wertorientierung* (s. u. 2.3.).

Die Kriterien der Kriminologischen Trias ergänzen einander und greifen gleichzeitig so ineinander, daß sich die *jeweils unterschiedlichen Ausprägungen der drei Bezugskriterien,* insbesondere jedoch jene des Lebenslängsschnitts und des Lebensquerschnitts, *zu ganz bestimmten – kriminorelevanten – Bildern im Hinblick auf die Delinquenz in der Lebensentwicklung zusammenfügen:* Auf diese Weise lassen sich bestimmte Formen von Lebensentwicklungen unterscheiden, bei denen die Straffälligkeit sich entweder – am einen Pol – mit innerer Folgerichtigkeit aus der Kontinuität der bisherigen Lebensentwicklung ergibt oder – am anderen Pol – einen völligen Bruch in derselben bedeutet oder aber eine – qualitativ beschreibbare – Zwischenform zwischen diesen Extremen darstellt. Jede dieser Formen ist durch charakteristische Besonderheiten des Verhaltens im Lebenslängsschnitt gekennzeichnet, die durch ein jeweils unterschiedliches Querschnittbild sowie bestimmte Relevanzbezüge und eine entsprechende Wertorientierung ergänzt werden (s. u. 3.).

2.1. Stellung der Tat im Lebenslängsschnitt

Ausgangspunkt der verschiedenen Verlaufsformen von Entwicklungen im Lebenslängsschnitt ist das idealtypische Verhalten in den einzelnen Lebensbereichen, das die Grundlage für die Analyse des Lebenslängsschnitts bildet (s. o. Kap. V, 2.). Die verschiedenen *Formen der Stellung der Tat im Lebenslängsschnitt* besitzen in dieser Hinsicht jeweils ein charakteristisches Bild: Sie zeichnen sich entweder durch ein Maximum an ausgeprägten Tendenzen zum K-idealtypischen Verhalten oder durch ein Maximum an ausgeprägten Tendenzen zum D-idealtypischen Verhalten während der gesamten Lebensentwicklung und über alle Lebensbereiche hinweg oder aber dadurch aus, daß die Tendenzen in unterschiedlicher Intensität zum einen (K-) und/

oder zum anderen (D-)Pol zeigen, wobei sie sich auch nur auf bestimmte Phasen oder einzelne Lebensbereiche beschränken können. Diese Verlaufsformen unterscheiden sich also durch den Grad der Kontinuität und das Maß der Folgerichtigkeit, mit denen eine solche Lebensentwicklung und das damit verbundene jeweils spezifische Sozialverhalten zum Delikt führen. Sie geben den entscheidenden Maßstab ab für die Beurteilung der Frage, welche Stellung die letzte(n) Tat(en) und die gesamte Delinquenz in der Lebensentwicklung des Täters einnehmen. Hierbei werden bezüglich der Stellung der Tat im Lebenslängsschnitt grob unterschieden: Die *kontinuierliche Hinentwicklung zur Kriminalität mit Beginn in der frühen Jugend;* die *Hinentwicklung zur Kriminalität im Heranwachsenden- bzw. Erwachsenenalter; Kriminalität im Rahmen der Persönlichkeitsreifung; Kriminalität bei sonstiger sozialer Unauffälligkeit;* der *kriminelle Übersprung* (im einzelnen s. u. 3.). Gleichzeitig dienen diese verschiedenen Formen der Stellung der Tat im Lebenslängsschnitt – aus rein pragmatischen Erwägungen – als Gerüst für die Zuordnung der beiden anderen Bezugskriterien der Kriminologischen Trias – den kriminorelevanten Konstellationen sowie den Relevanzbezügen und der Wertorientierung –, mit denen zusammen sie sich zu jeweils charakteristischen Kombinationen aller drei Perspektiven vereinen.

2.2. Kriminorelevante Konstellationen

Noch prägnanter als bei der Längsschnittbetrachtung stellt sich die Frage nach der Folgerichtigkeit der Delinquenz bei der Auswertung der Analyse des *Lebensquerschnitts;* denn sie vermittelt – bezogen auf die Zeit vor der letzten Straftat – den aktuellsten Eindruck von Lebensstil und Lebenszuschnitt des Probanden und ergänzt so die Erkenntnisse aus der Längsschnittbetrachtung.

Ein Höchstmaß an Folgerichtigkeit liegt dann vor, wenn hierbei nicht nur einzelne der bei der Querschnittanalyse überprüften K- bzw. D-Kriterien in beliebiger Weise vorkommen, sondern mehrere ganz bestimmte Kriterien zu ganz spezifischen Konstellationen zusammentreffen, die einen weit über die einzelnen Kriterien hinausreichenden Indikator für Kriminalität (oder für deren Ausbleiben) darstellen. Um solche Bündel von Kriterien handelt es sich bei den *kriminorelevanten Konstellationen.*

Die **kriminovalente Konstellation,** die auf eine *starke kriminelle Gefährdung* hinweist, setzt sich zusammen aus den folgenden vier Kriterien:

1) *Vernachlässigung des Arbeits- und Leistungsbereichs sowie familiärer und sonstiger sozialer Pflichten,* zusammen mit
2) *fehlendem Verhältnis zu Geld und Eigentum,*
3) *unstrukturiertem Freizeitverhalten* und
4) *fehlender Lebensplanung.*

Dabei kommt es ganz entscheidend auf das **gleichzeitige Zusammentreffen aller vier Kriterien** an: Nur beim Zusammentreffen aller vier Kriterien dieser Konstellation wird der innere Zusammenhang im Sinne jener Folgerichtigkeit unmittelbar einsichtig, mit der aus einem bestimmten Lebensquerschnitt heraus Straffälligkeit resultiert, und zwar im Zusammenhang mit *dieser* kriminorelevanten Konstellation (s. o. Kap. II, 3.) vor allem Eigentums- oder Vermögensdelinquenz: Während erhebliche Auffälligkeiten im Leistungs- und Freizeitbereich (etwa bei dem einen oder anderen Studenten) bei Aufrechterhalten einer gewissen Lebensplanung und bei einem einigermaßen realen Verhältnis zu Geld und Eigentum *allein* keineswegs *krimino*valent sind (welche „negativen" Folgen auch ansonsten auftreten mögen), verstärkt sich das Gewicht ähnlich gravierender Auffälligkeiten im Leistungs- und Freizeitbereich durch das Hinzutreten weiterer Kriterien:

Eine *Vernachlässigung sozialer Pflichten,* insbesondere die völlige *Vernachlässigung des Leistungsbereichs,* die finanzielle Einbußen mit sich bringt, ist dann in ihren Auswirkungen viel gravierender, wenn sie bei *fehlendem Verhältnis zu Geld und Eigentum* vorliegt, wohingegen z. B. ein wirtschaftlich überlegtes Verhalten hier Entlastung schaffen könnte. Kommen schließlich aufgrund eines *unstrukturierten Freizeitverhaltens* ständig Gelegenheiten hinzu, zuviel Geld auszugeben, so verstärkt dies wiederum die Bedeutung der anderen Kriterien, und zwar gleichsinnig in Richtung auf die Begehung von (Eigentums- bzw. Vermögens-)Delikten als der – jedenfalls bei *fehlender Lebensplanung* – einzigen Möglichkeit, den diesen Kriterien zugrunde liegenden Lebensstil aufrechtzuerhalten. Denn ein solcher Lebensstil ist allenfalls dann ohne illegal erworbene Mittel zu führen, wenn es sich nur um eine kurze Phase, um ein vorübergehendes „Aussteigen" aus den zur Existenzsicherung notwendigen Lebensformen, handelt (s. dazu u. Fall B., Kap. IX, 4.1.). So schließen sich die verschiedenen Einzelkriterien zu einer Konstellation zusammen, bei der das Geschehen förmlich zur Straffälligkeit, und hier vor allem zu Eigentums- und Vermögensdelikten, hindrängt.

Im konkret *zu beurteilenden Einzelfall* müssen demzufolge *alle vier Kriterien im Zeitraum vor der letzten Straftat vorliegen,* damit die kriminovalente Konstellation als Ganzes bejaht und in ihrer spezifischen Aussagekraft berücksichtigt werden kann. Die *Dauer des Vorliegens* der gesamten Konstellation kann erheblich variieren; es kann sich um wenige Wochen, aber auch um mehrere Monate handeln (s. beispielsweise u. Fall A., Kap. VIII, 2.1.2. und Fall B., Kap. IX, 3.2.). Desgleichen können auch die einzelnen Kriterien der Konstellation über einen unterschiedlich langen Zeitraum in die Vergangenheit zurückzuverfolgen und möglicherweise als einzelne Kriterien bereits seit Jahren festzustellen sein (s. o. Kap. V, 3.). Entscheidend ist jedoch das Zusammentreffen aller vier Kriterien; erst dann kann vom Vorliegen der *Konstellation* ausgegangen werden. Finden sich dagegen im Zeitraum vor der letzten Tat nur drei (oder gar nur zwei) der vier Kriterien, so liegt die Konstellation nicht etwa „annäherungsweise", sondern *überhaupt nicht* vor (s. beispielsweise u. Fall B., Kap. IX, 4.1.).

Das gleiche gilt auch für die andere der bisher erarbeiteten kriminorelevanten Konstellationen: Die **kriminoresistente Konstellation** zeigt eine *besondere Resistenz* des betreffenden Menschen gegen (vorsätzliche) Straffälligkeit an und setzt sich aus den folgenden vier Kriterien zusammen:

1) *Erfüllung der sozialen Pflichten* zusammen mit
2) *adäquatem Anspruchsniveau,*
3) *Gebundenheit an eine geordnete Häuslichkeit (und an ein Familienleben)* sowie
4) *realem Verhältnis zu Geld und Eigentum.*

Ihre Aussagekraft steht und fällt ebenfalls mit dem **gleichzeitigen Vorliegen aller vier Kriterien.** Auch bei ihr wird erst durch das Zusammentreffen der vier Kriterien geradezu sinnfällig, daß ein solcher Lebenszuschnitt eine ganz erhebliche Resistenz gegen das Begehen von Straftaten mit sich bringt.

Freilich ist die kriminoresistente Konstellation kein Garant gegen Straffälligkeit schlechthin; dies wird gerade beim „kriminellen Übersprung" deutlich, wo es unter Umständen trotz Vorliegens der kriminoresistenten Konstellation zur Straftat kommt (s. u. 3.5.). Auch die kriminovalente Konstellation muß nicht stets mit absoluter Sicherheit zu (Eigentums- und Vermögens-)Delinquenz führen; allerdings ist das Ausbleiben von Kriminalität vor allem dann unwahrscheinlich, wenn der entsprechende Lebensstil über einen längeren Zeitraum hinweg fortgeführt wird. Beide Konstellationen müssen daher immer vor dem Hintergrund der anderen Bezugskriterien der Kriminologischen Trias gesehen werden und gewinnen erst dadurch ihre spezifische Aussagekraft. Sie dürfen also insbesondere nicht isoliert betrachtet und als eine Art von Prognosetafel verstanden werden.

Im Einzelfall kann auch gelegentlich das *Zusammentreffen mehrerer anderer K-Kriterien* ein so erhebliches Gewicht für das Begehen einer Straftat besitzen, wie es im allgemeinen der oben genannten kriminovalenten Konstellation zukommt. Ebenso kann hin und wieder die Kombination bestimmter D-Kriterien eine ähnliche soziale Integration widerspiegeln wie die kriminoresistente Konstellation, so daß bei dem konkreten Probanden gravierende Straftaten ebensowenig zu erwarten sind wie beim Vorliegen dieser Konstellation. Allerdings kommt dem Zusammentreffen einiger K- (bzw. D-)Kriterien nur dann ein derartiger Stellenwert zu, wenn sie sich gegenseitig verstärken. Dies läßt sich jedoch nur aufgrund einer gewissen Erfahrung bei der kriminologischen Einzelfallbeurteilung erkennen.

Der Unterschied zwischen den kriminorelevanten Konstellationen und dem Zusammentreffen bestimmter anderer Einzelkriterien liegt also lediglich darin, daß die *generelle* Bedeutung und Aussagekraft der oben dargestellten kriminorelevanten Konstellationen *erfahrungswissenschaftlich abgesichert,* also von *allgemeiner* Gültigkeit ist. Die im Einzelfall relevanten Kombinationen sind demgegenüber zunächst *nur für diesen Einzelfall* aussagekräftig, dann allerdings — bei *diesem* Probanden — nicht weniger gewichtig für prognostische Schlußfolgerungen und für etwaige Einwirkungen als das Vorliegen der kriminovalenten (oder kriminoresistenten) Konstellation.

Unabhängig von einem solchen Zusammenspiel verschiedener Kriterien geben die bei der Querschnittanalyse festgestellten K- und D-Kriterien aber in der Regel ganz allgemein Hinweise auf besondere „Schwächen" und „Stärken" des Probanden und können daher im Hinblick auf Prognose und Einwirkungen von erheblichem Gewicht sein (s. dazu u. 4. und Fall A., Kap. VIII, 2.2.1.).

2.3. Relevanzbezüge und Wertorientierung

Das Schwergewicht für die diagnostische Zuordnung des Täters in seinen sozialen Bezügen zu den verschiedenen Formen von Lebensentwicklungen und der Stellung der Delinquenz innerhalb derselben liegt zwar auf der Längs- und Querschnittbetrachtung, diese Zuordnung erhält jedoch durch die Berücksichtigung der **Relevanzbezüge** (und gegebenenfalls der Wertorientierung – s. u.) eine *zusätzliche Fundierung*. Wenngleich diese „dritte Dimension" vor allem im Rahmen der Einwirkung auf den individuellen Täter besonderes Gewicht hat, so ist sie doch auch für die diagnostische Zuordnung von Bedeutung: Denn erst, wenn man hinter dem Sozialverhalten die mehr oder weniger konstanten bestimmenden Intentionen einer Persönlichkeit oder auch deren besondere Interessen sieht, kann etwa eine Kontinuität der Entwicklung zur Kriminalität wirklich einsichtig werden, in der sich nicht nur ungünstige Umstände voll auswirken, sondern auch regelmäßig Gelegenheiten nicht genützt werden, die gewisse Weichenstellungen im Hinblick auf einen sozial unauffälligen Lebensstil bedeuten. Erst bei Berücksichtigung solcher eng mit der Persönlichkeit verbundenen Intentionen und Bestrebungen sowie der charakteristischen Interessen wird letztlich die sich durch alle Bereiche hindurchziehende Auflösung der Struktur der Lebensführung – wie sie beispielsweise bei der kontinuierlichen Hinentwicklung zur Kriminalität (s. u. 3.1.) vorliegt – verständlich und erlaubt entsprechende Folgerungen für die Zukunft.

Obgleich sich bei den Relevanzbezügen – anders als bei den Längs- und Querschnittkriterien – ein *genereller* Zusammenhang mit Straffälligkeit nicht herstellen läßt (s. o. Kap. V, 4.1.), finden sich durchaus auch bestimmte Relevanzbezüge, die für die verschiedenen Formen von Lebensentwicklungen und Lebensstilen charakteristisch sind (s. u. 3.). Wenn daher bei dem zu beurteilenden *Einzelfall*, der aufgrund der Längs- und Querschnittbetrachtung einer der angeführten Kategorien zuzuordnen wäre, auch noch einige der entsprechenden Relevanzbezüge festzustellen sind, so wird das kriminologische Bild dieses Täters in seinen sozialen Bezügen dadurch ergänzt. (Darüber hinaus haben die Relevanzbezüge vor allem im Zusammenhang mit Überlegungen zur differenzierten Einwirkung auf den Probanden Bedeutung – s. u. 4.)

Trotz ihrer ganz erheblichen *faktischen* Bedeutung für die Lebensgestaltung spielt die **Wertorientierung** im Rahmen der diagnostischen Zuordnung meist nur eine untergeordnete Rolle. Zwar lassen sich gewisse Anhaltspunkte geben, welche Wertorientierung mit einer bestimmten Lebensentwicklung und einem bestimmten Lebensstil üblicherweise einhergeht; sie müssen sich jedoch auf einige wenige Eindrücke beschränken. Die Wertorientierung kann demzufolge – in Verbindung mit den Relevanzbezügen – das durch die Längs- und Querschnittbetrachtung gewonnene Bild zwar abrunden, keinesfalls jedoch dieses an „harten Tatsachen" ausgerichtete Bild in nennenswerter Weise modifizieren. Eine besondere Bedeutung gewinnt die Wertorientierung vor allem im Rahmen einer differenzierten Therapie bzw. pädagogischen Beeinflussung des Probanden, wobei gegebenenfalls entspre-

chende psychologische Zusatzuntersuchungen zweckmäßig sind (s. hierzu u.
Kap. VII, 2.).

3. Die Delinquenz im Leben des „Täters in seinen sozialen Bezügen"

Die nachfolgend beschriebenen Kategorien geben verschiedene Formen von
Lebensentwicklungen wieder, in denen die Delinquenz jeweils eine ganz bestimmte
Stellung einnimmt. Diese Kategorien orientieren sich zwar − aus rein pragmatischen
Gründen − an der Stellung der Tat im Lebenslängsschnitt; sie berücksichtigen
jedoch *stets alle drei Bezugskriterien der Kriminologischen Trias*. Jede dieser Formen
weist bestimmte Besonderheiten hinsichtlich der einzelnen Bezugskriterien auf und
wird gerade durch diese jeweils charakteristischen Ausprägungen aller drei
Bezugskriterien gekennzeichnet. Dabei handelt es sich keineswegs um eine
abschließende Typologie; über die hier umschriebenen Formen hinaus sind vielmehr
weitere kriminorelevante Lebensentwicklungen denkbar. Zudem können die
dargestellten Grundformen auch im Laufe eines Lebens ineinander übergehen (so
kann z. B. „Kriminalität im Rahmen der Persönlichkeitsreifung" in eine „Hinentwicklung zur Kriminalität im Erwachsenenalter" übergehen − s. auch u. 3.3.) oder
auch nacheinander auftreten (einer „kontinuierlichen Hinentwicklung zur Kriminalität mit Beginn in der frühen Jugend" kann − etwa nach einem Haftaufenthalt
und anschließender langjähriger sozialer Eingliederung − „Kriminalität bei
sonstiger sozialer Unauffälligkeit" folgen).

Für die Zuordnung der Lebensentwicklung des Probanden zu einer der
Kategorien ist die Delinquenz nur zeitlicher Bezugspunkt. Die Diagnose anhand der
Bezugskriterien der Kriminologischen Trias erfolgt *ausschließlich* aufgrund der
Erkenntnisse aus der Analyse des *Sozialverhaltens*. Die Tatsache auch wiederholter
Delinquenz bietet demzufolge für sich genommen keinen ausreichenden Hinweis
dafür, ob eine mehr oder weniger kontinuierliche Entwicklung zur Kriminalität oder
etwa eine vorübergehende „kriminelle Periode" in einer bestimmten Lebensphase
besteht; genausowenig schließt der Umstand, daß es sich nur um ein einzelnes
(erstes) Delikt handelt, für sich genommen eine bereits vorliegende bzw. in Zukunft
zu erwartende kontinuierliche Entwicklung zur Kriminalität (mit weiteren Delikten)
− und die Zuordnung zu der entsprechenden Kategorie − aus. Entscheidend für die
Beurteilung und die diagnostische Zuordnung ist vielmehr allein das allgemeine
Sozialverhalten.

Dem widerspricht indessen nicht, daß die *kriminologische Analyse* der letzten Tat und der
vorausgegangenen Delinquenz (s. o. Kap. V, 2.6.) diese diagnostische Zuordnung sinnvoll ergänzen
und weitere aufschlußreiche Hinweise für die Beurteilung des Täters in seinen sozialen Bezügen
geben kann. Dies gilt insbesondere für die *Art der Delinquenz*, freilich nicht im Sinne einer genauen

strafrechtlichen Qualifizierung. So können im folgenden bestimmte Delikte und Formen der Deliktsbegehung umschrieben werden, die man bei einem entsprechenden Lebenszuschnitt und einer entsprechenden Lebensentwicklung bevorzugt antrifft. Allerdings werden die verschiedenen Verlaufsformen dadurch nicht entscheidend geprägt oder gar bestimmt. Bei einer kontinuierlichen Hinentwicklung werden z. B. zwar üblicherweise vor allem Eigentums- und Vermögensdelikte auftreten (s. u. 3.1.), andere Deliktsarten sind damit jedoch keineswegs ausgeschlossen.

Die verschiedenen Bilder von kriminorelevanten Lebensentwicklungen und Lebensstilen stellen einen differenzierten **Maßstab für die diagnostische Zuordnung** des Verhaltens und der Lebensentwicklung **des zu beurteilenden Probanden** dar. Als **Vorgehensweise** hat sich in der Praxis bewährt, zunächst *von der Stellung der Tat im Lebenslängsschnitt auszugehen:* Das individuelle Verhaltensprofil des zu beurteilenden Probanden wird in Bezug gesetzt zu den spezifischen Ausprägungen des Lebenslängsschnitts der jeweiligen Verlaufsform. Auf diese Weise läßt sich bereits eine grobe Zuordnung gewinnen. Dabei können vorab jene Kategorien *ausgeschlossen* werden, die offensichtlich nicht in Betracht kommen. Bei deutlichen Tendenzen des individuellen Verhaltensprofils zum K-idealtypischen Pol können also beispielsweise schon hier sowohl der kriminelle Übersprung als auch Kriminalität bei sonstiger sozialer Unauffälligkeit unberücksichtigt bleiben. Es ist *dann abzuwägen,* inwieweit *das individuelle Verhaltensprofil* des Probanden, die bei der Analyse seines Lebensquerschnitts festgestellten *K- bzw. D-Kriterien* sowie *seine Relevanzbezüge* und *seine Wertorientierung* den jeweils *charakteristischen Ausprägungen der noch in Frage kommenden Kategorien entsprechen.* Oftmals wird der individuelle Proband nicht ohne weiteres einer bestimmten Kategorie zuzuordnen sein, zumal eine derartige Zuordnung keineswegs „gewaltsam" erfolgen sollte. In solchen Fällen sind vielmehr die *Tendenzen* zu der einen oder anderen dieser Kategorien zu diskutieren.

Die diagnostischen Erwägungen erschöpfen sich aber nicht in dieser groben Zuordnung. Sie berücksichtigen vielmehr zugleich jene Punkte, in denen der konkrete Proband von den spezifischen Ausprägungen und von den charakteristischen Teilaspekten der entsprechenden Kategorie *abweicht,* aber auch jene, die bei ihm in *besonders ausgeprägter* Form vorliegen. Diese „besonderen Aspekte" (s. u. 4.) des konkreten Falles bilden später die Grundlage für die *individuelle Prognose.*

Sollte jedoch ausnahmsweise ein Fall gewissermaßen „überhaupt nicht aufgehen", auch nicht in der Form, daß er zwischen zwei der Kategorien liegt, sondern differentialdiagnostisch *völlig offen* bleiben muß, ist stets besonders kritisch zu prüfen, ob beim Täter möglicherweise eine psychische Abnormität vorliegt und gegebenenfalls ein psychiatrischer Sachverständiger zugezogen werden muß.

Letztlich werden die *diagnostischen Erwägungen* anhand der Bezugskriterien der Kriminologischen Trias im Einzelfall zu folgendem **Ergebnis** führen: In der Regel wird eine die Besonderheiten dieses Einzelfalles abwägende, jedoch mehr oder weniger eindeutige Zuordnung zu einer der nachfolgend dargestellten Kategorien (gegebenenfalls unter Hinweis auf die im Einzelfall von den charakteristischen Ausformungen abweichenden Gesichtspunkte) möglich sein. Andernfalls ist zu erwägen, warum der konkrete Proband im Hinblick auf seinen Lebenslängsschnitt, seinen Lebensquerschnitt, seine Relevanzbezüge und seine Wertorientierung keiner dieser Kategorien zugeordnet werden kann bzw. welchen Kategorien er am nächsten kommt.

3.1. Die kontinuierliche Hinentwicklung zur Kriminalität mit Beginn in der frühen Jugend

Bei der kontinuierlichen Hinentwicklung führen die im Laufe der Zeit zunehmenden und alle Lebensbereiche erfassenden sozialen Auffälligkeiten schließlich mit unmittelbar einsichtiger innerer Folgerichtigkeit zum Delikt (bzw. zu wiederholter Straffälligkeit).

Diese Kategorie ist − als Idealtypus − im **Längsschnitt** über alle Lebensbereiche hinweg durch das frühestmögliche und ausgeprägteste K-idealtypische Verhalten gekennzeichnet. Entscheidend für eine kontinuierliche Hinentwicklung zur Kriminalität sind die *komplementären Entwicklungen im Leistungs- und Freizeitbereich*. Es beginnt oft schon im Vorschulalter mit Weglaufen von zu Hause und Herumtreiben. Später kommt es dann in der Schule zu auffälligem, oft aggressivem Verhalten gegenüber Lehrern und Mitschülern und zu hartnäckigem Schwänzen, das in der Regel zu plan- und ziellosem Herumstreunen genutzt und häufig durch raffinierte Lügen und Täuschungsmanöver gedeckt wird. Während der Zeit der Berufsausbildung und der Berufstätigkeit selbst wird die Tendenz, sich allen Leistungs- und Ordnungsanforderungen zu entziehen, dadurch verstärkt, daß die Freizeit immer mehr nicht nur auf Kosten des Schlafes, sondern auch zu Lasten des Leistungsbereichs ausgeweitet wird. Dabei überwiegen außerhäusige, unstrukturierte Freizeitaktivitäten mit völlig offenen Abläufen, die − nunmehr in einer dieser Lebensphase gemäßen Form − dem planlosen Herumstreunen in der Vorschul- und Schulzeit entsprechen. Von hier aus werden auch die gravierenden Auffälligkeiten im *Aufenthalts- und Kontaktbereich* ohne weiteres verständlich: Das Bestreben, sich schon im Kindesalter aktiv jeglicher familiären Kontrolle zu entziehen bzw. das Fehlen einer Kontrolle in jeder Hinsicht auszunutzen, was schließlich zu Heimaufenthalten führt; unabhängig von einer Heimeinweisung ein extrem frühes Verlassen des Elternhauses; wiederholte Wohnsitzlosigkeit; das Fehlen tragender Bindungen bei schicksalhaften, und selbstgewählten Kontakten, statt dessen häufig wechselnde, unverbindliche, kurzfristig aus utilitaristischen Motiven eingegangene Bekanntschaften sowie Ausnutzen der Eltern und der sonstigen Verwandten.

Im **Lebensquerschnitt,** also im Zeitraum vor der letzten Tat, ist ein weitgehender Zusammenbruch der Strukturierung des gesamten Lebensbereichs zu verzeichnen: Es liegt − meist schon seit geraumer Zeit vor der Tatbegehung − eine hinsichtlich aller vier Kriterien deutlich ausgeprägte *kriminovalente Konstellation* vor; daneben läßt sich eine ganze Anzahl weiterer K-Kriterien feststellen. Die innere Dynamik der kontinuierlichen Hinentwicklung zur Kriminalität wird vor allem dann sichtbar, wenn man das Vorliegen der Einzelkriterien der kriminovalenten Konstellation zeitlich zurückverfolgt: Das typische unstrukturierte Freizeitverhalten mit offenen Abläufen kann relativ lange andauern, wenn die Freizeit nur auf Kosten des Schlafes ausgedehnt wird. Solange der Leistungsbereich wenigstens einigermaßen intakt bleibt, sind auch die Mittel vorhanden, die diese Freizeitgestaltung ermöglichen, wenngleich in der Regel auf Kosten sonstiger Verpflichtungen. Es liegt jedoch in der Natur der Sache, daß früher oder später, schon unter dem Druck des körperlichen Ruhebedürfnisses, die Ausweitung des Freizeitbereichs den Leistungsbereich zu tangieren beginnt. „Blaumachen", nachlassende Arbeitsleistung, häufiger Stellenwechsel mit Intervallen beruflicher Untätigkeit bedingen sich dann gegenseitig und wirken auf den Freizeitbereich insofern zurück, als dadurch zusätzlich verfügbare Zeit entsteht. Werden hier nunmehr dieselben Freizeittätigkeiten – in der Regel verhältnismäßig kostspielige – weiterverfolgt, ergibt sich eine verhängnisvolle Zuspitzung der Situation. Alles drängt förmlich darauf hin, daß die für diesen Lebensstil notwendigen, aber mangels Berufstätigkeit nicht vorhandenen Mittel durch ein (Eigentums- oder Vermögens-)Delikt beschafft werden. In den genannten Freizeittätigkeiten und den für sie typischen Kontakten sind gleichzeitig auch von der konkreten Situation her die Voraussetzungen für eine Deliktsbegehung gegeben.

Für die Beurteilung der kontinuierlichen Hinentwicklung zur Kriminalität sind zwar in erster Linie die Entwicklung im Längsschnitt und der von der kriminovalenten Konstellation gekennzeichnete Lebensquerschnitt maßgebend. Gleichwohl lassen sich ihr auch einige charakteristisch zu nennende **Relevanzbezüge** zuordnen, die freilich nicht stets, aber in den meisten Fällen vorliegen werden: Einen hohen Stellenwert besitzen für einen solchen Probanden Ungebundenheit, „Freiheit", Abwechslung, Unruhe und Abenteuer; die Atmosphäre von fragwürdigen Gaststätten, Kneipen und Bars, insbesondere aber das großstädtische „Milieu" und sein Personenkreis üben geradezu einen „Sog" auf ihn aus; die sofortige Befriedigung augenblicklicher Wünsche und spontaner Bedürfnisse steht ganz beherrschend im Vordergrund. Sie alle spiegeln das „ungebremste Leben im Augenblick" wider, das diesen Menschen immer wieder straffällig werden läßt.

Nach **Werten,** an denen sich der Proband orientiert, wird man demgegenüber bei einer solchen kontinuierlichen Hinentwicklung oft vergeblich suchen. Nicht selten herrscht insoweit eine völlige Orientierungslosigkeit, zumindest aber lassen sich keine sozial tragfähigen Werte erkennen, die für den Probanden in irgendeiner Form verbindlich wären und seinem Leben eine Struktur geben könnten.

Wenngleich also die entscheidenden Kriterien für die kontinuierliche Hinentwicklung zur Kriminalität jene des Sozialverhaltens sind, so bedeutet dies nicht, daß *frühere Delikte* – und darauf bezogene Sanktionen – für die Beurteilung des Einzelfalls völlig unbeachtlich wären. Sie können vielmehr das Bild weiter abrunden: Zwar kann sich schon zum Zeitpunkt der Beurteilung aus Anlaß der *ersten* Straftat das bisherige Leben allein aufgrund des Sozialverhaltens eindeutig als kontinuierliche Hinentwicklung darstellen, ohne daß zuvor Straffälligkeit aufgetreten wäre. Jedoch kommt es in der Regel lange vor dem ersten strafrechtlich geahndeten Delikt zu Auffälligkeiten, die die Grenze zu „deliktischen Handlungen" überschreiten, oft bereits im Kindesalter, zu einem Zeitpunkt also, in dem sich naturgemäß noch nicht alle Verhaltensweisen, die eine Hinentwicklung anzeigen, in voller Ausprägung finden. Diese „deliktischen Handlungen" setzen sich im Jugendalter konsequent in strafbaren Handlungen fort. Nicht selten lassen sich im Laufe der Zeit fast analog zu den zunehmenden sozialen Auffälligkeiten im Delinquenzbereich ebenfalls eine gewisse Routine und Verfestigung feststellen (s. o. Kap. V, 2.6.). Den umfangreichen und alle Lebensbereiche betreffenden sozialen Auffälligkeiten entspricht zumeist auch eine relativ breitgestreute strafrechtliche Auffälligkeit, die zahlreiche Deliktsarten umfaßt. Vielfach wird auch bei den konkreten Lebenssituationen, aus denen heraus die Straftaten begangen werden, das im gesamten Lebenszuschnitt festzustellende „ungebremste Leben im Augenblick" deutlich, das Bestreben, spontane Wünsche und sich aus dem Augenblick ergebende Bedürfnisse ohne Rücksicht auf schädliche Folgen unmittelbar zu befriedigen, unter Umständen eben auch durch eine Straftat.

In ähnlicher Weise wie frühere Delikte vermögen *vorangegangene Sanktionen* die Betrachtung des Sozialverhaltens zu ergänzen, freilich nicht in dem Sinne, daß die Sanktionen eine maßgebliche Rolle für die Hinentwicklung spielen würden. Vielmehr kommt es in der Regel erst *nach* einer ausgeprägten Hinentwicklung und aufgrund wiederholter Straftaten und Sanktionen zu einer Freiheitsentziehung, sei es durch Jugendstrafe oder jugendrechtliche Heimeinweisung, sei es durch Freiheitsstrafe.

Der **weitere Verlauf** einer solchen kontinuierlichen Hinentwicklung zur Kriminalität ist *ungünstig* einzuschätzen. Je länger eine derartige Entwicklung bereits anhält, und je weiter die kriminovalente Konstellation zurückverfolgt werden kann, desto schlechter ist in der Regel auch die *Prognose*.

Gerade weil die Delikte eng mit der Lebensausrichtung des Probanden verflochten sind und nicht etwa mehr oder weniger „zufällig" auftreten, sondern sich folgerichtig aus seinem Lebensstil ergeben, wäre eine grundlegende Änderung dieses Lebensstils die notwendige Voraussetzung für den Probanden, keine Straftaten mehr zu begehen. Da dieser Lebensstil den Intentionen des Probanden jedoch weitgehend entspricht, besteht zunächst kaum einmal die echte Bereitschaft zu einer Änderung.

Solange „alles gut geht", wird sich der Proband darüber auch kaum Gedanken machen. Erst nach der Festnahme oder einem längeren Haftaufenthalt findet sich der meist ernsthafte Vorsatz, nicht wieder straffällig zu werden. Allerdings wird dabei keineswegs an eine Änderung des Lebensstils gedacht. Es ist geradezu kennzeichnend für den Probanden, daß er aus (schlechten) Erfahrungen und Mißerfolgen nicht „lernt" und keine Konsequenzen zieht. Wird er dann beispielsweise nach Vermittlung von Arbeitsstelle und Wohnung aus der Haft entlassen, so kommt er dort oft gar nicht erst an, oder es zieht ihn bald wieder weg, weil seine alten Bezüge weiterhin relevant bleiben. Örtlich sind dies meist bestimmte Kontaktbereiche, die sich innerhalb jedes größeren Ortes – vermehrt und ausgeprägter in Groß- und Industriestädten – finden, wie Altstadt, Bahnhofsgegend, Prostituiertenlokale usw. Auch der Versuch sozialer Eingliederung durch Beschaffung von Arbeit und Unterkunft an einem fremden Ort scheitert meist. Selbst in Städten, in denen die Einheimischen jene undurchsichtigen Kontaktbereiche nicht kennen und deren Existenz sogar guten Glaubens bestreiten, wird der in solchen Bezügen lebende ehemalige Häftling nach wenigen Tagen, vielleicht auch nur Stunden, die Straße, das Lokal gefunden haben, die seinem früheren Lebensbereich am nächsten kommen. Während der meist immer kürzer werdenden Intervalle zwischen den einzelnen Bestrafungen geht der Betreffende in der Regel immer kurzfristiger und unregelmäßiger einer Arbeit nach und hält sich ansonsten in dem ihm vertrauten „Milieu" auf, wo er gelegentlich auch vorübergehend durch andere ausgehalten wird, wenn er sich nicht durch (unaufgeklärte) Delikte die notwendigen Mittel zum Lebensunterhalt beschafft. Manchmal wird auch ein solcher Bezirk unmittelbarer Wirkungsbereich des Täters, wie etwa beim Zuhälter. So pendelt der Kriminelle schließlich zwischen seinen der Kriminalität förderlichen Bezugsbereichen und den Vollzugsanstalten, die bereits Teil seiner Lebenserwartung geworden sind, hin und her.

Allerdings hält eine solche kontinuierliche Hinentwicklung in dieser ausgeprägten Form meist nicht ein ganzes Leben lang an. Gesicherte Aussagen über den *Abbruch einer solchen „kriminellen Karriere"* sind derzeit noch nicht möglich. Man kann jedoch oftmals feststellen, daß sich eine derartige Entwicklung im vierten oder fünften Lebensjahrzehnt dem Ende zuneigt. Dies deutet sich vielfach in einer Verlängerung der deliktsfreien (und damit auch straffreien) Intervalle an. Was dafür letztlich ausschlaggebend ist, muß vorläufig offen bleiben.

Man hat den Eindruck, daß das Leben mancher Probanden in diesem Alter in „ruhigere Bahnen" gelenkt wird und daß eine gewisse Konsolidierung eintritt. Bisweilen erhält man auf die Frage nach den Gründen für die plötzliche Veränderung des Lebenszuschnitts die Antwort, „ich habe keine Lust mehr gehabt, so weiter zu machen", ohne daß die (äußere) Lebenssituation grundsätzlich anders als früher gewesen wäre. Oft spielt dabei das Verhältnis zu einer – sozial unauffälligen – Frau eine erhebliche Rolle, während eine solche Beziehung völlig wirkungslos blieb, solange der Proband noch jünger war. In solchen Fällen verliert dann das expansive Freizeitverhalten an Gewicht, und der Lebensunterhalt wird durch eine einigermaßen geregelte Arbeitstätigkeit bestritten, so daß es allenfalls noch gelegentlich zu (kleineren) Delikten kommt.

Während längerer Haftaufenthalte haben die Probanden oft auch durch die regelmäßige Arbeitstätigkeit im Vollzug die rechtlichen Voraussetzungen für den Anspruch auf Arbeitslosenunterstützung erfüllt. Nach der Haftentlassung können sie daher trotz beruflicher Untätigkeit zunächst durch die Arbeitslosenunterstützung und im Anschluß daran durch die Sozialhilfe über regelmäßige Einkünfte verfügen, die es ihnen erlauben, einigermaßen „über die Runden zu kommen". Sie bleiben dann schließlich über längere Zeiträume hinweg strafrechtlich (weitgehend) unauffällig. Gelegentlich gelingt freilich dem einen oder anderen – meist ohne öffentliche Unterstützung, jedoch durch den besonderen persönlichen Einsatz Außenstehender oder im Zusammenhang mit einer Heirat – auch die soziale Integration.

3.2. Die Hinentwicklung zur Kriminalität im Heranwachsenden- bzw. Erwachsenenalter

Obgleich mit dem Begriff der kontinuierlichen Hinentwicklung zur Kriminalität eher die gesamte Lebensentwicklung gemeint ist, kann auch später als im Kindes- oder Jugendalter eine entsprechende Entwicklung eintreten, die schließlich in (mehrfache) Straffälligkeit mündet: Der Betreffende bleibt im Schul- und Ausbildungsalter weitgehend sozial unauffällig, und zwar solange er noch in ein bestehendes starkes Ordnungsgefüge, in der Regel das der Herkunftsfamilie, eingebunden ist und solange auch noch durch günstige äußere Umstände im Leistungs-, Freizeit- und Kontaktbereich eine soziale Einbettung des Probanden aufrechterhalten bleibt. In dem Maße, in dem durch den normalen Ablauf der einzelnen Lebensphasen *vorgegebene* soziale Einbindungen durch *selbstgewählte* Kontakte, Freizeitmöglichkeiten und Arbeitsstellen (bzw. deren Wechsel) ersetzt werden können, schafft er sich jedoch bezüglich der Leistungs- und Ordnungsanforderungen ebenfalls jenen Freiraum, der auch für die kontinuierliche Hinentwicklung mit Beginn in der frühen Jugend kennzeichnend ist. Insofern handelt es sich trotz des relativ späten Beginns nach außen sichtbarer Auffälligkeiten um eine in sich verständliche Entwicklung, lediglich mit einer durch das Lebensalter bedingten anderen Gewichtung zwischen vorgegebenen Umständen und eigenem, aktivem Durchsetzen des Lebenszuschnitts durch den Probanden.

Im **Längsschnitt** ergeben sich bei diesem Personenkreis daher Auffälligkeiten im Sinne von K-idealtypischem Verhalten erst in der späten Jugendzeit oder zu Beginn des dritten Lebensjahrzehnts. Obgleich sie zunächst vor allem im *Freizeit-* und *Kontaktbereich* festzustellen sind, greifen sie rasch in erheblichem Ausmaß auf den *Leistungsbereich* über und führen alsbald zu einer völligen Vernachlässigung entsprechender Anforderungen. Auch hier ist wie bei der frühbeginnenden kontinuierlichen Hinentwicklung unmittelbar vor der Tat schließlich ein weitgehender Zusammenbruch der Strukturierung aller Lebensbereiche zu verzeichnen.

Demzufolge sind auch im **Lebensquerschnitt** vor der Tat die früher noch vorhandenen Unterschiede zur kontinuierlichen Hinentwicklung weitgehend eingeebnet. Hier findet sich dieselbe innere Folgerichtigkeit der Entwicklung, die sich vor allem durch die umfassende Vernachlässigung des Leistungsbereichs drastisch zuspitzt, so daß schließlich die *kriminovalente Konstellation* sowie eine Reihe weiterer K-Kriterien in deutlicher Ausprägung vorliegen.

Gleichzeitig läßt sich eine verhältnismäßig gut abgrenzbare Veränderung der **Relevanzbezüge,** zumindest im Hinblick auf deren Ausgestaltung, erkennen: Im jugendlichen Alter konzentrieren sich die Relevanzbezüge des Probanden zunächst – sei es auch unter einem gewissen Einfluß äußerer Ordnungsfaktoren – vielfach noch auf eine dem Alter angemessene strukturierte und produktive Freizeitgestaltung, auf tragfähige Kontakte zu Kameraden oder auf die Ausbildung und Arbeitstätigkeit usw. Im Laufe der Zeit gehen seine Interessen jedoch in eine andere Richtung, vor allem das Freizeitverhalten gewinnt eine völlig andersartige Ausrichtung, so daß es schließlich zu einer grundlegenden Änderung des gesamten Lebenszuschnitts kommt. Am Ende dieser Entwicklung stehen dann meist ähnliche Bezüge dominierend im Vordergrund, wie sie bei der kontinuierlichen Hinentwicklung von früher Jugend an häufig vorzufinden sind.

Eine ähnliche Veränderung in der **Wertorientierung** läßt sich dagegen nur schwer feststellen: In der (frühen) Jugendzeit des Probanden, in der er meist noch sozial unauffällig ist, kann eine ausgeprägte Wertorientierung häufig nicht sicher eruiert werden – was in diesem Alter nicht ungewöhnlich ist. Später finden sich vielfach keinerlei sozial tragfähigen Werte (mehr); nicht selten herrscht schließlich auch hier insoweit völlige Orientierungslosigkeit (s. o. 3.1.).

Auch bei dieser Verlaufsform zeigt sich im *Delinquenzbereich* eine Parallele zum allgemeinen Sozialverhalten: Es liegen meist keine nennenswerten „deliktischen Handlungen" im Kindesalter vor, und es lassen sich auch keine der kontinuierlichen Hinentwicklung zur Kriminalität vergleichbaren Entwicklungen innerhalb des Delinquenzbereichs (beispielsweise vom Wahrnehmen günstiger Gelegenheiten zu planmäßig begangenen Straftaten und ähnliches) feststellen. Die Delikte sind hier vielmehr von (ihrem späten) Anfang an gravierender und werden sorgfältiger geplant und mit größerer Zielstrebigkeit durchgeführt als bei der frühbeginnenden Form. Abgesehen von den oben (3.1.) genannten Lebenssituationen, aus denen heraus es zum Delikt kommt, spielen hier nicht selten auch unrealistische Lebensansprüche eine erhebliche Rolle für die Tatbegehung.

Am Ende einer solchen zwar spät einsetzenden, jedoch rasch verlaufenden Hinentwicklung zur Kriminalität im Heranwachsenden- bzw. Erwachsenenalter bestehen also keine Unterschiede mehr zu der frühbeginnenden kontinuierlichen

Hinentwicklung zur Kriminalität. Der **weitere Verlauf** erfolgt in ähnlicher Weise wie dort (s. o. 3.1.), so daß auch hier die *Prognose ungünstig* ist.

3.3. Kriminalität im Rahmen der Persönlichkeitsreifung

Die „kontinuierliche Hinentwicklung zur Kriminalität" einerseits und den „kriminellen Übersprung" (s. u. 3.5.) andererseits muß man sich als idealtypische Endpunkte eines Kontinuums vorstellen, das die „Erwartbarkeit" von Straffälligkeit ausdrückt. Im einen Fall liegt völlige Kontinuität der Lebensentwicklung bis hin zur Kriminalität vor, im anderen bedeutet die Straftat dagegen einen plötzlich eintretenden, vollständigen Bruch einer bisher geordneten Lebensentwicklung. Zwischen diesen beiden Extremen liegt – neben anderen Formen – eine Entwicklung, bei der es „im Rahmen der Persönlichkeitsreifung" zur Kriminalität kommt:

Bei dieser Kategorie sind die Bedingungen und Faktoren, um die es hier geht, im **Längsschnitt** weder als kontinuierlich wirksam noch als plötzlicher, einmaliger Einbruch, sondern als *vorübergehend* anzusehen. Dieses „vorübergehend" läßt sich zeitlich nicht genau eingrenzen. Es ist bezogen auf einen Abschnitt in der Entwicklung eines Menschen, der grundsätzlich von erheblichen Schwierigkeiten begleitet sein kann, wobei sich diese jedoch relativ gut als „entwicklungsspezifisch" abgrenzen lassen.

Zudem betreffen die entsprechenden Auffälligkeiten auch nicht den gesamten Lebensbereich, sondern sind nur *partiell:* Sie finden sich vor allem im *Freizeitbereich* und *beschränken* sich auch weitgehend auf diesen. Den Verpflichtungen im Leistungsbereich wird überwiegend noch nachgekommen, oder es bestehen insoweit zum Zeitpunkt der Straftat allenfalls erst seit kurzer Zeit gewisse Unregelmäßigkeiten. Auffälligkeiten im Aufenthaltsbereich liegen dagegen nicht vor, und auch die tragenden menschlichen Kontakte und familiären Bindungen werden bis zu einem gewissen Grad aufrechterhalten. Trotz entsprechender Freizeitgestaltung und teilweise erheblicher Auffälligkeiten in diesem Lebensbereich – häufig zusammen mit einem in ähnlicher Weise sozial auffälligen Kameradenkreis – kommt es jedoch nicht zu einer Hinwendung zum kriminell gefährdenden „Milieu". Dennoch entstehen, insbesondere im Zusammenhang mit entsprechenden Kontakten sowie Alkohol- oder auch Drogenkonsum, gerade aus dem spezifischen Freizeitverhalten jene Situationen, aus denen heraus die Begehung von Straftaten selbst dann möglich wird, wenn sie nicht den „Haltungen" des Probanden entspricht.

Eine kriminovalente Konstellation findet sich demzufolge im **Lebensquerschnitt** unmittelbar vor der Straftat nicht, ebensowenig jedoch eine kriminoresistente Konstellation. Soweit *K-Kriterien* zu bejahen sind, erscheinen diese ebenfalls primär als Ausfluß dieser Reifungs- und Entwicklungsphase und liegen regelmäßig nur kurze Zeit vor; gar nicht selten sind dagegen im Zeitraum vor der Straftat *D-Kriterien* in unterschiedlich ausgeprägter Form festzustellen.

In dieser *Phase partieller sozialer Auffälligkeit* ist also der Lebenszuschnitt unter kriminologischen Gesichtspunkten in gewisser Weise widersprüchlich und disharmonisch. Dies kann auch in einer gewissen Diskrepanz und unter Umständen sogar gegenläufigen Ausrichtung von **Relevanzbezügen** einerseits und **Wertorientierung** andererseits zum Ausdruck kommen (s. o. Kap. V, 4.). Allerdings ist es nicht einfach, bei einem solchen in der Entwicklung stehenden Probanden die Relevanzbezüge überhaupt zu erkennen. In diesem Alter können häufig zeitweilige Präferenzen und Intentionen, die mehr von außen kommen, etwa von bestimmten Kontaktpersonen und vom allgemeinen Umgang oder auch von aktuellen Zeitströmungen, vorübergehend überragende Bedeutung haben, wobei sie bisweilen geradezu „aufgesetzt" wirken. Vielfach gewinnt bei solchen Jugendlichen die Ausrichtung der Freizeit auf einen bestimmten Kameradenkreis so große Relevanz, daß sie bisher bedeutsame Relevanzbezüge (vorübergehend) verdrängt. Demgegenüber tendiert die − freilich häufig altersentsprechend noch weitgehend ungefestigte und ebenfalls für äußere Einflüsse offene − Wertorientierung selbst während der Zeit erhöhter sozialer Auffälligkeit im Grunde eher zu einem sozial unauffälligen Leben.

Auch die Begehung von *Straftaten* steht bei solchen Jugendlichen meist in engem Zusammenhang mit ihrem Kameradenkreis und ihrem Umgang in der Freizeit: Häufig ist es ein gemeinschaftlich begangenes Delikt ohne größere Planung und Zielstrebigkeit, das der einzelne allein wahrscheinlich nie begehen würde. Dabei kann es sich auch um eine gravierende Straftat oder um eine ganze Serie von Straftaten handeln, die erst unter dem Einfluß der Gruppe oder einzelner Gruppenmitglieder zustandekommen. Soweit das Delikt allein begangen wird, werden in der Regel nur günstige Gelegenheiten (z. B. für ein Eigentumsdelikt) wahrgenommen. Gelegentlich wird dabei die Beute nicht einmal verwertet, sondern ohne ersichtlichen Nutzen irgendwo gehortet oder achtlos weggeworfen. In den Delikten kann auch eine gewisse Freude am Stören, Ärgern oder bisweilen auch Zerstören zum Ausdruck kommen; ebenso können sich ungebremste Affekte und ziellose Aggressionstendenzen, z. B. die Wut und der Ärger wegen eines vorangegangenen Streits, in einer Straftat niederschlagen und beispielsweise zu Sachbeschädigungen oder auch Körperverletzungen führen.

Im Hinblick auf die charakteristischen Ausprägungen des Sozialverhaltens und der Delinquenz sind es zunächst grundsätzlich die Jahre der Pubertät, in denen Straftaten „im Rahmen der Persönlichkeitsreifung" begangen werden. In der Regel wird man davon ausgehen können, daß die Phase der Pubertät gegen Ende des zweiten Lebensjahrzehnts abgeschlossen ist. Dennoch kommt es gelegentlich auch zu Beginn oder in der Mitte der dritten Lebensdekade zu einer Entwicklung, die der Kriminalität im Rahmen der Persönlichkeitsreifung vergleichbar ist und wie eine *phasenverschobene Variante* dieser Kategorie anmutet. Abgesehen vom Alter ergeben sich bei dieser Variante keine weiteren Unterschiede. Auf partielle soziale Auffälligkeiten, vor allem im Freizeitbereich, die mit Delinquenz einhergehen, folgt nach einer gewissen Zeit auch bei diesen Probanden eine Rückkehr zum früheren sozial unauffälligen Lebenszuschnitt.

Der **weitere Verlauf** ist bei Kriminalität im Rahmen der Persönlichkeitsreifung *im allgemeinen günstig.* Teilweise schon durch die Tatsache schockiert, überhaupt ein Delikt begangen zu haben, teilweise unter dem Eindruck von Sanktionen und sonstigen sozialen Auswirkungen der Tat, teilweise infolge einer Festigung des eigenen Wertgefüges oder auch mit dem Abschluß des biologischen Reifungsprozesses setzt sich der Proband mit den vorherigen Auffälligkeiten und Straftaten auseinander, mit der Folge, daß diese (oft schlagartig) verschwinden. Die anschließende soziale (Re-)Integration dieser Probanden knüpft dabei − bisweilen mit

Veränderungen, die der inzwischen erreichten Lebensphase entsprechen – wieder an den früheren sozial unauffälligen Lebenszuschnitt an.

Freilich sind bei Kriminalität im Rahmen der Persönlichkeitsreifung *Entwicklungen möglich,* die einen *ungünstigen Verlauf* nehmen. Ob eine solche Entwicklung eintritt, hängt entscheidend davon ab, inwieweit es gelingt, den Probanden über diese reifungsbedingte Phase hinwegzugeleiten, die für ihn offenbar mit akuter krimineller Gefährdung einhergeht. Dabei ist es meist nicht ratsam, dies im Wege der Vollstreckung einer Jugend- bzw. Freiheitsstrafe zu versuchen. Gerade bei einem solchen in der Entwicklungszeit erstmals auffälligen Probanden werden oft die Ansätze und Tendenzen zu sozial auffälligem Verhalten durch einen Haftaufenthalt und durch die Einflüsse anderer (vor allem älterer) Gefangener noch verstärkt. Zudem besteht die Gefahr, daß der Proband in der Haftanstalt entsprechende Kontakte knüpft (und bestimmte „Adressen" erhält), mit der Folge, daß er bei Problemen nach der Haftentlassung die betreffenden „Kumpel" aufsucht und so letztlich in noch größere Schwierigkeiten gerät. Auch hier unterscheiden sich diese Probanden noch von jenen Gleichaltrigen, bei denen eine kontinuierliche Hinentwicklung zur Kriminalität vorliegt und die in der Regel bereits in einem ganz anderen sozialen Umfeld leben.

Manchmal schlägt die soziale und strafrechtliche Auffälligkeit, die zunächst als Kriminalität im Rahmen der Persönlichkeitsreifung erscheint, allerdings auch in eine Hinentwicklung zur Kriminalität um. Eine solche **kriminelle Weiterentwicklung** kündigt sich in der Regel durch nunmehr einsetzende massive Auffälligkeiten im Leistungsbereich an. An die Stelle der zunächst allenfalls geringfügigen Nachlässigkeiten in diesem Bereich, die dem Probanden als solche durchaus bewußt und auch irgendwie unangenehm waren und ihm zu schaffen machten, tritt zunehmende Gleichgültigkeit gegenüber den Erfordernissen eines normalen Arbeitslebens. Nach und nach kommt es dann zu einer weitgehenden Vernachlässigung des Leistungsbereichs, die zum Verlust des Arbeitsplatzes führt und mit einer völligen Unordnung des Tagesablaufs einhergeht. Spätestens zu diesem Zeitpunkt wird auch die *kriminovalente Konstellation* in deutlicher Ausprägung vorliegen. Obwohl eine solche Entwicklung nicht immer dramatisch, sondern oftmals eher langsam vor sich geht, ist sie mit einiger Erfahrung im allgemeinen gut zu erkennen, so daß es im einen oder anderen Fall gelingt, sie durch konsequente Interventionen zu stoppen.

3.4. Kriminalität bei sonstiger sozialer Unauffälligkeit

Mit „sozialer Unauffälligkeit" ist gemeint, daß sich die äußerlich deutlich sichtbaren sozialen Verhaltensweisen nicht oder kaum von denen der Durchschnittspopulation unterscheiden. Dementsprechend finden sich bei dieser Form im **Längsschnitt** über alle Lebensbereiche hinweg *keine* jener *erheblichen sozialen Auffälligkeiten,* die für die bisher dargestellten Entwicklungen charakteristisch sind und die auf zukünftige Kriminalität hinweisen bzw. diese erwarten lassen können.

Im **Lebensquerschnitt** liegt die kriminovalente Konstellation nicht vor, allenfalls findet sich das eine oder andere der *K-Kriterien,* vielfach sind jedoch auch einige *D-Kriterien* oder sogar die *kriminoresistente Konstellation* zu bejahen. Diese Aspekte der Kriminologischen Trias geben hier also wenig Aufschluß.

Andererseits bedeutet die Straftat aber im Gegensatz zum „kriminellen Übersprung" (s. u. 3.5.) auch kein völlig außergewöhnliches Ereignis in der Lebenskontinuität des Täters. Das (gelegentliche) Sich-Bewegen in einem gewissen Grenzbereich strafbarer Handlungen gehört vielmehr in einem bestimmten Teilbereich seines Lebens, insbesondere im Zusammenhang mit der Berufsaus-übung, durchaus zur üblichen Lebensführung dieses Menschen. Dies weist darauf hin, daß es letztlich bestimmte **Relevanzbezüge** sind, die sich etwa auf wirtschaft-lichen Erfolg, auf einen hohen Lebensstandard oder auch auf den eigenen Gewerbebetrieb (und dessen Fortbestand) usw. beziehen, sowie eine einseitige Orientierung an alles andere überragenden **Werten,** die den betreffenden Täter vom nicht straffällig gewordenen Menschen unterscheiden: Hier ist beispiels-weise bedenkenloses Macht- oder Gewinnstreben, maßloses Karrieredenken oder rücksichtsloser Eigennutz anzutreffen, verbunden mit dem − oft nur auf einen entsprechenden Teilbereich bezogen − Fehlen verbindlicher sozial tragfähiger Wertmaßstäbe, wie beispielsweise Korrektheit im geschäftlichen Umgang mit Dritten, Ehrlichkeit im zwischenmenschlichen Kontakt mit Geschäftspartnern und Kollegen usw. Das entscheidende Charakteristikum liegt also darin, daß bestimmte *Werte,* die durchaus auch in der Durchschnittspopulation gelten, *einseitig betont und uneingeschränkt verfolgt werden,* ohne daß solche Bestrebungen durch andere Werte eingedämmt werden. Zugunsten der Verwirklichung dieser alles andere überragenden Werte und Relevanzbezüge wird (im Zusammenhang mit entsprechenden Persönlichkeitszügen − zu den „Bedenkenlosen" vgl. GÖPPINGER 1980, S. 209 f.) die Möglichkeit einer auch schwerwiegenden Gesetzesübertretung in Kauf genommen. Wenn auch die aus der Tatbegehung zu erwartenden Vorteile vielfach nicht bis in jede Einzelheit vorausgeplant sind, so sind sie doch meist unmittelbar intendiert. Insofern steht das *Delikt* durchaus in einem „zweckrational" einsichtigen Zusammenhang mit der Lebensführung.

Im Vordergrund steht meist das Bestreben, aus einer Gegebenheit mehr zu machen, als bei reellem Agieren möglich wäre. Man findet hier zahlreiche Unregelmäßigkeiten im Zusammenhang mit der Berufsausübung, z. B. höhere, dem Aufwand nicht entsprechende Stundenberechnung eines Handwerkers oder Berechnung ausgetauschter alter Teile als Neuteile oder auch gewagte geschäftliche Transaktionen, die bereits in den Bereich der Wirtschaftskriminalität hineinführen können.

Auch ein Teil der weit verbreiteten Kleinkriminalität (etwa Ladendiebstahl, Leistungser-schleichung, Beförderungsbetrug usw.) und (kleinere) Zoll- und Steuerdelikte erfolgen häufig aus einem Lebenszuschnitt, in dem keine sozialen Auffälligkeiten im Sinne der hier erarbeiteten Kriterien vorliegen. Solche Delikte gehen meist einher mit einer Werthaltung, die die Gesetzesübertretung als „Kavaliersdelikt" ansieht bzw. den Schaden und damit auch den Unrechtsgehalt der Tat angesichts der Vermögenslage und der Anonymität des Opfers (Warenhaus, Staat) „bagatellisiert".

Schließlich sind dieser Kategorie auch einige jener Straftäter zuzurechnen, die gelegentlich und ausschließlich (vorsätzliche) Körperverletzungsdelikte begehen. Bei ihnen liegen in der Regel weder im Leistungsbereich noch im Freizeit- und Kontaktbereich irgendwelche Auffälligkeiten vor. In den

Situationen, die zu den körperlichen Auseinandersetzungen führen, zeigen sie bisweilen ein Verhalten, das geradezu an die häufig recht direkte Konfliktbewältigung Pubertierender erinnert. Bei ihnen liegen demnach auch die Verhältnisse bezüglich der Relevanzbezüge und ihrer Wertorientierung anders als bei den zuvor angesprochenen Straftätern.

Insgesamt läßt sich dieser Kategorie also ein breites Spektrum von Delikten zurechnen, das auf der einen Seite von der Kleinkriminalität über die Profitkriminalität, die Wirtschafts- und Umweltkriminalität bis zur Korruption im öffentlichen Leben reichen kann und auf der anderen Seite auch bestimmte Körperverletzungsdelikte umfaßt. Dieses Spektrum zeigt zugleich, daß hier für die Zukunft feinere Differenzierungen zu entwickeln sind, insbesondere auch im Hinblick auf die Relevanzbezüge und die Wertorientierung.

Im **weiteren Verlauf** ihres Lebens bleiben diese Täter auch nach der Tatbegehung im allgemeinen sozial unauffällig. Durch einen längeren Haftaufenthalt kann allerdings die soziale Verflochtenheit gesprengt und der Betreffende in eine gesellschaftliche Außenseitersituation abgedrängt werden.

Von der weiteren *sozialen* Unauffälligkeit zu unterscheiden ist gerade bei dieser Kategorie die *Frage künftiger Straftaten.* Da die Delikte vor allem im Zusammenhang mit der einseitigen Orientierung an einzelnen Werten und Relevanzbezügen zu sehen sind, ist die *Prognose* uneinheitlich und hängt vom Einzelfall und auch von der Art des Delikts ab: Für den einen mögen allein die Tatsache der Entdeckung der Straftat, die Verhängung einer Strafe oder sonstige soziale Auswirkungen (beispielsweise die Beeinträchtigung seines Ansehens im Bekanntenkreis, bei Geschäftspartnern oder Kollegen usw.) hinreichenden Anlaß geben, künftig kein solches Delikt mehr zu begehen. Der andere wird sich − davon unbeeindruckt − auch weiterhin immer wieder einmal in jenem Grenzbereich strafbarer Handlungen bewegen, sei es, weil er (wie auch seine Umgebung) bestimmte Straftaten unverändert als „Kavaliersdelikte" ansieht, sei es, weil er nicht bereit ist, jene einseitig betonten Werte und Bezüge, die zum Delikt führten, aufzugeben oder auch nur zurückzudrängen.

3.5. Der kriminelle Übersprung

Diese Kategorie beschreibt den im Vergleich zur kontinuierlichen Hinentwicklung idealtypischen Extremfall am anderen Ende des Kontinuums der „Erwartbarkeit" von Straffälligkeit: Die Straftat bzw. die Tatsache des Verstoßes gegen eine Strafrechtsnorm ist hier ein Ereignis, das einen *Bruch in der Lebensentwicklung* darstellt; die Tat kommt gewissermaßen „aus heiterem Himmel". Es können hier also auf den ersten Blick weder *äußere* Auffälligkeiten festgestellt werden, noch kann die Tat in einen *inneren* Zusammenhang mit der Lebensführung (wie beispielsweise bei der Kriminalität bei sonstiger sozialer Unauffälligkeit) gebracht werden.

Freilich ist auch hier mit Nachdruck auf die Besonderheiten der idealtypischen Begriffsbildung und auf den spezifischen Blickwinkel der hier dargelegten kriminologischen Erfassung des Täters in seinen sozialen Bezügen hinzuweisen. Denn es ist im konkreten Einzelfall vielfach wohl kaum auszuschließen, daß nicht doch irgendwelche Anzeichen im gesamten früheren Verhalten des

Täters, in seiner Persönlichkeitsstruktur oder in seiner psychischen Situation unmittelbar vor der Tatbegehung vorhanden waren, die es verbieten, von einem *rein* „zufälligen" Zustandekommen der Tat zu sprechen. So mag ein solcher Fall unter psycho(patho)logischen Aspekten durchaus „erklärbar" oder „verstehbar" sein; jedoch ist nach den hier dargelegten spezifisch *kriminologischen* Kriterien eine (so geartete) Straffälligkeit unerwartet (und auch in Zukunft nicht zu erwarten). In diesen Fällen sollte allerdings daran gedacht werden, daß die Hinzuziehung eines psychiatrischen Sachverständigen angezeigt sein könnte.

Beim „kriminellen Übersprung" ist als (idealtypischem) Extremfall davon auszugehen, daß im **Längsschnitt** in der sozialen Entwicklung und in der bisherigen Lebensführung keine Anzeichen oder Tendenzen zu finden sind, die mit Straffälligkeit in Verbindung gebracht werden könnten. Es besteht also regelmäßig weitgehende soziale Unauffälligkeit bzw. völlige *soziale Integration*. Dies schließt nicht aus, daß unter Umständen in der weit zurückliegenden Vergangenheit irgendwann einmal soziale Auffälligkeiten vorlagen; diese lassen sich jedoch nicht in eine unmittelbare Beziehung zur jetzigen Straftat bringen.

Der „Bruch", den die Straftat in der Lebensgeschichte darstellt, wird vor allem im **Lebensquerschnitt** deutlich: Dieser ist durch *D-Kriterien* gekennzeichnet, unter Umständen ist sogar die *kriminoresistente Konstellation* zu bejahen.

Auch die **Relevanzbezüge** und die **Wertorientierung** weisen den Täter als einen sozial integrierten Menschen aus, bei dem grundsätzlich nicht mit einem (schwerwiegenderen) Gesetzesverstoß zu rechnen ist.

Der **weitere Verlauf** und die *Prognose* sind grundsätzlich *günstig:* Durch die Tat bzw. deren Folgen kommt es zwar zu einem Einbruch in die soziale Lebenskontinuität des Täters; abgesehen von dem einmaligen (unter Umständen schwerwiegenden) Delikt ist und bleibt der Täter beim „kriminellen Übersprung" jedoch in Zukunft sozial unauffällig. Durch die dem Delikt folgenden strafrechtlichen Sanktionen oder durch sonstige Folgen und Auswirkungen der Tatbegehung kann er allerdings aus seiner bisherigen sozialen Integration herausgerissen werden. Aber selbst bei langjährigen Haftaufenthalten bleibt ein solcher Täter in aller Regel weitgehend resistent gegen entsprechend „negative" Beeinflussung und unterscheidet sich auch in seinem Haftverhalten grundlegend von der Mehrzahl der Gefangenen. Ebenso wird er nach der Haftentlassung Schwierigkeiten und Probleme bei der sozialen Wiedereingliederung bewältigen und meist wieder zu einer sozialen Integration zurückfinden.

4. „Besondere Aspekte" im Leben des Täters, vor allem im Hinblick auf Prognose und Einwirkungen

Der erste Teil der kriminologischen Diagnose, die Beurteilung anhand der Bezugskriterien der Kriminologischen Trias, wird ergänzt durch die Überlegungen hinsichtlich jener Aspekte im Leben des Probanden, die ihn in seinen sozialen

Bezügen in besonderem Maße charakterisieren und zum Teil gleichzeitig auf seine kriminologisch bedeutsamen „Schwächen" und „Stärken" hinweisen. Diese *besonderen Aspekte* vermögen die Prognose, die mit der Zuordnung anhand der Bezugskriterien der Kriminologischen Trias gegeben ist, im Einzelfall weiter zu differenzieren oder in engen Grenzen auch zu modifizieren (s. u. Kap. VII, 1.); sie geben aber vor allem Hinweise für eine erfolgversprechende Einwirkung und Behandlung (s. u. Kap. VII, 2.).

Die mit den „besonderen Aspekten" angesprochenen Gesichtspunkte kristallisieren sich zwar bereits bei der kriminologischen Analyse bzw. bei der Beurteilung anhand der Bezugskriterien der Kriminologischen Trias heraus; indessen gehen nicht unbedingt alle Besonderheiten, denen im alltäglichen Leben des Täters erhebliches Gewicht zukommt, in diesen Vergleich ein, zum Teil schon deshalb nicht, weil sie für die Zuordnung zu den Bezugskriterien der Kriminologischen Trias zunächst ohne Belang sind. Daher gilt es, abschließend das Leben des Täters aus kriminologischer Sicht noch einmal Revue passieren zu lassen und jene Punkte herauszulösen, die diesen Menschen und sein Verhalten im alltäglichen Leben besonders charakterisieren (mit einer gewissen Erfahrung lassen sich diese Punkte meist bereits im Laufe der Erhebungen erkennen). In gleicher Weise muß geprüft werden, ob sich bestimmte (unter Umständen wiederkehrende) Situationen und Phasen – im Sinne besonderer sozialer und strafrechtlicher Auffälligkeiten bzw. besonderer sozialer Anpassung oder im Sinne entscheidender Weichenstellungen und Konfliktlagen (bzw. deren Bewältigung) – herausschälen lassen.

Diese „besonderen Aspekte" werden sich bei jedem Probanden anders darstellen, gerade weil sie mit seinem ganz individuellen Verhalten zusammenhängen. Demzufolge können sie inhaltlich nicht näher konkretisiert werden (Beispiele s. Fall A., Kap. VIII, 2.2.2. und Fall B., Kap. IX, 4.2.). Es sollen daher lediglich einige Hinweise gegeben werden, welche Gesichtspunkte hierfür in Frage kommen können.

Die „besonderen Aspekte" werden im folgenden unterschieden nach „internen" und „externen" Aspekten. Bei den „internen" Aspekten handelt es sich um eher dem Täter zuzuordnende Gesichtspunkte, bei den „externen" Aspekten um solche Gegebenheiten, die eher seiner sozialen Umwelt zuzurechnen sind. Damit sollen keineswegs Ursächlichkeiten zugeschrieben werden, zumal sich insoweit ohnehin kaum klären läßt, was „Ursache" und was „Wirkung" ist. Maßgebend ist vielmehr die rein pragmatische Überlegung, *wo bei Einwirkungen anzusetzen wäre,* ob beim Probanden oder bei seiner Umgebung oder bei beiden.

Die **„internen Aspekte"** werden erkennbar etwa durch einzelne, anhand der Längsschnittanalyse festgestellte, immer *wiederkehrende Verhaltensweisen und Reaktionen,* durch die bei der Querschnittanalyse zutage getretenen *Kriterien,* durch das besondere Gewicht des einen oder anderen *Relevanzbezugs* sowie durch die Auswirkungen der *Wertorientierung* und die dabei erkennbaren *Einstellungen* und *Haltungen,* aber auch durch die *gesamte Lebensorientierung.*

Beispielhaft seien angeführt: die paradoxe Anpassungserwartung, die geringe Belastbarkeit und das mangelnde Durchhaltevermögen, die bisher immer wieder zu Konflikten am Arbeitsplatz führten; das inadäquat hohe Anspruchsniveau, das in engem Zusammenhang mit der Begehung des Eigentumsdelikts des Probanden zu sehen ist; die Forderung nach Ungebundenheit, die das

Verhalten in allen Lebensbereichen kennzeichnet; die einseitige Betonung bestimmter Werte, die früher oder später immer wieder zu Straftaten führte; die kurzfristige Zeitperspektive, das „Leben im Augenblick", die leichte Beeinflußbarkeit und Verführbarkeit usw. – oder aber die Tatsache, daß die festzustellenden Werte im Grunde auf ein sozial unauffälliges Leben gerichtet sind, daß ausgeprägte Verantwortungsbereitschaft und Eigenverantwortung vorliegen, daß eine langfristige, differenzierte Lebensplanung mit genauen Zielen festzustellen ist, usw.

Andererseits können das bisherige Leben des Täters und sein Verhalten aber auch durch ganz bestimmte **„externe Aspekte"** (mit-)geprägt sein, wie beispielsweise durch die *Art seiner Umgebung* (z. B. die Verbundenheit mit dem „Asozialen"-Milieu von Kindheit an bis in die Gegenwart – oder aber die „Einbettung" in eine sozial integrierte Familie, die dem Probanden Halt gibt), durch *bestimmte Kontakte* (z. B. die Gruppe Gleichaltriger, die für den Probanden in der letzten Zeit von überragender Bedeutung war) oder durch eine *bestimmte Bezugsperson* (z. B. eine Autoritätsperson, der sich der Proband bisher fügte und von der er sich etwas sagen ließ usw.), aber auch etwa durch erhebliche Schulden, die zu tilgen sind, oder durch eine Behinderung infolge körperlicher Leiden oder durch die notwendige Versorgung minderjähriger Geschwister oder pflegebedürftiger Eltern usw.

Im Vordergrund steht bei den „besonderen Aspekten" zum einen die Frage, bis zu welchem Grad diese in der Vergangenheit und der Gegenwart liegenden Gesichtspunkte *auch in Zukunft wirksam sein dürften;* zum anderen ist zu prüfen, ob und gegebenenfalls bis zu welchem Grad und mit welchen Mitteln diese Aspekte im einzelnen erfahrungsgemäß *veränderbar* sind: Inwieweit muß also im Hinblick auf die „internen Aspekte" auch künftig mit ganz bestimmten Verhaltensweisen, Reaktionen, Haltungen usw. gerechnet werden, die bisher in kriminologischer Hinsicht, also vor allem für die soziale (und anschließende strafrechtliche) Auffälligkeit entscheidend waren? In ähnlicher Weise ist bei den „externen Aspekten" zu überlegen, inwieweit der Täter auch künftig Situationen ausgesetzt sein dürfte, die in der Vergangenheit z. B. ganz bestimmte Reaktionen hervorgerufen oder verstärkt haben, die zur Straffälligkeit führten, und ob bzw. bis zu welchem Grad sich dies verändern läßt.

Nicht weniger wichtig ist die Überprüfung, welche der „internen" und „externen Aspekte" sich im bisherigen Leben als besonders stabilisierende Elemente ausgewirkt haben und inwieweit mit diesen auch in Zukunft gerechnet werden kann – mit der Folge, daß gerade diese Aspekte ganz gezielt in „therapeutischer" Hinsicht (im weitesten Sinne) eingesetzt werden müssen. Grundsätzlich wird man davon ausgehen können, daß die „externen Aspekte" weit weniger beständig sind als die „internen Aspekte", die meist eng mit der Persönlichkeit des Täters zusammenhängen (s. im einzelnen auch u. Kap. VII, 2.).

Für ein differenziertes kriminologisches Gesamtbild des Täters im Hinblick auf Prognose und Einwirkungen ist zusätzlich die Überlegung aufschlußreich, was eigentlich in seinem Leben für ihn und für seine Lebensorientierung bisher *keine Bedeutung* erlangen konnte. Gemeint sind damit einerseits solche Gesichtspunkte, die normalerweise die Grundlage für ein sozial unauffälliges, integriertes Leben in der Gemeinschaft bilden (z. B. geregelte, kontinuierliche Arbeitstätigkeit, einigermaßen strukturierter Tagesablauf usw.), die aber den Interessen und Intentionen des Probanden zuwiderlaufen oder die er mehr oder weniger bewußt vernachlässigt

und „am Rande liegen gelassen" hat. Andererseits können auch solche Gesichtspunkte für ihn *nicht relevant* gewesen sein, die ein Leben ausmachen, das durch
besonders ausgeprägte soziale Auffälligkeit gekennzeichnet ist (wie sie etwa bei der
kontinuierlichen Hinentwicklung zur Kriminalität vorliegt — s. o. 3.1.). Wichtige
Anhaltspunkte für das bisher **„Nichtrelevante"** geben — nunmehr in einer Art
„Gegenprobe" — jene K- und D-Kriterien der Querschnittanalyse, die bei dem
betreffenden Probanden *nicht* bejaht werden konnten.

Dabei kann sich im Einzelfall ergeben, daß bestimmte Verhaltensweisen, Einstellungen,
Haltungen oder auch Lebensumstände — in dieser oder jener Richtung — völlig außerhalb der
subjektiven Vorstellungen des jeweiligen Menschen liegen, so daß er gar nicht auf den Gedanken
kommt, sie im Bereich des für ihn Möglichen oder Denkbaren zu sehen. Andererseits kann sie der
einzelne durchaus als abstrakte Möglichkeit ansehen, ohne sie jedoch zu realisieren, da es — aus
welchen Gründen auch immer — (momentan) nicht wünschenswert ist. So mag es beispielsweise für
die meisten Menschen tatsächlich völlig unvorstellbar sein, längere Zeit keiner regelmäßigen oder
geordneten Arbeitstätigkeit nachzugehen und etwa als Zuhälter im „Milieu" zu leben, während
umgekehrt für manchen Zuhälter ein „bürgerliches Leben" mit all seinen Verpflichtungen und mit
seiner Ordnung ebenso unvorstellbar oder aber evtl. zwar vorstellbar und denkbar, jedoch —
zumindest im Augenblick — nicht erstrebenswert erscheinen mag (s. auch u. Fall A., Kap. VIII,
2.2.2.).

Als **Ergebnis** erhält man mit der Frage nach den „besonderen Aspekten" im
Einzelfall eine ganze Anzahl von Punkten, die ganz bestimmte „Schwächen", aber
auch besondere „Stärken" des jeweiligen Täters aufzeigen und denen nicht nur in
prognostischer Hinsicht, sondern vor allem bezüglich der möglichen Einwirkungen
und therapeutischen Bemühungen erhebliche Bedeutung zukommt.

5. Anhang: Der „Täter in seinen sozialen Bezügen" im Strafvollzug

Die bisher dargelegte kriminologische Diagnose bezieht sich in der Regel auf den
Zeitpunkt der letzten Tat (s. o. 1.). Dieser Zeitpunkt kann bei einem zwischen-
zeitlichen Haftaufenthalt bereits viele Monate oder auch Jahre zurückliegen. Für die
aktuelle Beurteilung des Täters in seinen sozialen Bezügen ist daher gegebenenfalls
zusätzlich seine weitere Lebensentwicklung in der Haft zu berücksichtigen. In
besonderem Maße gilt dies im Zusammenhang mit der *Entlassungsprognose*. Im
wesentlichen geht es dabei um die Überprüfung, ob sich während des Haftaufenthalts — unter Berücksichtigung der dadurch bedingten Besonderheiten — gegenüber
früher irgendwelche *grundlegenden Veränderungen* in den Verhaltensstrukturen des
Probanden und in seiner Lebensorientierung ergeben haben. Von Interesse ist hier
vor allem die weitere Entwicklung seiner kriminologisch bedeutsamen „Schwächen"
und „Stärken", die sein früheres Leben in Freiheit gekennzeichnet haben (s. o. 4.).

Veränderungen in dieser Hinsicht brauchen Zeit — in Haft nicht anders als in
Freiheit. Von wirklich grundlegenden Veränderungen wird man gerade in der Haft

meist erst dann sprechen können, wenn ein bestimmtes verändertes Verhalten über
mehrere Jahre hinweg beibehalten wurde. Im Mittelpunkt dieser gesonderten
Betrachtung des Täters in seinen sozialen Bezügen im Vollzug steht demzufolge der
Langzeitgefangene (vgl. allgemein zum Täter im Vollzug und in der Bewährung
GÖPPINGER 1980, S. 362 ff.). Bei ihm treten – schon aufgrund des normalen
Reifungs- oder auch Alterungsprozesses, unter Umständen auch durch gewisse
Veränderungen der Persönlichkeit – am ehesten entsprechende Änderungen in
seinem Verhalten und in seiner Lebensorientierung ein, denen nach der Entlassung
im alltäglichen Leben Bedeutung zukommen kann. Im Rahmen der kriminologischen Einzelfallbeurteilung ist demzufolge eine eingehende Auseinandersetzung mit
dem Haftverhalten vor allem bei Langzeitgefangenen angezeigt.

Demgegenüber erlaubt der *Kurzstrafenvollzug* – zumindest in seiner derzeitigen Form – kaum
einmal eine grundlegende Einwirkung auf den Gefangenen, die sich in nennenswerter Weise in
seinem späteren Lebenszuschnitt und Lebensstil in Freiheit niederschlägt. Abgesehen von wenigen
Ausnahmefällen, dürfte es sich bei den Personen, bei denen der kurze Freiheitsentzug und die dabei
erfolgten Einwirkungsbemühungen einen Einfluß auf ihr zukünftiges Verhalten haben, regelmäßig
um solche handeln, bei denen in den einzelnen Lebensbereichen meist auch keine gravierenden
Auffälligkeiten vorliegen.

Für die **Beurteilung** des Haftverhaltens gelten ähnliche (formale) Gesichtspunkte wie für die Analyse des Verhaltens in Freiheit – modifiziert durch die
Besonderheiten der Haftsituation. Eine Berücksichtigung bestimmter Modifikationen ist schon deshalb notwendig, weil der Entzug der Freiheit zugleich einen Eingriff
in alle Lebensbereiche der Persönlichkeit mit sich bringt. Der Tagesablauf ist durch
die Anstaltsordnung in allen Lebensbereichen reglementiert, nicht nur bei der
Arbeit, und der Insasse damit der eigenen Initiative weitgehend beraubt. Das
persönliche Aussehen wird durch die Anstaltskleidung beeinträchtigt; der Lebensstandard wird auf ein für alle geltendes Maß an Bedürfnissen festgelegt; die
bisherigen sexuellen Beziehungen und sexuelle Kontakte an sich brechen ab; die
gewohnten sozialen Kontakte werden erheblich eingeschränkt bzw. ganz unterbrochen – soweit überhaupt noch sozial tragfähige Kontakte bestanden. Der Häftling
wird einerseits der „Gefängnisgesellschaft" im allgemeinen und im besonderen den
Häftlingen, mit denen er evtl. die Zelle teilt, ausgesetzt, andererseits der Macht-
befugnis dritter Personen, denen er sich unterzuordnen hat. Die sozialen Bezüge, in
denen der Täter nunmehr steht, sind andere als bisher; er konnte sie sich nicht selbst
aussuchen, wie dies üblicherweise in seinem bisherigen Leben der Fall war, sondern er
wurde (zumindest beim erstmaligen Vollzug) entgegen seinen eigentlichen Lebensvorstellungen in sie hineingestellt. Völlig anders ist die Situation vielfach beim
wiederholt Einsitzenden, der nicht nur mit allen Räumlichkeiten einer ihm
bekannten Vollzugsanstalt vertraut ist, sondern auch die Aufsichtsbeamten bereits
kennt. Selbst in Anstalten, in denen er zuvor noch nicht war, trifft er meist eine
ganze Anzahl alter Bekannter unter den Inhaftierten oder wenigstens solche, mit
denen er leicht Bekanntschaft schließen kann, und er kennt ganz allgemein die
grundsätzlichen (auch informellen) Regeln, so daß er in relativ vertraute Bereiche
kommt (s. auch o. 3.1.).

Die Beurteilung des Haftverhaltens im weiteren Verlauf des **Längsschnitts** kann
sich daher nicht unmittelbar an der Gegenüberstellung des K- bzw. D-idealtypischen

Verhaltens in Freiheit (s. o. Kap. V, 2.) orientieren; sie findet dort jedoch wichtige *Anhaltspunkte,* mit denen sich das Haftverhalten einschätzen läßt und die – vor dem Hintergrund des früher in Freiheit gezeigten Verhaltens – auch Veränderungen in die eine oder andere Richtung erkennen lassen. Freilich ist es für den Außenstehenden nicht immer einfach, das Haftverhalten richtig zu beurteilen.

Im **Leistungsbereich** unterscheiden sich die *äußeren* Arbeitsbedingungen und die Arbeitssituation in der Haft in vielerlei Hinsicht von jenen in Freiheit. Abgesehen von den durchweg wesentlich geringeren Anforderungen an die Arbeitsleistung, sind die Voraussetzungen für die Übernahme einer bestimmten Tätigkeit ungleich geringer, und die Toleranz gegenüber unzureichender Arbeitsleistung ist ungleich größer als draußen. Dennoch findet sich im Arbeitsverhalten und in der Einstellung zur Arbeit im Vollzug ein ähnlich breites Spektrum wie in Freiheit:

Auf der einen Seite stehen solche Personen, die sich etwa durch Krankmeldungen und laufende Versetzungsanträge vor der Arbeit „drücken", die jede Gelegenheit nutzen, um der Arbeit fernbleiben zu können, und die meist auch unkonzentriert arbeiten und schlechte Arbeitsleistungen erbringen. Auf der anderen Seite finden sich Personen, die intensiv der Arbeit nachgehen, die Anforderungen erfüllen oder sogar Interesse für die Arbeit aufbringen, wenn ihnen diese zunächst auch noch so monoton erscheinen mag. Sie arbeiten zuverlässig, sind eher bereit, für andere einzuspringen als sich zu „drücken", scheuen auch keine Arbeit und erhalten schließlich – ohne im Grunde primär dieses Ziel zu verfolgen – irgendwelche Vertrauensposten usw. Zwischen diesen Extremen trifft man zahlreiche Variationen: So gibt es Probanden, die es auch in Haft recht geschickt verstehen, eine möglichst unkontrollierte Tätigkeit zu erhalten oder auch Aufgabenbereiche übertragen zu bekommen, die bestimmte Vorteile oder eine gewisse Machtposition mit sich bringen, wie dies etwa bei der Stelle des Reinigers oder Kalfaktors oder bei sonstigen Hilfstätigkeiten mit größerer Bewegungsfreiheit innerhalb der Anstalt oft der Fall ist. Anderen Gefangenen – häufig den hafterfahrenen – gelingt es, ohne sonderliches Engagement und mit möglichst wenig „Aufwand" die Arbeitspflicht gerade noch so zu erfüllen, daß ihnen – etwa bei der Entscheidung über eine vorzeitige Entlassung – kein Vorwurf gemacht werden kann. Wiederum andere Häftlinge beginnen eine Ausbildung um des unmittelbaren, augenblicklichen Vorteils willen (z. B. um am Abend Lichtverlängerung zu erhalten usw.), ohne jedoch an dem betreffenden Beruf tatsächlich interessiert zu sein, allerdings wohl wissend, daß sich ein solches „Engagement" günstig auf eine vorzeitige Entlassung auswirken kann. Nicht selten wird die Ausbildung dann gerade durch die vorzeitige Entlassung unterbrochen und in Freiheit nicht konsequent zu Ende geführt.

Die Parallelen zum Leistungsverhalten in Freiheit sind offensichtlich. Vielfach sind gerade diejenigen, die schon in Freiheit die Arbeitsstellen häufig wechselten und immer wieder längere Zeit beruflich untätig waren, auch jene, die in der Haft mit der ihnen zugewiesenen Arbeit nicht zurechtkommen, während die anderen, die draußen jede Arbeit akzeptierten und zufriedenstellend erledigten, auch schwierige und insgesamt nicht befriedigende Arbeitsverhältnisse in Haft auf sich nehmen. Zu nennen sind freilich auch jene, die – sobald sie im Vollzug unter entsprechender Aufsicht stehen – gut und zuverlässig arbeiten, die sich in Freiheit aber sofort auch jedem anderen Einfluß hingeben und die dann gegebenenfalls die Arbeit liegen lassen.

Selbst der Abschluß einer Berufsausbildung während des Haftaufenthalts führt keineswegs immer zu einer späteren Bewährung im Leistungsbereich: Vielfach fehlt den Betreffenden das für einen qualifizierten Facharbeiter notwendige Durchhaltevermögen und Verantwortungsbewußtsein, so daß sie draußen an einem entsprechend qualifizierten Arbeitsplatz alsbald versagen, andererseits aber aufgrund ihrer Ausbildung auch nicht bereit sind, einer weniger qualifizierten Tätigkeit nachzugehen. Ähnliches gilt für Anlernverhältnisse an den zum Teil hochtechnisierten Maschinen in den Haftanstalten, die dort nicht selten von ungelernten oder kurzfristig angelernten Arbeitskräften eher nachlässig bedient und unzureichend ausgenutzt werden. In einem normalen Betrieb wird eine derartige Maschine jedoch selten einmal einem nicht entsprechend ausgebildeten und bewährten Arbeiter überlassen, so daß die Probanden draußen kaum eine Chance haben, sofort derart qualifizierte Arbeitsplätze zu bekommen, zumal meist schon die üblichen Voraussetzungen wie lückenloser Arbeitsstellennachweis, vollständige Arbeitspapiere usw. fehlen. Fast noch problematischer ist der während des Haftaufenthalts erreichte höhere Schulabschluß, wie etwa die Mittlere Reife. Probanden mit einem solchen Abschluß sind dann oft der Meinung, nach ihrer Entlassung aus der Haft für die − aus ihrer Sicht „niederen" − Tätigkeiten eines ungelernten Arbeiters nun zu hoch qualifiziert zu sein.

Auch beim **Freizeitverhalten** sind im Vergleich zum Verhalten in Freiheit bestimmte Modifikationen zu berücksichtigen: Zunächst ist schon durch den geregelten Tagesablauf in der Haftanstalt die Verfügbarkeit der Freizeit für den einzelnen eng begrenzt. So wird er die ihm zur Verfügung stehende freie Zeit allenfalls in gewisser Weise einengen, kaum aber einmal längerfristig ausweiten können (es sei denn durch wiederholtes „Blaumachen" oder Krankfeiern, das aber kaum zu ähnlichen Folgen führt wie draußen). Neben dem ohnehin festgelegten Freizeitaufenthalt sind auch Struktur und Ablauf von Freizeittätigkeiten einerseits insoweit beschränkt, als völlig offene Abläufe ausgeschlossen sind. Andererseits steht dem einzelnen aber oft ein ungleich größeres Angebot an für ihn leicht und ohne großen eigenen Aufwand erreichbaren Möglichkeiten zu konstruktiver oder produktiver Freizeitgestaltung zur Verfügung als in Freiheit. In Haft bedarf es in der Regel eines weit geringeren eigenen Engagements, um eine entsprechende Betätigung überhaupt aufzunehmen (und weiterzuführen), da der einzelne unter Umständen nicht nur durch das Anstaltspersonal motiviert wird, sondern ihm auch die technischen und räumlichen Möglichkeiten unmittelbar bereitgestellt werden, ganz abgesehen davon, daß oft das Bedürfnis eine Rolle spielt, in irgendeiner Form der Langeweile zu entfliehen.

Trotz dieser vielfältigen Besonderheiten sind die feststellbaren Unterschiede im Freizeitverhalten während der Haftunterbringung recht eindrucksvoll: Die einen Gefangenen vertreiben sich eben die Zeit, während andere versuchen, durch irgendwelche selbstgewählten Aufgaben, die sie sich im Rahmen der Möglichkeiten des Vollzugs stellen, die Zeit doch einigermaßen sinnvoll und produktiv zu nützen. Auf der einen Seite steht demzufolge die Langeweile, die in der Haft mit Schlafen, Lesen, Kartenspielen oder Rundfunkhören bzw. Fernsehen ausgefüllt wird, auf der anderen Seite wird mit viel Engagement und Einsatz einer (beruflichen) Fort- und Weiterbildung nachgegangen. (Allerdings wird die Fort- und Weiterbildung oft auch aus ganz anderen Erwägungen heraus betrieben, etwa um bestimmte Vergünstigungen zu erhalten − z. B. Bezug eines Sprachkurses, um an Schreibmaschine oder Cassettenrecorder zu kommen − s. auch o.) Auch die Vielzahl von Freizeitangeboten (Diskussions- und Aussprachegruppen, Sport, Hobbys usw.) wird von den verschiedenen Gefangenen recht unterschiedlich wahrgenommen: Während der eine darin einen willkommenen Zeitvertreib sieht und ohne eigentliches Interesse oder aber um sich zu produzieren daran teilnimmt, erhält der andere vielerlei Anregungen und entwickelt bisweilen beachtliche Fähigkeiten, etwa bei der Ausübung eines produktiven Hobbys.

Freilich darf man sich gerade beim Freizeitverhalten in der Haftanstalt nicht durch das häufig nur vordergründige (und für das spätere Leben in Freiheit völlig irrelevante) Engagement zu der Schlußfolgerung verleiten lassen, der Proband habe sich grundsätzlich umorientiert. Vielfach ist dieses scheinbare Engagement und Interesse allein auf das unmittelbare Angebot entsprechender Freizeitmöglichkeiten in der Anstalt zurückzuführen. Oft hängt die Teilnahme an solchen strukturierten oder produktiven Betätigungen, die gewisse Anforderungen an den einzelnen Probanden stellen und von ihm eine gewisse Mitarbeit verlangen, auch davon ab, in welchem Umfang sonstige Freizeitmöglichkeiten bestehen, die weniger Anforderungen stellen und eher der Zerstreuung dienen. Wenn solche fehlen, ist die Bereitschaft, notgedrungen auch einer produktiven, fordernden Tätigkeit nachzugehen, eher gegeben. Erfahrungsgemäß werden solche konstruktiven Tätigkeiten nach der Haftentlassung meist sofort, manchmal auch erst nach einer gewissen Zeit, wieder aufgegeben. Dies liegt nicht nur am fehlenden Interesse des einzelnen. Oft hat er draußen gar keine Gelegenheit, beispielsweise seinem in Haft ausgeübten Hobby weiter nachzugehen, da ihm schon die technische Ausstattung und die räumlichen Möglichkeiten fehlen.

Ein konstruktives Freizeitverhalten in Haft kann daher im Rahmen der Einzelfallanalyse regelmäßig nur insoweit aufschlußreich sein, als sich Anhaltspunkte dafür ergeben (oder auch nicht), daß der Proband ein gewisses Engagement zu entwickeln vermag, Ausdauer und Durchhaltevermögen an den Tag legen kann, sich in eine Gruppe einfügen kann, sich mit sich selbst beschäftigen kann, freiwillig einer konstruktiven Tätigkeit nachgehen kann usw. Solche Gesichtspunkte mögen Hinweise für spätere Einwirkungsmöglichkeiten (etwa im Rahmen der Bewährungshilfe) geben. Sie sind jedoch keine hinreichenden Anhaltspunkte dafür, daß der Proband auch nach der Haftentlassung bei konstruktiven Freizeittätigkeiten bleibt, wenn er wieder sich selbst überlassen ist und eine Vielzahl von Ablenkungsmöglichkeiten besteht.

Obwohl auch der **Kontaktbereich** in vielerlei Hinsicht durch die besondere Situation der Haft geprägt ist, zeigen sich hier ebenfalls Parallelen zum Verhalten in Freiheit. Dabei muß man grundsätzlich unterscheiden zwischen den Kontakten nach außen und jenen *innerhalb der Anstalt,* bei denen wiederum zu differenzieren ist zwischen den Kontakten zum Personal und jenen zu den *Mitinsassen:* Die Gefangenen vermögen sich gegenseitig im allgemeinen recht gut einzuschätzen, und es ist aufschlußreich, mit wem der einzelne während der Strafhaft Kontakt hält, mit wem er etwa in eine Zelle verlegt werden möchte, oder ob er sich überhaupt nicht „dazugehörig" fühlt und durchweg Distanz zu halten versucht. So kann in der Regel die Tatsache, daß ein Gefangener sich in der Haft zurückhält oder nur Kontakt zu wenigen, weitgehend unauffälligen Gefangenen hat, ein gewisser Anhaltspunkt dafür sein, daß er auch draußen keine Kontakte zum „Milieu" suchen wird, während

derjenige, dem dieser Bereich aus der Zeit der Freiheit vertraut ist, auch in der
Haftanstalt das entsprechende Kontakt-„Milieu" findet und sich dort „zuhause" fühlt.

Im Verhältnis der Insassen untereinander lassen sich zwei grundverschiedene
Tendenzen feststellen. Einerseits besitzen die Kontakte in der Haft, ähnlich wie die
früheren extramuralen Kontakte, oft eine weitgehend materialistisch-utilitaristische
Note, die meist mit einer beliebigen Austauschbarkeit der jeweiligen Kontaktpersonen einhergeht. Der wiederholt Straffällige findet im Gefängnis ebenso leicht
Kontakte wie draußen im „Milieu", und er wechselt die Kontaktpersonen auch ohne
weiteres, wenn es zweckmäßig ist. Andererseits kann man mitunter eine starke
Verbundenheit zwischen einzelnen, lange Jahre zusammenlebenden Häftlingen
feststellen, die aber manchmal erst nach der Entlassung zum Tragen kommt. Dies
zeigt sich vor allem bei entlassenen „Lebenslänglichen", die nach einer gewissen Zeit
– vor allem bei Kontaktschwierigkeiten in der Freiheit – bisweilen wieder
untereinander Verbindung aufnehmen und sich gegenseitig besuchen und auch
behilflich sind.

Unabhängig davon ruft oft ein zufälliges Treffen eines früheren Insassen in der Freiheit, auch
wenn dieser während des Gefängnisaufenthalts kaum beachtet worden ist, gemeinsame Erinne-
rungen wach und führt vielfach zu einer gewissen Verbundenheit, die der ehemalige Häftling
ansonsten draußen oft vermißt. Derartige Begegnungen erinnern bis zu einem gewissen Grad
geradezu an das Wiedersehen von früheren Schul- oder Kriegskameraden. Man hat den Eindruck,
daß die früheren unangenehmen Erlebnisse untereinander nunmehr plötzlich keine Bedeutung mehr
haben. Freilich hängt auch manche, an sich gar nicht beabsichtigte, erneute Straffälligkeit mit
solchen Kontakten zusammen, die oft aufgrund einer gewissen Einsamkeit begrüßt oder sogar
gesucht werden.

Eine gewisse Rolle spielen auch die homosexuellen Beziehungen, wobei vor
allem junge und bis dahin unerfahrene Gefangene mit einbezogen und unter
Umständen im Laufe der Zeit entsprechend beeinflußt werden. Dies gilt aber nicht
nur für homosexuelle Beziehungen, sondern für das Verhältnis zur Sexualität
allgemein, da der Gefangene unter Umständen jahrelang entsprechenden Schilderungen anderer Gefangener ausgesetzt ist und auch in irgendeiner Weise Stellung zu
dem meist schwunghaften Handel mit Pornoheften beziehen muß.

Im Verhältnis zum *Anstaltspersonal* findet sich ebenfalls die ganze Skala
zwischenmenschlicher Verhaltensweisen, von der einschmeichelnden, unaufrichti-
gen Dienerei bis zur schroffen Abweisung und zu aggressiven Reaktionen. Oft
herrscht schon aufgrund der ständigen räumlichen Nähe zwischen Stockwerks- oder
Werkbeamten und Gefangenen ein durchaus persönliches Verhältnis, wobei
mancher Beamte weit mehr als die Fachkräfte des sozialen Dienstes zum Ratgeber
oder gar Vertrauten werden kann. So hat auch der tägliche Umgang des Beamten
mit dem Gefangenen einen weit größeren und auch dauerhafteren erzieherischen
Einfluß als die verhältnismäßig seltenen Gespräche mit den dafür angestellten
Fachkräften. Auf der anderen Seite zeigen sich insoweit bei vielen Gefangenen auch
deutlich utilitaristische Tendenzen. Nicht selten wird der Versuch gemacht, einen
Beamten aufgrund bestimmter ihm erbrachter Leistungen oder aufgrund von
besonderen Vertraulichkeiten zu bevorzugter Behandlung oder zu Vergünstigungen
zu nötigen. Abgesehen davon kommt es bei langjährigen Haftaufenthalten in aller
Regel immer wieder einmal zu Konflikten zwischen dem Gefangenen und dem

Anstaltspersonal. Allerdings ist es in kaum einem anderen sozialen Bereich so schwierig, in keinerlei Konflikte, Streitigkeiten oder auch tätliche Auseinandersetzungen zu geraten, wie in einer Haftanstalt. Oft ist es vor allem für den im Erstvollzug befindlichen Probanden geradezu unmöglich, einen längeren Haftaufenthalt völlig konfliktfrei zu überstehen, während der Haftgewohnte sich meist (äußerlich) anzupassen weiß und es gelegentlich auch versteht, eher durch Anbiedern oder Anschwärzen einen Vorteil zu erlangen. Wer diese Regeln nicht kennt oder nicht akzeptiert und versucht, in seinem Verhalten gewissermaßen unbestechlich zu sein, gerät bisweilen zwangsläufig in Kollision sowohl mit anderen Insassen als auch mit dem Aufsichtspersonal und muß in der Regel Nachteile in Kauf nehmen. Konflikte des Probanden zu Personen innerhalb der Anstalt lassen sich daher aus kriminologischer Sicht nicht generell beurteilen und auch nicht ohne weiteres auf das extramurale Verhalten übertragen; es kommt vielmehr stets auf die Umstände des Einzelfalles an.

Recht unterschiedlich sind schließlich die *Kontakte mit der Außenwelt*. Darunter fallen die Kontakte zur eigenen Familie sowie zu Angehörigen, aber auch solche Kontakte, die erst während der Haft neu oder erneut aufgenommen werden (aufgrund früherer oder neuer Bekanntschaften, die teilweise durch Mithäftlinge vermittelt werden, teilweise aber auch durch Heiratsannoncen oder Briefbekanntschaften entstehen) und die Kontakte mit etwaigen Betreuern. Auch diese Kontakte können – ebenso wie draußen – einerseits ausgesprochen tragfähig, andererseits aber auch rein utilitaristisch ausgerichtet sein.

Soweit (tiefere) Bindungen zu *Familienangehörigen* bestehen, die sich um den Häftling kümmern und ihn später auch wieder aufnehmen wollen, kommt diesen für die Zeit in der Haft und für die spätere Wiedereingliederung des Probanden oft große Bedeutung zu. Allerdings wird die Aufrechterhaltung solcher Kontakte häufig dadurch erschwert oder gar verhindert, daß die Probanden vielfach nicht in einer dem Wohnort nahegelegenen Vollzugsanstalt einsitzen. Aber nicht nur die langen Anfahrtswege der Angehörigen, sondern auch die regelmäßig nur kurzen Besuchszeiten und die Überwachung der Besuche können das Aufrechterhalten solcher Kontakte belasten, da oftmals kaum ein persönliches Gespräch möglich ist.

Als weiteres Problem kommt hinzu, daß bei längerer Dauer der Inhaftierung eine Haftgewöhnung des Probanden einsetzt. Der Häftling rückt im Laufe der Jahre zunehmend vom Leben draußen ab und kennt und erlebt nur noch den Gefängnisalltag, in dem jede Kleinigkeit eine übermäßige Bedeutung gewinnt. Probleme Angehöriger werden nicht mehr erfaßt oder sogar zurückgewiesen, weil der Häftling ohnehin nicht konkret helfen kann und sich daher in jene Sorgen nicht mehr hineindenken will und schließlich auch gar nicht mehr kann. Bei Besuchen sind Erzählungen über Vorgänge daheim für ihn häufig eher langweilig. Im Vordergrund stehen vielfach nur noch die eigenen Probleme und Bedürfnisse.

Ganz andere Beobachtungen macht man vor allem bei immer wieder straffälligen, durch zahlreiche Inhaftierungen inzwischen vollzugserfahrenen Probanden, die während der Haft (oftmals auf dem Beschwerdeweg) große Fürsorge für die Familie demonstrieren und dadurch gelegentlich auch Vergünstigungen erreichen, die dann aber sofort nach der Entlassung ohne Rücksicht auf die Familie wieder ihren egoistischen Interessen nachgehen.

Die Angehörigen ihrerseits kümmern sich zwar teilweise sehr intensiv um den Häftling, insbesondere wenn seit der Tat und der Hauptverhandlung bereits einige Zeit verstrichen ist und auch die Belastungen für die Angehörigen etwas nachgelassen haben. Jedoch erweisen sich diese Kontakte nach der Entlassung oft nicht mehr als tragfähig, teils weil eine gemeinsame Basis fehlt oder verlorengegangen ist, teils weil die − z. B. inzwischen in eine andere Gegend gezogenen − Angehörigen um ihr eigenes Ansehen fürchten, wenn plötzlich ein bisher verschwiegener neuer Angehöriger auftaucht. Andererseits wollen langjährig Inhaftierte nach der Entlassung oft wieder dort anknüpfen, wo sie aufgehört haben, als ob die Zeit gewissermaßen stehengeblieben wäre. Damit treten schon vor der Entlassung Schwierigkeiten bei den ersten Beurlaubungen oder später bei Kontakten als Freigänger auf, wo sich der Proband wieder mit der ganz anderen Lebensform der Außenwelt auseinandersetzen muß. Er pendelt dabei gewissermaßen zwischen zwei grundverschiedenen Lebensweisen − der in der Freiheit und der im Gefängnis − hin und her, was für ihn eine nicht unerhebliche − in der Zeit der Entlassungsvorbereitung freilich unvermeidbare − Belastung bedeutet.

Ein besonderes Problem ist in diesem Zusammenhang das Verhältnis zur *eigenen Familie,* also zur Ehefrau und gegebenenfalls zu den Kindern. Ob und bis zu welchem Grad die Pflege oder die Wiederaufnahme von Kontakten hier sinnvoll ist, ergibt sich aus den jeweiligen Umständen des Einzelfalles. Der Einfluß und die Bedeutung der eigenen Familie für die spätere Wiedereingliederung des Gefangenen hängen entscheidend davon ab, ob die Ehe vor der Haft intakt oder bereits erheblich gestört war. Eine Ehe, insbesondere wenn sie erst während des Haftaufenthalts geschlossen wurde, bietet nicht ohne weiteres die Gewähr, eine Wiedereingliederung des Probanden zu erleichtern oder sogar erst zu ermöglichen.

Die erst während des Gefängnisaufenthalts durch Heiratsannoncen und Briefkontakte zustande gekommenen neuen *Frauenbekanntschaften* bringen fast regelmäßig für beide Teile erhebliche Probleme mit sich. Weder der Proband selbst noch die Anstalt besitzen in der Regel die Möglichkeit, über die Briefe und die Besuche hinaus nähere Informationen über die neue Partnerin zu erhalten. Es kommt dann nicht selten zu engen Verbindungen und auch zu Eheschließungen, die sich auf die spätere Wiedereingliederung des Häftlings unter Umständen äußerst negativ auswirken können, nicht nur wegen der evtl. ganz andersartigen Lebensauffassungen und Gewohnheiten der Ehefrau, sondern auch in finanzieller Hinsicht (hohe Schulden der Ehefrau usw.).

Auch das Verhältnis zu *Betreuern,* das teilweise sehr intensiv ist, zumal die Betreuer weit weniger vollzugsinternen Beschränkungen unterliegen als beispielsweise die Angehörigen des Probanden, bringt für die Zeit nach der Entlassung oft Probleme mit sich. In Freiheit wird dieser Kontakt nur verhältnismäßig selten in vergleichbarer Form weitergeführt wie während des Haftaufenthalts, so daß der Proband dann letztlich wieder allein ist. Nicht weniger problematisch ist es, wenn der Betreuer den Bewährungshelfer und auch etwaige Angehörige des Probanden nicht akzeptiert und für den ehemaligen Häftling über deren Köpfe hinweg auch uneingeschränkt die Zukunft bestimmen will. Hinzu kommt, daß zahlreiche (meist sehr idealistisch eingestellte) Betreuer den Häftling überfordern, indem sie ihm im Vollzug ihre eigene Lebensweise nahebringen wollen, mit der der Proband aber nach der Entlassung nicht zurechtkommt. Andererseits ist auch der Betreuer überfordert, wenn er nach der Entlassung des Probanden in bestimmten Fällen plötzlich *alle* fehlenden Familien- und Sozialkontakte ersetzen und unbegrenzt Zeit haben soll.

Insgesamt lassen also die während der Haft aufrechterhaltenen oder neu geknüpften Kontakte zur Außenwelt keine allgemeingültigen Schlußfolgerungen im Hinblick auf ihre Bedeutung für die Wiedereingliederung des Probanden zu.

Am wenigsten vergleichbar mit der Situation in Freiheit ist naturgemäß das Verhalten im **Aufenthalts- und Wohnbereich.** Von Interesse ist daher hier vor allem, inwieweit der Gefangene die mit der Haftunterbringung zusammenhängenden Probleme zwischenmenschlichen Zusammenlebens auf engstem Raum bewältigt, etwa durch entsprechende Anpassung, Rücksichtnahme usw.; allerdings kann sich hier auch erhebliches Konfliktpotential ansammeln (s. o.). Obgleich sich daneben hinsichtlich Ordnung, Sauberkeit und Wohnatmosphäre der jeweiligen Zelle zwischen einzelnen Gefangenen ganz erhebliche Unterschiede zeigen können, sind diese im Grunde wenig aussagekräftig. Die Sauberkeit und die liebevolle Ausgestaltung der Zelle, etwa mit Pflanzen und Bildern, läßt erfahrungsgemäß nicht ohne weiteres auf das Aussehen und die Ausgestaltung des zukünftigen Wohnbereichs in Freiheit schließen. Vor allem ergibt sich daraus auch kein Hinweis auf den späteren Stellenwert des Zuhauses für die Freizeitgestaltung, weil sich in Freiheit für den Probanden weit vielfältigere außerhäusige Betätigungsmöglichkeiten ergeben, die für ihn dann (wieder) von weitaus größerer Relevanz sein können.

Von erheblicher Bedeutung sind demgegenüber die **Vorbereitung der Entlassung und die Zukunftsplanung.** Die einen Gefangenen bereiten sich – sei es mit Hilfe der Anstalt oder anderer Personen, sei es allein – sinnvoll vor, bemühen sich um einen stabilen Arbeitsplatz, eine geordnete Unterkunft, möglichst tragfähige menschliche Beziehungen am Unterkunftsort sowie trotz des geringen Arbeitsverdienstes um Rücklagen, die über den geforderten Mindestsatz hinausgehen. Andere Gefangene dagegen treffen keinerlei konkrete Vorbereitungen für die Entlassung; im Vordergrund der Zukunftsplanung steht vielmehr das Bestreben, die wiedergewonnene Freiheit im Kreise der alten „Kumpel" und der entsprechenden Frauen in dem vertrauten „Milieu" schrankenlos auszukosten: „Zuerst muß ich meine Entlassung feiern und mich ausruhen, dann wird man schon weitersehen". Solche und ähnliche Äußerungen, etwa daß man sich vom „Knast" erholen und sich erst einmal ordentlich betrinken müsse, Urlaub machen wolle usw., können fast schon als ein Indiz für einen alsbaldigen Rückfall angesehen werden.

Aufgrund einer differenzierten Analyse des weiteren Verhaltens in den einzelnen Lebensbereichen während des Strafvollzugs läßt sich meist relativ gut erkennen, inwieweit das Haftverhalten in Einklang mit dem früheren Verhalten des Probanden und seiner Lebensweise in Freiheit steht bzw. welche Veränderungen sich ergeben haben. Hilfreich ist darüber hinaus ein Blick auf die früheren **internen (und externen) Aspekte:** Einzelne Haltungen und Tendenzen, die sich früher in bestimmten K- oder D-Kriterien niedergeschlagen haben, können auch während der Haft in abgewandelter Form zum Tragen kommen. Auch ein Vergleich der **Relevanzbezüge** und der **Wertorientierung** während des Haftaufenthalts mit den früheren Relevanzbezügen und Werten kann das Gesamtbild des Täters in seinen sozialen Bezügen im Strafvollzug abrunden. Allerdings läßt gerade in dieser Hinsicht die haftbedingte Einengung dem Probanden nur einen verhältnismäßig geringen Spielraum zur freien Entfaltung. Relevanzbezüge im eigentlichen Sinne können

daher während des Haftaufenthalts vielfach nicht festgestellt werden, zumal sich das
Interesse des Probanden oft auf die Kleinigkeiten des Alltags konzentriert (s. o.).
Auch im Hinblick auf die Wertorientierung bzw. (scheinbare) Veränderungen im
Vergleich zu früher ist häufig Skepsis angebracht: Durch die vielfältigen Angebote
von Diskussions-, Gesprächs- und Aussprachegruppen gewinnen einzelne Proban-
den oftmals ein (im Vergleich zu früher) verhältnismäßig breites Spektrum an
Wertvorstellungen und vermögen diese zum Ausdruck zu bringen oder fühlen sich
gar zu einem bestimmten Ideal oder zu einem religiösen Bekenntnis bekehrt. Diese
Werte können jedoch nach der Haftentlassung schlagartig ihre Bedeutung verlieren,
wenn die Probanden wieder mit ihren alten Bezügen und der entsprechenden
„Wertwelt" in Berührung kommen.

Als **Ergebnis** dieser Analyse des Haftverhaltens — die stets vor dem Hintergrund
des früheren extramuralen Verhaltens gesehen werden muß — gewinnt der
Untersucher ein aktuelles Bild vom Täter in seinen sozialen Bezügen. Gleichzeitig
kann er in der Regel beurteilen, ob sich *im Vergleich zum früheren Verhalten in
Freiheit* — unter Berücksichtigung der durch den Haftaufenthalt bedingten Modifikationen — erhebliche Veränderungen in der Lebensausrichtung und Lebensorientierung des Täters ergeben haben, welche früheren „Problempunkte" sich ab-
geschwächt haben, welche gleichgeblieben, aber auch welche neu hinzugetreten sind.
  Freilich muß dabei stets die Sonderstellung des Haftaufenthalts berücksichtigt
werden: So befindet sich der Proband einerseits — etwa bezüglich des Leistungs- und
Freizeitbereichs — in gewisser Weise in einem Schonklima, während er andererseits
einem ausgesprochenen Reizklima ausgesetzt ist, indem er in einem Maße
überwacht und reglementiert und bisweilen auch durch Mithäftlinge provoziert wird,
wie sonst in keinem anderen sozialen Bereich. Für die **abschließende Beurteilung**
muß daher *der Schwerpunkt* auf dem *früheren extramuralen Verhalten* liegen.
  Sollen aus möglicherweise feststellbaren Veränderungen *Schlußfolgerungen* im
Hinblick auf das spätere Verhalten in Freiheit gezogen werden, empfiehlt es sich
demzufolge (insbesondere dann, wenn diese in besonderer Weise „positiv"
ausfallen), gegebenenfalls einen kurzen Blick auf *frühere Haftaufenthalte* und das
damalige Verhalten zu werfen. Nicht ganz selten ergibt sich dabei, daß beispielsweise ähnlich „positive" Veränderungen wie während des derzeitigen Haftaufenthalts auch bei früheren Unterbringungen im Strafvollzug festzustellen waren, diese
jedoch nach den Haftentlassungen in Freiheit kaum Auswirkungen im Hinblick auf
soziale (und strafrechtliche) Unauffälligkeit hatten, so daß den derzeitigen Änderungen unter Umständen mit einer gewissen Skepsis zu begegnen ist: Vielfach sind es
gerade die vollzugserfahrenen Straffälligen, die sich nicht nur der Haftsituation in
besonderer Weise anzupassen und sich entsprechend unauffällig oder hausordnungs-
gemäß zu verhalten vermögen, ohne daß sich dies in irgendeiner Weise in ihrem
späteren Verhalten in Freiheit niederschlägt (s. auch o. 3.1.), sondern die auch
wissen, welche Ausführungen bei einem Gutachter oder Richter besonders gut
ankommen. Nicht selten handelt es sich auch um Personen, die gegenüber *allen*
Einflüssen in gewisser Weise widerstandslos sind, die jederzeit im Guten wie im
Schlechten beeinflußt werden können, so daß sie sich ohne weiteres sowohl durch
andere Personen als auch durch Situationen „verführen" lassen, im Strafvollzug
ebenso wie in Freiheit.

VII. Folgerungen

1. Zur Prognose

Die kriminologische Diagnose über den Täter in seinen sozialen Bezügen schafft die Grundlage für *prognostische Folgerungen,* in die alle kriminologisch relevanten Besonderheiten und Feinheiten des Einzelfalles eingehen können. Sie bietet damit vor allem dem **Strafjuristen,** insbesondere im Zusammenhang mit den gesetzlich geforderten Urteils- und Entlassungsprognosen (s. im einzelnen o. Kap. I, 2.1.), die Möglichkeit einer auf den konkreten Täter abgestimmten Prognosestellung und damit die Voraussetzung für entsprechende rechtliche Entscheidungen. Im Gegensatz zu diesen Entscheidungen, die sich stets durch Bestimmtheit auszeichnen, kann es sich freilich bei der kriminologischen Prognose immer nur um eine Wahrscheinlichkeitsaussage handeln; absolute Sicherheit bei der Voraussage des künftigen Verhaltens und der weiteren Entwicklung eines Menschen gibt es nicht.

Bei der Prognosestellung geht es zunächst darum, den Täter in seinen sozialen Bezügen, so wie er im Augenblick ist, kriminologisch einzuschätzen und sich zu fragen, wie seine weitere Entwicklung aus kriminologischer Sicht sein wird, bzw. wie er sich in Zukunft im Hinblick auf erneute Straffälligkeit verhalten wird. Die *individuelle prognostische Aussage* ist letztlich das Ergebnis dreier — *gedanklich* voneinander zu trennender — Schritte, die jedoch *faktisch ineinanderfließen:*
Erster Schritt: Ausgangspunkt ist die „grundsätzliche" bzw. „typische" Prognose jener Kategorie, welcher der Proband zugeordnet wurde.
Zweiter Schritt: Die Abweichungen des konkreten Verhaltens des individuellen Täters von den charakteristischen Ausprägungen der betreffenden Kategorie führen zur „individuellen Basisprognose".
Dritter Schritt: Die vermutlichen Auswirkungen von (künftigen) Maßnahmen und sonstigen Reaktionen führen zur „Behandlungs-" bzw. „Interventionsprognose".

Die Zuordnung des Probanden zu einer der verschiedenen Kategorien der Stellung der Delinquenz im Leben des Täters anhand der Kriminologischen Trias — **als erster Schritt** — impliziert eine **„grundsätzliche Prognose"**[1]. Diese ergibt sich aus dem weiteren Verlauf, der bei den einzelnen Kategorien zu erwarten ist (s. im einzelnen o. Kap. VI, 3.).

Wenn also beispielsweise bei einem 24jährigen Probanden eine kontinuierliche Hinentwicklung zur Kriminalität einschließlich der seit geraumer Zeit vorliegenden kriminovalenten Konstellation sowie entsprechender Relevanzbezüge und einer mit diesem Lebenszuschnitt übereinstimmenden Wertorientierung festgestellt wurde, so ist das Resultat der Zuordnung dieser konkreten Lebensentwicklung zu der Kategorie „kontinuierliche Hinentwicklung zur Kriminalität mit Beginn in der frühen Jugend" eine „grundsätzliche Prognose", die bei dieser Kategorie stets ungünstig ist (s. o. 3.1.).

---

[1] „Grundsätzlich" ist hier im Sinne des juristischen Sprachgebrauchs zu verstehen; Ausnahmen und Modifizierungen sind damit also keineswegs ausgeschlossen — dies zeigen schon die weiteren Schritte bis zur „endgültigen" Prognose.

In einem **zweiten Schritt,** in dem die Besonderheiten des Einzelfalles geprüft werden, erfolgt eine Differenzierung, durch welche die Einschätzung aus der „grundsätzlichen Prognose" in der Regel bestätigt wird oder auch in gewissen Grenzen modifiziert werden kann. Die wichtigsten Anhaltspunkte für diese **„individuelle Basisprognose"** geben vor allem die Abweichungen des Einzelfalles von den charakteristischen Ausprägungen der in Frage kommenden Kategorie, daneben aber auch die „besonderen Aspekte"; sie bezeichnen ja einerseits gerade die kriminologisch bedeutsamen „Schwächen" und „Stärken" des Täters und weisen andererseits auf die besonderen externen Gegebenheiten hin, die bei diesem individuellen Täter für die Prognose von Bedeutung sind (s. o. Kap. VI, 4. und u. Fall A., Kap. VIII, 2.3. sowie Fall B., Kap. IX, 5.).

Indessen kommt es erfahrungsgemäß *kaum einmal* vor, daß eine „grundsätzliche Prognose", insbesondere eine ungünstige, aufgrund bestimmter Abweichungen von der entsprechenden Kategorie oder einzelner „interner" und „externer Aspekte" *entscheidend verändert* wird. Es kann sich hier vielmehr nur um Nuancen handeln, denen aber – vor allem im Hinblick auf gezielte Einwirkungen (s. u. 2.) – besondere Aufmerksamkeit geschenkt werden muß.

Dennoch können auf diese Weise einer an sich eher günstigen „grundsätzlichen Prognose" (z. B. bei Kriminalität im Rahmen der Persönlichkeitsreifung) im konkreten Fall aufgrund eines bestimmten aktuellen Lebenszuschnitts des Probanden (z. B. bei einer völlig unkritischen Orientierung an Bezugspersonen, die im „Milieu" verwurzelt sind) doch erhebliche Bedenken entgegenstehen, die letztlich zu einer eher ungünstigen Basisprognose führen (z. B. weil durch den Einfluß dieser Bezugspersonen die akute Gefahr einer kriminellen Weiterentwicklung besteht).

Umgekehrt braucht selbst eine eindeutig ungünstige „grundsätzliche Prognose" (beispielsweise bei einer deutlich ausgeprägten kontinuierlichen Hinentwicklung einschließlich des Vorliegens der kriminovalenten Konstellation, entsprechender Relevanzbezüge und Werte) im konkreten Fall noch nicht Anlaß zu völliger Hoffnungslosigkeit im Hinblick auf die Resozialisierung und Wiedereingliederung des Täters zu sein. Auch hier mag sich im Einzelfall einmal der eine oder andere „interne" (oder auch „externe") Aspekt finden, der durch gezielte Einwirkungen (s. dazu u. 2.) verstärkt werden könnte (und der dem betreffenden Menschen überhaupt erst die – wenn auch gering erscheinende – Chance gibt, aus dem Circulus vitiosus von sozialer Auffälligkeit, Delinquenz und Haftaufenthalten herauszukommen).

Grundlegende Bedeutung gewinnt *dieser zweite Schritt,* also die Berücksichtigung der Besonderheiten des Einzelfalles im Rahmen der individuellen Basisprognose, vor allem dort, wo die „grundsätzliche Prognose" unsicher bleiben muß, weil eine mehr oder weniger eindeutige Zuordnung zu einer bestimmten Kategorie nicht möglich ist. Gerade dann können insbesondere die „internen" und „externen Aspekte" wichtige Hinweise auf kriminologisch bedeutsame Zusammenhänge zwischen dem allgemeinen Sozialverhalten, bestimmten Haltungen, Werten usw. und der Straftat geben und auf diese Weise individuelle prognostische Schlußfolgerungen zulassen.

Wenn also bei der Diagnose aufgrund der Kriminologischen Trias beispielsweise offenbleiben muß, ob es sich um eine (phasenverschobene) Kriminalität im Rahmen der Persönlichkeitsreifung oder – etwa in Anbetracht erheblicher Auffälligkeiten im Leistungsbereich – bereits um den Beginn einer Hinentwicklung zur Kriminalität handelt, erlauben oftmals die Abweichungen des Einzelfalles von den beiden in Betracht zu ziehenden Kategorien sowie die „besonderen Aspekte" eine differenzierte Prognose, die gleichzeitig – auch ohne eindeutige Zuordnung zu einer der beiden Kategorien – die wesentlichen Interventionspunkte aufzeigt (s. dazu u. 2.).

Ähnliche Bedeutung besitzt dieser zweite Schritt dann, wenn die Diagnose auf *Kriminalität bei sonstiger sozialer Unauffälligkeit* hinweist. Denn mit der Zuordnung zu dieser Kategorie ist *keine* eindeutige „grundsätzliche Prognose" (s. o. Kap. VI, 3.4.) verbunden. Gerade hier erlaubt aber die Gewichtung der „besonderen Aspekte" im Hinblick auf die Begehung der früheren Straftaten in aller Regel individuelle prognostische Schlußfolgerungen.

Dieser zweite Schritt im Rahmen der Prognosestellung birgt allerdings bisweilen die Gefahr in sich, nunmehr alle zuvor gefundenen „harten", eindeutigen Fakten und kriminologischen Erkenntnisse außer acht zu lassen und – möglicherweise aus dem Bedürfnis heraus, dem betreffenden Menschen zu helfen – nur noch das (vermeintlich) „Positive" zu sehen. Vielfach genügt schon ein Blick auf mögliche Parallelen in der Vergangenheit des Probanden, um die nur geringe Wirksamkeit dieser früher in ähnlicher Weise vorliegenden „Lichtblicke" zu erkennen. Ebenso lassen sich beispielsweise etwaige Versprechungen des Probanden sehr schnell auf den Boden der Tatsachen zurückholen, wenn diese Versprechungen mit den konkret in die Wege geleiteten Ansätzen zu ihrer Realisierung konfrontiert werden.

Neben der Berücksichtigung der Besonderheiten des Einzelfalles liegt die Bedeutung der individuellen Basisprognose schließlich darin, daß sie gegebenenfalls auch eine Aussage über die *Art der künftig zu erwartenden Delikte* dieses Menschen ermöglicht.

Bei jeder Prognose müssen – in gewissen Grenzen – künftige Entwicklungen und Veränderungen in die Prognosestellung selbst einbezogen werden; eine (kriminologische) Prognose kann im Grunde niemals unabänderlich und statisch feststehen. Gerade in der *Strafrechtspraxis* sind daher bei der Prognosestellung in einem **dritten Schritt** auch die *Auswirkungen* zu berücksichtigen, welche die staatliche Reaktion bzw. die im Rahmen dieser Reaktion möglichen Maßnahmen auslösen dürften. Denn diese wirken auf die Prognose zurück und modifizieren sie möglicherweise. Eine solche *Veränderung der Prognose durch zielgerichtete Einwirkungen auf den Täter* wird mit bestimmten Maßnahmen und Sanktionsformen geradezu bezweckt. Die „Rückfallprognose" kann daher nicht unabhängig von der „Behandlungsprognose" oder **„Interventionsprognose"** getroffen werden. So kann beispielsweise die Möglichkeit, eine geeignete Weisung im Zusammenhang mit der Straf-(rest-)aussetzung zur Bewährung zu verhängen, die Rückfallgefahr entscheidend vermindern und die Prognose entsprechend verbessern. Zur Erfüllung der Aufgabe, im Rahmen der rechtlichen Möglichkeiten jene Reaktion zu finden, die am ehesten die Rückfallgefahr vermindert, soll aber gerade die kriminologische Stellungnahme beitragen (s. dazu auch u. 2. sowie Fall A., Kap. VIII, 2.3. und Fall B., Kap. IX, 5.).

Von solchen zielgerichteten Einwirkungen zu unterscheiden sind die mehr oder weniger unbeabsichtigten, beiläufigen Auswirkungen, die allein schon die Tatsache der polizeilichen Vernehmung, der Hauptverhandlung oder der Verurteilung usw. mit sich bringt. Selbst wenn keinerlei formelle Sanktionen und Maßnahmen erfolgen, können sie Einfluß auf den Probanden, und zwar vor allem auf den noch nicht gerichtserfahrenen, und auf sein Verhalten (und damit auch auf die Prognose) nehmen, ganz abgesehen von den sonstigen Auswirkungen, die die Begehung eines Delikts auf ihn hat, beispielsweise durch die Reaktionen seiner sozialen Umgebung usw.

2. Zur Einwirkung (und Behandlung)

Die kriminologische Diagnose erlaubt nicht nur eine Prognose; sie gibt zugleich
konkrete Hinweise für – spezifisch kriminologisch indizierte – Einwirkungen auf den
Täter.

Anhand der kriminologischen Diagnose kann zum einen der **Sozialarbeiter,**
beispielsweise in der Jugendarbeit, als Bewährungshelfer, als (Jugend-)Gerichts-
helfer oder im Rahmen der Tätigkeit im Vollzug, die kriminologisch bedeutsamen
„Schwächen" des jeweiligen Täters erkennen und gezielt auf sie einzuwirken
versuchen. Solche Überlegungen sind zum anderen aber auch für den **Strafjuristen**
bedeutsam, beispielsweise für den Richter bei der Auswahl von Weisungen oder bei
der Entscheidung, ob in spezialpräventiver Hinsicht überhaupt eine Einflußnahme
auf den Täter notwendig oder hilfreich ist.

Soweit eine Einwirkung auf den Straffälligen erforderlich und auch sinnvoll ist,
wird man grundsätzlich versuchen müssen, **jene Verhaltensweisen und die ihnen
zugrunde liegenden Relevanzbezüge und Haltungen, die bisher der Kriminalität des
Probanden eher förderlich waren, abzubauen bzw. in sozial tragfähige Bahnen zu
lenken.** Da die kriminologische Diagnose nicht nur die Problempunkte, sondern
auch die besonderen „Stärken" des Probanden aufzeigt, ist es vielfach möglich, durch
die Unterstützung dieser eher zu sozialer Unauffälligkeit tendierenden Verhaltensweisen die kriminologisch bedeutsamen „Schwächen" des Täters anzugehen.

Bei jeder Art der Einwirkung ist zunächst vom aktuellen Lebenszuschnitt des
Täters, wie er sich bei der kriminologischen Untersuchung darstellt, auszugehen.
Wichtige Hinweise geben vor allem auch die „besonderen Aspekte": Sie zeigen,
welchen wiederkehrenden Verhaltensweisen usw. besondere Aufmerksamkeit
geschenkt werden muß und welche Weichenstellungen und Problemsituationen in
der Vergangenheit immer wieder zum Ausscheren aus der sozialen Ordnung und
damit letztlich zur Kriminalität geführt haben („interne Aspekte" – s. o. Kap. VI,
4.). Zugleich weisen sie aber auch auf die möglichen Einflüsse hin, die von außen auf
den Täter einwirken („externe Aspekte" – s. o. Kap. VI, 4.).

Sowohl bei den „externen" als auch – in geringerem Maße – bei den „internen"
Aspekten" gibt es solche, denen in gewisser Weise begegnet werden kann und die
dann unter Umständen geändert werden können, und solche, die mehr oder weniger
als zumindest kurzfristig unveränderbar hinzunehmen sind. So kann etwa ein
Relevanzbezug, in dem lediglich bestimmte Interessen ihren Niederschlag finden,
unter Umständen durch eine Verlagerung dieser Interessen auf andere Gebiete in
seinen kriminologischen Auswirkungen beeinflußt werden (s. o. Kap. V, 4.1.).
Ebenso können bestimmte Verhaltensweisen und Verhaltensmuster bis zu einem
gewissen Grad verändert werden: Der wirtschaftliche Umgang mit Geld kann
beispielsweise geübt werden, die paradoxe Anpassungserwartung kann in gewissen
Grenzen angegangen oder die Vernachlässigung des Leistungsbereichs durch
häufiges „Blaumachen", berufliche Untätigkeit usw. durch entsprechende Bemü-

hungen beeinflußt werden. Demgegenüber lassen sich solche „internen Aspekte",
die Ausdruck von bestimmenden Grundintentionen sind, mit den beschränkten
Mitteln, die etwa im Rahmen der Bewährungshilfe oder im herkömmlichen
Strafvollzug zur Verfügung stehen, kaum einmal grundlegend verändern. Dennoch
können solche Eigenschaften, beispielsweise die Unruhe und Umtriebigkeit, das
Bedürfnis, stets eine herausgehobene Rolle zu spielen und etwas zu gelten usw.,
teilweise in eine sozial tragfähige Richtung gelenkt werden, etwa indem eine
entsprechende Berufstätigkeit aufgenommen wird, die diesen Eigenschaften
entgegenkommt. Grundlegend verändern kann man sie allerdings mit den insoweit
beschränkten Mitteln der Strafrechtspraxis im weitesten Sinne nur selten; das
gleiche gilt auch für bestimmte Werte und Haltungen (z. B. die Bedenkenlosigkeit,
mit der einzelne Ziele ohne Rücksicht auf andere Personen verfolgt werden).

Ähnlich unterschiedlich verhält es sich mit den „externen Aspekten". Einerseits
wird man oftmals die Umwelt mit ihren Eigenarten und Spielregeln als gegeben
hinnehmen müssen: Auch wenn es dem Probanden beispielsweise noch so
schwerfallen mag, sich anzupassen und Belastungssituationen durchzustehen, so
muß davon ausgegangen werden, daß grundsätzlich bei jeder Arbeitstätigkeit ein
gewisses Maß an Anpassung und auch die Fähigkeit, Probleme im Umgang mit
Vorgesetzten und Kollegen zu bewältigen, notwendig sind. Die Konsequenz muß
daher sein, beim Probanden anzusetzen und mit ihm die für diese externen
Gegebenheiten notwendigen Fertigkeiten einzuüben. Andererseits kann es bisweilen sinnvoll sein, beispielsweise einen Jugendlichen aus der spannungsreichen, nicht
mehr tragfähigen Situation in seiner Herkunftsfamilie herauszunehmen und damit
seine Umgebung zu verändern.

Große Bedeutung kommt bei solchen Einwirkungen den besonderen „Stärken"
des Probanden zu, die es geschickt einzusetzen gilt. So kann etwa die Tatsache, daß
der jugendliche Proband in seinem bisherigen Leben immer dann sozial unauffällig
blieb, wenn er durch die Autorität einer bestimmten Bezugsperson Halt und
Anleitung fand, Anlaß dafür sein, für ihn wiederum eine entsprechende Umgebung
und Bezugsperson zu suchen.

Ganz grundsätzlich sollte man bei den Überlegungen für künftige Einwirkungen
auch die Vergangenheit des Probanden daraufhin überprüfen, ob sich irgendwann
einmal *wesentliche Veränderungen* in *einem* bestimmten Lebensbereich (sowohl in
Richtung sozialer Auffälligkeit als auch in Richtung besonderer sozialer Anpassung)
ergeben haben, und dann fragen, was sich damals sonst noch (gleichzeitig oder
unmittelbar zuvor) in den *anderen* Lebensbereichen geändert hat, das möglicherweise im Zusammenhang mit den zunächst festgestellten Veränderungen im Verhalten des Probanden zu sehen ist. Vielfach ergeben sich dabei Parallelen zu ähnlichen
Veränderungen während eines ganz anderen Lebensabschnitts und zugleich wertvolle Anhaltspunkte für künftige Einwirkungen.

Für solche gezielten Einwirkungen auf den individuellen Täter in der
Strafrechtspraxis hält das Gesetz eine *breite Palette von Sanktionen und differenzierten Reaktionsmöglichkeiten* bereit, die freilich in der Praxis aus vielerlei Gründen

nicht immer voll ausgeschöpft werden (s. o. Kap. I, 2.2.). Von besonderer Bedeutung sind dabei jene *Maßnahmen, die sich auf das Leben in Freiheit beziehen,* da das Schwergewicht der kriminologisch sinnvoll erscheinenden Einwirkungen ebenfalls beim extramuralen Verhalten liegt: Der Proband muß sich in erster Linie in seinem alltäglichen Leben in Freiheit bewähren. Dies schließt nicht aus, daß ein Haftaufenthalt durch Einwirkungen im Sinne eines *Trainings* sinnvoll genützt werden oder gar Gelegenheit für eine Therapie bieten kann (s. u.). Bisweilen können z. B. durch ein soziales Training im Vollzug erste Schritte im Hinblick auf Veränderungen in Freiheit in die Wege geleitet werden. Eine *Behandlung* im eigentlichen Sinne kommt freilich für die Mehrzahl der Probanden schon wegen der beschränkten Möglichkeiten im Strafvollzug nicht in Frage.

Aus kriminologischer Sicht bieten neben den *Erziehungsmaßnahmen,* die nach dem Jugendwohlfahrtsgesetz vorgesehen sind, von den verschiedenartigen (jugend-)strafrechtlichen *Sanktions- und Ahndungsmöglichkeiten* vor allem die vielfältigen Möglichkeiten von *Weisungen* breiten Raum für sinnvolle Einwirkungen. Bei einer Straf-(rest-)aussetzung zur Bewährung wird durch die drohende Vollstreckung einer Freiheitsstrafe zugleich ein gewisser Druck auf die Bereitschaft des Probanden ausgeübt, die Weisung auch zu befolgen. (Ein ganz anderes Problem ist die in der Praxis oft fehlende Zeit, sich dem einzelnen Probanden zu widmen und ihn auch entsprechend zu kontrollieren. Gerade dieses Problem könnte aber dadurch bis zu einem gewissen Grad gelöst werden, daß die vorhandene Kapazität ökonomischer eingesetzt und auf jene Probanden konzentriert wird, bei denen dies aus kriminologischer Sicht besonders angezeigt und sinnvoll ist.)

Die Auswahl der Weisungen und ihre möglichst effektive Ausgestaltung durch einzelne Anleitungen und Hilfestellungen hängen naturgemäß von den Besonderheiten des Einzelfalles ab, die durch die kriminologische Diagnose sichtbar werden. Gleichwohl lassen sich — ausgehend von den verschiedenen Formen der Stellung der Tat bzw. der Delinquenz im Leben des Täters (s. o. Kap. VI, 3.) — grobe *Anhaltspunkte* geben:

In der Praxis wird man sich zunächst vor allem auf solche Probanden konzentrieren, bei denen es **im Rahmen der Persönlichkeitsreifung zu Straftaten** kommt. Eine differenzierte Diagnose kann gerade in diesen Fällen zeigen, bei welchen Probanden es im Grunde keines Eingreifens bedarf und bei welchen es entscheidend von der Intervention abhängt, ob es bei der vorübergehenden Kriminalität bleibt oder ob sich eine kriminelle Weiterentwicklung anschließt (s. o. Kap. VI, 3.3.). Dementsprechend wird man versuchen, diese Probanden durch einzelne oder auch durch ein Bündel von verschiedenen Hilfestellungen über die Phase, die für sie offenbar eine erhöhte kriminelle Gefährdung mit sich bringt, hinwegzugeleiten. Dabei muß vor allem verhindert werden, daß es zu Vernachlässigungen im Leistungsbereich kommt; evtl. bereits vorhandene Tendenzen und Ansätze zum K-idealtypischen Verhalten müssen angegangen werden. Das weitere Bemühen muß darauf gerichtet sein, der Freizeit eine gewisse Struktur zu verschaffen bzw. zu erhalten und gegebenenfalls den Umgang mit solchen Personen zu unterbinden, die den Probanden in kriminologischer Hinsicht gefährden, insbesondere aber ausgesprochene „Milieu“-Kontakte zu verhindern.

Für derartige Einwirkungen kommen *vor allem „ambulante" Maßnahmen* in Frage, die nicht mit einer längerfristigen Freiheitsentziehung einhergehen und den Probanden nicht aus seiner sozialen Integration herausreißen. Im übrigen ist die Vollstreckung einer Jugend- oder Freiheitsstrafe bei solchen Probanden schon deshalb nicht angezeigt, weil sonst der Proband der Gefahr ausgesetzt wird, dabei erst richtig in Kontakt mit Personen zu kommen, die dem „Milieu" verhaftet sind und einen entsprechend ungünstigen Einfluß auf ihn ausüben können.

Auch am **Beginn einer kontinuierlichen Hinentwicklung zur Kriminalität** (s. o. Kap. VI, 3.1.) und – unter Umständen – am **Anfang einer im Heranwachsenden- oder Erwachsenenalter einsetzenden Hinentwicklung** (s. o. Kap. VI, 3.2.) kann oft noch ein gewisser Einfluß auf den sich abzeichnenden weiteren Verlauf genommen werden, vor allem dann, wenn der Tageslauf noch eine gewisse Struktur aufweist. Bei diesen Probanden wird man praktisch sämtliche Lebensbereiche im Auge behalten, wenngleich die Einwirkungen im allgemeinen zuerst darauf abzielen müssen, im Leistungs- und im Aufenthaltsbereich eine feste Ordnung herzustellen. Vielfach genügen auch hierfür noch Weisungen, vorausgesetzt, deren konsequente Erfüllung kann ausreichend überwacht werden. Oft ist es aber angezeigt, eine umfassende Einflußnahme in Form eines Heimaufenthalts oder einer Unterbringung in einer Erzieherfamilie oder – in Ausnahmefällen – durch den Vollzug einer Jugend- bzw. Freiheitsstrafe anzustreben, insbesondere wenn eine ausreichende Kontrolle durch die Elternfamilie oder eine sonstige Aufsichtsperson nicht gewährleistet ist (wenn also insoweit ungünstige „externe Aspekte" vorhanden sind, die sich auf andere Weise nicht verändern lassen).

Ein weiterer Schwerpunkt für solche Einwirkungen liegt bei jenen Probanden, bei denen in Anbetracht der seit geraumer Zeit anhaltenden ausgeprägten Tendenzen zum K-idealtypischen Verhalten, verbunden mit wiederholten Straftaten und Haftaufenthalten, allenfalls ein *Abbruch der „kriminellen Karriere"* in Frage kommt. Eine differenzierte kriminologische Diagnose kann auch hier Hinweise auf gewisse Anhaltspunkte und unter Umständen geringfügige Veränderungen in der jüngsten Zeit geben, die es zu unterstützen gilt, falls der Proband selbst durch eigene Bemühungen deutlich erkennen läßt, daß er von seinem bisherigen Lebensstil loskommen möchte.

Freilich muß man sich darüber im klaren sein, daß es fast unmöglich ist, eine schon länger anhaltende kriminelle Karriere *auf Anhieb* endgültig abzubrechen. Auch bei solchen Probanden, die sich ernsthaft um ein sozial unauffälliges Leben bemühen, ist der Erfolg nicht sicher. Meist kommt es bei ihnen nach einer – gemessen an den bisherigen Verhältnissen – ungewöhnlich langen deliktsfreien Zeit wieder zu einer – häufig verhältnismäßig belanglosen – Straftat. Wenn dann die Gerichte in solchen Fällen den Rückfall strafverschärfend berücksichtigen und eine Freiheitsstrafe ohne Bewährung verhängen, brechen die bisherigen Bemühungen erfahrungsgemäß zusammen, und die Fortsetzung der kriminellen Karriere ist so gut wie sicher. Demgegenüber zeigen Beispiele aus dem eigenen Wirkungsbereich, daß es den Probanden unter entsprechender Einwirkung des Bewährungshelfers gelang, trotz der erneuten Straftat, die mit einer zur Bewährung ausgesetzten Freiheitsstrafe geahndet wurde, schließlich straffrei zu bleiben und bei guter sozialer Integration auch beruflich Fuß zu fassen.

—

Im Gegensatz zu den zuvor genannten Gruppen wird man bei Probanden, deren Delinquenz als **Kriminalität bei sonstiger sozialer Unauffälligkeit** (s. o. Kap. VI, 3.4.) anzusehen ist, die Ansatzpunkte für erfolgversprechende Einwirkungen weniger im allgemeinen Sozialverhalten, das ja weitgehend unauffällig ist, sondern bei bestimmten Relevanzbezügen und bei der Wertorientierung bzw. bei den „internen" und „externen Aspekten" suchen müssen. Bei diesem Personenkreis kann allerdings bisweilen schon die in der Bestrafung als solcher liegende soziale Mißbilligung oder die Verdeutlichung des strafrechtlichen und sozialen Risikos durch die Sanktionierung des nicht korrekten Verhaltens genügen, um entsprechende Veränderungen zu bewirken. Anders ist es bei der kleinen Gruppe jener Straftäter, die wiederholt und ausschließlich Körperverletzungsdelikte begehen: Bei ihnen ist im allgemeinen ein sinnvolles Verhaltenstraining (s. u.) angezeigt und durchaus erfolgversprechend.

Probanden, bei deren Tat es sich um einen **kriminellen Übersprung** (s. o. Kap. VI, 3.5.) handelt, sind sozial integriert; irgendwelche Einwirkungen auf ihr Sozialverhalten sind daher unnötig. Bei ihnen kann es unter Umständen sogar erforderlich werden, einer sozialen Desintegration vorzubeugen, die beispielsweise durch die Folgen der Tat oder durch die strafrechtliche Sanktion eintreten kann.

Freilich kann es aus dogmatischen Gründen erforderlich sein, eine schwere Sanktion zu verhängen, die kriminologisch geradezu kontraindiziert erscheint, beispielsweise wenn allein aus Gründen der Schwere der Tatschuld bzw. der langjährige Jugendstrafe bzw. Freiheitsstrafe zu verbüßen ist, obwohl sich das Delikt als krimineller Übersprung oder als vermutlich einmalige Tat im Rahmen der Persönlichkeitsreifung darstellt. Allerdings lassen sich negative Konsequenzen auch dann noch durch die alsbaldige Aufnahme in den offenen Vollzug (§ 10 Abs. 1 StVollzG) möglichst gering halten.

Einwirkungen auf die Lebensführung des Täters, soweit sie im Rahmen der Bewährungshilfe oder Führungsaufsicht bzw. mit den herkömmlichen Mitteln des Strafvollzugs möglich sind, können allerdings nur dort zum Erfolg führen, wo bei den Relevanzbezügen und dem Wertgefüge der einzelnen Probanden bereits entsprechende Ansatzpunkte zu finden sind, die ein sozial unauffälliges Leben begünstigen oder einem solchen nicht entgegenstehen. Ihre *Grenze* finden diese Möglichkeiten insbesondere bei solchen wiederholt Straffälligen, bei denen eine **langanhaltende (kontinuierliche) Hinentwicklung zur Kriminalität** vorliegt und die sich bereits *wiederholt und jahrelang im Vollzug* befunden haben, ohne einen erkennbaren Ansatz zur Änderung ihres Lebensstils zu zeigen. Hier enden also die Einwirkungsmöglichkeiten für den psychologisch oder psychiatrisch nicht Ausgebildeten.

Aber auch bei einer *kunstgerecht durchgeführten Therapie* durch Psychologen bzw. Personen, die eine entsprechende psychologische Grundausbildung haben, mit dem Ziel, bei diesen Probanden *grundlegende Veränderungen* herbeizuführen, ist eine kriminologische Untersuchung und eine differenzierte kriminologische Diagnose unerläßlich. Eine Behandlung, die über ein bloßes Verhaltenstraining hinausgeht, ist schon deshalb sehr mühselig, weil dem Probanden vielfach der unmittelbare Leidensdruck fehlt, der für jede Therapie von großem Gewicht ist. Der sozial auffällige Lebensstil und die entsprechenden Relevanzbezüge sind dem

wiederholt Straffälligen ja keineswegs lästig, sondern kommen im Gegenteil in aller
Regel seinen Intentionen entgegen. Unwillkommen sind allenfalls die gelegentlichen
Haftaufenthalte, die aber von ihm kaum einmal im Zusammenhang mit seinem
Lebenszuschnitt gesehen werden. Eine Umstellung der Lebensgepflogenheiten und
eine neue Lebenseinstellung bringen für einen solchen Straffälligen meist größte
Opfer und Entbehrungen mit sich und sind von ihm schon deshalb im Grunde gar
nicht erwünscht.

Wie schwierig es ist, selbst Veränderungen kleineren Ausmaßes herbeizuführen, die für
wünschenswert gehalten werden, erlebt man außerhalb der Kriminalität, wenn jemand mit „neuen
Vorsätzen" bezüglich seiner Lebensgewohnheiten von einem langen Krankenlager oder vom Urlaub
in den Alltag zurückkehrt und spätestens nach einigen Wochen feststellen muß, daß er sich den alten
Gewohnheiten wieder uneingeschränkt zugewandt hat, daß die alten Bezüge wieder relevant sind
und daß die alten Werte unverändert wirksam geblieben sind. Bisweilen wirken sich freilich
einschneidende Erlebnisse im persönlichen und sozialen Bereich, wie Berufswechsel, Ehe, eigene
Kinder, schwere Krankheit, Tod eines nahestehenden Menschen, wirtschaftliche Veränderungen
usw. unmittelbar auf die Relevanzbezüge und auf das Wertgefüge aus. Langsame Umschichtungen
ergeben sich im Rahmen der Persönlichkeitsreifung und des Älterwerdens, weitere Veränderungen
im Laufe des beruflichen Werdegangs.

Eine Therapie von Straffälligen, die schon seit längerer Zeit entsprechend sozial
auffällig sind, wird daher allenfalls bei langfristigen Einwirkungsmöglichkeiten
Erfolge bringen, wobei das gesamte Repertoire von *Behandlungs- und Therapie-
möglichkeiten der Psychologie* genutzt werden muß. *Voraussetzung* ist jedoch stets,
daß zumindest *auch eine kriminologische Diagnose* erstellt wird, die im konkreten
Fall gerade die spezifisch kriminologischen Gesichtspunkte und Problembereiche
systematisch aufzeigen kann.

Wenn bisherigen therapeutischen Bemühungen an Straffälligen wenig Erfolg
beschieden war, so ist dies nicht zuletzt auch im Zusammenhang damit zu sehen, daß
die Therapeuten sich bei der Behandlung wiederholt Straffälliger jener Methoden
bedienten, welche die Psychologie bzw. Psychotherapie an *nicht* (wiederholt)
Straffälligen entwickelt und erprobt hat und die folglich die spezifisch kriminologischen Problembereiche und Aspekte weitgehend außer acht lassen. Die Erarbeitung sinnvoller spezifischer Einwirkungs- und Behandlungsmethoden und deren
Abgrenzung untereinander − unter Berücksichtigung der Erkenntnisse der
Angewandten Kriminologie − stellt daher einen neuen wichtigen Aufgabenbereich
von großer praktischer Bedeutung dar. Hier sind vor allem die Bezugswissenschaften der Kriminologie, insbesondere die Psychologie, angesprochen.

Dritter Teil

Fallbeispiele

Vorbemerkung

Eine Darstellung von Fallbeispielen bringt gewisse Probleme mit sich. Aus *didaktischen Gründen* ist es unumgänglich, die Fallbeurteilung, also die Analyse der Erhebungen und die kriminologische Diagnose, möglichst differenziert darzulegen und auch die Überlegungen, die für die Einschätzung und Bewertung eines bestimmten Verhaltens ausschlaggebend sind, im einzelnen aufzuzeigen. Dies birgt jedoch die Gefahr erheblicher *Mißverständnisse* hinsichtlich des **Zeitaufwandes** in sich, der in der Praxis für eine kriminologische Beurteilung erforderlich ist. Hierzu sei vorweg Stellung genommen:

Der **Anfänger,** der versucht, einen Probanden mit Hilfe der hier erläuterten Methode zu erfassen, sollte den Fall in ähnlich systematischer Weise, wie in den Fallbeispielen gezeigt, *nicht nur in Gedanken* durchprüfen, sondern *auch schriftlich niederlegen,* und zwar auch und gerade dann, wenn er schon über eine langjährige Berufserfahrung (und entsprechende – subjektive – Beurteilungsgesichtspunkte; s. o. Kap. I, 2.2.) verfügt. Denn nur so ist die am Anfang notwendige Selbstkontrolle im Hinblick auf eine systematische Erfassung gewährleistet, und nur auf diese Weise bekommt er mit der Zeit die notwendige Sicherheit in der praktischen Anwendung des Instrumentariums. (Zu diesem Zweck sowie zur Orientierung bei der Abfassung eines kriminologischen Gutachtens werden in Kap. X Erläuterungen zur Darstellung einer kriminologischen Beurteilung vorgelegt.)

Beherrscht er schließlich die Methode und verfügt über eine entsprechend umfangreiche Erfahrung im Umgang mit dem Instrumentarium, dann wird er die verschiedenen Analysestationen bis hin zur Diagnose nur noch gedanklich durchgehen und – neben dem Ergebnis, also der diagnostischen Zuordnung und den „besonderen Aspekten" – lediglich bestimmte, besonders gewichtige oder auch unklare Punkte schriftlich fixieren.

Hier liegen die Verhältnisse also nicht anders als in der Praxis sonstiger unmittelbarer Erfahrungswissenschaften, beispielsweise der Medizin, wo der *Anfänger* in der Praxis der Diagnostik zunächst einmal alle Kriterien einer Untersuchung niederschreibt, um sich selbst zu kontrollieren, während der *Erfahrene* die ganzen Probleme bei der Analyse der Befunde und der differen-tialdiagnostischen Erwägungen nur noch gedanklich verarbeitet und dann lediglich das Ergebnis seiner Überlegungen schriftlich festhält. Dies ist schon aus zeitökonomischen Gründen gar nicht anders möglich.

Die *Kurzfassung der Fallbeurteilung* zu Fall A. (s. u. Kap. VIII, 3.) stellt den Versuch dar, das Vorgehen des **Erfahrenen** zu veranschaulichen. Die *gedankliche* Analyse wird hier nicht mehr im einzelnen dargestellt, sondern es wird nur noch das Ergebnis der verschiedenen Analyseschritte festgehalten. In der Praxis kann sogar darauf verzichtet werden: Schriftlich niedergelegt werden dann nur noch die Diagnose und die daraus zu ziehenden Folgerungen, wobei der Umfang der Niederschrift vom individuellen Fall und dem Zweck der kriminologischen Diagnose im Rahmen der Gesamtbearbeitung des Falles abhängt. Sie wird bei einem Bericht der (Jugend-)Gerichtshilfe z. B. weit umfangreicher sein als bei einer Stellungnahme des Gerichts im Zusammenhang mit der Sanktionsentscheidung.

Ein relativ ausführliches Eingehen auf die speziellen Eigenheiten des Einzelfalles ist lediglich im Zusammenhang mit einer etwaigen *Fachtherapie* (z. B. durch den Psychologen) angezeigt. Daneben sind in den seltenen Fällen, in denen ausdrücklich ein *kriminologisches Gutachten* gefordert wird, breitere Ausführungen notwendig, nicht anders als etwa bei einem psychiatrischen Gutachten zur Frage der Schuldfähigkeit. Während hierzu der Zeitaufwand viele Stunden beträgt, wird für eine kriminologische Beurteilung eines Probanden in der Praxis einschließlich der über die vorliegenden Unterlagen hinaus notwendigen Erhebungen (etwa im Rahmen der Vernehmung oder Anhörung) erfahrungsgemäß in der Regel weniger als eine Stunde benötigt. Bei Vorliegen eines entsprechend aufbereiteten Berichtes der (Jugend-)Gerichtshilfe, der die kriminologisch relevanten Gesichtspunkte berücksichtigt, wird sich der Aufwand meist noch verringern.

Aus dem breiten Spektrum der praktischen Anwendungsmöglichkeiten (s. o. Kap. I) und der Erscheinungsformen von Lebensentwicklungen und Delinquenz werden im folgenden zwei verhältnismäßig einfache Fallgestaltungen dargestellt und beurteilt. Den beiden **Fallbeispielen** liegen authentische Lebensentwicklungen zugrunde, bei denen im wesentlichen nur Namen sowie Orts- und Zeitangaben verändert wurden. Es wurden dabei aus *didaktischen Erwägungen* absichtlich zwei Fälle ausgewählt, die nicht ohne weiteres „aufgehen". Damit soll vor allem deutlich gemacht werden, daß eine Zuordnung anhand der Bezugskriterien der Kriminologischen Trias zu einer bestimmten Form der Stellung der Delinquenz im Leben des Täters keineswegs „gewaltsam" erfolgen darf und auch nicht zu erfolgen braucht, um für die Praxis verwertbare Erkenntnisse zu gewinnen. Gerade an einem solchen Fall läßt sich das Abwägen, das für eine differenzierte Erfassung unabdingbar ist, besonders gut demonstrieren. Hinzu kommt, daß die beiden Fälle auf den ersten Blick ähnlich zu sein scheinen, während sich bei einer differenzierten Analyse erhebliche Unterschiede finden.

Demgegenüber macht die Einschätzung von Lebensentwicklungen, bei denen die charakteristischen Ausprägungen der verschiedenen Verlaufsformen fast uneingeschränkt vorliegen, also etwa einer ausgeprägten kontinuierlichen Hinentwicklung zur Kriminalität mit Beginn in der frühen Jugend oder im Sinne von Kriminalität bei sonstiger sozialer Unauffälligkeit, meist keine besonderen Schwierigkeiten und bedarf hier keiner eigenständigen Darstellung (Beispiele hierfür vgl. GÖPPINGER 1983, S. 227ff., 231ff., 234f., 236f., 238ff.).

Bei den ausgewählten Fallbeispielen handelt es sich zwar um junge Probanden, für deren Straffälligkeit jugendrechtliche Sanktionen in Betracht kommen; dies bedeutet jedoch keineswegs, daß die Anwendungsbreite der hier vorgestellten Methode entsprechend eingeengt ist; sie ist vielmehr bei erwachsenen Straftätern und den diesbezüglichen, in Kap. I erwähnten zahlreichen Sanktions- und Prognoseentscheidungen des allgemeinen Straf-(verfahrens- und -vollstreckungs-) rechts bzw. im Bereich der allgemeinen Wohlfahrtspflege ebenso relevant und in zahlreichen Fällen erprobt.

VIII. Fall A

Fallbeispiel A. bezieht sich auf den Stand der Informationen, wie er bei der Hauptverhandlung vorliegen kann. Art und Umfang der Angaben über die Lebensentwicklung und den Werdegang des Angeklagten enthalten in der folgenden Falldarstellung bereits die wesentlichen Fakten, die notwendig sind, um eine relativ zuverlässige kriminologische Beurteilung des Täters in seinen sozialen Bezügen zu gewährleisten. Sie sind daher unter Umständen in der einen oder anderen Hinsicht (etwa bei den Angaben zum Freizeitverhalten und zum Kontaktbereich) etwas umfassender und vollständiger als das im Strafprozeß herkömmlicherweise vorliegende Tatsachenmaterial. Eine solche Grundlage könnte jedoch auch im derzeitigen Strafprozeß ohne weiteres durch vorherige systematische Erhebungen der (Jugend-)Gerichtshilfe *geschaffen* werden (s. auch u. Kap. IX), was besonders dann keinen zusätzlichen Aufwand bedeutet, wenn der Vertreter der (Jugend-)Gerichtshilfe mit den Beurteilungskriterien der kriminologischen Diagnose vertraut ist. Die Erhebungen brauchen hierzu auch bei älteren Probanden keineswegs wesentlich umfangreicher zu sein als im Fall A., da sie sich auch bei einer längeren Lebensgeschichte auf die Gegenwart und die jüngste Vergangenheit konzentrieren können, während weiter zurückliegende Begebenheiten in der Regel nicht mehr so eingehend erfaßt werden müssen.

Die Falldarstellung gibt allerdings die Situation in der Hauptverhandlung insofern nur unzureichend wieder, als beispielsweise der persönliche Eindruck, den sich das Gericht vom Angeklagten verschaffen kann, ebenso wenig in die Ausführungen eingeht wie die Antworten des Angeklagten auf bestimmte Fragen und darüber hinaus ganz allgemein sein Verhalten und seine Reaktionen in der Hauptverhandlung. Trotz des Versuchs, den Fall lebendig und plastisch zu schildern, bleibt er letztendlich in dieser Hinsicht ein „Papierfall".

1. Falldarstellung (Erhebungen)

Der 17jährige Anton A. (geboren 16. April 1964) ist nach dem Ergebnis der Hauptverhandlung vor dem Jugendschöffengericht S-Stadt vom 18. Dezember 1981 wegen fortgesetzter Sachbeschädigung, acht Vergehen des (teilweise besonders schweren, teilweise versuchten und teilweise gemeinschaftlich begangenen) Diebstahls sowie wegen Raubes schuldig zu sprechen. Im einzelnen liegen den Delikten folgende **Sachverhalte** zugrunde:

Am Abend des 11. Dezember 1980 entwendete A. in einem unbemerkten Augenblick in einer Gastwirtschaft aus der Thekenschublade 130 DM, die er gleich danach in einer anderen Gaststätte zusammen mit mehreren Gleichaltrigen wieder ausgab, indem er wiederholt Runden spendierte. Der Diebstahl wurde am nächsten Tag durch einen seiner Bekannten dem Opfer mitgeteilt, so daß sich A. veranlaßt sah, den Schaden wiedergutzumachen. Den erforderlichen Betrag lieh er sich von einem anderen Bekannten.

Bereits zwei Tage später entwendete er auf die gleiche Weise in derselben Gaststätte erneut 100 DM, die er ebenfalls noch am gleichen Abend für Alkohol und Zigaretten bzw. an Spielautomaten verbrauchte. Dieser Diebstahl wurde erst durch sein Geständnis im Zuge anderweitiger Ermittlungen aufgedeckt.

Am 2. Januar 1981 kam A. nach einer längeren, bereits am Nachmittag begonnenen Gaststättentour zusammen mit einem Gleichaltrigen zu dem Entschluß, „nach Frankreich auszuwandern". Zu diesem Zweck entnahmen sie in einer Gaststätte aus einem an der Garderobe hängenden Mantel eine Geldbörse mit 12 DM Inhalt; im unmittelbaren Anschluß daran entwendeten sie in einem Café den Bedienungsgeldbeutel mit 195 DM, wobei sie auf frischer Tat ertappt wurden.

In der Nacht von Rosenmontag auf Fastnachtsdienstag (2. auf 3. März 1981) war A. in stark angetrunkenem Zustand von seinem Vater gegen 2 Uhr nachts aus einer Gaststätte nach Hause geholt worden. Da A. der Ansicht war, sein Vater mische sich zu Unrecht in seine Angelegenheiten ein, kam es zu Hause zu einer Auseinandersetzung, in deren Verlauf A. seinen Vater zu Boden stieß und das Haus wieder verließ. Aus Wut über diese Auseinandersetzung beschädigte er mehrere vor dem Haus parkende Kraftfahrzeuge, indem er Außenspiegel, Antennen und Scheibenwischer abbrach. Da die Gaststätte, in die er zurückgehen wollte, zwischenzeitlich bereits geschlossen hatte, kehrte er nach Hause zurück. Als es dort erneut zu einem Streit mit seinem Vater kam, entschloß er sich, das Elternhaus nunmehr endgültig zu verlassen und nach Frankreich zu fahren. Zu diesem Zweck versuchte er bei mehreren geparkten Pkws das Lenkradschloß aufzubrechen. Als ihm dies nicht gelang, stieg er gegen 6 Uhr früh in die Autoreparaturwerkstatt seines früheren Lehrherrn ein. Auch hier scheiterte jedoch sein Versuch, einen dort abgestellten Pkw in Gang zu setzen. Schließlich gab er seinen Plan auf und ging unter Mitnahme von zwei neuen Autoradios aus dem Verkaufsregal wieder nach Hause.

Am 16. Juli 1981 entwendete A. in einem Kaufhaus eine Jeansjacke, wurde allerdings beim Verlassen der Verkaufsräume vom Hausdetektiv gestellt.

Am 2. August 1981 nahm A. in einem Lokal einem Gast heimlich die Brieftasche mit 175 DM Inhalt weg; das Geld verbrauchte er noch am gleichen Abend in einer Diskothek.

Am 14. August 1981 stieg A. durch ein offenstehendes Fenster in das ihm vom Zeitungsaustragen her vertraute Anwesen eines älteren Ehepaars ein und entwendete in der Küche 3 DM, die die Frau dort unter dem Tischtuch aufzubewahren pflegte.

Am 18. August 1981 ging er erneut in das Anwesen und durchsuchte die Küchenschublade nach Geld. Als die 80jährige gebrechliche, 1,53 m große Wohnungsinhaberin dazukam und ihm nicht freiwillig Geld gab, würgte er sie und drehte ihr den Arm auf den Rücken, so daß sie ihn gezwungenermaßen in das Schlafzimmer führte und ihm in der Nachttischschublade eine Schachtel mit 20 DM zeigte, die er an sich nahm. Auch dieses Geld verbrauchte er anschließend bei Gaststättenbesuchen.

Im Zuge der Ermittlungen in dieser Sache wurde A. am 26. August 1981 in U-Haft genommen.

Die bisher einzige Eintragung im **Erziehungsregister** wurde in der Hauptverhandlung erörtert:

Am 4. November 1980 wurde nach Ermahnung durch den Jugendrichter von der Verfolgung wegen Diebstahls gemäß § 45 Abs. 1 JGG abgesehen. A. war im September 1980 als Anhalter von einer Autofahrerin mitgenommen worden und hatte bei dieser Gelegenheit ihren Geldbeutel entwendet.

Der Vertreter der **Jugendgerichtshilfe** machte zum Werdegang des Angeklagten folgende Ausführungen:

A. komme aus geordneten familiären und wirtschaftlichen Verhältnissen. Seine Eltern hätten einen guten Leumund. Der Vater sei seit 15 Jahren bei derselben Firma als Schlosser beschäftigt, die Mutter arbeite seit vier Jahren wieder ganztägig als Näherin. Die Familie habe zunächst in einer kleinen Altbau-Dreizimmerwohnung im Zentrum von P-Stadt (Kleinstadt auf der Schwäbischen Alb) gewohnt und sei 1977 in eine größere Betriebswohnung in einer Neubausiedlung außerhalb von P-Stadt umgezogen, wo der Proband ebenso wie sein 10jähriger Bruder über ein eigenes Zimmer verfüge.

Die Entwicklung des A. weise zunächst keine Besonderheiten auf. Außer den üblichen Kinderkrankheiten habe er keine Krankheiten oder schwerere Unfälle gehabt.

Bis zu seinem 3./4. Lebensjahr sei er tagsüber bei der Großmutter untergebracht gewesen, da seine Mutter ganztägig gearbeitet habe. Später habe sie nur noch Heimarbeiten übernommen und sich ganz der Erziehung des A. bzw. seines Bruders gewidmet. A. habe zunächst den Kindergarten und von September 1970 bis Juni 1979 die Grund- und Hauptschule in P-Stadt besucht. Seinen eigenen Angaben zufolge sei ihm das Lernen nicht schwergefallen. Er sei gut mitgekommen und nie sitzengeblieben. Abgesehen vom Religionsunterricht, den er in der 9. Klasse häufiger nicht mehr besucht habe, habe er insgesamt allenfalls zwei- oder dreimal geschwänzt und sich dabei mit einem Klassenkameraden im Wald herumgetrieben; die Mutter habe es jedoch sofort bemerkt und für die Zukunft unterbunden. Vor allem die 9. Klasse habe ihm sehr gut gefallen, weil man im Grunde nur noch wiederholt und keine Hausaufgaben mehr bekommen habe. Nach seiner Ansicht hätte es so ruhig noch ein paar Jahre weitergehen können.

Während der Schulzeit habe er nach dem Mittagessen regelmäßig seiner Mutter im Haushalt (z. B. Geschirrspülen) und donnerstags beim Austragen des Wochenblatts geholfen. Bei schlechtem Wetter habe er sie gelegentlich bei der Heimarbeit unterstützt, bei gutem Wetter sei er jedoch lieber draußen gewesen, habe mit Kameraden aus der Schule und aus der Nachbarschaft Fußball gespielt, sei im Wald herumgelaufen oder ins Schwimmbad gegangen. Von der 6. bis zur 8. Klasse sei er im Fußballverein gewesen, habe regelmäßig zweimal pro Woche abends trainiert und samstags am Spiel teilgenommen. Ansonsten sei er abends immer daheim gewesen, habe mit den Eltern ferngesehen oder sei früh ins Bett und habe noch gelesen. Sonntags habe er meist mit den Eltern zusammen Ausflüge, Spaziergänge oder Verwandtenbesuche gemacht oder sonst irgend etwas gemeinsam mit ihnen unternommen.

Nach dem Umzug in die neue Wohnung (1977) sei seine Mutter wieder ganztägig zur Arbeit gegangen, so daß die Kontrolle daheim nicht mehr so streng gewesen sei. Nach Schulschluß habe er zwar zu der in der Nähe wohnenden Tante bzw. zu der bei dieser lebenden Großmutter gehen sollen, diese hätten es aber nicht so genau genommen, hätten viel „Verständnis" für ihn gehabt, und er habe von ihnen im Grunde alles bekommen, was er gewollt habe.

Er sei damals abends schon häufiger in Wirtschaften und ins Jugendhaus gegangen, habe Bier getrunken und geraucht, was beim Heimkommen stets zu einem „bösen Ende" mit seinen Eltern geführt habe. Nach dem Umzug in die neue Wohnung sei er nicht mehr zum Fußballverein gegangen, weil der Weg dorthin zu weit gewesen sei. Er sei dann in den Ringerverein eingetreten und habe auch hier ganz stur zweimal pro Woche abends am Training teilgenommen. Im Anschluß an das Training sei man regelmäßig noch ein Bier trinken gegangen; häufiger sei das Training auch ausgefallen und man sei gleich in die Wirtschaft. Obwohl seine Mutter durch Berufstätigkeit und Haushalt ziemlich überlastet gewesen sei, habe er ihr im Haushalt jetzt nicht mehr geholfen. Das früher sehr gute Verhältnis zu seiner Mutter sei in dieser Zeit überhaupt schlechter geworden.

Nach der Schulentlassung habe er zunächst Maler werden wollen, aber schnell festgestellt, daß es doch nicht so ganz das Richtige für ihn wäre. Am 1. September 1979 habe er eine Kraftfahrzeugmechanikerlehre in einem Autohaus in P-Stadt angetreten. Im ersten Lehrjahr bis August 1980 habe er jeden Tag, allerdings häufig auch nur halbtags, theoretischen und praktischen Unterricht in der Berufsschule in der benachbarten S-Stadt gehabt. „Das Theoretische hat mir gefallen, aber das Praktische, dieses ewige An-den-Autos-Herummachen und die sture Feilerei, hat mir gar keinen Spaß gemacht." Er habe sich auch mit dem Lehrer nicht gut verstanden und diesem einmal im Streit ein Werkstück, an dem er gerade gefeilt habe, vor die Füße geworfen, weil dieser ihn − nach A.'s Ansicht ungerechtfertigt − wegen seiner Unaufmerksamkeit wiederholt gerügt und an seiner Arbeit „herumkritisiert" habe. A. habe deswegen eine Verwarnung bekommen. Seine Leistungen in der Berufsschule seien schließlich mit ausreichend benotet worden; geschwänzt habe er auch hier nicht.

Im August 1980 habe er dann bei seiner Lehrfirma in der Werkstatt arbeiten und nur noch einmal pro Woche in die Schule gehen müssen. Seinen Angaben zufolge habe ihm die Werkstattarbeit zunächst gefallen, es sei auf jeden Fall einmal etwas anderes gewesen. Nach Auskunft des Meisters habe A. sich bereits nach kurzer Zeit nichts mehr sagen lassen und auch die Arbeit nicht mehr zuverlässig ausgeführt. Es sei beispielsweise wiederholt vorgekommen, daß er an einem Rad nur zwei Muttern angezogen habe; man habe alles „doppelt und dreifach" nachprüfen müssen, und wenn man etwas gesagt habe, habe er „eine große Gosch" gehabt. In der Mittagspause habe A. sich öfters mit früheren Mitschülern getroffen und für den Nachmittag verabredet. Er habe dann ein paarmal nach der Mittagspause im Betrieb angerufen und sich für den Nachmittag Urlaub genommen; das sei zwar nicht gern gesehen worden, aber eigentlich kein größeres Problem gewesen.

Am 7. November 1980 sei das Lehrverhältnis jedoch fristlos gekündigt worden, weil A. einem anderen Lehrling dessen Wochenfahrkarte aus dem Spind gestohlen und die 20 DM, die er von seinem Vater für den Kauf einer Fahrkarte erhalten habe, in der Wirtschaft in Alkohol umgesetzt habe. Nachträglich habe er das Ganze bereut, denn er hätte die Lehre gern fertig gemacht, aber dann sei es schon zu spät gewesen.

Als er im ersten Lehrjahr häufiger nur halbtags Schule gehabt habe, sei er nachmittags regelmäßig bei seiner Tante gewesen und dann abends zusammen mit seinen Eltern heimgefahren. Ansonsten habe er sich in der Freizeit mit seinen „Kumpeln" getroffen oder sei zum Training gegangen. Während der Lehre in der Werkstatt habe er bis 17 Uhr gearbeitet, sei gleich nach Hause, habe sich gewaschen und etwas gegessen und sei dann ins Zentrum von P-Stadt oder auch nach S-Stadt, habe einen Stadtbummel gemacht und dabei meist irgendeinen seiner „Kumpel" getroffen, mit dem er dann zum Biertrinken gegangen sei. Wenn „etwas los gewesen" sei und er gute Laune gehabt habe, sei es meist Mitternacht geworden, bis er nach Hause gekommen sei, ansonsten habe es aber auch 20 oder 21 Uhr sein können. Er sei dann immer gleich schlafen gegangen. Auch am Wochenende habe er sich meist mit irgendwelchen „Kumpeln" getroffen und sei mit diesen in P-Stadt oder S-Stadt herumgezogen.

Nach der Kündigung, Anfang November 1980, sei er bis Anfang Februar 1981 arbeitslos gewesen. Er habe zwar wiederholt beim Arbeitsamt vorgesprochen, aber es sei keine Stelle zu finden gewesen, was ihn im Grunde nicht gestört habe. Damals sei es ziemlich kalt gewesen, und er sei anfänglich schon morgens zur Tante gegangen, wo er sich ein bißchen nützlich gemacht und dafür immer wieder ein paar Mark erhalten habe. Später habe er bis mittags geschlafen, habe sich dann kurz bei der Tante sehen lassen, um sich sein „Zigarettengeld" abzuholen, und sei anschließend gleich ins Zentrum, wo er herumgebummelt sei, Bier getrunken, Karten gespielt oder geflippert habe. Wenn er nicht gerade zum Training gegangen sei, habe er sich abends meist mit ein paar „Kumpeln", die tagsüber gearbeitet hätten, getroffen und sei mit denen losgezogen. Zu Hause habe es wegen seines Lebenswandels vor allem mit der Mutter immer häufiger Streit gegeben; er habe daher darauf geachtet, ihr nicht zu begegnen, und sei deswegen häufig erst spät abends zum Schlafen heimgekommen.

Ab 9. Februar 1981 habe er auf Drängen seiner Eltern eine neue Stelle als Hilfsarbeiter an einem Schweißautomaten in einem Betrieb in P-Stadt angetreten. Allerdings sei er bereits drei Tage später wegen einer Prellung, die er sich bei einer Schlägerei zugezogen habe, ohne Anspruch auf Krankengeld 2 Wochen krankgeschrieben gewesen. Als es dann im April draußen wärmer geworden sei, habe ihm die Arbeit überhaupt keinen Spaß mehr gemacht. Er habe an manchen Tagen nur sechs oder sieben Stunden gearbeitet, wie es ihm gerade gepaßt habe. Es sei auch vorgekommen, daß er in der Mittagspause den einen oder anderen seiner „Kumpel" getroffen habe, der gerade „blaugemacht" habe oder krankgeschrieben gewesen sei. Er sei dann wiederholt nicht mehr an den Arbeitsplatz zurückgegangen, sondern habe den Nachmittag mit Billardspielen oder Minigolf oder im Schwimmbad verbracht. Anfänglich habe man es im Betrieb noch hingenommen, wenn er sich am nächsten Morgen höflich entschuldigt und entsprechend Urlaub beantragt habe. Nachdem er aber im Juni 1981 eine ganze Woche unentschuldigt weggeblieben sei, habe der Meister gesagt, so gehe es nicht weiter. Als er noch einmal gefehlt habe, sei ihm zum 15. Juli 1981 gekündigt worden. Bei guter Führung hätte man ihm zwar noch eine Chance eingeräumt, es sei aber gerade „so schön gleichmäßig warm" gewesen, daß er sowieso lieber ins Schwimmbad gegangen sei als in die Fabrik.

A. habe dann Ende Juli 1981 noch einmal zwei Tage als Fliesenleger gearbeitet. Dies sei ihm aber zu schwer geworden, so daß er sich krankgemeldet habe und nicht mehr zur Arbeit erschienen sei. Als ihm daraufhin die Arbeitspapiere zugeschickt worden seien, sei für ihn „endgültig Feierabend" gewesen, zumal es ja nur ein paar Tage vor den (Schul-)Ferien gewesen sei.

In der Folgezeit habe er hin und wieder einem „Kumpel" beim Teppichausliefern geholfen und von diesem dafür 20 DM pro Tag bekommen. Sie seien meist morgens gegen 8 Uhr losgefahren und von größeren Touren teilweise erst spät abends heimgekommen. Auf diese Weise sei er ein bißchen herumgekommen, bis an den Bodensee und nach München. Eine solche Tätigkeit mache ihm Spaß. Wäre er nicht verhaftet worden, würde er dies sicher heute noch machen.

Wenn er keiner Arbeit nachgegangen sei, habe er sich den ganzen Tag im Schwimmbad aufgehalten. In den Ringerverein sei er kaum noch gegangen. Abends habe er sich wie üblich mit seinen Kameraden getroffen und verschiedene Lokale in P-Stadt oder das Jugendhaus in S-Stadt aufgesucht oder er sei ins Kino gegangen. Bei den Gaststätten habe es sich durchweg um gutbürgerliche Lokale gehandelt, in die jeder gehen könne. Es seien keine „Bumslokale" oder „Pennerschuppen" gewesen; diese gefielen ihm sowieso nicht.

Auch nach auswärts seien sie nie gekommen. Seine „Kumpel" seien frühere Mitschüler, Kollegen oder Bekannte aus P-Stadt und S-Stadt gewesen; es seien keine „Ganoven" darunter gewesen. Er habe mit ihnen auch nicht über seine Straftaten gesprochen. Es sei eben immer so eine ganze Clique zusammengekommen, die je nach Zusammensetzung dem Alkohol zugesprochen habe. Zuweilen habe er von dem gestohlenen Geld Runden spendiert, teilweise aber auch bei seinen Bekannten Schulden gemacht; insgesamt seien es wohl ca. 2000 DM, die er habe zurückzahlen wollen, wenn er wieder Arbeit gefunden hätte. Er sei ja ziemlich knapp bei Kasse gewesen, und der Alkohol und die Zigaretten gingen ins Geld. Um sich „über Wasser zu halten", habe er im Sommer 1981 nach und nach alle seine Musikcassetten und schließlich auch seinen Cassettenrecorder an Bekannte verkauft. Von seinem Vater habe er regelmäßig noch etwas Geld für Zigaretten bekommen; mit seiner Mutter habe er aber „gar nicht mehr reden können", sie habe nichts gegeben und ihn immer nur kritisiert. Mit ihr sei er zuletzt überhaupt nicht mehr ausgekommen; sie habe seinetwegen auch mit dem Vater häufiger Streit bekommen, weil er ihrer Ansicht nach gegenüber A. immer zu nachgiebig gewesen sei.

Seit etwa einem Jahr habe er eine Freundin, die er im Jugendhaus kennengelernt habe und die aufs Gymnasium gehe. Sie sei auch in so einer Clique drin. Sexuelle Kontakte habe er bisher weder mit ihr noch mit einem anderen Mädchen gehabt; er kenne zwar einige näher, die Verhältnisse seien aber eher auf kameradschaftlicher Basis.

Hinsichtlich früherer Straftaten befragt, gab A. an, daß er im Kindergarten des öfteren anderen Kindern Obst und das Vesper weggenommen habe und mit 13 Jahren zusammen mit einem Schulkameraden einmal Geld (ca. 20 DM) gestohlen habe. Damals habe er auch einmal versucht, zusammen mit einem Kameraden das Auto der Nachbarin zu entwenden, um nach Italien zu fahren. Er habe jedoch den falschen Gang erwischt und sei an der Garagenrückwand hängen geblieben. Das gleiche sei ihm im Juli 1981 mit dem Wagen seines Vaters passiert, den er nachts habe aus der Garage holen wollen, um wegzufahren. Bei der Schlägerei im Frühjahr 1981 habe es sich um nichts Ernstes gehandelt; ihm sei eben auf dem Heimweg von der Wirtschaft „einer krumm gekommen", und da habe er zugeschlagen, allerdings auch etwas einstecken müssen.

Auf entsprechende **Fragen des Richters** machte A. noch folgende Angaben:
Bei seinen letzten Straftaten habe er zuvor meist Alkohol getrunken – „mal mehr, mal weniger". Er sehe ein, daß es falsch gewesen sei, und wolle sich auch bemühen, sich zu bessern. An sich habe ihm sein Leben im Sommer 1981 eigentlich ganz gut gefallen. Aber ohne Arbeit gehe es eben nicht, er müsse also auf jeden Fall wieder einen Arbeitsplatz finden. Das mit dem Alkohol könne er natürlich nicht ganz lassen, wie stehe er denn sonst bei seinen „Kumpeln" da!

Bestimmte Vorstellungen über seine Zukunft habe er eigentlich nicht. Er wolle aber auf keinen Fall im Gefängnis bleiben. Es sei ihm bereits jetzt in der U-Haft langweilig geworden. Seine Eltern hätten ihn zwar ein paarmal besucht, aber es sei kein richtiges Gespräch zustande gekommen; sie verstünden ihn eben nicht und hätten ihm nur Vorwürfe gemacht. Dennoch würde er ganz gern wieder nach Hause zurückgehen.

2. Fallbeurteilung

2.1. Analyse der Erhebungen[1]

2.1.1. Analyse des Lebenslängsschnitts[2]

2.1.1.1. Verhalten in den einzelnen Lebensbereichen

2.1.1.1.1. Erziehung[3]
Bis zu seinem 14. Lebensjahr stand A. offensichtlich unter einer gewissen Aufsicht der Eltern, insbesondere der Mutter. Er scheint sich dieser Kontrolle nicht entzogen und auch keine besonderen Erziehungsschwierigkeiten gemacht zu haben. So konnte seine Mutter nicht nur sein Schwänzen alsbald unterbinden, sondern ihn auch

---

[1] Zum Vorgehen bei der Analyse s. o. Kap. V, 1.
[2] Zum Vorgehen bei der Analyse des Lebenslängsschnitts s. o. Kap. V, 2.
[3] Die abkürzende Bezeichnung „Erziehung" wurde aus praktischen Gründen gewählt. Korrekt müßte der Gliederungspunkt lauten: Verhalten des Probanden im Zusammenhang mit der elterlichen Erziehung im Kindes- und Jugendalter. – Zu den Beurteilungsgesichtspunkten s. o. Kap. V, 2.1.

zur Erfüllung altersgemäßer Aufgaben und Pflichten (Mithilfe im Haushalt, bei der Heimarbeit usw.) anhalten.

Gegen Ende der Schulzeit verkehrte sich das entsprechende Verhalten des A. jedoch nahezu ins Gegenteil: Er erfüllte seine bisherigen häuslichen Pflichten nicht mehr, obwohl diese in Anbetracht seines Alters und der Doppelbelastung seiner Mutter durch Beruf und Haushalt vermutlich eher größeren Umfang angenommen hatten. Auch die anfänglich gegenüber der Tante erbrachten Hilfeleistungen vernachlässigte er zunehmend. Zugleich entzog er sich weitgehend der Kontrolle durch die Eltern bzw. die Verwandten, wobei er das Fehlen einer Kontrolle durch die Verwandten und die insoweit inkonsistente Erziehung in vielfältiger Weise ausnützte.

Zusammenfassend veränderte sich damit das in der Kindheit deutlich zum D-idealtypischen Pol tendierende Verhalten seit dem Ende der Schulzeit zunehmend in Richtung K-idealtypischer Ausprägungen.

2.1.1.1.2. Aufenthalts- und Wohnbereich[4]

Der Aufenthalts- und Wohnbereich beschränkte sich bis zur Inhaftierung des A. im Alter von 17 Jahren auf das sozial unauffällige Elternhaus. Seit dem Ende der Schulzeit nutzte A. den elterlichen Wohnbereich bzw. die Wohnung seiner Verwandten allerdings nicht mehr als eigentliches Zuhause, sondern vorrangig als günstige Essens- und Schlafmöglichkeit. Seit dem Umzug, also seit etwa 4 Jahren, kann nicht mehr von einer uneingeschränkten Integration im Elternhaus gesprochen werden; es bestanden vielmehr in der letzten Zeit auch gewisse Bestrebungen, sich von zu Hause zu lösen. Diesen Tendenzen lag durchweg keine „vernünftige" Perspektive − etwa im Hinblick auf die Schaffung eines eigenen Wohnbereichs − zugrunde, sie scheinen vielmehr stets Ausdruck eines − jeweils aus dem Augenblick geborenen − Strebens nach Unabhängigkeit und „Freiheit" zu sein. Gleichwohl hat A. bisher das Elternhaus noch nicht endgültig oder auch nur vorübergehend verlassen, sondern ist bis zuletzt dem Bereich der Herkunftsfamilie verbunden geblieben, wenn auch nur mehr oder weniger äußerlich. Ebenso ist eine gewisse soziale Einbindung in den örtlichen Bereich und in den sozialen Nahraum seiner Heimatstadt hervorzuheben, während andererseits in den letzten Jahren keinerlei Interesse am eigenen Wohnbereich (als einem „Zuhause", in dem beispielsweise auch ein Teil der Freizeit verbracht wird) bestand.

Insgesamt tendierte das Verhalten des A. im Aufenthalts- und Wohnbereich also eher noch zum D-idealtypischen Verhalten, wenngleich sich seit etwa 4 Jahren auch gewisse Tendenzen und Bestrebungen feststellen lassen, die zum K-idealtypischen Pol weisen.

2.1.1.1.3. Leistungsbereich[5]

Auch der Leistungsbereich war während der *Schulzeit* weitgehend zum D-idealtypischen Pol ausgerichtet: A. hatte anscheinend Interesse an der Schule, erbrachte ordentliche Leistungen, schwänzte nicht hartnäckig (wobei es in den wenigen Fällen auch nicht zu entsprechenden Begleiterscheinungen wie raffinierten Täuschungen

---

4   Zu den Beurteilungsgesichtspunkten s. o. Kap. V, 2.2.
5   Zu den Beurteilungsgesichtspunkten s. o. Kap. V, 2.3.

und Lügnereien kam) und schloß die Hauptschule schließlich erfolgreich ab. (Über sein Verhalten gegenüber Lehrern und Mitschülern kann mangels Angaben nichts ausgesagt werden.)[6]

In dem Maße jedoch, in dem A. die Freiheiten des Schülers (die er vor allem in der letzten Schulklasse, als keine Leistungsanforderungen mehr gestellt wurden, als besonders angenehm empfand und die er dann auch noch im ersten Lehrjahr in der Berufsschule genoß) beschnitten wurden, traten zunehmend Schwierigkeiten auf: Sein anfängliches Interesse an der Lehre wich alsbald einem deutlichen Desinteresse und einer gewissen Lustlosigkeit, insbesondere an der praktischen Ausbildung und schließlich an einer regelmäßigen und geordneten Arbeitstätigkeit überhaupt. Während A. in der Berufsschule nicht schwänzte (der Schulbesuch umfaßte freilich häufig auch nur einen halben Tag), blieb er im Lehrbetrieb (wo er sich nunmehr einem 8-Stunden-Arbeitstag gegenübersah) wiederholt spontan der Arbeit fern. Dabei hielt er zunächst insofern noch eine gewisse formale Ordnung ein, als er stets kurz zuvor Urlaub beantragte. Nach Schwierigkeiten mit dem Ausbilder verlor er schließlich aus eigenem Verschulden wegen eines Delikts seine Lehrstelle. Insgesamt tendierte damit sein Verhalten während der *beruflichen Ausbildung* immer mehr zum K-idealtypischen Verhalten, ohne diesem allerdings durchweg in ausgeprägter Weise zu entsprechen: So sah er selbst nach der Kündigung des Lehrverhältnisses immerhin auch noch den eigenen Anteil und die eigene Schuld am Verlust seiner Lehrstelle und bemühte sich (sei es auch nur auf Drängen seiner Eltern) in gewisser Weise noch um einen neuen Arbeitsplatz.

Während die anschließende Arbeitslosigkeit möglicherweise mit einer entsprechend schlechten Arbeitsmarktlage um die Jahreswende zusammenhing, näherte sich A.s Verhalten im Zusammenhang mit der *Berufstätigkeit* im folgenden Zeitraum immer deutlicher dem K-idealtypischen Pol: Bereits wenige Tage nach Arbeitsaufnahme war A. selbstverschuldet (wegen der Verletzungen aus einer Schlägerei) krankgeschrieben, machte auch in der Folgezeit wiederholt spontan „blau", wobei er nunmehr — im Gegensatz zu früher — erst nachträglich Urlaub beantragte, und blieb schließlich mehrere Tage unentschuldigt der Arbeit fern. Trotz der vorangegangenen Schwierigkeiten, überhaupt einen Arbeitsplatz zu finden, zeigte er also keinerlei Bemühen, sich zu bewähren und sich den Arbeitsplatz zu erhalten. Auch an der dritten Arbeitsstelle, die sich an die vorangehende nicht nahtlos anschloß, feierte er nach wenigen Tagen krank. Schließlich gab er jegliche geregelte Arbeit auf und beschränkte sich stattdessen auf gelegentliche ungebundene, jedoch abwechslungsreiche Aushilfstätigkeiten ohne direkte Aufsicht und klare zeitliche Begrenzung.

Zusammenfassend tendiert das Leistungsverhalten des A. nach anfänglicher Ausrichtung auf den D-idealtypischen Pol seit Beginn der Lehrzeit immer stärker in Richtung K-idealtypischen Verhaltens; in zunehmend ausgeprägter Weise ist dies seit Verlust der Lehrstelle im November 1980, vor allem aber in den Wochen vor den beiden letzten Straftaten, also im Juli/August 1981, festzustellen.

---

[6] In Anbetracht der zahlreichen Informationen und Analysegesichtspunkte kann es auch in der Praxis durchaus verkraftet werden, wenn nicht zu jedem Detail genaue Angaben vorhanden sind (s. o. Kap. IV, 1.).

Insgesamt entsteht der Eindruck[7], daß A. die Arbeit (noch?) nicht ganz ernst nimmt und nicht bereit ist, auch anstrengende und unangenehme Tätigkeiten zu übernehmen und den allgemein üblichen Anforderungen am Arbeitsplatz zu genügen, sondern dann eher auf andere Weise (u. a. durch Delikte und Schuldenmachen) zu Geld zu kommen versuchte und im übrigen darauf vertraute, daß seine Eltern nach wie vor für seinen Lebensunterhalt aufkommen. Diese Einstellung zeigen vor allem die Äußerungen des zu diesem Zeitpunkt immerhin im Beruf stehenden A. hinsichtlich des (Schul-)Ferienbeginns im Sommer 1981 und die daraus gezogenen Konsequenzen, aber auch die Bemerkung, die Schule hätte ruhig noch ein paar Jahre weitergehen können. Man könnte dabei von einer gewissermaßen „spielerischen" Einstellung zur Arbeit sprechen.

2.1.1.1.4. Freizeitbereich[8]

Bis gegen Ende der *Schulzeit* war die Freizeit anscheinend in ihrer *Verfügbarkeit* und *Struktur* sowie in ihrer *inner-/außerhäusigen* Gestaltung ausgewogen. Sie wurde zu einem erheblichen Teil von gemeinsamer Freizeitgestaltung mit der Herkunftsfamilie, von häuslicher Mitarbeit und von mehr oder weniger strukturierten Tätigkeiten (z. B. regelmäßiges Fußballspielen im Verein usw.) geprägt. Die Freizeit wies damit insgesamt deutlich zur D-idealtypischen Seite hin.

Nach dem Umzug in die neue Wohnung und der Aufnahme einer ganztägigen Berufstätigkeit durch die Mutter läßt sich in der Folgezeit kaum noch eine Einschränkung der Freizeit durch irgendwelche (häuslichen) Verpflichtungen und Aufgaben feststellen. Obwohl die verfügbare Freizeit auch noch während des ersten Lehrjahres durch den teilweise nur halbtägigen Schulbesuch recht umfangreich war, wurde sie immer häufiger *auf Kosten des Schlafes* und während der Arbeitstätigkeit im Lehrbetrieb sogar wiederholt auch *zu Lasten des Leistungsbereichs ausgeweitet,* freilich zunächst noch einigermaßen kaschiert durch kurzfristig gestellte Urlaubsanträge. Nach Verlust der Lehrstelle trat durch die monatelange Arbeitslosigkeit eine völlige Ausweitung der Freizeit und damit einhergehend eine Verschiebung des Tagesablaufs ein: A. schränkte seine umfangreiche freie Zeit damals anscheinend weder durch die Erfüllung irgendwelcher Aufgaben im elterlichen Haushalt noch längerfristig durch Hilfeleistungen im Haushalt der Tante in irgendeiner Form ein. Auch nach Antritt der neuen Arbeitsstelle im Frühjahr 1981 läßt sich feststellen, daß nicht nur die Ausweitung auf Kosten des Schlafes zur Regel geworden ist, sondern daß A. die Freizeit immer wieder zu Lasten des Leistungsbereichs ausweitete (wiederholtes „Blaumachen" bzw. vorzeitiges Verlassen des Arbeitsplatzes), bis er schließlich im Sommer 1981 jegliche kontinuierliche Arbeitstätigkeit aufgab und die Freizeit wiederum den gesamten Tagesablauf bestimmte. Im Prinzip änderte daran auch die Tatsache nichts, daß er im August 1981 einige Male mit einem „Kumpel" größere Fahrten gemacht und diesem beim Teppichausliefern geholfen hat.

Seit dem letzten Schuljahr wurde die Freizeit – abgesehen von dem letztlich unbedeutenden Aufenthalt bei den Verwandten – nahezu ausschließlich *außer-*

---

[7] *Neben* der strikten Ausrichtung der Analyse an der Synopse idealtypischen Verhaltens können solche Eindrücke, die das individuelle Verhalten besonders charakterisieren, sehr aufschlußreich sein.

[8] Zu den Beurteilungsgesichtspunkten s. o. Kap. V, 2.4.

häusig verbracht und verlor zunehmend jegliche Produktivität und erkennbare Struktur. Selbst die zunächst anscheinend recht strukturierten und regelmäßigen Aktivitäten in Vereinen (Fußball-, Ringerverein) wurden immer mehr vernachlässigt und zuletzt ganz aufgegeben zugunsten von weitgehend plan- und ziellosem Umherbummeln, Schwimmbadaufenthalten, Gaststättenbesuchen, verbunden mit unkontrolliertem Geldausgeben in Form von Rundenspendieren und auch teilweise gewalttätigen Auseinandersetzungen. Es zeigten sich damit deutliche Tendenzen zu *unstrukturierten Tätigkeiten* mit inhaltlich im einzelnen nicht genau vorhersehbaren Abläufen. Allerdings entsprachen diese Tätigkeiten (noch) nicht in ausgeprägter Weise dem K-idealtypischen Verhalten: A. zeigte bisher in seiner Freizeit noch keine Bestrebungen, sich anonymeren Bereichen, etwa der nächsten Großstadt, dem kriminell gefährdenden „Milieu" oder auch nur schlecht beleumundeten Lokalen zuzuwenden, und seine Freizeit war auch nicht durch plan- und zielloses Umherfahren auf der Suche nach Reizsituationen und „Abenteuer" bestimmt. Er beschränkte sich vielmehr auf seinen sozialen Nahraum und war damit noch nicht völlig dem Kontrollbereich der Eltern entzogen.

Zusammenfassend ist also auch beim Freizeitverhalten seit der Schulzeit eine deutliche Veränderung festzustellen: Sowohl im Hinblick auf die Verfügbarkeit und den Aufenthalt als auch auf Struktur und Verlauf näherte sich das Freizeitverhalten in den letzten Jahren deutlich K-idealtypischen Ausprägungen an; es unterschied sich allerdings bis zuletzt insofern noch vom ausgeprägten K-idealtypischen Verhalten, als noch keine Hinwendung zum kriminell gefährdeten (großstädtischen) „Milieu" stattgefunden hat.

2.1.1.1.5. *Kontaktbereich*[9]

Bei den *schicksalhaft vorgegebenen Kontakten* ist davon auszugehen, daß A. in der Kindheit bis gegen Ende der Schulzeit in die Familiengemeinschaft integriert war. Demgegenüber lassen sich hier etwa seit Beginn der Lehrzeit deutliche Tendenzen zum K-idealtypischen Pol feststellen: So führte sein Verhalten nicht nur zu Konflikten zwischen ihm und seinen Eltern, sondern auch der Eltern untereinander. Im Verhältnis zu seinen Eltern zeigten sich zunehmend Indifferenz und offene Ablehnung. Es entspricht allerdings insofern noch nicht ganz der K-idealtypischen Ausprägung, als er die Verbindung zum Elternhaus (sowie zu Tante und Großmutter) nie ganz gelöst hat, wenngleich hier ein deutlich utilitaristischer Einschlag und ein einseitiges Ausnutzen dieser Personen durch A. (Essens- und Schlafgelegenheit, vor allem aber immer wieder auch finanzielle Unterstützung ohne jegliche Gegenleistung) nicht zu übersehen sind.

Seine *selbstgewählten Kontakte* scheinen sich in der Schulzeit hauptsächlich auf den Kreis der Mitschüler und Vereinskameraden beschränkt zu haben. Im Zuge des veränderten Freizeitverhaltens waren sie dann aber zunehmend von „Kumpeln" und Zechgenossen bestimmt, die bis zu einem gewissen Grad auswechselbar gewesen sein dürften. Echte tragfähige Freundschaften lassen sich nicht feststellen. Allerdings war dieser Bekanntenkreis trotz wechselnder Zusammensetzung doch insofern noch klar umgrenzt, als er sich im wesentlichen auf Gleichaltrige der näheren Umgebung beschränkte. Ausgesprochene „Milieu"-Kontakte finden sich dagegen nicht.

---

[9] Zu den Beurteilungsgesichtspunkten s. o. Kap. V, 2.5.

Hinsichtlich seiner *sexuellen Kontakte* ist hervorzuheben, daß A. den Angaben zufolge (mit inzwischen immerhin fast 18 Jahren) noch keinen Geschlechtsverkehr hatte. Sein Verhalten gegenüber dem anderen Geschlecht, insbesondere auch gegenüber seiner Freundin (soweit zu dieser überhaupt ein näherer Kontakt bestand), scheint sich – soweit feststellbar – eher durch eine gewisse Zurückhaltung auszuzeichnen und ist damit in der Grundtendenz eher dem D-idealtypischen Pol zuzurechnen.

Zusammenfassend kann sein Verhalten im Kontaktbereich also nicht eindeutig zugeordnet werden. Während es in der Schulzeit wohl deutlich zum D-idealtypischen Pol neigte, weist es hinsichtlich der schicksalhaft vorgegebenen Kontakte seit Lehrbeginn zunehmend zur K-idealtypischen Seite hin; die selbstgewählten Kontakte zeigen keine Extremausprägungen, sondern sind eher einem Mittelbereich zuzuordnen, während die sexuellen Kontakte auch in der letzten Zeit vor der Inhaftierung keinerlei K-idealtypische Tendenzen erkennen lassen.

2.1.1.2. Delinquenzbereich[10]

Bei den von A. erwähnten Diebstählen im Kindergarten ist festzuhalten, daß es sich immerhin nicht um fast „normale" und in der Regel belanglose Obstdiebstähle oder ähnliches handelte, sondern anscheinend schon damals eine mehr oder weniger direkte Konfrontation mit der Person des jeweiligen Opfers erfolgte. Der Gelddiebstahl im Alter von 13 Jahren kann mangels genauerer Angaben nicht näher gewürdigt werden.[11]

Die früheren und die jetzt anhängigen Straftaten lassen sich im wesentlichen nach Eigentumsdelikten (und hierbei vor allem Geldbeschaffungsdelikten) und Aggressionsdelikten unterscheiden.

Bei den Geldbeschaffungsdelikten kann von einer zunehmenden Zielstrebigkeit und Routine bei der Durchführung der einzelnen Straftaten ausgegangen werden: Während A. zunächst wohl eher eine günstige Gelegenheit wahrnahm (Wegnahme des Geldbeutels beim Trampen und Entwenden der Fahrkarte des Arbeitskollegen), suchte er alsbald ganz gezielt nach einer Möglichkeit, an Geld zu kommen, wobei wiederholt derselbe Tatort aufgesucht und jeweils eine günstige Gelegenheit abgepaßt wurde. Eine deutliche Steigerung stellt die gezielt eingesetzte, spontane Gewaltanwendung zum Erreichen des Taterfolgs beim letzten Delikt dar. Dabei gilt es zudem, die Person des Opfers (alte gebrechliche, 1,53 m große Frau) im Verhältnis zu der des Täters (junger, kräftiger – Ringerverein! – Mann) und das Fehlen jeglicher Hemmung seitens des A. zu berücksichtigen. Die Beute wurde unmittelbar im Anschluß an die Tatbegehung überwiegend zur Abdeckung der für Alkohol, Nikotin, Flipperspielen usw. entstehenden Unkosten bzw. für Einladungen seiner „Kumpel" herangezogen, also – aus der Sicht des A. – durchaus sinnvoll und dem ursprünglich geplanten Zweck entsprechend verwendet. Auch die Lebenssituationen, aus denen

---

[10] Zu den Beurteilungsgesichtspunkten s. o. Kap. V, 2.6.

[11] Auch in der Praxis wird es oft nicht möglich sein, bei jedem Delikt auf genauen und ergiebigen Angaben aufbauen zu können. Dies ist jedoch auch nicht erforderlich (s. auch FN 6).

heraus die Taten begangen wurden, ähneln sich in mehrfacher Hinsicht und weisen damit auf eine gewisse Verfestigung hin: A. ging zum jeweiligen Tatzeitpunkt meist keiner geregelten Arbeit nach und befand sich in mehr oder weniger „akuter Geldnot". Diese Eigentumsdelikte erfolgten allerdings durchweg im unmittelbaren sozialen Nahraum, also an Orten, an denen A. zur damaligen Zeit ständig verkehrte oder die ihm aus früherer Zeit vertraut waren, so daß auch der Tatverdacht relativ schnell auf ihn fallen konnte.

Die anderen Eigentumsdelikte im Frühjahr 1981 stehen demgegenüber deutlich im Schatten der vorausgegangenen Auseinandersetzungen mit seinem Vater. Sie unterscheiden sich hinsichtlich der Lebenssituation von den übrigen Eigentumsde-likten insbesondere dadurch, daß A. nicht nur erheblich alkoholisiert war, sondern sich auch in einem gewissen mehr oder weniger diffusen Erregungszustand befand, wobei er sich schließlich nach mehreren vergeblichen Versuchen, ein Auto fahrbereit zu machen, wenigstens durch die Wegnahme von zwei Autoradios abreagierte und dann nach Hause zurückkehrte. Noch deutlicher zeigt sich dieser Erregungszustand bei den unmittelbar vorausgegangenen Sachbeschädigungen (an geparkten Kraftfahrzeugen), die als reine Aggressionsdelikte anzusehen sind. Diese erscheinen als weitgehend unkontrollierte Reaktionen und als ein Abreagieren von Wut im Zusammenhang mit der Auseinandersetzung mit seinem Vater. Auch die Schlägerei im Februar 1981 scheint aus einer ähnlichen mehr oder weniger diffusen Gereiztheit heraus entstanden zu sein.

Insgesamt kann also hinsichtlich der Eigentumsdelikte von einer deutlichen Verfestigung ausgegangen werden, und zwar nicht nur wegen der spontanen Gewaltanwendung bei der letzten Tat. Bei den anscheinend unter erheblichem Alkoholeinfluß begangenen Aggressionsdelikten läßt sich demgegenüber eine solche Verfestigung nicht feststellen.

2.1.2. Analyse des Lebensquerschnitts[12]

(Als Querschnittintervall wird im folgenden der Zeitraum von Juni 1981 bis zu den letzten Straftaten Mitte August 1981 zugrundegelegt.)[13]

2.1.2.1. K-Kriterien[14]

Vernachlässigung des Arbeits- und Leistungsbereichs
sowie familiärer und sonstiger sozialer Pflichten

Im gesamten Querschnittintervall kann von einer Vernachlässigung des Arbeits- und Leistungsbereichs ausgegangen werden. A. machte im Juni 1981 zunächst

---

12 Zum Vorgehen s. o. Kap. V, 3.
13 Obwohl es sich in diesem Fall um eine Vielzahl von Straftaten handelt, die zudem über einen längeren Zeitraum hinweg verstreut sind, empfiehlt es sich auch hier, grundsätzlich von den zeitlich gesehen letzten Taten auszugehen und dann im Rahmen der Rückblende ein besonderes Augenmerk auf die Querschnittintervalle der vorangegangenen Straftaten zu richten, hier also insbesondere auf die Zeit von November 1980 bis Januar 1981 bzw. auf die Zeit Ende Februar/Anfang März 1981. Es wäre aber auch ohne weiteres möglich, in einem solchen Fall ein einheitliches Querschnittintervall für den gesamten Zeitraum zugrundezulegen oder aber mehrere Querschnittintervalle zu bilden und jeweils gesondert das Vorliegen der einzelnen K- und D-Kriterien zu überprüfen.
14 Zu prüfende Kriterien und Erläuterungen hierzu s. o. Kap. V, 3.1. und 3.2.

tagelang „blau", verlor deswegen seinen Arbeitsplatz und ging schließlich ab Mitte Juli 1981 keiner geregelten Arbeitstätigkeit mehr nach.

Rückblickend[15] lassen sich in zunehmender Ausprägung mindestens seit Herbst 1980 Anzeichen für eine Vernachlässigung des Arbeits- und Leistungsbereichs feststellen: Angefangen bei dem selbstverschuldeten Verlust der Lehrstelle (wobei zunächst dahingestellt bleiben kann, inwieweit es sich in den folgenden Monaten um konjunkturbedingte Arbeitslosigkeit oder um berufliche Untätigkeit gehandelt hat) über wiederholtes stunden- und tagelanges „Blaumachen", Krankfeiern und offensichtlich fehlende Arbeitsmotivation bis hin zur völligen Aufgabe geregelter Arbeitstätigkeit. Obwohl A. zuletzt immerhin noch gelegentlich beim Teppichausliefern geholfen hat, ist dieser Teil des Kriteriums also für den gesamten Zeitraum zu bejahen.[16]

Auch der zweite Teilaspekt dieses Kriteriums, die Vernachlässigung familiärer und sonstiger sozialer Pflichten, lag in den Wochen und Monaten vor den letzten Delikten eindeutig vor und kann bis zum Jahre 1977 zurückverfolgt werden, als A. anfing, sich seinen familiären Pflichten im Elternhaus und später auch jenen gegenüber Tante und Großmutter immer mehr zu entziehen.

Das Kriterium als ganzes liegt demzufolge mindestens seit Herbst 1980 vor.

Fehlendes Verhältnis zu Geld und Eigentum

Auch dieses Kriterium kann nicht nur für das Querschnittintervall im Sommer 1981, sondern rückblickend auch seit Herbst 1980 bejaht werden, wobei es in besonders ausgeprägter Form allerdings im Sommer 1981 vorlag. Das fehlende Verhältnis zu Geld und zu den eigenen Sachwerten zeigt sich nicht nur in den relativ hohen Schulden und im Verkauf seiner Musikcassetten bzw. des Cassettenrecorders, die zur Finanzierung seines Freizeitverhaltens notwendig wurden; das „Leben von der Hand in den Mund" wird vielmehr auch daran deutlich, daß A. seine Beute stets sofort wieder für Alkohol, Rundenspendieren usw. ausgab, also nicht einmal in der Lage war, die zum Teil nicht ganz geringen Geldbeträge so einzuteilen, daß er auch am nächsten Tag noch etwas davon gehabt hätte.

Für frühere Zeiträume ergeben sich dagegen keine entsprechend eindeutigen Anhaltspunkte für dieses Kriterium.

Unstrukturiertes Freizeitverhalten

Dieses Kriterium ist – wie oben unter 2.1.1.4 festgestellt – nicht nur unmittelbar vor den letzten Taten, sondern rückblickend bereits seit dem Umzug bzw. seit dem Ende der Schulzeit (1978/79) zu bejahen, da zugunsten ausgedehnter Gaststättenbesuche verbunden mit hohem Alkoholkonsum jegliche konstruktive

---

[15] Die Rückblende auf die Zeit vor dem Querschnittintervall kann sich in aller Regel auf eine grobe Einschätzung beschränken.

[16] Bei der Überprüfung der einzelnen Kriterien geht es um eine Gesamteinschätzung jenes Verhaltens, jener Haltungen usw., auf die sich das jeweilige Kriterium bezieht. Es muß also bei diesem Kriterium beispielsweise nicht gewissermaßen „zu jeder Stunde" eine Vernachlässigung des Arbeits- und Leistungsbereichs vorliegen, man kann das Kriterium auch dann (zurecht) bejahen, wenn im Querschnittintervall über einige Tage oder auch Wochen hinweg ein relativ geordnetes Arbeitsverhalten festzustellen ist, dieses geregelte Arbeitsverhalten jedoch gegenüber den sonstigen Auffälligkeiten im Sinne dieses Kriteriums im betreffenden Zeitraum völlig in den Hintergrund rückt.

Tätigkeit aufgegeben worden ist. Dem steht nicht entgegen, daß es sich nicht um gänzlich unstrukturierte Tätigkeiten mit völlig offenen Abläufen handelte.

Fehlende Lebensplanung

Eine dem Alter angemessene Lebensplanung läßt sich im Grunde rückblickend mindestens seit Herbst 1980 nicht mehr feststellen (Verlust der Lehrstelle wegen Delikt, keinerlei Bereitschaft, sich die folgenden Arbeitsstellen zu erhalten bzw. zuletzt überhaupt einer geregelten Arbeitstätigkeit nachzugehen und damit eine Grundvoraussetzung für ein sozial tragfähiges Leben zu schaffen). Weiter zurückblickend dürfte wohl von einer dem damaligen Alter angemessenen Lebensplanung auszugehen sein.

Inadäquat hohes Anspruchsniveau

Obgleich sich die Ansprüche des A. bisher in relativ bescheidenem Rahmen bewegten und fast dürftig zu nennen sind (sie beschränkten sich zuletzt im Grunde auf Alkohol, Zigaretten, Flippern usw.), könnte ein inadäquat hohes Anspruchsniveau angesichts seines Lebenswandels, der für einen Arbeitslosen bzw. nicht Berufstätigen ohne regelmäßige Einkünfte doch recht aufwendig erscheint, im Querschnittintervall zu bejahen sein; dies kann allerdings nicht abschließend beurteilt werden.[17]

Geringe Belastbarkeit

Nicht nur im Querschnittintervall, sondern bereits geraume Zeit davor lassen sich sowohl im zwischenmenschlichen Bereich als auch im Arbeits- und Leistungsverhalten Hinweise auf eine geringe Belastbarkeit finden: Angefangen von der Auseinandersetzung mit dem Lehrer in der Berufsschule über sein Verhalten am Arbeitsplatz und gegenüber Vorgesetzten bis hin zum Verhältnis zu seinen Eltern: Wo immer es darum ging, gewisse Leistungsanforderungen zu erfüllen, auch einmal Kritik zu ertragen, eine Auseinandersetzung durchzustehen usw., hielt A. nicht stand.

Forderung nach Ungebundenheit

Auch dieses Kriterium ist im Querschnittintervall zu bejahen; recht deutliche Hinweise hierfür ergeben sich bis zurück zum Beginn der Lehrzeit: So ist insbesondere sein Verhalten gegenüber den Kontroll- und Erziehungsversuchen der Eltern stark von der Forderung nach Ungebundenheit gekennzeichnet, die im übrigen auch wiederum in seinem Arbeitsverhalten („blaumachen", krankfeiern, berufliche Untätigkeit) und nicht zuletzt in seinen Äußerungen hinsichtlich der Beifahrertätigkeit zum Ausdruck kommt. Dieser Einschätzung steht auch die Tatsache nicht entgegen, daß A. nach wie vor im Elternhaus — allerdings zu beliebigen Zeiten — schläft.

---

[17] Bei der Beurteilung einzelner Kriterien können verschiedene Untersucher durchaus zu unterschiedlichen Einschätzungen gelangen, insbesondere dann, wenn die im konkreten Fall festzustellenden Indizien in einem gewissen Grenzbereich liegen, etwa wie hier, wo man sowohl der Meinung sein kann, daß A. *noch* ein adäquates Anspruchsniveau besitzt, als auch der Ansicht, daß *schon* ein inadäquat hohes Anspruchsniveau vorliegt. An der Gesamteinschätzung des Falles ändert dies in der Regel nichts.

Unkontrollierter, übermäßiger Alkoholkonsum

Der Alkoholkonsum bestimmte nicht nur im Querschnittintervall, sondern bereits seit geraumer Zeit in zunehmendem Maße die Freizeit und immer wieder auch den gesamten Tagesablauf. Nach dem Sachverhalt kann zwar nicht eindeutig beurteilt werden, inwieweit sich der Alkoholkonsum auch auf das Arbeitsverhalten auswirkte und inwieweit das „Blaumachen" und Krankfeiern auch im Zusammenhang mit vorausgegangenem Alkoholkonsum zu sehen ist. Abgesehen von den Auswirkungen auf das Freizeitverhalten muß allerdings schon in Anbetracht der unter teilweise erheblichem Alkoholeinfluß begangenen Delikte von unkontrolliertem bzw. übermäßigem Alkoholkonsum im Sinne dieses Kriteriums ausgegangen werden.

2.1.2.2. D-Kriterien[18]

Für das Querschnittintervall von Juni bis August 1981 läßt sich kein einziges der D-Kriterien bejahen. Bei einer Rückblende können dagegen in der weiter zurückliegenden Vergangenheit verschiedene Anhaltspunkte für das eine oder andere Kriterium gefunden werden: So dürfte A. beispielsweise in der Schulzeit seine *sozialen Pflichten* weitgehend *erfüllt* haben, es dürfte auch eine gewisse *Gebundenheit an eine geordnete Häuslichkeit und an ein Familienleben* vorgelegen haben, ebenso könnte in verschiedenen Freizeittätigkeiten ein gewisses *Engagement für Sachinteressen* zu erkennen sein.

2.1.3. Relevanzbezüge und Wertorientierung

2.1.3.1. Relevanzbezüge[19]

Von besonderer Relevanz war für A. in den letzten Jahren[20] *völlige Ungebundenheit und das Durchsetzen bzw. die Befriedigung unmittelbarer Wünsche,* die sich im Grunde auf einem niedrigen, bescheidenen Niveau bewegten. Im wesentlichen ging es nur darum, tun und lassen zu können, was ihm gerade in den Sinn kam, ohne sich von anderen etwas sagen lassen zu müssen.

Ein wesentlicher Teil dieser Bedürfnisse konzentrierte sich vor allem im letzten Jahr auf den *Alkoholkonsum,* der zeitweilig immer wieder fast den einzigen Lebensinhalt darstellte.

Im Zusammenhang mit dem Alkoholkonsum spielten auch die *„Kumpel",* das Flipperspielen und die Trinkgelage in (gutbürgerlichen) Gaststätten und möglicherweise auch der Wunsch nach einer gewissen Anerkennung bzw. Geltung im Kreise dieser „Kumpel" eine Rolle.

---

[18] Zu prüfende Kriterien und Erläuterungen hierzu s. o. Kap. V, 3.2.

[19] Zur Erfassung der Relevanzbezüge s. o. Kap. V, 4.1.

[20] Eine Beschränkung der Erfassung der Relevanzbezüge auf die letzten Jahre dürfte bei einem Jugendlichen meist ausreichen, zumal in der Kindheit festzustellende Relevanzbezüge – abgesehen von der einen oder anderen bestimmenden Grundintention – in der Regel kaum Ausdruck einer eigenständigen Persönlichkeit sein dürften. Zudem ist es selbst bei Jugendlichen noch schwierig, die „eigentlichen" Relevanzbezüge von den durch die Umgebung und das äußere Angebot beeinflußten zu unterscheiden.

Im Sinne eines Bedürfnisses oder auch einer Grundintention ist schließlich noch an ein *motorisches Agieren* bzw. *körperlich-expansives Moment* zu denken, das sich zunächst (in sozial tragfähiger Form) in der Betätigung im Ringerverein realisierte und später (nunmehr in sozial nicht mehr akzeptierter Form) in der Schlägerei, in den Aggressionsdelikten im Frühjahr 1981 sowie nicht zuletzt in der Tat am 18. August 1981 seinen Ausdruck fand. Dabei entsteht zum einen der Eindruck, daß A. in gewisser Weise „den starken Mann spielen" und seine körperliche Überlegenheit demonstrieren muß, zum anderen zeigen diese Vorfälle die unmittelbare Relevanz der Anwendung körperlicher Gewalt im sozialen Umgang.

2.1.3.2. Wertorientierung[21]

Soweit dies nach den Unterlagen überhaupt beurteilt werden kann, ist bei A. von einer gewissen Ambivalenz auszugehen: Einerseits stellte für ihn ein eher verspieltes, lustbetontes und angenehmes Leben im Augenblick den zuletzt dominierenden Wert dar; andererseits könnten gerade das Verbleiben im Elternhaus und im (geordneten, kleinstädtisch-bürgerlichen) sozialen Nahraum sowie die bis zur Inhaftierung doch immer wieder erkennbare, freilich nur eingeschränkte Anpassung an soziale Normen und Ordnungen auf Werte hindeuten, die Voraussetzung für eine sozial unauffällige Ausrichtung des Lebens und die für A. nach wie vor nicht völlig unverbindlich sind[22].

2.2. Kriminologische Diagnose[23]

2.2.1. Beurteilung anhand der Bezugskriterien der Kriminologischen Trias[24]

Während sich die Verhaltensweisen des A. bis etwa ein Jahr vor Schulabschluß noch ganz überwiegend im Bereich D-idealtypischen Verhaltens bewegten, zeichnen sich im *Längsschnittprofil*, beginnend gegen Ende der Schulzeit (Sommer 1979), im Laufe der Zeit, vor allem ab Herbst 1980, zunehmend deutlicher werdende Tendenzen zum K-idealtypischen Verhalten ab. Diese Tendenzen kommen besonders ausgeprägt im Leistungs- und Freizeitbereich bzw. im Verhalten des A. im Zusammenhang mit der elterlichen Erziehung zum Ausdruck, weniger dagegen im Kontaktbereich. Im Aufenthaltsbereich tendierte sein Verhalten sogar noch relativ lange deutlich zum D-idealtypischen Pol. Aufgrund dieses Profils scheiden einerseits Kriminalität bei sonstiger sozialer Unauffälligkeit und ein krimineller Übersprung

---

[21] Zur Erfassung der Wertorientierung s. o. Kap. V, 4.2.

[22] Der Versuch, die Wertorientierung zu erfassen, wird sich in der Praxis vielfach mit solchen recht oberflächlichen, groben Einschätzungen bescheiden müssen.

[23] Zum Vorgehen bei der kriminologischen Diagnose s. o. Kap. VI, 1.

[24] Zu den Bezugskriterien s. o. Kap. VI, 2., zu den verschiedenen Formen der Stellung der Delinquenz im Leben des Täters in seinen sozialen Bezügen s. o. Kap. VI, 3.

aus; andererseits läßt sich das Profil nicht eindeutig einer der anderen Formen der Stellung der Delinquenz in der Lebensentwicklung zuordnen: So entspricht es vor allem wegen der völligen sozialen Unauffälligkeit in allen Lebensbereichen bis gegen Ende der Schulzeit, dann aber auch wegen der später immer noch vorhandenen Tendenzen zum D-idealtypischen Pol im Aufenthaltsbereich und bis zu einem gewissen Grad im Kontaktbereich nicht einer kontinuierlichen Hinentwicklung zur Kriminalität mit Beginn in der *frühen* Jugend. Da die Taten erst in der Altersspanne der Persönlichkeitsreifung erfolgten, ist zunächst an Straffälligkeit im Rahmen der Persönlichkeitsreifung zu denken, zumal die ersten beiden Taten (Diebstahl des Geldbeutels im September 1980 bzw. der Wochenfahrkarte im November 1980) noch während einer Zeit geschahen, in der A. relativ regelmäßig der Arbeit nachging. Freilich beschränkten sich in der Folgezeit die ausgeprägten Annäherungen an die K-idealtypische Seite nicht auf den Freizeitbereich, sondern kennzeichneten geradezu auch den Leistungsbereich, so daß nicht mehr von Kriminalität im Rahmen der Persönlichkeitsreifung ausgegangen werden kann.

Gegen Kriminalität im Rahmen der Persönlichkeitsreifung spricht aber nicht nur die Tatsache zahlreicher zu K-typischen Ausprägungen tendierenden Verhaltensweisen im Lebenslängsschnitt während der letzten zwei Jahre, sondern vor allem auch das Ergebnis der *Querschnittbetrachtung* unter Berücksichtigung der Rückblende. Etwa seit November 1980 lagen alle vier Kriterien der *kriminovalenten Konstellation* vor: Es konnten für diesen Zeitraum sowohl eine Vernachlässigung des Arbeits- und Leistungsbereichs sowie familiärer und sonstiger sozialer Pflichten, ein fehlendes Verhältnis zu Geld und Eigentum, ein unstrukturiertes Freizeitverhalten als auch das Fehlen einer Lebensplanung festgestellt werden. Besonders ausgeprägt war dabei die Vernachlässigung des Arbeits- und Leistungsbereichs im Zeitraum unmittelbar vor den Delikten im Dezember 1980/Januar 1981 bzw. in den letzten Wochen vor den Taten im August 1981, weniger ausgeprägt dagegen unmittelbar vor den Delikten Anfang März 1981, wenngleich sie auch für diesen Zeitpunkt zu bejahen war. Gerade dieses K-Kriterium ist aber bei der typischen Kriminalität im Rahmen der Persönlichkeitsreifung nicht vorhanden, zumindest nicht während eines längeren Zeitraums. Die Eigentumsdelikte im Winter 1980/81 und im Sommer 1981 fügen sich demzufolge zwanglos in den damaligen allgemeinen Lebenszuschnitt ein, der in Anbetracht des Verhaltens des A. in den verschiedenen Lebensbereichen, insbesondere im Leistungs- und im Freizeitbereich, nahezu folgerichtig zu Eigentumsdelinquenz führen mußte.

Aber auch die Aggressionsdelikte im Frühjahr 1981 passen ohne weiteres zum Lebenszuschnitt des A. während der letzten Zeit, wenn man sich die geringe Belastbarkeit im zwischenmenschlichen Bereich, den unkontrollierten, übermäßigen Alkoholkonsum[25] und die besondere *Relevanz* einer unmittelbaren, unkontrollierten Befriedigung augenblicklicher Wünsche und Bedürfnisse sowie die große Bedeutung des körperlichen Ausagierens vor Augen führt.

---

[25] Die Aussagekraft einzelner K- (wie gegebenenfalls auch D-)Kriterien der Querschnittanalyse beschränkt sich keineswegs auf solche K- (bzw. D-)Kriterien, die innerhalb der kriminorelevanten Konstellationen von Bedeutung sind. Verschiedene oder auch nur einzelne andere Kriterien können vielmehr im Einzelfall von ähnlichem Gewicht sein (s. o. Kap. VI, 2.2.). Dabei zeigt gerade Fall A., daß beim gleichen Probanden sowohl die Konstellation als auch verschiedene andere Kriterien zum Tragen kommen können.

Insgesamt wird man daher von einer *Hinentwicklung zur Kriminalität* ausgehen müssen, da die ersten sozialen und auch strafrechtlichen Auffälligkeiten zwar in die Lebensspanne der Persönlichkeitsreifung fallen, das Ausmaß der sozialen Auffälligkeiten in fast allen Lebensbereichen jedoch innerhalb kurzer Zeit die für Kriminalität im Rahmen der Persönlichkeitsreifung typischen Ausprägungen längst überschritten hat. Dennoch *unterscheiden* sich das Verhalten und der Lebenszuschnitt des A. in mehrfacher Hinsicht von den extremen Ausprägungen einer Hinentwicklung zur Kriminalität: Der Aufenthaltsbereich weist zwar nicht sehr ausgeprägte, aber doch deutlich sichtbare Tendenzen zum D-idealtypischen Pol auf. So hat insbesondere − trotz verschiedener Ansätze − noch keine vollständige Loslösung vom (geordneten) Elternhaus stattgefunden, und A. ist bisher stets seinem sozialen Nahraum verhaftet geblieben. Auch der Kontaktbereich zeigt noch erkennbare Tendenzen zur D-idealtypischen Seite; zu betonen ist insoweit vor allem die Tatsache, daß Kontakte zum kriminell gefährdenden „Milieu" bisher noch keinerlei Relevanz für A. gewonnen haben.

2.2.2. „Besondere Aspekte" im Leben des Täters, vor allem im Hinblick auf Prognose und Einwirkungen[26]

Bei den *„internen Aspekten"* sind vor allem die geringe Belastbarkeit des A., verbunden mit einem gewissen Streben nach Anerkennung und Geltung, zu nennen, sein Drang nach Ungebundenheit und der unmittelbaren Befriedigung augenblicklicher Wünsche in Verbindung mit einem gewissen Hang zum Alkohol.

Inwieweit diesen „internen Aspekten" mehr oder weniger stabile Persönlichkeitseigenschaften zugrundeliegen oder ob sie noch mit der Persönlichkeitsentwicklung des A. zusammenhängen, kann nicht abschließend geklärt werden. Der Eindruck des Vorliegens einer eher spielerischen Einstellung zur Arbeit und zum Leben überhaupt, die offensichtliche Ambivalenz der Wertorientierung, die Bedeutung, die für A. die Anerkennung im Kreise der „Kumpel" besitzt, oder das anscheinend bestehende Bedürfnis, „den großen Mann zu spielen", deuten im Grunde darauf hin, daß es sich um noch unausgeformte Züge handelt, wie man sie im Zusammenhang mit der biologischen Reifung eines Menschen kennt.

An *„externen Aspekten"* ist zunächst das Elternhaus zu nennen − trotz seiner in den letzten Jahren erheblich relativierten Bedeutung für A. Dabei gilt allerdings einschränkend, daß die Verbindung in der letzten Zeit ausgesprochen spannungsgeladen war, zumal keinerlei Einbindung in den Familienbereich mehr bestand und den Eltern, insbesondere der Mutter, die A. anscheinend bis zuletzt zu einem geregelten Lebenswandel anzuhalten versuchte, jegliche Einwirkungsmöglichkeit entglitten war. Dennoch hatte A. dort noch einen gewissen Rückhalt, auf den er gegebenenfalls zurückgreifen konnte.

---

[26] Zur Erfassung der „besonderen Aspekte" s. o. Kap. VI, 4. − Wegen der Kürze der inzwischen knapp vier Monate andauernden Untersuchungshaft braucht in diesem Fall nicht näher auf das Haftverhalten eingegangen zu werden (s. o. Kap. VI, 5.).

Als weiterer „externer Aspekt" ist zwar einerseits die Wichtigkeit von Lokalbesuchen zu berücksichtigen, andererseits aber zu beachten, daß A. bisher stets in seinem sozialen Nahraum verblieben ist und daß das kriminell gefährdende „Milieu" für ihn noch keine Bedeutung besitzt.

2.3. Folgerungen im Hinblick auf Prognose und Einwirkungen[27]

Aufgrund der kriminologischen Diagnose sind die anhängigen Straftaten als Folge einer Hinentwicklung zur Kriminalität einzustufen, wobei die sozial auffällige Entwicklung unmittelbar im Anschluß an die erste Straffälligkeit im Zeitraum der Persönlichkeitsreifung einsetzte und sich dann laufend verstärkte. (Die *„grundsätzliche Prognose"* ist daher ungünstig.)

Auch in den letzten Monaten und Wochen vor der Inhaftierung zeigten sich keinerlei Ansätze für eine Veränderung jenes Lebensstils, der das vorangegangene Jahr in zunehmendem Maße gekennzeichnet hatte. In diesem Zeitraum lagen im Gegenteil sowohl die kriminovalente Konstellation als auch einige weitere K-Kriterien vor, denen im Hinblick auf die Aggressionsdelikte des A. besondere Bedeutung zukam.[28] Die Dauer des Vorliegens der kriminovalenten Konstellation und der übrigen K-Kriterien spricht zwar noch nicht für einen verfestigten Lebenszuschnitt, es muß jedoch davon ausgegangen werden, daß A. − falls keine umfassende und entschiedene Intervention eintritt oder diese nicht erfolgreich ist − auch künftig einen entsprechenden Lebenswandel führen wird und damit die Gefahr erneuter erheblicher Straffälligkeit besteht. *(Individuelle Basisprognose.)*

Inwieweit entsprechende Einwirkungen ihr Bewenden darin finden können, A. über eine möglicherweise noch mehr oder weniger reifungsbedingte Phase sozialer Auffälligkeit hinwegzugeleiten, muß zunächst dahingestellt bleiben, da sich im Augenblick im Grunde kaum „positive", d. h. solche Ansatzpunkte finden, die ein in sozialer und strafrechtlicher Hinsicht unauffälliges Leben begünstigen und die lediglich zu verstärken wären (das Fehlen von „Milieu"-Kontakten allein ist insoweit kein Ansatzpunkt).

Einwirkungen müßten daher in erster Linie darauf abzielen, A. zu einer kontinuierlichen, geregelten Arbeitstätigkeit sowie zu einer sinnvollen Zeiteinteilung anzuhalten. Dem stehen sowohl seine geringe Belastbarkeit wie auch seine gesamte, derzeit fast ausschließlich auf den Augenblick ausgerichtete Lebensorientierung entgegen. Es bedarf daher einer umfassenden Einflußnahme, die vor allem darauf gerichtet sein muß, die große Bedeutung des Alkohols zurückzudrängen und A. zu einer sinnvollen, sozial tragfähigen Freizeitgestaltung anzuleiten. Ein besonderes Problem ist darin zu sehen, daß − abgesehen vom Kontaktbereich − der einzige weitgehend zum D-idealtypischen Pol weisende Lebensbereich, der

---

[27] S. o. Kap. VII.
[28] Zur Bedeutung sonstiger K- und D-Kriterien s. o. Kap. VI, 2.2.

Aufenthaltsbereich (also das Elternhaus), in dieser Hinsicht kaum eine Hilfestellung bieten kann. Dem Elternhaus stehen keinerlei Einwirkungsmöglichkeiten auf A. mehr zur Verfügung, das spannungsreiche Verhältnis des A. zu den Eltern, insbesondere zur Mutter, stellt in der letzten Zeit vielmehr ein zusätzliches belastendes Moment dar. Dieser „externe Aspekt" müßte daher wohl gegen eine andere, weniger spannungsreiche, jedoch Anleitung und Halt bietende Umgebung ausgetauscht werden, um günstigere äußere Voraussetzungen für das Angehen der „internen Aspekte" zu schaffen. Eine zuverlässige Vorhersage über den Erfolg solcher Einwirkungen ist zur Zeit freilich nicht möglich. *(Interventionsprognose.)*

2.4. Folgerungen im Hinblick auf die strafrechtliche Entscheidung

Die kriminologische Diagnose kann prinzipiell aus sich heraus zu keiner rechtlichen Entscheidung führen (s. dazu o. Kap. I, 2.3.). Dennoch seien einige Hinweise gegeben, wie die Erkenntnisse aus der kriminologischen Beurteilung des A. für die rechtliche Entscheidung nutzbar gemacht werden könnten:

Das Wissen um den unmittelbaren Zusammenhang zwischen den Straftaten und dem zum K-idealtypischen Pol tendierenden Verhalten im Leistungs- und im Freizeitbereich bzw. um das Vorliegen der kriminovalenten Konstellation sowie weiterer K-Kriterien könnte für das Gericht die Grundlage für die (rechtliche) Einschätzung sein, daß bei A. „schädliche Neigungen" im Sinne von § 17 Abs. 2 JGG vorliegen.

Wie bereits unter 2.3. dargelegt, finden sich im Grunde kaum „positive" Ansatzpunkte, die es lediglich zu verstärken gilt, obgleich andererseits auch einige Merkmale einer „typischen" Hinentwicklung zur Kriminalität noch fehlen. Die nur kurzfristigen Möglichkeiten eines Jugendarrestes scheiden damit ebenso wie andere Zuchtmittel aus. Aber auch längerfristige Erziehungsmaßregeln kommen wegen der bevorstehenden Volljährigkeit des A. gemäß § 12 S. 1 JGG in Verbindung mit §§ 61, 64 JWG nicht in Betracht, während Weisungen allein kaum ausreichend erscheinen dürften. Um die als notwendig erachtete umfassende Einflußnahme auf A. zu gewährleisten, wäre daher an die Verhängung einer Jugendstrafe gemäß §§ 17 ff. JGG zu denken.

Bei der Frage, ob diese Jugendstrafe zu vollstrecken oder zur Bewährung auszusetzen ist, wäre zunächst zu berücksichtigen, daß für A. bisher das „Milieu" und dessen Personenkreis keinerlei Relevanz besaß. Bei der Vollstreckung einer Jugendstrafe könnte A. aber geradezu in die Gefahr gebracht werden, entsprechende Kontakte mit all ihren Folgen zu knüpfen. Einer Aussetzung der Jugendstrafe zur Bewährung steht allerdings entgegen, daß nach der kriminologischen Diagnose von einer ungünstigen Prognose auszugehen ist. Bei der Prognose im Zusammenhang mit einer Entscheidung gemäß § 21 JGG kommt es jedoch nicht nur – gewissermaßen statisch – auf den aktuellen Zustand an; es müssen vielmehr auch die künftigen Auswirkungen der Intervention Eingang in die Prognosestellung selbst finden: Dabei wäre daran zu denken, daß es sich bei den K-Tendenzen des A. noch nicht um einen über Jahre hinweg anhaltenden, verfestigten Lebensstil handelt, A. sich bisher nicht jeglicher Ordnung völlig entzogen hat und die Eigentumsdelikte vor allem in Zeiten beruflicher Untätigkeit auftraten, so daß bereits eine geregelte Arbeitstätigkeit fast unmittelbar kriminalitätsverhütend wirken könnte. Diese Überlegungen könnten zusammen mit der Ausgangsüberlegung Anlaß dazu geben, bei entsprechenden sonstigen Einwirkungen auf A. von einer etwas günstigeren Prognose auszugehen.

Diese Einwirkungen müßten allerdings auf das gesamte Leben des A. Einfluß nehmen. Eine solche intensive Anleitung und Überwachung ist im Rahmen der (ambulanten) Bewährungshilfe durch einen Bewährungshelfer nicht gewährleistet, zumal sich A. jeglicher Einwirkung durch die Eltern entzieht, so daß von dieser Seite auch keine Unterstützung erfolgen könnte. Es käme daher als Alternative zum Jugendstrafvollzug letztlich nur eine andere stationäre Maßnahme in Betracht. Dabei könnte daran gedacht werden, A. im Rahmen einer Weisung aufzugeben, in einem Heim zu leben (§§ 23 Abs. 1 i.V.m. 10 Abs. 1 S. 3 Nr. 2 JGG); damit wäre zugleich der spannungsträchtige „externe Aspekt" in gewisser Weise neutralisiert. Durch entsprechende Überwachung müßte A. dort zur strikten Einhaltung seiner Arbeits- und Leistungsverpflichtungen, evtl. auch zum Abschluß einer Lehre, angehalten sowie bei gleichzeitiger Untersagung des Alkohols an eine sinnvolle Freizeitgestaltung herangeführt werden. In Anbetracht der bei ihm derzeit festzustellenden Haltungen und Relevanzbezüge, aber auch seiner gesamten Lebensorientierung, die ein sozial unauffälliges Leben nicht gerade begünstigen, muß freilich anfänglich mit Schwierigkeiten und Rückschlägen gerechnet werden.

3. Kurzfassung der Fallbeurteilung

Wie bereits erwähnt (s. o. S. 161 f.), setzt die nachfolgend dargestellte Kurzfassung eine eingehende *gedankliche* Analyse voraus, von der hier nur das jeweilige Ergebnis wiedergegeben wird. Bei der praktischen Handhabung werden in der Regel lediglich die Diagnose, auf der der Schwerpunkt der Beurteilung liegt, sowie die Folgerungen schriftlich niedergelegt. Auch soweit die Erkenntnisse aus der kriminologischen Erfassung des Täters in seinen sozialen Bezügen im Strafverfahren ihren Niederschlag in einer förmlichen rechtlichen Entscheidung finden sollen und diese entsprechend zu begründen ist, dürfte es zu ihrer Fundierung genügen, nur die eigentliche diagnostische Zuordnung, gegebenenfalls einschließlich der wichtigsten „besonderen Aspekte", und die sich daraus ergebenden Folgerungen im Hinblick auf Prognose und Einwirkungen schriftlich zu fixieren.

3.1. Analyse der Erhebungen

3.1.1. Analyse des Lebenslängsschnitts

Verhalten bezüglich *Erziehung* und Einfügung in den elterlichen Familienbereich unauffällig, zum D-idealtypischen Pol tendierend bis gegen Schulende, dann zunehmend Änderungen in Richtung K-idealtypischer Ausprägungen.

Der *Aufenthaltsbereich* zeigt ausgeprägte Tendenzen zur D-Seite bis gegen Schulende. Von da an zwar keine K-idealtypischen Ausprägungen, vor allem bezüglich des Verlassens des sozialen Nahraums, jedoch wird die elterliche Wohnung nur noch als günstige Essens- und Schlafmöglichkeit gesehen.

Leistungsbereich ebenfalls unauffällig bzw. zum D-idealtypischen Pol weisend bis Ende der Schulzeit, dann zunehmend starke Tendenzen zur K-idealtypischen Seite. *Aber:* Man hat bisweilen den Eindruck einer noch „spielerischen" Einstellung zur Arbeit.

Freizeitbereich zur D-idealtypischen Seite ausgerichtet bis Ende der Schulzeit, anschließend deutliche Veränderung mit Tendenzen zum K-idealtypischen Pol. *Aber:* „Milieu" und entsprechende Örtlichkeiten sind noch uninteressant.

Kontaktbereich bis gegen Schulende ebenfalls unauffällig; seither zwar noch kein Umkippen in K-idealtypische Richtung, aber dennoch nicht mehr unauffällig im vorherigen Sinne. Sexualkontakte: Noch keine Erfahrung.

Im *Delinquenzbereich* deutliche Verfestigung bezüglich Eigentumsdelikten (trotz relativ geringen Schadens); keine Wiederholungen der einmaligen Aggressionsdelikte gegen Sachen, wohl aber im Zusammenhang mit den Eigentumsdelikten erstmals Tätlichkeiten gegen eine Person.

3.1.2. Analyse des Lebensquerschnitts

(Intervall: Von Juni 1981 bis August 1981)

K-Kriterien

Eindeutiges Vorliegen des Kriteriums „Vernachlässigung des Arbeits- und Leistungsbereichs sowie familiärer und sonstiger sozialer Pflichten", rückblendend mindestens seit Herbst 1980, bezüglich „familiärer und sonstiger sozialer Pflichten" sogar seit 1977.

„Fehlendes Verhältnis zu Geld und Eigentum" kann zumindest im Querschnittsintervall recht eindeutig bejaht werden.

„Unstrukturiertes Freizeitverhalten" liegt ebenfalls vor, rückblickend seit ca. 1979.

„Fehlende Lebensplanung" ist offensichtlich ebenfalls zu bejahen, rückblickend mindestens seit Herbst 1980.

„Inadäquat hohes Anspruchsniveau" kann nicht sicher bejaht werden, obgleich Hinweise bestehen (Alkohol, Zigaretten, Flippern, trotz fehlender finanzieller Möglichkeiten).

„Geringe Belastbarkeit" ist eindeutig zu bejahen, rückblickend wohl seit Ende 1979.

„Paradoxe Anpassungserwartung" ist nicht festzustellen.

„Forderung nach Ungebundenheit" liegt vor, rückblickend seit Ende 1980.

„Unkontrollierter übermäßiger Alkoholkonsum" muß ebenfalls bejaht werden, rückblickend etwa seit Herbst 1980.

D-Kriterien

Im Querschnittintervall ist kein einziges D-Kriterium zu bejahen. In der Rückblende lagen dagegen in der Schulzeit die Kriterien „Erfüllung familiärer und sonstiger sozialer Pflichten", „Gebundenheit an eine geordnete Häuslichkeit (und an ein Familienleben)" sowie ein gewisses Engagement für Sachinteressen vor.

3.1.3. Relevanzbezüge und Wertorientierung

Besonders *relevant* scheint für A. zu sein: Völlige Ungebundenheit sowie das Durchsetzen bzw. die Befriedigung unmittelbarer Wünsche (freilich bisher auf verhältnismäßig niedrigem Niveau), Alkoholkonsum, gewisse Anerkennung und Geltung im Kreis seiner Kumpel und möglicherweise das Bedürfnis körperlichen Agierens.

Eine eindeutige *Wertorientierung* ist im Augenblick (noch) nicht festzustellen, vielmehr wird eine deutliche Ambivalenz sichtbar: Einerseits bis zu einem gewissen Grad erkennbare, aber zur Zeit nicht realisierte sozial tragfähige Werte (Elternhaus), andererseits verspieltes, lustbetontes, ungebundenes Leben im Augenblick. Eine verbindliche Ausrichtung fehlt noch.

3.2. Kriminologische Diagnose

3.2.1. Beurteilung anhand der Bezugskriterien der Kriminologischen Trias

Bezüglich der Zuordnung der Straffälligkeit des A. zum Lebenslängsschnitt kommt differentialdiagnostisch nur Kriminalität im Rahmen der Persönlichkeitsreifung oder Hinentwicklung zur Kriminalität in Frage.

Berücksichtigt man dabei die verschiedenen K-Kriterien, vor allem jedoch das Verhalten des A. im Leistungsbereich, dann scheidet *Kriminalität im Rahmen der Persönlichkeitsreifung* diagnostisch aus, da eines der wichtigsten Kriterien dieses Typus, nämlich Intaktheit des Leistungsbereichs bzw. insoweit nur kurzfristig bestehende Auffälligkeit, bei A. gerade nicht mehr zutrifft. Neben der kriminovalenten Konstellation sprechen auch die sonstigen zahlreichen K-Kriterien bei Fehlen von D-Kriterien gegen jene (prognostisch grundsätzlich recht günstige) Zuordnung.

Aber auch eine *Hinentwicklung zur Kriminalität* (die in diesem Fall unmittelbar im Anschluß an erste soziale Auffälligkeiten und erste Straffälligkeit während der Persönlichkeitsreifung einsetzte) ist nicht uneingeschränkt zu bejahen, da einige

wichtige Verhaltensauffälligkeiten, die man sonst beim „Hinentwickler" findet, bei
A. noch nicht vorliegen (z. B. keine „Milieu"kontakte, kein Umgang mit sozial und
strafrechtlich auffälligen Personen, Verbleiben im sozialen Nahraum und noch keine
vollständige Loslösung vom intakten Elternhaus).

3.2.2. „Besondere Aspekte" im Leben des Täters, vor allem im Hinblick auf Prognose und Einwirkungen

Im Vordergrund stehen bei den *„internen Aspekten"* der Drang nach Ungebundenheit, die geringe Belastbarkeit, unmittelbare Ausrichtung auf augenblickliche
Wünsche; dazu kommt sicherlich noch ein gewisses Geltungsstreben (als Bestäti-
gungsbedürfnis im Entwicklungsalter durchaus üblich). Insgesamt ist zunächst
unklar, ob es sich dabei um entwicklungsbedingte Erscheinungen oder letztlich nicht
doch um persönlichkeitsspezifische Eigenarten handelt. Schließlich sei noch die
Relevanz des Alkohols genannt.

Von den *„externen Aspekten"* sind zur Zeit das Wirtshaus und der Kumpelkreis
relevant. Im Hintergrund – dies sollte man im Auge behalten – steht jedoch nach
wie vor das geordnete Elternhaus, das er zumindest noch zum Schlafen und Essen
benutzt.

3.3. Folgerungen im Hinblick auf Prognose und Einwirkungen

Die wesentlichen Folgerungen für die Prognose liegen darin, daß die grundsätzlich
günstige Prognose, wie sie bei der Kriminalität im Rahmen der Persönlichkeitsreifung gegeben ist, bei A. nicht vorliegt. Da sich andererseits die sozialen
Auffälligkeiten noch nicht in der Zahl und in dem Ausmaß feststellen lassen wie
beim üblichen „Hinentwickler" zur Kriminalität, ergeben sich – im Vergleich zu
diesem – bessere Chancen einer günstigen Entwicklung, zumal manche der zur Zeit
sichtbaren „internen Aspekte" durchaus noch entwicklungsbedingt sein können.
Auf alle Fälle jedoch – und dies ergibt sich aus der kriminologischen Diagnose mit
aller Deutlichkeit – ist A. für die Zukunft ausgesprochen kriminell gefährdet, falls
nicht eine recht umfassende und intensive Einwirkung erfolgt, die praktisch alle
Lebensbereiche erfaßt.

IX. Fall B

Fallbeispiel B. ist zum einen im Vergleich mit dem scheinbar ganz ähnlichen Fall A. von Interesse. Erst eine sorgfältige kriminologische Analyse und eine differenzierte Diagnose decken die erheblichen Unterschiede zwischen den beiden Fällen auf, woraus sich dann entsprechende Konsequenzen für die Prognose und die Rechtsfolgen ergeben. Zum anderen soll mit diesem Fallbeispiel der Aufbau eines **kriminologischen Gutachtens** veranschaulicht und dabei insbesondere die nach Lebensbereichen getrennte *Darstellung der Erhebungen* verdeutlicht werden (s. dazu auch o. Kap. VI und u. Kap. X). Eine solche Aufbereitung der Erhebungen erleichtert die spätere Analyse erheblich, sie ist allerdings etwas aufwendiger als die chronologische Darstellung des Lebenslaufs, und es lassen sich auch gewisse Überschneidungen der Angaben zu den einzelnen Lebensbereichen nicht immer vermeiden (aber durch Verweise auf ein Minimum beschränken). Ein solcher Aufbau könnte beispielsweise ohne weiteres auch einem Bericht der *(Jugend-)Gerichtshilfe* zur Vorbereitung der Hauptverhandlung oder auch als Haftentscheidungshilfe zur Frage des Aufrechterhaltens der U-Haft zugrunde gelegt werden, zumal dabei die Trennung zwischen erhobenen Fakten und den eigenen (kriminologischen oder sonstigen) Bewertungen des Berichterstatters schon äußerlich sichtbar wird.

Der Falldarstellung wird ein *tabellarischer Lebenslauf* vorangestellt, was zur besseren Orientierung grundsätzlich zu empfehlen ist.

1. Übersicht zum Lebenslauf[1]

Juli 1960	geboren; in sozial unauffälligem Elternhaus aufgewachsen.
1966 bis 1975	Besuch der Grund- und Hauptschule; langjährige Freundschaft mit einem Schulkameraden.
September 1975 bis Januar 1979	Feinmechanikerlehre; in der Freizeit regelmäßiger Besuch eines Bodybuilding-Clubs; verschiedene Mädchenbekanntschaften, Verlobung.
Januar 1979 bis März 1980	Arbeitstätigkeit als Fräser und Maschineneinsteller; in der Freizeit Hobbys und Zusammensein mit der Verlobten.
Ab Februar 1980	Längerer Krankenhaus- und Sanatoriumsaufenthalt des Stiefvaters, der im Mai 1980 starb.
Seit Februar 1980	wird die Freizeit zunehmend in Gaststätten, Diskotheken und Bars im großstädtischen „Milieu" verbracht.

---

[1] Zum Aufbau s. u. Kap. X. – Die Erhebungen zu Fall B. beziehen sich auf den Stand von *Januar 1981*.

April bis Anfang Mai 1980	Nach Kündigung keine Arbeit.
Mai/Juni 1980	Arbeitstätigkeit als Mechaniker; wiederholtes „Blaumachen", schlechte Arbeitsleistung; Verlust der Arbeitsstelle.
Sommer 1980	Familiendiebstähle, Schwarzfahrten, Verlobung wird durch die Verlobte gelöst.
Juli/August 1980	Gemeinsame Tour mit „Kumpel" nach Frankfurt, Hamburg und Hannover, „um etwas von der Welt zu sehen"; unerlaubter Waffenbesitz.
September 1980	Rückkehr nach Hause.
Ab Oktober 1980	Regelmäßige Arbeitstätigkeit; Freizeit zunächst nach wie vor überwiegend in Gaststätten, Bars und Diskotheken.
November/Dezember 1980	Vier Einbruchsdiebstähle zur Finanzierung der Barbesuche.
Seit November 1980	wird die Freizeit meist zusammen mit der Freundin verbracht.

2. Feststellungen aus den Akten und aufgrund unmittelbarer Erhebungen[2]

2.1. Allgemeines Sozialverhalten

2.1.1. Kindheit und Erziehung (Elternfamilie)[3]

B. sei am 27. Juli 1960 in R-Stadt nichtehelich geboren. Sein Vater sei Schlosser gewesen, seine Mutter habe zunächst als Verkäuferin gearbeitet, nach der Geburt des B. habe sie sich um ihn und den Haushalt gekümmert. Seine Eltern hätten 1963 geheiratet. Aus dieser Ehe stamme auch seine 4 Jahre jüngere Schwester. Die Ehe der Eltern sei auf Antrag der Mutter wegen anhaltender außerehelicher Beziehungen des Ehemannes 1969 geschieden worden. Im Juli 1970 habe die Mutter den

---

[2] Der Hinweis auf die den Erhebungen zugrunde liegenden Informationsquellen könnte in einem (Jugend-)Gerichtshilfebericht oder in einem kriminologischen Gutachten beispielsweise lauten: Die Angaben beruhen auf Gesprächen mit dem Beschuldigten am ... und am ... sowie mit seiner Mutter anläßlich eines Hausbesuches am ...; im übrigen lagen die Ermittlungsakten – AZ ... – samt Beiakten – AZ ... – vor.

[3] S. o. Kap. IV, 3.1. – Obwohl bei der kriminologischen Analyse das Verhalten des Probanden im Mittelpunkt steht, ist es in der Regel für die Beurteilung durchaus sinnvoll und aufschlußreich, auch den familiären Hintergrund des Probanden kurz zu skizzieren.

20 Jahre älteren Metzger Z. geheiratet. Aus der zweiten Ehe der Mutter habe B. noch einen um 10 Jahre jüngeren Bruder. Die wirtschaftlichen Verhältnisse der Familie seien stets geordnet gewesen, die Familie habe einen guten Leumund.

B. sei bei seinen Eltern aufgewachsen. Die Erziehung habe weitgehend in Händen der Mutter gelegen. B. habe als Kind keinerlei Schwierigkeiten gemacht und sei immer recht brav gewesen. Das Verhältnis seines Stiefvaters sei nicht nur zu seinem eigenen Sohn, sondern auch zu B. und dessen Schwester sehr gut gewesen. Die Kinder seien für ihn alles gewesen; er habe sich ihrer sehr angenommen. Auch die Kinder hätten ihn gern gehabt, obwohl er streng und auf Ordnung bedacht gewesen sei. Auch während der Lehrzeit habe es mit B. zu Hause keine nennenswerten Probleme gegeben.

Anfang Februar 1980 sei der Stiefvater nach einem Herzinfarkt zunächst 6 Wochen im Krankenhaus und anschließend längere Zeit in Kur gewesen. Den Angaben der Mutter zufolge habe sich B. in dieser Zeit völlig verändert. Im Gegensatz zu früher habe er sich von ihr überhaupt nichts mehr sagen lassen, sei frech und aufsässig geworden. Abends sei er kaum noch daheim gewesen, sondern habe sich irgendwo herumgetrieben. Sie habe im Grunde keinerlei Einfluß mehr auf ihn nehmen können, obwohl sie es immer wieder versucht habe.

Nach einem erneuten Herzinfarkt sei der Stiefvater dann am 18. Mai 1980 gestorben. Die Familie habe nach dem Tod des Stiefvaters längere Zeit keine Rente bekommen und auch die Ersparnisse seien zur Neige gegangen. Dennoch habe B. seine Mutter nicht im geringsten unterstützt, sondern im Gegenteil in dieser Zeit unter anderem durch den Kauf einer teuren Lederjacke auf Rechnung seiner Mutter zusätzliche Schulden gemacht, die seine Mutter dann notgedrungen beglichen habe (s. auch u. 2.2.1.).

Seit seiner Rückkehr nach Hause im September 1980 (s. u. 2.1.2.) gebe er allerdings regelmäßig Kostgeld zu Hause ab und kümmere sich auch wieder etwas mehr um seine Mutter und um die Geschwister.

2.1.2. Aufenthaltsbereich[4]

B. habe zusammen mit seinen Eltern zunächst in R-Stadt gewohnt. 1968 sei die Familie nach einem Arbeitsstellenwechsel des Vaters nach S-Stadt umgezogen. Seit Oktober 1970, also nach der zweiten Heirat der Mutter, wohne die Familie in einer gut ausgestatteten, gepflegten 5-Zimmer-Wohnung in T-Stadt. B. habe ebenso wie seine Geschwister ein eigenes Zimmer, das er auch weitgehend selbst ausgestalten könne.

Nachdem es im Frühjahr/Sommer 1980 sowohl zu Hause als auch am Arbeitsplatz Probleme gegeben habe, habe B. Mitte Juli 1980 auf Vorschlag eines „Kumpels", den er kurz zuvor kennengelernt habe, beschlossen, „etwas von der Welt zu sehen". (Auf Frage, was das für ein Kumpel gewesen sei:) „Das war ein echt starker Typ! Der kam daher, fragte, gehst' mit, und da bin ich mit. Ich hatte eh' die Nase voll und wollte fort." Sie seien zunächst nach Frankfurt getrampt, hätten sich dort etwa 2 Wochen aufgehalten und dabei im Freien im Schlafsack übernachtet.

---

4 S. o. Kap. IV, 3.2.

Anfang August 1980 seien sie nach Hamburg gefahren, um auf einem Schiff anzuheuern. Dies sei jedoch nicht so ohne weiteres möglich gewesen, wie sie es sich vorgestellt hätten. Schließlich seien sie nach Hannover getrampt. Auch dort hätten sie zunächst wieder im Freien übernachtet, dann in der Wohnung von einigen „Kumpeln", die sie zwischenzeitlich kennengelernt hätten, und zuletzt noch einige Tage bei zwei Mädchen, die sie in einer Diskothek „aufgerissen" hätten. Seinen Angaben zufolge sei die ganze Sache allerdings nach kurzer Zeit „langweilig" geworden; sein „Kumpel" habe noch „action machen" wollen und vorgeschlagen, nach Berlin zu gehen. Er selbst habe aber „keinen Bock mehr gehabt, weiterhin in der Weltgeschichte herumzuziehen", und habe sich per Anhalter auf den Heimweg gemacht, während sein „Kumpel" nach Berlin getrampt sei. Anfang September 1980 sei B. wieder bei seiner Mutter aufgetaucht und wohne seither wieder zu Hause.

2.1.3. Leistungsbereich[5]

B. habe trotz des wiederholten Schulwechsels in der Grund- und Hauptschule durchweg ordentliche Leistungen erbracht. Er sei nicht sitzengeblieben und habe höchstens ein- oder zweimal den Unterricht geschwänzt. Nach dem Hauptschulabschluß habe er auf Anraten eines Bekannten im September 1975 aus eigenem Entschluß eine Feinmechanikerlehre angetreten. Sowohl die Lehre als auch die Berufsschule hätten ihm Freude gemacht. Seine Leistungen hätten bis zum zweiten Lehrjahr dem guten Durchschnitt entsprochen; für die Betriebsheftführung, die ihm besonders Spaß gemacht habe, habe er sogar einen Preis erhalten. Auch sein Verhalten gegenüber Vorgesetzten und Mitarbeitern sei tadellos gewesen. Seine Lehrlingsvergütung habe er bis auf ein Taschengeld zu Hause abgegeben. Gegen Ende der Lehrzeit sei es ihm jedoch zunehmend schwerer gefallen, die Ausbildung durchzuhalten, da es ihm in der Lehrfirma nicht mehr gepaßt habe. Worum es sich dabei genau gehandelt habe, könne er allerdings nicht sagen. Es habe ihm eben alles „gestunken". Gleichwohl habe er am 12. Januar 1979 seine Gesellenprüfung abgelegt, jedoch nur mit knapp durchschnittlichem Prüfungsergebnis.

Schon vor der Prüfung habe er sich beim Arbeitsamt nach einer anderen Stelle umgesehen. Am 21. Januar 1979 habe er dann bei einem Hersteller von Kameras und optischen Geräten in T-Stadt als Fräser anfangen können und später dort als Maschineneinsteller gearbeitet. Es habe zunächst keine Probleme gegeben, B. sei lediglich hin und wieder zu spät zur Arbeit gekommen. Nach Auskunft der Mutter, die den Meister gekannt habe, habe dieser jedoch den Eindruck gewonnen, daß B. von Anfang an etwas überfordert gewesen sei und deshalb zunehmend die Lust verloren habe. Mitte Februar 1980 habe B. diese Arbeitsstelle zum 31. März 1980 gekündigt. Seinen Angaben zufolge habe er einfach keine Lust mehr gehabt. Er sei dann etwa einen Monat lang keiner Arbeit nachgegangen und habe sich zunächst auch nicht um eine neue Arbeitsstelle gekümmert. Da ihn seine Mutter und seine Verlobte (s. u. 2.1.5.) ebenso wie (bei gelegentlichen Besuchen in der Klinik) sein Stiefvater gedrängt hätten, habe er sich schließlich nach einer neuen Arbeit

---

[5] S. o. Kap. IV, 3.3.

umgesehen und zu seiner eigenen Überraschung schon Anfang Mai 1980 eine Stelle als Mechaniker in einer Maschinenfabrik in T-Stadt gefunden. Er habe dort jedoch bereits in den ersten Wochen keinen guten Eindruck gemacht, da er wiederholt „blaugemacht" habe oder nach durchzechter Nacht (in der Altstadt der nahegelegenen Großstadt) mit erheblicher Verspätung und unausgeschlafen am Arbeitsplatz erschienen sei und dementsprechend „Schrott produziert" habe. Es sei ihm daher Mitte Juni 1980 nahegelegt worden, zum Monatsende zu kündigen.

Für ihn sei damit „endgültig finito" gewesen, zumal es deswegen daheim und mit seiner Verlobten wieder „Stunk" gegeben habe. Er sei dann Mitte Juli 1980 „auf Tour" gegangen und habe sich in Frankfurt zunächst mit Gelegenheitsarbeiten auf dem Großmarkt so einigermaßen „über Wasser gehalten". Nachdem es in Hamburg mit dem Anheuern nicht geklappt habe und das Geld knapp geworden sei, hätten er und sein „Kumpel" ihre Habseligkeiten, unter anderem auch eine wertvolle Armbanduhr, die er von seinem Stiefvater geerbt habe, bei der Pfandleihe versetzt. In Hannover hätten sie sich bei ihren Bekannten bzw. bei den beiden Mädchen „durchgeschnorrt".

Nach seiner Rückkehr nach Hause habe er am 1. Oktober 1980 als Mechaniker in einem Betrieb in T-Stadt anfangen können, wo er nach wie vor arbeite. Durch Überstunden komme er auf etwa 1300 DM netto im Monat und gebe davon zur Zeit 500 DM zu Hause ab. Einen Teil seines ersten Lohnes habe er zum Begleichen der gerichtlichen Auflage und der Geldstrafe (s. u. 2.2.1.) verwendet. Außerdem habe er sich inzwischen ein gebrauchtes Auto gekauft, für das er noch acht Raten in Höhe von je 400 DM bezahlen müsse.

2.1.4. Freizeitbereich[6]

Während der Schulzeit habe er in seiner Freizeit „so das Übliche" gemacht: Er habe mit Kameraden aus der Schule und aus der Nachbarschaft gespielt, zusammen mit seinen Eltern und Geschwistern etwas unternommen und des öfteren gemeinsam mit seinem Stiefvater gebastelt.

Seit Beginn der Lehrzeit sei er regelmäßig zweimal wöchentlich in einen Bodybuilding-Club, hin und wieder im Anschluß daran mit einigen Kameraden ein Glas Bier trinken gegangen. Das Bodybuilding sei ihm damals sehr wichtig gewesen; sonst habe er keinen Sport getrieben. Abends habe er entweder daheim ferngesehen oder sei in die Diskothek oder ins Kino gegangen, dann aber spätestens gegen 23 Uhr wieder daheim gewesen. Im übrigen habe er sich auf seinem Zimmer stundenlang Schallplatten mit Popmusik anhören können.

Als er bei dem Kamerahersteller gearbeitet habe, habe er außerdem mit dem Filmen (Schmalfilm) begonnen, und das Schneiden und Vertonen der Filme habe einen großen Teil seiner Freizeit beansprucht. Damals sei er abends und am Wochenende auch viel mit seiner Verlobten zusammen gewesen.

Im Februar 1980 sei er durch einen Arbeitskollegen in die Altstadt von S-Stadt gekommen. Seinen Angaben zufolge sei das dortige Kneipen-, Disko- und Barmilieu „echt stark" gewesen. Er sei in den folgenden Wochen fast jeden Abend bis

---

[6] S. o. Kap. IV, 3.4.

Mitternacht („bis zur letzten Straßenbahn") dort gewesen, anfänglich noch zusammen mit seinem Arbeitskollegen, später dann meist allein; er hätte inzwischen einige „Kumpel" kennengelernt, von denen er den einen oder anderen immer irgendwo in der Altstadt mehr oder weniger zufällig getroffen habe und mit dem er dann durch die Bars und Diskotheken gezogen sei. Als er arbeitslos gewesen sei (April/Mai 1980), habe er meist bis mittags geschlafen, habe sich nachmittags in der Regel im „Espresso", einem schlecht beleumundeten Lokal am Bahnhof von T-Stadt, aufgehalten und sei am Abend nach S-Stadt gefahren, wo er zusammen mit „irgendwelchen Kumpeln" oft bis in die frühen Morgenstunden durch die Altstadt gezogen sei. Damals sei er dann meist mit dem Taxi nach Hause gefahren. Innerhalb kurzer Zeit seien auf diese Weise nicht nur sein früherer Arbeitslohn und das Arbeitslosengeld, sondern auch seine Ersparnisse „draufgegangen". Das Bodybuilding habe er völlig „abgeschrieben", und auch für seine Verlobte habe er kaum noch Zeit gehabt.

Als er im Sommer 1980 „auf Tour" gewesen sei, habe er sich in der Regel zusammen mit seinem „Kumpel" im Zentrum der jeweiligen Großstadt aufgehalten, sei in Spielsalons „herumgehängt" und habe eben den Tag irgendwie zugebracht; irgend jemanden habe man immer getroffen, und es sei eigentlich auch immer abwechslungsreich gewesen.

Nach seiner Rückkehr nach T-Stadt im September 1980 habe er die Abende wieder häufig in der Altstadt von S-Stadt in Kneipen und Bars verbracht, sei allerdings wieder regelmäßig gegen Mitternacht nach Hause gekommen. Ende November 1980 habe er seine jetzige Freundin F. kennengelernt, mit der er in der Folgezeit fast jeden Abend und vor allem am Wochenende zusammengewesen und in die Diskothek oder ins Kino gegangen sei oder sonst irgend etwas unternommen habe. Er habe sich aber nach wie vor auch mit seinen „Kumpeln" aus der Altstadt getroffen und komme heute noch gelegentlich mit ihnen zusammen, allerdings weit weniger als noch vor einigen Monaten. Die meiste Zeit verbringe er jetzt mit seiner Freundin, mit der er viel im Auto unterwegs sei und „einfach so herumkutschiere".

2.1.5. Kontaktbereich[7]

Zu seinem Stiefvater habe B. ein besonders gutes Verhältnis gehabt; dessen Tod sei ihm auch ziemlich nahegegangen. Das Verhältnis zu seiner Mutter sei dagegen eher etwas distanzierter gewesen; vor allem auch nach dem Tod des Stiefvaters. Allerdings habe er sich auch während jener Zeit, in der er „auf Tour" gewesen sei, immer wieder telefonisch zu Hause gemeldet. Irgendwie sei es ihm seiner Mutter gegenüber nicht so ganz wohl gewesen.

Neben Schulkameraden und Nachbarskindern habe B. in der Schulzeit einen langjährigen Freund gehabt; diese Freundschaft sei allerdings kurz nach der Schulentlassung in die Brüche gegangen. (Auf Frage:) „Einen eigentlichen Grund hat es nicht gegeben; man hat sich eben nicht mehr verstanden." Während der Lehrzeit habe er dann noch einmal kurzfristig im Bodybuilding-Club einen Freund

---

[7] S. o. Kap. IV, 3.5.

gehabt, der schon einiges „auf dem Kerbholz" gehabt habe und nach verschiedenen Straftaten wieder in ein Heim eingewiesen worden sei. In den letzten Jahren habe er keinen eigentlichen Freund mehr gehabt, sondern nur noch zu dem einen oder anderen Arbeitskollegen über die Arbeit hinaus Kontakt gehabt. Ansonsten habe er in der letzten Zeit in der Altstadt von S-Stadt eine ganze Reihe von „Kumpeln" gefunden.

Den ersten näheren Kontakt zu Mädchen habe er mit 14 Jahren zu einer Gleichaltrigen gehabt; diese Freundschaft habe aber nur einige Monate angehalten. Als 15jähriger habe er seine ersten intimen Erfahrungen mit einer 18jährigen gemacht. In der Folgezeit habe es dann eine ganze Reihe weiterer kurzfristiger Mädchenbekanntschaften einschließlich Sexualkontakten gegeben. Im Frühjahr 1979 habe er sich mit V., einem − nach Auskunft seiner Mutter − „anständigen Mädchen aus gutem Hause", verlobt. Die Verlobung sei allerdings durch V. im Sommer 1980 wegen seines damaligen Lebenswandels wieder gelöst worden. „Das ist mir schon irgendwie an die Nieren gegangen, aber dann war's eh' wurscht." Seit November 1980 bestehe jetzt eine enge Verbindung zu F., mit der er sich − seinen Angaben zufolge − sehr gut verstehe. „Das ist eine echt starke Beziehung, das geht richtig unter die Haut."

2.1.6. Alkohol- und Drogenkonsum[8]

B.'s Angaben zufolge habe er mit Drogen „nichts im Sinn". An Alkohol könne er allerdings „einiges vertragen" und sei auch schon des öfteren „ziemlich zu" gewesen. (Auf Frage:) Im Frühjahr/Sommer 1980 sei das mehrmals pro Woche vorgekommen, in letzter Zeit aber nicht mehr so oft; er trinke hauptsächlich Bier und Whisky. Mit etwa 16 Jahren habe er das Rauchen angefangen und brauche zur Zeit etwa zwei Schachteln Zigaretten pro Tag.

2.2. Delinquenzbereich[9]

2.2.1. Frühere Straftaten, Verurteilungen und Strafverbüßungen

Als Kind habe er sicher einiges angestellt, an Einzelheiten könne er sich allerdings nicht mehr erinnern. Es sei auch „nichts Größeres" gewesen.

Nach Angaben der Mutter, die von B. bestätigt werden, habe er im Frühsommer 1980 wiederholt heimlich Geld aus der Haushaltskasse entwendet, und auch kleinere Sparbeträge seiner Geschwister sowie der „Notgroschen" seiner Mutter in Höhe von etwa 100 DM seien damals vor ihm nicht sicher gewesen.

Bisher habe er dreimal vor Gericht gestanden: Das erste Mal sei es im Alter von 16 Jahren gewesen. Es sei zusammen mit seinem gleichaltrigen Freund aus dem

---

8 S. o. Kap. IV, 3.7.
9 S. o. Kap. IV, 4.

Bodybuilding-Club passiert. Sie seien damals abends nach dem Training noch kurz in einer Gaststätte gewesen und auf dem Heimweg habe sein Freund vorgeschlagen, sich noch Zigaretten zu „besorgen". Mit einer Bauklammer von einer benachbarten Baustelle hätten sie einen Zigarettenautomaten eingedrückt und insgesamt zehn Schachteln Zigaretten entwendet. Dafür habe er an acht Samstagen beim Roten Kreuz arbeiten müssen. (Lt. Auszug aus dem Erziehungsregister wegen gemeinschaftlich begangenen Diebstahls jugendrichterliche Verwarnung und Weisung, Arbeitsleistungen zu erbringen.)

Die beiden anderen Sachen seien im Sommer 1980 passiert: Im Juli 1980 sei er erwischt worden, als er mit der Monatsfahrkarte seiner damaligen Verlobten V. mit der Straßenbahn gefahren sei. Er habe zuvor den Vornamen auf der Karte mit einer Rasierklinge teilweise unkenntlich gemacht. Dafür sei er im November 1980 mit 1200 DM Geldstrafe belegt worden. (Lt. beigezogener Strafakten Verurteilung wegen Urkundenfälschung und fortgesetzten Betrugs zu einer Geldstrafe von 30 Tagessätzen zu je 40 DM.)

Im August 1980 sei er zusammen mit einigen „Kumpeln" bei Hannover in einem Schrebergartenhäuschen festgenommen worden. Sie hätten dort übernachten wollen, zuvor aber noch mit einem Trommelrevolver, den er sich auf dem Frankfurter Hauptbahnhof „organisiert" habe, „in der Gegend herumgeballert" und so dummerweise auf sich aufmerksam gemacht. Dafür habe er 800 DM bezahlen müssen. (Den Strafakten zufolge wegen unerlaubten Führens einer Schußwaffe Auflage, 800 DM an eine gemeinnützige Einrichtung zu zahlen.)

2.2.2. Letzte Taten[10]

Den Ermittlungsakten zufolge soll B. zusammen mit den beiden Mitangeklagten X. und Y. an drei Samstagen (15. und 22. November, 6. Dezember 1980) den Abend in verschiedenen Gaststätten in T-Stadt verbracht und jeweils gegen Mitternacht beschlossen haben, noch ins „Lido" bzw. ins „Maxim", zwei in keinem guten Ruf stehende Nachtlokale, zu gehen. Da sie hierfür nicht hinreichend „bei Kasse" gewesen seien, hätten sie sich jeweils veranlaßt gesehen, noch Geld zu beschaffen.

Auf Vorschlag des B. hätten sie in zwei Fällen das Gelände der Maschinenfabrik, bei der B. im Mai/Juni 1980 kurzfristig gearbeitet habe, bzw. in einem Fall dessen ehemaligen Lehrbetrieb aufgesucht, seien jeweils durch das Fenster in die Bürobzw. Kantinenräume eingedrungen, hätten diese durchsucht und aus vorgefundenen Geldkassetten 800 DM, 500 DM bzw. 150 DM sowie insgesamt ca. 200 Schachteln Zigaretten und 8 Flaschen Schnaps entwendet. Die Beute hätten sie jeweils gleichmäßig geteilt; das Geld sei in der Regel noch in der gleichen Nacht in Bars und Diskotheken verbraucht worden.

Am Samstag (29. November 1980) sei B. abends mit seiner Freundin ausgegangen. Nachdem er diese nach Hause begleitet habe, sei ihm auf dem

---

[10] S. o. Kap. IV, 4.2. und u. Kap. X, Übersicht. – Bei einfach gelagerten Fällen kann es sinnvoll sein, auf die Unterteilung „Zeit unmittelbar vor der Tat", „Tatgeschehen" und „Zeit nach der Tat" zugunsten einer geschlossenen Darstellung zu verzichten; die verschiedenen Zeiträume sollten aber dennoch berücksichtigt werden.

Heimweg plötzlich der Gedanke gekommen, sich noch Geld zu besorgen; er sei bei
seiner ehemaligen Lehrfirma eingestiegen und habe versucht, mit einer aus der
Werkstatt herbeigeschafften Bohrmaschine den Tresor im Lohnbüro aufzubrechen.
Da jedoch erheblicher Lärm verursacht worden sei, habe er von seinem Vorhaben
abgelassen.

B. sei ermittelt worden, nachdem die beiden Mitangeklagten X. und Y. bei
einem weiteren Einbruch von der Polizei noch am Tatort gefaßt worden seien.

2.3. Lebensorientierung[11]

Je nachdem, wie die Verhandlung ausgehe, wolle er weiter an seinem bisherigen
Arbeitsplatz bleiben. Im übrigen müsse er im Frühjahr 1981 mit seiner Einberufung
zum Wehrdienst rechnen. Seine Freizeit verbringe er derzeit praktisch ausschließlich
zusammen mit seiner Freundin F. und wolle dies auch in Zukunft so halten. Sie
verstünden sich bestens. Ans Heiraten denke er vorläufig allerdings noch nicht;
vorher müsse er sich eine solide Basis aufbauen und „etwas sein". Das Verhältnis zu
F. sei so gut, daß er keinen Zweifel habe, daß seine Freundin auch für den Fall eines
Haftaufenthalts zu ihm halten werde. Für die Zukunft sehe er auch eine gewisse
Aufgabe darin, sich um seine Mutter und um seine Geschwister zu kümmern, die ja
nach dem Tod des Stiefvaters niemanden mehr hätten, der sich ihrer annimmt.

3. Analyse der Erhebungen[12]

3.1. Analyse des Lebenslängsschnitts[13]

3.1.1. Verhalten in den einzelnen Lebensbereichen

3.1.1.1. Erziehung[14]

Das entsprechende Verhalten tendierte im Kindes- und Jugendalter recht deutlich
zum D-idealtypischen Pol, da B. sich offensichtlich in die (geordnete) Elternfamilie
einfügte und auch eine gewisse Kontrolle akzeptierte. Erst im Heranwachsenden-

---

11 S.o. Kap. IV, 5.
12 Zum Vorgehen bei der Analyse s.o. Kap. V, 1. – Aus didaktischen Gründen folgt hier noch
     einmal eine eingehende Darstellung der Analyse (s. dazu o. S. 161f. und S. 185).
13 Zum Vorgehen bei der Analyse des Lebenslängsschnitts s. o. Kap. V, 2.
14 Zu den Beurteilungsgesichtspunkten s. o. Kap. V, 2.1.

alter und nach Krankenhausaufenthalt und Tod des Stiefvaters können ausgeprägte Tendenzen zum K-idealtypischen Verhalten insoweit festgestellt werden, als B. sich jeglicher Einwirkung und Kontrolle seitens seiner Mutter entzog und auch nach der Rückkehr nach Hause keine nennenswerte Einflußnahme ihrerseits mehr festzustellen ist.

3.1.1.2. Aufenthalts- und Wohnbereich[15]

Dieser Lebensbereich war bis zum 21. Lebensjahr vom sozial unauffälligen, geordneten Elternhaus geprägt. Ab Frühjahr 1980 zeigten sich dagegen zunehmende Tendenzen zum K-idealtypischen Verhalten: Der elterliche Wohnbereich diente nur noch als Schlafstelle und trat schließlich im Sommer 1980 vorübergehend völlig in den Hintergrund. Das Ausbrechen aus dem Elternhaus auf der Suche nach Abenteuer führte aus dem sozialen Nahraum heraus in die für B. anonyme Großstadt. Es kam zu einer (nur kurzen) Phase mehr oder weniger wohnsitzlosen Umherziehens, verbunden mit Obdachlosigkeit und beliebig wechselndem Unterschlupf bei irgendwelchen Bekannten. Allerdings hielt B. selbst während dieser Phase einen gewissen Kontakt zum Elternhaus aufrecht (Telefonanrufe), so daß es trotz der insgesamt sehr starken Tendenzen zur K-idealtypischen Seite zu keiner endgültigen Loslösung von zu Hause kam. Eindeutig in D-idealtypische Richtung weist demgegenüber die Rückkehr zur Herkunftsfamilie, die offensichtlich aus eigenem Antrieb erfolgte. Auch wenn in der Folgezeit der Wohnbereich des Elternhauses, etwa als Freizeitaufenthaltsort, keine große Rolle mehr spielte, so sind seit September 1980 doch insgesamt wieder relativ deutliche Tendenzen zum D-idealtypischen Pol zu erkennen.

3.1.1.3. Leistungsbereich[16]

Auch das Verhalten im Leistungsbereich weist während der Schul- und Ausbildungszeit klar zum D-idealtypischen Pol. Obwohl die Schwierigkeiten am Arbeitsplatz gegen Ende der Lehre durchgestanden wurden (sein Verhalten also eigentlich eher der D-idealtypischen Seite zuzuordnen wäre), können sie in Anbetracht des weiteren Verhaltens im Leistungsbereich durchaus auch als erste, wenn auch noch wenig ausgeprägte Anzeichen für Tendenzen zum K-idealtypischen Pol angesehen werden.[17]

Ab Frühjahr 1980 tendierte das Leistungsverhalten dagegen immer mehr zu K-idealtypischen Ausprägungen: Das Arbeitsverhältnis wurde aus einer allgemeinen Unlust heraus anscheinend ungeplant und spontan aufgegeben, die Arbeitsstelle wurde ohne nahtlosen Übergang gewechselt, die Arbeitshaltung war von Desinteresse gekennzeichnet, und schließlich wurde mehrere Wochen lang keiner geregelten Arbeit mehr nachgegangen. Immerhin bestritt B. aber auch in dieser Phase eines völlig ungeregelten Arbeitsverhaltens seinen Lebensunterhalt zum Teil noch durch Gelegenheitsarbeiten.

---

[15] Zu den Beurteilungsgesichtspunkten s. o. Kap. V, 2.2.

[16] Zu den Beurteilungsgesichtspunkten s. o. Kap. V, 2.3.

[17] Dies läßt sich mangels genauerer Angaben nicht eindeutig klären, ist aber letztlich für die aktuelle Beurteilung auch nicht von entscheidender Bedeutung.

Seit Herbst 1980 ist durch die Aufnahme einer regelmäßigen Arbeitstätigkeit nunmehr wieder eine gegenläufige, zum D-idealtypischen Verhalten weisende Tendenz festzustellen.

3.1.1.4. Freizeitbereich[18]

Das Freizeitverhalten läßt eine ähnliche Entwicklung erkennen: Im Kindes- und Jugendalter kann sowohl hinsichtlich Verfügbarkeit sowie Struktur und Verlauf der Freizeit als auch im Hinblick auf den Freizeitaufenthalt von einem mehr oder weniger stark zur D-idealtypischen Seite weisenden Verhalten ausgegangen werden.

Eine grundlegende Veränderung in Richtung K-idealtypischen Verhaltens setzte in diesem Bereich schon Anfang Februar 1980 ein: Die Freizeit wurde zunächst auf Kosten der Ruhe- und Schlafperiode und bereits nach kurzer Zeit auch zu Lasten des Leistungsbereichs ausgeweitet. Selbst nach Aufnahme der neuen Arbeitstätigkeit im Mai 1980 kam es immer wieder zu Ausweitungen zu Lasten des Leistungsbereichs, bis die Freizeit schließlich im Sommer 1980 während der Zeit weitgehender beruflicher Untätigkeit den gesamten Tagesablauf bestimmte. Im Mittelpunkt standen dabei außerhäusige, unstrukturierte Freizeittätigkeiten mit inhaltlich nicht vorhersehbaren Abläufen und deutlicher „Milieu"orientierung.

Diese Art der Freizeitgestaltung stand auch im Herbst 1980, nachdem B. wieder eine geordnete Arbeitstätigkeit aufgenommen hatte, weiterhin im Vordergrund, wenngleich nunmehr die Abläufe vor allem zeitlich nicht mehr ganz unvorhersehbar waren und eine Ausweitung der Freizeit allenfalls noch auf Kosten des Schlafes erfolgte, nicht aber zu Lasten des Leistungsbereichs. Durch die Überstunden kam es bisweilen sogar zu einer gewissen Einschränkung der zur Verfügung stehenden freien Zeit.

Erst ab Ende November 1980 scheint im Zusammenhang mit der Bekanntschaft mit F. eine eher teilstrukturierte, auf das Zusammensein mit einer bestimmten Person ausgerichtete Freizeitgestaltung, die sich innerhalb gewisser zeitlicher, räumlicher und personeller Grenzen bewegt, wieder an Bedeutung gewonnen zu haben; die Freizeit weist also neuerdings wiederum gewisse D-idealtypische Ausprägungen auf.

3.1.1.5. Kontaktbereich[19]

Im Zusammenhang mit den schicksalhaft vorgegebenen Kontakten ist das Verhalten des B. während der Kindheit und Jugend dem D-idealtypischen Pol zuzurechnen. Besonders ausgeprägt zeigt sich diese Tendenz im Verhältnis zu seinem Stiefvater, während im Vergleich dazu die Beziehung zur Mutter eher zurücktritt. Obwohl nach krankheitsbedingter Abwesenheit und schließlichem Tod des Stiefvaters die Beziehung zur Elternfamilie im Frühjahr/Sommer 1980 einen deutlich utilitaristischen Einschlag erhielt (wobei es sogar zu wiederholten Familiendiebstählen kam) und damit zum K-idealtypischen Pol tendierte, hatte B. die Verbindung zum

---

[18] Zu den Beurteilungsgesichtspunkten s. o. Kap. V, 2.4.
[19] Zu den Beurteilungsgesichtspunkten s. o. Kap. V, 2.5.

Elternhaus selbst im Juli/August 1980 nie vollständig abgebrochen. Inwieweit bei der Rückkehr im September 1980 auch eine gewisse Bindung an Mutter und Geschwister eine Rolle spielte, kann nicht beurteilt werden. Immerhin scheint seine Rückkehr nicht überwiegend um materieller Vorteile willen erfolgt zu sein, wie aus dem weiteren Verhalten (z. B. auch der Kostgeldabgabe) zu schließen ist. In neuerer Zeit finden sich damit also hinsichtlich der schicksalhaft vorgegebenen Kontakte im Grunde eher wieder Tendenzen zu D-idealtypischen Ausprägungen.

Die selbstgewählten Kontakte zu Freunden und Bekannten wiesen in Kindheit und Jugend im wesentlichen ebenfalls zur D-idealtypischen Seite: Allerdings bestand bereits zu Beginn der Lehrzeit ein erster längerfristiger Kontakt zu einem anscheinend sozial nicht ganz unauffälligen Gleichaltrigen aus dem Bodybuilding-Club, der dann auch zur ersten Straftat führte. Eine ausgeprägte Veränderung zum K-idealtypischen Pol ergab sich bei den selbstgewählten Kontakten jedoch Anfang 1980: „Milieu"orientierte und auswechselbare Kontakte zu irgendwelchen „Kumpeln" gewannen zunehmend an Bedeutung, wobei in dieser Hinsicht auch eine gewisse Beeinflußbarkeit des B. deutlich wird. Durch die entsprechenden Auswirkungen auf die anderen Lebensbereiche bestimmten diese Kontakte immer mehr den gesamten Lebenszuschnitt und führten schließlich zur Begehung von Straftaten. Da diese Kontakte für B. bis vor kurzem eine erhebliche Rolle spielten, kann auch noch nicht abgeschätzt werden, inwieweit die neuerdings bestehende Verbindung zu F. hier eine Änderung mit sich bringen könnte (zumal das letzte Delikt unmittelbar nach einem gemeinsam mit F. verbrachten Abend erfolgte).

Die sexuellen Kontakte lassen sich insgesamt nicht eindeutig zuordnen: Während einerseits der relativ frühe erste Geschlechtsverkehr und der in der Folgezeit wiederholte, möglicherweise sogar häufigere Wechsel von GV-Partnerinnen eher zum K-idealtypischen Verhalten weisen, lassen andererseits die beiden doch eher tragenden, längerfristig angelegten Beziehungen zu V. und F. auch deutliche Tendenzen in D-idealtypischer Richtung erkennen.

3.1.2. Delinquenzbereich[20]

Während die „deliktischen Handlungen" im Kindesalter vernachlässigt werden können, zeigt der Vergleich der früheren Delikte mit den jetzt anhängigen Straftaten (Herbst 1980) eine erhebliche Zunahme in der Zielstrebigkeit bei der Tatbegehung: Die erste Straftat (Zigarettendiebstahl im Alter von 16 Jahren) dürfte in erster Linie von der gemeinschaftlichen Tatbegehung gekennzeichnet sein, wobei B. unter Umständen sogar eher nur Mitläufer war.[21] Auch die Familiendiebstähle im Sommer 1980 weisen nur auf eine geringe Zielstrebigkeit bei der Tatbegehung hin, da anscheinend lediglich günstige Gelegenheiten im sozialen Nahraum ausgenutzt worden sind.[22] Demgegenüber zeigt das − anscheinend wiederholte − Schwarz-

---

20 Zu den Beurteilungsgesichtspunkten s. o. Kap. V, 2.6.

21 Es wird hier davon ausgegangen, daß B. die ihm zur Last gelegten Delikte so begangen hat, wie sie sich nach den Ermittlungsakten darstellen.

22 Es geht hier allein um die kriminologische Betrachtungsweise; die moralische Verwerflichkeit des Zugriffs auf den „Notgroschen" ist in *diesem* Zusammenhang ohne Belang, im Hinblick auf die (damalige) Wertorientierung (s. u. 3.3.2.) ist dieser Diebstahl allerdings recht aufschlußreich.

fahren und die zu diesem Zweck begangenen Manipulationen (Urkundenfälschung) bereits ein planmäßiges, überlegtes Vorgehen. Noch ausgeprägter kommt diese Zielstrebigkeit allerdings bei den letzten Straftaten in der planmäßigen, wohlüberlegten Beschaffung von Geld zum Zweck der Finanzierung aufwendiger Freizeitgestaltung zum Ausdruck. Besonders bemerkenswert ist dabei die Tatsache, daß die letzten Straftaten zu einem Zeitpunkt erfolgten, als B. einer geregelten Arbeitstätigkeit nachging und verhältnismäßig gut verdiente.

Der Verstoß gegen das Waffengesetz läßt sich nicht näher qualifizieren.[23]

3.2. Analyse des Lebensquerschnitts[24]

(Als Querschnittintervall wird im folgenden der Zeitraum seit der Rückkehr ins Elternhaus im September 1980 bis zu den letzten Straftaten Anfang Dezember 1980 zugrunde gelegt.)[25]

3.2.1. K-Kriterien[26]

Eine *Vernachlässigung des Arbeits- und Leistungsbereichs sowie familiärer und sonstiger sozialer Pflichten* kann im Querschnittintervall nicht festgestellt werden: B. ging offenbar einer geregelten Arbeit nach und vernachlässigte auch seine Pflichten gegenüber seiner Herkunftsfamilie nicht in gravierender Weise, er gab z. B. regelmäßig zu Hause Kostgeld ab. Demgegenüber finden sich bei der Rückblende im Zeitraum von Februar bis August 1980 zahlreiche Anhaltspunkte für dieses Kriterium (z. B. wiederholter Arbeitsplatzwechsel und berufliche Untätigkeit, keinerlei Unterstützung und Hilfestellung für Mutter und Geschwister, statt dessen Familiendiebstähle, rücksichtsloses Verhalten gegenüber seiner Verlobten usw.).

Auch ein *fehlendes Verhältnis zu Geld und Eigentum* kann für das Querschnittintervall nicht eindeutig bejaht werden, wohl aber rückblickend für Frühjahr/Sommer 1980 (Hinweise hierfür ergeben sich aus den finanziell aufwendigen Gaststätten- und Barbesuchen oder aus dem Kauf der teuren Lederjacke bei fehlender Bereitschaft, für ein geregeltes Einkommen Sorge zu tragen; aus dem Versetzen der letzten Habseligkeiten in der Pfandleihe, insbesondere des Erbstückes von seinem Stiefvater usw.).

---

[23] Nicht jedes Delikt läßt sich mit den bisher erarbeiteten und hier vorgestellten Kriterien zuverlässig kriminologisch erfassen. Dies gilt insbesondere für solche Deliktsarten, die nicht zum Kernbestand des allgemeinen Strafrechts gehören, sondern dem Nebenstrafrecht zuzuordnen sind (s. auch o. Kap. III, 2.).

[24] Zum Vorgehen s. o. Kap. V, 3.

[25] Ausgangspunkt für die Querschnittanalyse sind also alle vier anhängigen Delikte, wobei auch die Zeit zwischen der ersten und der letzten dieser Straftaten in die Querschnittanalyse einbezogen wird.

[26] Zu prüfende Kriterien und Erläuterungen hierzu s. o. Kap. V, 3.1.

Ein *unstrukturiertes Freizeitverhalten* kann trotz der nach wie vor häufigen Altstadtbesuche im Querschnittintervall nicht ganz eindeutig bejaht werden, da diese „Milieu"aufenthalte im Gegensatz zu früher neuerdings anscheinend einen gewissen zeitlichen Rahmen nicht mehr überschreiten und die Freizeit darüber hinaus auch durch Überstunden teilweise eingeschränkt wird. Bei der Rückblende liegt dieses Kriterium dagegen im Frühjahr/Sommer 1980 uneingeschränkt vor.

Im Querschnittintervall ergeben sich auch durch die Rückkehr nach Hause und die Aufnahme einer geregelten Arbeitstätigkeit erstmals seit geraumer Zeit wieder Anhaltspunkte für eine gewisse Lebensplanung, wenngleich – auch unter Berücksichtigung seines Alters – eine durchdachte und tragfähige Lebensplanung nach wie vor fehlen dürfte. Bei der Rückblende ist das Kriterium *fehlende Lebensplanung* allerdings für die Zeit im Frühjahr/Sommer 1980 (im Gegensatz zu den früheren Jahren) eindeutig zu bejahen.

In der Rückblende auf Frühjahr/Sommer 1980 ergeben sich des weiteren Hinweise auf *geringe Belastbarkeit* (wiederholte Aufgabe einer geregelten Arbeitstätigkeit); im Querschnittintervall finden sich hierzu jedoch keine Anhaltspunkte mehr.

Mindestens seit Frühjahr 1980 kann eine mehr oder weniger ausgeprägte *Forderung nach Ungebundenheit* festgestellt werden, die allerdings im Querschnittintervall im Gegensatz zu früher nur noch im Freizeitverhalten zum Ausdruck kommt.

Trotz der häufigen Gaststätten- und Barbesuche ergeben sich keine hinreichenden Anhaltspunkte für *unkontrollierten, übermäßigen Alkoholkonsum.*

3.2.2. D-Kriterien[27]

Weder im Querschnittintervall noch in der Rückblende bis Frühjahr 1980 kann eines der D-Kriterien uneingeschränkt bejaht werden, wenngleich sich neuerdings erste Ansätze im Hinblick auf die *Erfüllung sozialer Pflichten* oder auf *tragende menschliche Bindungen,* etwa zu seiner Freundin bzw. zu seiner Mutter, feststellen lassen. Freilich reichen diese Tendenzen noch *nicht* aus, um eines der Kriterien bejahen zu können.

Bei einer weiterreichenden Rückblende auf frühere Jahre ergeben sich demgegenüber recht deutliche Hinweise auf einige D-Kriterien, so etwa auf die *Erfüllung der sozialen Pflichten,* auf ein *reales Verhältnis zu Geld und Eigentum,* auf eine *Gebundenheit an eine geordnete Häuslichkeit (und an ein Familienleben),* auf *Arbeitseinsatz und Befriedigung bei der Berufstätigkeit,* auf *persönliches Engagement für personale und Sachinteressen* sowie auf *tragende menschliche Bindungen.*

---

[27] Zu prüfende Kriterien und Erläuterungen hierzu s. o. Kap. V, 3.2.

3.3. Relevanzbezüge und Wertorientierung

3.3.1. Relevanzbezüge[28]

Seit Frühjahr 1980 trat ein ganz erhebliches Streben nach *Ungebundenheit und "Freiheit"* zutage, das der früheren Einbindung in das Elternhaus völlig entgegenstand. In diesem Zusammenhang schoben sich der Aufenthalt im *"Milieu" der (großstädtischen) Kneipen, Diskotheken und Nachtlokale* sowie das *Zusammensein mit "Kumpeln"* dominierend in den Vordergrund und wurden zeitweilig nahezu zum Lebensinhalt.

Obwohl das Elternhaus im Frühjahr/Sommer 1980 zunehmend in den Hintergrund gedrängt wurde, offenbart sich der tatsächliche Stellenwert des *Elternhauses* gerade in der Rückkehr in das geordnete Zuhause nach einer kurzen Zeitspanne des Hinausstrebens „in die weite Welt". Ganz allgemein scheint für B. trotz des erstgenannten Relevanzbezugs auf der anderen Seite eine gewisse *Bindung* an einen bestimmten Menschen (früher Stiefvater und V., jetzt F. und wohl auch Mutter) nicht ohne jede Bedeutung zu sein.

3.3.2. Wertorientierung[29]

Ähnlich zwiespältig wie die Relevanzbezüge erscheint auch die Wertorientierung des B. Anhaltspunkte für ein einigermaßen gefestigtes Wertgefüge ergeben sich kaum, zumal er gerade in der jüngsten Vergangenheit in seinem Verhalten[30] sowohl nach der einen als auch nach der anderen Seite tendierte: Einerseits gab er sich zeitweilig einem nahezu „ungebremsten Leben im Augenblick" hin und hatte beispielsweise keine Hemmungen, hierfür sogar auf den „Notgroschen" seiner Mutter und auf die Ersparnisse seiner Geschwister zurückzugreifen. Andererseits zeigte er früher deutliche Ansätze zu einem im Grunde geordneten Leben (z. B. Lehrabschluß, grundsätzliche Arbeitsbereitschaft, Verhältnis zu seiner Verlobten), wobei die Rückkehr nach Hause im Herbst 1980 und die Wiederaufnahme einer Arbeit, für die er sich nach einiger Zeit völlig ungeregelten Lebens selbst entschieden hat, doch daran denken lassen, daß die während der Kindheit und Jugend für ihn relevanten Werte auch jetzt noch bzw. wieder eine gewisse Bedeutung haben. So scheint er auch heute durchaus eine gewisse Vorstellung von Verantwortung, etwa gegenüber der Mutter, zu besitzen; darauf weist auch die Bemerkung hin, vor einer Heirat müsse er erst etwas sein und über eine solide Basis verfügen.

---

[28] Zur Erfassung der Relevanzbezüge s. o. Kap. V, 4.1.

[29] Zur Erfassung der Wertorientierung s. o. Kap. V, 4.2.

[30] Entscheidend für die Beurteilung der Wertorientierung sind keineswegs nur die – etwa bei der Exploration – geäußerten Werte und Wertvorstellungen; die Wertorientierung kann vielmehr auch durch das tatsächliche Verhalten zum Ausdruck kommen. Darüber hinaus sollte für die Analyse der Wertorientierung stets das tatsächliche Verhalten des Probanden mit den geäußerten Werten und Wertvorstellungen verglichen werden.

4. Kriminologische Diagnose[31]

4.1. Beurteilung anhand der Bezugskriterien der Kriminologischen Trias[32]

Das *Längsschnittprofil* weist während der Kindheit und Jugend in allen Lebensbereichen ausgeprägte Tendenzen zum D-idealtypischen Pol auf. Ab Frühjahr 1980,
also im 20. Lebensjahr, zeigten sich zunächst im Freizeit- und Kontaktbereich
deutliche Tendenzen zum K-idealtypischen Verhalten, die nach ganz kurzer Zeit
auch den Leistungsbereich kennzeichneten und im Sommer 1980 vorübergehend auf
den Aufenthaltsbereich übergriffen. In diese Phase ausgeprägten K-Verhaltens
fallen sowohl die Familiendiebstähle als auch die mit Betrugshandlungen verbundene Urkundenfälschung und der Verstoß gegen das Waffengesetz.

Ab September 1980 trat dagegen im Aufenthaltsbereich und im Leistungsbereich
eine zunehmende Veränderung in Richtung D-idealtypischen Verhaltens ein, für die
es auch erste Anzeichen im Freizeit- und Kontaktbereich gibt. Gleichwohl kam es
gerade in diesem Zeitraum, in dem das allgemeine Sozialverhalten teilweise wieder
zum D-idealtypischen Pol wies, zu den jetzt anhängigen Delikten. Dieses
Längsschnittprofil läßt sich keiner der verschiedenen Formen der Stellung der Tat im
Lebenslängsschnitt eindeutig zuordnen: Während die alle Lebensbereiche umfassenden ausgeprägten Tendenzen zum K-idealtypischen Verhalten im Sommer 1980
auf eine Hinentwicklung zur Kriminalität mit Beginn im Heranwachsenden- bzw.
Erwachsenenalter hindeuten, ist im Herbst 1980 in Anbetracht der nur noch im
Freizeit- und Kontaktbereich feststellbaren und sich zudem offenbar abschwächen-
den Tendenzen zur K-idealtypischen Seite trotz der letzten Delikte eher an
Kriminalität im Rahmen der Persönlichkeitsreifung zu denken.

Der aufgrund des Längsschnittprofils gewonnene Eindruck wird durch die
Querschnittbetrachtung erhärtet: Während im Herbst 1980, also im Zeitraum der
anhängigen Straftaten, keine kriminovalente Konstellation vorlag, war diese im
Sommer 1980 uneingeschränkt gegeben. Für diesen Zeitraum kann sowohl von einer
Vernachlässigung des Arbeits- und Leistungsbereichs sowie familiärer und sonstiger
sozialer Pflichten, von fehlendem Verhältnis zu Geld und Eigentum, von
unstrukturiertem Freizeitverhalten als auch von einer fehlenden Lebensplanung
ausgegangen werden. Konsequenterweise kam es dann auch zu den Familiendieb-
stählen bzw. zu der Urkundenfälschung in Verbindung mit den Betrugshandlungen.
Die fast zwingende Notwendigkeit, weitere Eigentums- oder Vermögensdelikte zu
begehen, um den entsprechenden Lebensstil aufrechtzuerhalten, wurde durch die
Rückkehr ins Elternhaus im September 1980 und die Aufnahme einer regelmäßigen
Arbeitstätigkeit beseitigt. Dem Elternhaus kam also letztlich in gewisser Weise die
Funktion eines „Fangnetzes" zu, das möglicherweise ein weiteres Abgleiten in die
(Eigentums-)Kriminalität verhindern konnte.

---

[31] Zum Vorgehen bei der kriminologischen Diagnose s. o. Kap. VI, 1.
[32] Zu den Bezugskriterien s. o. Kap. VI, 2.

Dieser – wechselnde – Lebenszuschnitt findet seine Entsprechung in den *Relevanzbezügen:* Das im Frühjahr/Sommer 1980 festzustellende Streben nach Ungebundenheit und „Freiheit" und die Hinwendung zu „Milieu"kontakten prägten nicht nur den damaligen Lebensstil, sie waren vielmehr auch später der Begehung von Straftaten in besonderer Weise förderlich. Andererseits hatten im Herbst 1980, also bei der Begehung der jetzt anhängigen Straftaten, bereits andere, ein sozial unauffälliges Leben eher begünstigende Relevanzbezüge wieder an Bedeutung gewonnen, ohne allerdings die zuerst genannten, insbesondere die „Milieu"kontakte, bereits ganz verdrängt zu haben. In ähnlicher Weise ungefestigt und wechselhaft wie die Relevanzbezüge erscheint schließlich auch die *Wertorientierung*, wenngleich sie im Grunde wohl eher in eine sozial tragfähige Richtung tendiert.

Zusammenfassend kann daher trotz der im Sommer 1980 ausgeprägten und alle Lebensbereiche erfassenden Tendenzen zum K-idealtypischen Pol und der damals vorliegenden kriminovalenten Konstellation von einer – phasenverschobenen – *Kriminalität im Rahmen der Persönlichkeitsreifung*[33] ausgegangen werden. Dafür spricht zum einen die Tatsache, daß sich im November/Dezember 1980 die Tendenzen zum K-idealtypischen Verhalten im wesentlichen auf den Freizeit- und Kontaktbereich beschränkten und daß keine kriminovalente Konstellation mehr vorlag; zum anderen sind hierfür vor allem die Rückkehr zu einem sozial geordneten Leben und die im Vergleich zum Sommer 1980 wiederum deutlicher werdenden Tendenzen zum D-idealtypischen Verhalten, insbesondere im Leistungsbereich, von entscheidendem Gewicht. Insgesamt spricht damit einiges dafür, daß es sich bei der Phase einer umfassenden Hinwendung zum K-idealtypischen Verhalten im Sommer 1980 doch eher um eine Episode handelte als um den Anfang einer Hinentwicklung zur Kriminalität.

4.2. „Besondere Aspekte" im Leben des Täters, im Hinblick auf Prognose und Einwirkungen[34]

Als „interne Aspekte" sind die Beeinflußbarkeit des B., die sich in der jüngsten Vergangenheit immer wieder im Zusammenhang mit seinen Kontakten zu „Kumpeln" und zum „Milieu" gezeigt hat, zusammen mit dem Fehlen einer dem Alter angemessenen tragfähigen Lebensplanung und einer klaren Ausrichtung der Wertorientierung zu berücksichtigen; allerdings weisen die Rückkehr ins Elternhaus im September 1980, als er sich dem Einfluß seines damaligen „Kumpels" entzog, und sein Verhalten in der letzten Zeit darauf hin, daß ihm durchaus auch solche Werte nicht fremd sind, die als Voraussetzung für ein sozial geordnetes Leben angesehen

---

[33] Diese Form der Stellung der Delinquenz im Leben des Täters beschränkt sich keineswegs nur auf den Zeitraum der Pubertät; sie kann vielmehr auch in späteren Jahren noch vorliegen, wobei es sich teilweise sogar um eine ausgesprochen phasenverschobene Variante handeln kann – s. o. Kap. VI, 3.3.

[34] Zur Erfassung der „besonderen Aspekte" s. o. Kap. VI, 4.

werden können. Im Hinblick auf etwaige Einwirkungen ist darüber hinaus an die grundsätzliche Arbeitsbereitschaft sowie an die Fähigkeit und Bereitschaft, tragfähige Bindungen zu einem anderen Menschen einzugehen, zu denken.

Als *„externe Aspekte"* stehen auf der einen Seite das Elternhaus und die Verbindung zur Mutter bzw. neuerdings zur Freundin, auf der anderen Seite die – in jüngster Zeit anscheinend etwas nachlassende – Attraktivität des kriminell gefährdenden „Milieus" und des entsprechenden Umgangs.

Vor dem Hintergrund der „internen Aspekte", die zunächst sowohl für ein sozial tragfähiges als auch für ein in krimineller Hinsicht gefährdetes Leben offen sind, kamen gerade im letzten Jahr zeitweilig beide „externen Aspekte" in ausgeprägter Weise zum Tragen: Nach Krankheit und Tod des Stiefvaters, der anscheinend der früheren Lebensführung des B. klare Richtlinien geben konnte („streng und auf Ordnung bedacht"), kam die Forderung nach Ungebundenheit und „Freiheit", nach einem „ungebremsten Leben im Augenblick" zusammen mit der Hinwendung zum kriminell gefährdenden „Milieu" voll zum Durchbruch. In der jüngsten Vergangenheit standen demgegenüber eher wieder die alten Bezüge im Vordergrund, das Elternhaus, die Verbindung zu einer bestimmten Person (Mutter, Freundin) und die geregelte Arbeitstätigkeit, also insgesamt ein sozial tragfähiges Leben.

5. Folgerungen im Hinblick auf Prognose und Einwirkungen[35]

Die Stellung der Delinquenz im Leben des B. kann als (phasenverschobene) Kriminalität im Rahmen der Persönlichkeitsreifung angesehen werden, wobei allerdings noch vor einigen Monaten im allgemeinen Sozialverhalten deutliche Ansätze für eine Hinentwicklung zur Kriminalität festzustellen waren. Die *grundsätzliche Prognose* ist daher zwar eher günstig; diese Einschätzung hängt jedoch wegen der ebenfalls vorhandenen gefährdenden Ansätze, insbesondere einer gewissen Beeinflußbarkeit durch „Kumpel" und „Milieu"kontakte – mehr noch als bei Kriminalität im Rahmen der Persönlichkeitsreifung im allgemeinen üblich – von einer gezielten Einflußnahme auf B. ab *(individuelle Basisprognose)*. Dabei kommt es entscheidend darauf an, zum einen die evtl. noch bestehenden Kontakte zum „Milieu" zu unterbinden, zum anderen seine grundsätzliche Arbeitsbereitschaft, die sich gerade in den letzten Monaten wieder gezeigt hat, zu fördern und die Verbindung zum Elternhaus bzw. zu seiner Freundin (oder zu einer sonstigen Vertrauensperson) zu stärken, um so auf längere Sicht auch zu einer gewissen Lebensplanung beizutragen und entsprechenden Einfluß auf seine allgemeine Lebensorientierung zu nehmen. Wie sich in der Vergangenheit gezeigt hat, kann B. durch eine relativ strenge Anleitung und Führung (damals durch seinen

---

[35] Grundsätzlich s. dazu Kap. VII.

Stiefvater) durchaus zu einem sozial tragfähigen Leben angehalten werden. Freilich stellen sein Streben nach Ungebundenheit und die noch ungefestigte Wertorientierung auch gefährdende Momente dar, insbesondere wenn B. sich wieder dem „Milieu" und entsprechenden Kontakten zuwenden sollte. Allerdings zeigt sein Verhalten in den letzten Monaten, daß er letztlich doch von sich aus mehr zu sozial unauffälligen Kontakten tendiert und daß auch seine Wertorientierung eher an sozial akzeptierten Werten ausgerichtet ist. Insgesamt müßte es daher möglich sein, B. zu einem sozial tragfähigen Leben anzuhalten, wobei einer gewissen Einbindung, beispielsweise durch die Beziehung zu F., große Bedeutung zukommen dürfte *(Interventionsprognose).* [36]

---

[36] Hier endet streng genommen die kriminologische Beurteilung. Mit welchen (jugend-)strafrechtlichen Mitteln interveniert werden soll, ist Sache des Entscheidungsträgers; s. auch o. Kap. VIII, 2.4.

X. Allgemeine Erläuterungen zur Darstellung einer kriminologischen Beurteilung

Wie bereits erwähnt (s. o. S. 161 f.) wird im Alltag der Rechtspraxis eine differenzierte Niederschrift der Erhebungen und der Beurteilung in der Regel nicht erfolgen. Sie ist allerdings so lange unumgänglich, bis eine vertiefte Erfahrung im Umgang mit dem Instrumentarium der Angewandten Kriminologie vorliegt. Außerdem kommt in der Praxis eine schriftliche Niederlegung der Erhebungen bzw. der kriminologischen Beurteilung vor allem dort in Betracht, wo nach dem üblichen Geschäftsgang die entsprechenden Erkenntnisse auch an Dritte weitergeleitet werden müssen.

Für die schriftliche Bearbeitung, insbesondere für die Abfassung eines **kriminologischen Gutachtens,** sei auf folgende Punkte verwiesen:

Die erhobenen Fakten und Informationen, auf denen das Gutachten aufbaut, müssen stets angeführt und deren *Quellen* (z. B. eigene Angaben des Probanden und/oder Bericht der Gerichtshilfe und/oder Akte − AZ . . . − usw.) angegeben werden. Daneben ist es notwendig, alle Überlegungen und Bewertungen darzulegen, die für die kriminologische Analyse und Diagnose bedeutsam sind, so daß schließlich der Arbeits- und Argumentationsgang bis hin zu den Schlußfolgerungen, mit denen die Begutachtungsfragen beantwortet werden, offen vorliegt.

Die *Darstellung der Erhebungen* bildet die Grundlage für die Analyse und Diagnose. Sie umfaßt grundsätzlich alle Fakten und Informationen, die für eine kriminologische Stellungnahme von Belang sind. Aufgrund dieser Angaben muß es jedem Dritten, der mit den Analyse- und Diagnosekriterien vertraut ist, möglich sein, sich selbst ein Bild über den Probanden zu machen und damit die gutachterliche Stellungnahme nachzuvollziehen. Dies bedeutet, daß sich die Darstellung der Erhebungen keinesfalls ausschließlich auf jene Fakten beschränken darf, aus denen sich die spätere Diagnose schlüssig ergibt. Hier besteht also ein grundlegender Unterschied zum richterlichen Urteil. Dieses begründet eine rechtliche Entscheidung und reduziert daher die komplexen, vielschichtigen Lebenssachverhalte auf die für diese Entscheidung relevanten − in aller Regel vergleichsweise wenigen − Fakten. Die Lebenswirklichkeit ist jedoch keineswegs immer klar strukturiert oder gar frei von Widersprüchen. Daher wird auch bei der kriminologischen Analyse und Diagnose immer wieder einmal etwas nicht ganz aufgehen. Schon deshalb müssen bei einem kriminologischen Gutachten auch widersprüchliche Angaben und solche Fakten aufgeführt werden, die die spätere Diagnose nicht uneingeschränkt stützen oder für ihre Begründung nicht unbedingt notwendig sind. Dieser Grundsatz gilt ganz besonders dort, wo die Erhebungen (etwa der Gerichtshilfe) für einen anderen (etwa für den Richter) die Grundlage für dessen eigenständige (und eigenverantwortliche) kriminologische Analyse und Diagnose bilden sollen.

Bei der kriminologischen Exploration des Probanden, bei der unter Umständen durchgeführten Drittbefragung und der Aktenauswertung wird eine Vielzahl von Informationen quer durch alle Lebensbereiche hindurch und über den gesamten Lebenslauf des Probanden hinweg gewonnen. Diese gilt es bei der Darstellung der Erhebungen sinnvoll zu ordnen. Eine solche *systematische Aufbereitung der Fakten* ist gerade in der forensischen Praxis wichtig, in der eingehende und umfassende

Erhebungen in erster Linie durch die (Jugend-)Gerichtshilfe vorgenommen werden können. Nur dann ist der im weiteren Verfahrensverlauf damit befaßte Strafjurist (etwa im Zusammenhang mit einer richterlichen Vernehmung oder Anhörung) oder der Sozialarbeiter usw. in der Lage, auf ihnen aufzubauen und sie für seine eigene Stellungnahme und Einschätzung sinnvoll zu verwerten.

Eine nach systematischen Ordnungsgesichtspunkten angefertigte Niederschrift der Erhebungen dient aber auch zur eigenen *Kontrolle des Untersuchers*, insbesondere wenn es sich um einen Probanden mit einer sehr bewegten Vergangenheit handelt. Eine Niederschrift − sei sie auch nur kurz skizziert und stichwortartig − bietet zudem eine gewisse Gewähr dafür, daß kein wichtiger Punkt oder gar ein ganzer Lebensbereich bei der Exploration des Probanden außer acht gelassen wurde.

Für die schriftliche Niederlegung der gewonnenen Informationen hat sich das nachfolgend dargestellte *Erhebungs- und Beurteilungsschema* (s. Übersicht) bewährt. Es trägt der Tatsache Rechnung, daß die einzelnen Lebensbereiche des Probanden bei der kriminologischen Analyse zunächst getrennt überprüft werden. Die spätere Beurteilung wird erheblich erleichtert, wenn die für den jeweiligen Bereich relevanten Fakten und sonstigen Informationen bereits bei der Niederschrift der Erhebungen entsprechend zugeordnet werden. Da bestimmte Fakten in verschiedenen Bereichen relevant sein können, lassen sich zwar gewisse Wiederholungen nicht immer vermeiden, sie können aber durch entsprechende Verweise oftmals umgangen werden.

Zur besseren Orientierung sollte der Niederschrift grundsätzlich eine kurzgefaßte, evtl. tabellarische *Übersicht zum Lebenslauf* (s. o. Fall B., Kap. IX, 1.) im Umfang von etwa einer Seite vorangestellt werden. Bei der eigentlichen Darlegung der Erhebungen bieten sich verschiedene Varianten an: Im Regelfall werden die gesamten Informationen aus allen Quellen zusammengefaßt und unter der gemeinsamen Überschrift *„Feststellungen aus den Akten und aufgrund unmittelbarer Erhebungen"* (s. o. Fall B., Kap. IX, 2.) abgehandelt. Bei der einen oder anderen besonders wichtigen Information oder aber bei einander widersprechenden Einzelangaben kann dabei jeweils auf die entsprechende Quelle hingewiesen werden. Es kann sich aber auch eine nach den Informationsquellen differenzierte Darstellung empfehlen; so können etwa umfangreichere Aktenauszüge gesondert aufgeführt und im Anschluß daran die bei der Exploration des Probanden gewonnenen Angaben dargelegt werden. Unabhängig von diesen nach der Quelle differenzierten Darstellungsmöglichkeiten mag in Ausnahmefällen eine zeitliche Zäsur im Leben des Probanden Anlaß dafür sein, den gesamten Lebenslauf in zwei Perioden aufzuteilen und zunächst alle Lebensbereiche *vor* dem bestimmten Ereignis zu referieren und im Anschluß daran den weiteren Lebenslauf *nach* diesem Ereignis in den einzelnen Lebensbereichen aufzuführen. Eine solche Zäsur ist aber nur ausnahmsweise und bei wirklich einschneidenden Ereignissen angezeigt (etwa „vor", „während" und „nach der Ehe"; „vor" und „nach dem damaligen, zehnjährigen Haftaufenthalt" oder ähnlichem).

Die *Angaben des Probanden oder Dritter* werden möglichst schlicht als Feststellungen in *indirekter Rede,* also im Konjunktiv, berichtet. Dadurch bewahren die Angaben in gewisser Weise ihre Authentizität und ursprüngliche Aussagekraft. Zugleich wird damit deutlich, daß es sich um Angaben handelt, die der Berichterstatter selbst nicht im einzelnen nachgeprüft hat. Bisweilen ist es jedoch angezeigt, einzelne besonders wichtige oder besonders plastische oder charakteristische Angaben und Äußerungen (z. B. auch Jargonbegriffe oder Dialektausdrükke) in *Indikativform* und gekennzeichnet durch Apostrophierung wiederzugeben. Will man bestimmte Passagen aus dem Ablauf der Exploration genauer nachzeichnen, ist zu empfehlen, den genauen Wortlaut der Frage des Untersuchers in Parenthesen der Antwort des Probanden voranzustellen oder durch den Hinweis „(Auf Frage:)" deutlich zu machen, daß die Antwort auf eine ganz bestimmte Frage hin gegeben worden ist. Desgleichen können besondere, aus dem üblichen Verhalten während der Exploration herausfallende Reaktionen des Probanden auf einzelne Fragen oder Themenbereiche, die etwa auf eine ganz bestimmte innere Beteiligung schließen lassen, ebenfalls in Parenthesen in die Darstellung der Erhebungen eingeführt werden. Dadurch bekommt eine Erhebung in weit stärkerem Maße einen vom Probanden mitgeprägten individuellen Anstrich als bei der ausschließlichen Verwendung des Konjunktivs.

Die gesamte Wiedergabe der Erhebungen sollte allerdings stets als rein beschreibende „Tatsachenfeststellung" *ohne* wertende Stellungnahme und *ohne* jede Interpretation erfolgen. Es wäre ein grundlegender Fehler, in diese beschreibende Darstellung durch entsprechende Bemerkungen bereits eine (vorzeitige) Stellungnahme des Untersuchers, die erst anschließend bei der Analyse und Diagnose erfolgt, oder irgendwelche kommentierenden Anmerkungen aufzunehmen.

Die Darstellung der *kriminologischen Analyse und Diagnose* orientiert sich am faktischen Vorgehen, wie es oben (Kap. V und VI) beschrieben wurde. Aus der kriminologischen Diagnose, insbesondere der Darlegung der „besonderen Aspekte", gehen die *Folgerungen* im Hinblick auf Prognose und Einwirkungen hervor, aus denen sich dann die Antworten auf die Gutachtenfragen ableiten.

Bei der kriminologischen Beurteilung von *Langzeitgefangenen,* die sich zum Beurteilungszeitpunkt bereits seit längerer Zeit (d. h. in der Regel seit mehreren Jahren) in Haft befinden, empfiehlt sich bei der kriminologischen Diagnose eine *Zweiteilung* (s. u. Übersicht): Zunächst erfolgt – wie üblich – die diagnostische Beurteilung des (früheren) Verhaltens *in Freiheit bis zur letzten Tat* bzw. bis zur Inhaftierung anhand der Bezugskriterien der Kriminologischen Trias. Daran anschließend wird das Verhalten des Täters in den einzelnen Lebensbereichen *im Vollzug* analysiert und mit dem früheren Verhalten *in Freiheit verglichen* bzw. diesem gegenübergestellt, wobei auch die früher bedeutsamen Relevanzbezüge und die damalige Wertorientierung mit den heute relevanten Bezügen und Werten verglichen werden. Aufgrund dieser Gegenüberstellung lassen sich sodann auch die *aktuellen „besonderen Aspekte"* im Leben des Täters einschätzen.

Übersicht

Die Erfassung des Täters in seinen sozialen Bezügen mit Hilfe
der Methode der idealtypisch-vergleichenden Einzelfallanalyse

---

[1] Noch vor der Darlegung der Erhebungen zum allgemeinen Sozialverhalten ist es gegebenenfalls angezeigt, kurz auf Krankheiten, Unfälle usw. einzugehen (s. o. Kap. IV, 3.8.).

[2] Das Verhalten in der Haftanstalt ist *nur bei längerfristigem Haftaufenthalt* eingehend zu berücksichtigen (s. o. Kap. IV, 6.).

[3] Die abkürzende Bezeichnung „Erziehung" wurde aus praktischen Gründen gewählt. Korrekt müßte der Gliederungspunkt lauten: Verhalten des Probanden im Zusammenhang mit der elterlichen Erziehung im Kindes- und Jugendalter.

---

[4] „K" steht für „Kriminalität".
[5] „D" steht für „Durchschnitt".

Anhang

Zur Früherkennung krimineller Gefährdung

1. Einführung

Bei den bisherigen Ausführungen ging es um die individuelle kriminologische Erfassung eines Straftäters. Die dargestellte Methode erlaubt es, eine Person, die – in der Regel – aufgrund einer *begangenen* Straftat kriminologisch beurteilt werden soll, individuell und differenziert zu erfassen und zugleich die geeignete spezialpräventive Reaktion (im Rahmen der strafrechtlichen Möglichkeiten) zu finden. Dabei bilden also in der Regel die Tatsache und der Zeitpunkt der Straffälligkeit den Anlaß und den Bezugspunkt für die kriminologische Analyse und Diagnose.

Hier geht es nunmehr um die *Früherkennung,* d. h. um das Erkennen krimineller Gefährdung aufgrund des Sozialverhaltens, *noch ehe* es zur (wiederholten) Straffälligkeit kommt. „Früh" meint dabei nicht das Lebensalter des Probanden, sondern das Stadium in der Entwicklung hin zu einem Lebensstil, der fast zwangsläufig zur Delinquenz führen muß. Insofern kann es sich auch bei einem 30jährigen, bisher strafrechtlich unauffälligen Menschen um Früherkennung handeln. In der überwiegenden Zahl der Fälle sind es jedoch Probanden im Kindes- und Jugendalter, die hiermit erfaßt werden.

Den **Ausgangspunkt** für die Früherkennung bildet – ebenso wie bei der differenzierten Analyse und Diagnose des Einzelfalles (s. o. Kap. V und VI) – das **allgemeine Sozialverhalten.** Das Augenmerk richtet sich dabei jedoch ausschließlich *auf einige wenige, ganz bestimmte Auffälligkeiten in einzelnen Lebensbereichen,* die zum Teil schon lange, bevor ein Proband erstmals straffällig wird, deutlich in Erscheinung treten können. Es handelt sich also insoweit nur um eine ausschnitthafte, grobe Betrachtung, doch ist gerade dies für die Praxis von großem Nutzen: Da sich die Auffälligkeiten unmittelbar im alltäglichen Verhalten des Probanden zeigen, sind sie verhältnismäßig einfach zu erkennen, und zwar auch für den psychologisch oder psychiatrisch nicht geschulten *Praktiker.* So können Personen, die im Alltag ständig unmittelbaren Umgang mit Kindern und Jugendlichen (oder auch Erwachsenen) haben, also in erster Linie *Eltern* und *Lehrer* oder sonstige *Ausbildungs- und Kontaktpersonen,* die entsprechenden Auffälligkeiten ohne weiteres bemerken und ihnen (gegebenenfalls mit pädagogischen Mitteln) im Sinne einer *primären Prävention* begegnen.

Die verschiedenen **Syndrome,** zu denen bestimmte Auffälligkeiten im allgemeinen Verhalten in den einzelnen Lebensbereichen zusammengefaßt sind, liefern die *Kriterien für die Früherkennung krimineller Gefährdung.* Diese Syndrome sind (nahezu) spezifisch für Lebensentwicklungen, die in (wiederholte) Straffälligkeit münden. **Liegt eines der Syndrome vor, dann kommt es mit großer Wahrscheinlichkeit in absehbarer Zeit zu Straftaten** – es sei denn, es wird in geeigneter Weise interveniert.

Die Syndrome sind ein Ergebnis der statistischen Auswertung der *Tübinger Jungtäter-Vergleichsuntersuchung* (s. o. Kap. II; vgl. GÖPPINGER 1983). In ihnen sind jeweils einige besonders bedeutsame Befunde des Sozialverhaltens zusammengefaßt. Sie sind deshalb von großer kriminologischer Relevanz, weil bei ihnen nicht nur − wie bei zahlreichen anderen mit Kriminalität korrelierenden Merkmalen auch − signifikante Unterschiede zwischen der Häftlings- und der Durchschnittspopulation bestanden, sondern weil sie (fast) ausschließlich in der Häftlingsgruppe anzutreffen waren. Die jeweiligen Syndrome waren in der Durchschnittspopulation im höchsten Fall bei 1,5%, teilweise aber auch überhaupt nicht festzustellen, während die Häftlingspopulation jeweils in erheblichem Umfang davon betroffen war (s. u. 2.).

Obwohl die Syndrome also insofern einen engen Bedingungszusammenhang mit Kriminalität aufweisen, als sie fast ausschließlich bei Lebensentwicklungen vorkommen, die − falls nicht interveniert wird − zur Kriminalität führen, stellen sie keineswegs einen kausalen oder gar genetischen Erklärungsversuch für Straffälligkeit dar. Die Frage nach den Ursachen der Kriminalität bleibt demnach auch hier offen. Sie kann in diesem Zusammenhang auch bewußt ausgeklammert werden, weil die *Früherkennung* krimineller Gefährdung allein schon durch ein bestimmtes *äußeres Verhalten* möglich ist.

Mit den Syndromen wird nur ein Ausschnitt besonders schwerwiegender sozialer Auffälligkeiten erfaßt. Alle anderen Auffälligkeiten im allgemeinen Sozialverhalten, die unterhalb dieser Schwelle bleiben, die aber gleichwohl zu (vorübergehender oder unter Umständen auch wiederholter) Straffälligkeit führen können − jedoch nicht müssen −, werden dabei nicht berücksichtigt. Es wird also gleichsam nur der *harte Kern* der sozial und strafrechtlich stark Gefährdeten angesprochen. Darüber hinaus gibt es zweifellos einen breiten Bereich von Kriminalität, auch schwerwiegender Art, wie z. B. die Wirtschaftskriminalität, die gewissermaßen „aus sozialer Unauffälligkeit" heraus (s. o. Kap. VI, 3.4.) begangen wird, die aber mit den hier vorgelegten Kriterien ebenfalls nicht im voraus erkannt werden kann. Das gleiche gilt etwa für Straffälligkeit aufgrund psychischer Störungen. Das *Fehlen* der Syndrome erlaubt also *nicht* den Umkehrschluß, daß keine Straffälligkeit auftreten wird. Wenn jedoch eines oder auch mehrere dieser Syndrome vorliegen, dann sind sie eindeutige **Warnzeichen für eine starke kriminelle Gefährdung.** Mehr als ein solches Warnsignal können sie dagegen nicht sein. Sie genügen insbesondere von sich aus nicht, um eine Person kriminologisch hinreichend zu beurteilen und um daraus entsprechend differenzierte prophylaktische bzw. präventive Maßnahmen herzuleiten. Findet sich jedoch bei einem Menschen eines oder gar mehrere solcher Syndrome, so sollte dies stets Anlaß sein, sich mit der betreffenden Person näher zu befassen und sich Gedanken über soziale und/oder pädagogische Interventionen zur Verhinderung der mit großer Wahrscheinlichkeit drohenden Delinquenz zu machen. Zu diesem Zweck ist eine differenzierte kriminologische Beurteilung (s. o. Zweiter Teil) angezeigt.

2. Die Syndrome im einzelnen

Im folgenden werden zunächst jene *vier* Syndrome dargestellt, die bestimmte Auffälligkeiten im allgemeinen Sozialverhalten *des Probanden selbst* beinhalten und auf eine erhebliche kriminelle Gefährdung hinweisen. Bei den einzelnen Syndromen liegt der Schwerpunkt zwar jeweils auf dem Verhalten in einem bestimmten Lebensbereich, in der Regel beschränken sich die Auffälligkeiten im allgemeinen Verhalten jedoch keineswegs auf einen einzelnen Lebensbereich, sondern greifen auch auf andere über, wenngleich unter Umständen mit einer gewissen zeitlichen Verzögerung. Die einzelnen Syndrome sind daher nicht nur isoliert anzutreffen; oftmals liegen mehrere von ihnen gleichzeitig vor.

In der Praxis der Früherkennung krimineller Gefährdung werden in der Regel Auffälligkeiten im schulischen und beruflichen Verhalten am augenfälligsten zutage treten, zumal in diesen Bereichen relativ klar umrissene Verhaltens- bzw. Leistungsanforderungen bestehen, deren Nichterfüllung alsbald registriert werden kann. Am Anfang der Darstellung stehen daher das *sozioscolare Syndrom* (s. u. 2.1.) und das *Syndrom mangelnder beruflicher Angepaßtheit* (Leistungs-Syndrom – s. u. 2.2.). Es folgt das *Freizeit-Syndrom* (s. u. 2.3.), das von besonderem Gewicht ist, weil es im Freizeitverhalten meist am frühesten zu erheblichen Auffälligkeiten kommt, auch wenn diese nicht immer als erste bemerkt werden. In engem Zusammenhang damit steht schließlich das *Kontakt-Syndrom* (s. u. 2.4.).

Am Ende der Darstellung wird kurz auf ein fünftes Syndrom, das *Syndrom familiärer Belastungen* (s. u. 2.5.), eingegangen. Dieses betrifft überwiegend die *Eltern* des Probanden und ist daher jenen Personen, die üblicherweise nur mit dem Probanden selbst zu tun haben, weniger zugänglich; insofern kommt ihm für die Früherkennung (und für entsprechende Interventionen) nur eine geringere Bedeutung zu. Von großer Relevanz kann es dagegen für die mit dem Probanden bzw. dessen Familie befaßten Institutionen (Sozialamt, Jugendamt) sein.

2.1. Sozioscolares Syndrom

Das *sozioscolare Syndrom* bezieht sich auf die Kindheit bzw. Schulzeit. In ihm sind, wie der Name zum Ausdruck bringen soll, inner- und außerschulische Auffälligkeiten zusammengefaßt. Es handelt sich dabei um **hartnäckiges Schwänzen,** um Fälschungen, z. B. von Entschuldigungsschreiben, und sonstige **Täuschungen,** die teilweise dazu dienen, das Schwänzen gegenüber Eltern und Lehrern zu vertuschen, um **Herumstreunen** während und außerhalb der Unterrichtszeit, wobei es auch schon zu kleineren „**deliktischen Handlungen**" kommt.

In der statistischen Auswertung der *Tübinger Jungtäter-Vergleichsuntersuchung* fand sich das sozioscolare Syndrom bei 15% der Häftlingsprobanden, jedoch bei keinem der Vergleichsprobanden. Dies bedeutet einerseits, daß das sozioscolare Syndrom für Entwicklungen, die später in wiederholte Straffälligkeit münden, spezifisch ist, daß aber andererseits sich in frühem Alter die Gefahr einer kriminellen Karriere nur bei einer relativ kleinen Gruppe eindeutig erkennen läßt.

Das erste Kriterium des sozioscolaren Syndroms, das *hartnäckige Schwänzen,* bringt zunächst am deutlichsten sichtbar zum Ausdruck, daß sich das Kind einer gewissen Ordnung und Aufsicht durch Schule und Eltern zu entziehen versucht. Unter hartnäckigem Schwänzen ist das häufige, d. h. mehrmals im Monat, oder auch anhaltende, d. h. über einen längeren Zeitraum hinweg kontinuierliche, unentschuldigte Fernbleiben vom Unterricht zu verstehen. Es darf sich also nicht nur um ein isoliertes oder zwar wiederholtes, jedoch nur gelegentliches Schwänzen einer Unterrichtsstunde oder auch eines ganzen Unterrichtstages handeln, etwa aus Angst vor Klassenarbeiten oder vor einem bestimmten Lehrer.

Die *Täuschungen,* die mit dem hartnäckigen Schwänzen einhergehen, sich aber nicht nur darauf beziehen müssen, reichen von raffinierten Ausreden über ausgeklügelte Täuschungsmanöver bis zu dreisten Lügen. Sie dienen teilweise dazu, das Schwänzen zu vertuschen, werden aber genausogut um anderer Vorteile willen eingesetzt, etwa um von den Eltern Geld zu bekommen, um Ausgang zu erhalten oder um verschiedene Erziehungspersonen gegeneinander auszuspielen. Auch hier gilt es, den Unterschied zu „normalen" Lügen und Unkorrektheiten zu berücksichtigen; diese zeichnen sich in aller Regel dadurch aus, daß sie von den Eltern oder den Lehrern alsbald aufgedeckt werden, während dies gerade bei den Täuschungen, um die es hier geht, den Aufsichtspersonen (mindestens zunächst) nicht gelingt.

Das *Herumstreunen* ist dagegen wiederum leichter zu erkennen, zumal es sich um ein besonders ausgeprägtes Verhalten handelt, das nichts zu tun hat mit dem in der Kindheit allgemein üblichen Spielen auf der Straße, zusammen mit einem festen Kreis von Mitschülern oder von Kameraden aus der Nachbarschaft usw. Die bevorzugten Ziele sind beim Herumstreunen meist das Gelände in der näheren Umgebung (in ländlichen Gebieten: Wald, Feldscheunen usw.), die städtischen Einkaufs- und Geschäftszentren oder auch das Bahnhofsviertel, vor allem aber Spielhallen bzw. bestimmte Gaststätten mit Spielautomaten. Dort wird nicht nur die durch das Schwänzen des Unterrichts freigewordene Zeit verbracht, sondern der ganze Tag, oft bis spät in die Nacht hinein. Im Vordergrund steht dabei die Suche nach Abwechslung und „Abenteuer" oder danach, daß „irgend etwas passiert". Obwohl der Proband möglicherweise zunächst allein loszieht, findet er an diesen Orten doch schnell Kontakt zu anderen sozial oder auch strafrechtlich auffälligen Gleichaltrigen oder auch bereits in der Berufsausbildung stehenden Jugendlichen, die gerade „blaumachen" und in ähnlicher Weise wie er selbst „herumhängen" und „die Zeit totschlagen".

Oft führt gerade diese besondere Art des Umgangs dann auch zu *„deliktischen Handlungen",* die von mutwilligen Sachbeschädigungen und Aggressionshandlungen gegen Gleichaltrige oder Jüngere und Schwächere über Manipulationen an Spiel- oder Zigarettenautomaten bis hin zu widerrechtlicher Geldbeschaffung, z. B. durch Kameradendiebstähle oder auch durch die Bedrohung von Mitschülern, reichen.

Von solchen Fällen, bei denen inner- und außerschulische Auffälligkeiten im Sinne des sozioscolaren Syndroms zusammentreffen, sind jene zu unterscheiden, bei denen das Schuleschwänzen eine isolierte vorübergehende Erscheinung darstellt. Der wesentliche Unterschied liegt in der Art, *wie* geschwänzt wird und wie die dadurch gewonnene Zeit und auch die übrige Freizeit verbracht werden: Solche Schüler, die etwa aus Furcht vor einer Klassenarbeit gelegentlich einmal schwänzen, werden in der Regel darauf bedacht sein, während der eigentlichen Unterrichtszeit nicht von den Eltern oder Bekannten gesehen und zur Rechenschaft gezogen zu werden oder sonst irgendwie aufzufallen. Meist wissen sie in dieser Zeit nichts mit sich anzufangen, verstecken sich unter Umständen und warten das Ende der Schulstunde ab, um sich dann rechtzeitig auf den Heimweg zu machen.

Für das Vorliegen des sozioscolaren Syndroms kommt es also auf das *ganz spezifische Zusammenwirken der Einzelkriterien* bzw. der diesen zugrundeliegenden Verhaltensweisen an. Eine *einzelne* schulische Auffälligkeit braucht nichts zu besagen; natürlich wird *nicht jeder auffällige Schüler,* der gegen die Verhaltensnormen der Schule verstößt, später auch in erheblicher Weise delinquent. Das gleiche gilt für *gelegentliches* Schwänzen, und auch die bloße Tatsache einer „deliktischen Handlung" ist oft bedeutungslos. Wenn allerdings wiederholtes oder unter Umständen sogar hartnäckiges Schwänzen oder ein „Delikt" zu beobachten sind, ist Anlaß für erhöhte Aufmerksamkeit gegeben. Zwar zeigt erst das gemeinsame Vorliegen aller Kriterien des sozioscolaren Syndroms *eindeutig* eine Entwicklung an, die − ohne wirksame Intervention − in eine *kriminelle Karriere* zu münden droht, jedoch sind schon die einzelnen Verhaltensauffälligkeiten, die zum sozioscolaren Syndrom zusammengefaßt sind, jede für sich genommen frühe Warnzeichen, die nicht übersehen werden dürfen. Soll eine Früherkennung in diesen Fällen tatsächlich gelingen, so wird man stets darauf zu achten haben, ob nicht gleichzeitig noch weitere Auffälligkeiten gegeben sind oder sich im Anschluß daran entwickeln.

Da es sich jedoch um Auffälligkeiten innerhalb und außerhalb der Schule handelt, sind die unmittelbar mit dem betreffenden Kind Befaßten, nämlich in erster Linie die **Eltern** und die **Schule**, für sich allein oft nicht in der Lage, den gesamten Sachverhalt zu erkennen. Daher wird es nötig sein, daß sich die Schule bei entsprechenden schulischen Auffälligkeiten an die Eltern wendet, damit rechtzeitig die gesamte Situation erkannt und in geeigneter Weise *pädagogisch* interveniert werden kann.

Wenn demgegenüber das **Jugendamt** auf das Kind, etwa wegen seines Herumstreunens oder eines „Delikts", aufmerksam wird, sollte es sich auch über dessen innerschulisches Verhalten informieren. Freilich ist die gängige Informationspraxis, z. B. in Form der (insoweit meist nichtssagenden) „Schulberichte", kaum geeignet, zum frühzeitigen Erkennen des Vorliegens eines sozioscolaren Syndroms beizutragen.

2.2. *Syndrom mangelnder beruflicher Angepaßtheit (Leistungs-Syndrom)*

Im frühen Alter, d. h. noch während der Schulzeit, läßt sich, wie schon erwähnt, nur bei einer relativ kleinen Gruppe die Gefahr einer kriminellen Karriere eindeutig erkennen. Vielfach kommt es erst mit Beginn der Berufsausbildung zu erheblichen Auffälligkeiten im Leistungsbereich. Dabei hat die Tatsache des Scheiterns in der Berufsausbildung oder des Verbleibens in der Berufsposition des Ungelernten für sich genommen zunächst keine Bedeutung. Für die Früherkennung entscheidend sind vielmehr solche Kriterien, die das Verhalten des Probanden in der Berufstätigkeit und seine Einstellung zum Beruf betreffen. Es sind dies im einzelnen: **Rascher Arbeitsplatzwechsel, Unregelmäßigkeit der Berufstätigkeit** und **schlechtes bzw. wechselndes Arbeitsverhalten.** Zusammengefaßt bilden diese Kriterien das *Syndrom mangelnder beruflicher Angepaßtheit (Leistungs-Syndrom).*

Die statistische Auswertung der *Tübinger Jungtäter-Vergleichsuntersuchung* ergab, daß bei 43% der Häftlingsprobanden, aber nur bei einem (0,6%) der Vergleichsprobanden das Syndrom mangelnder beruflicher Angepaßtheit vorlag. Es ist also nahezu spezifisch für Entwicklungen, die in wiederholte Straffälligkeit münden.

Die einzelnen Kriterien des Syndroms sind folgendermaßen definiert: Als *rascher Arbeitsplatzwechsel* gilt, wenn die durchschnittliche Verweildauer an einem Arbeitsplatz weniger als etwa ein Jahr beträgt. *Unregelmäßigkeit der Berufstätigkeit* liegt vor, wenn die Arbeitsstellen nicht nahtlos aneinanderschließen, sondern dazwischen längere Zeiten selbst verschuldeter beruflicher Untätigkeit liegen. *Schlechtes bzw. wechselndes Arbeitsverhalten* ist dann zu bejahen, wenn der Proband nicht wenigstens den minimalen Anforderungen an Arbeitsleistung und Verhalten am Arbeitsplatz – überwiegend oder zeitweilig – genügt.

Auch bei den beruflichen Auffälligkeiten gilt es wiederum zu differenzieren. Die Tatsache eines kurzfristigen, auch wiederholten Arbeitsplatzwechsels kann in kriminologischer Hinsicht bedeutungslos sein, wenn sich die nächste Stelle nahtlos anschließt, d. h. keine Zeit beruflicher Untätigkeit folgt. Insbesondere muß betont werden, daß das zum Syndrom mangelnder beruflicher Angepaßtheit gehörende Kriterium der beruflichen Untätigkeit nichts zu tun hat mit – konjunkturell oder strukturell bedingter – Arbeitslosigkeit. Vielmehr ist kennzeichnend, daß die Probanden die „Beschäftigungslosigkeit" selbst herbeiführen, sei es, daß sie einfach zu arbeiten aufhören, ohne eine neue Stelle in Aussicht zu haben bzw. eine solche überhaupt anzustreben, sei es, daß ihnen wegen untragbaren Verhaltens gekündigt wird; anschließend melden sie sich häufig nicht beim Arbeitsamt (und beziehen damit auch keinerlei Arbeitslosengeld bzw. -hilfe), oder sie melden sich zwar formal arbeitslos, um Unterstützung zu erhalten, kümmern sich aber nicht um eine neue Arbeitstätigkeit. Ist ein solches Verhalten erst einmal zur Gewohnheit geworden, dann wird oft zugleich oder schon längere Zeit vorausgehend auch ein auffälliges Freizeitverhalten (s. u. 2.3.) gegeben sein. In solchen Fällen ist es für prophylaktische Maßnahmen fast schon zu spät. Zwar braucht der Betreffende noch nicht straffällig geworden zu sein, jedoch ist bei der gegebenen Situation – ohne massive Intervention – in naher Zukunft mit Straffälligkeit zu rechnen.

Indessen erlaubt es die vergleichsweise leichte Erkennbarkeit der Verhaltensauffälligkeiten im Leistungsbereich, bereits frühzeitig auf Entwicklungen aufmerksam zu werden, die in Richtung der Auffälligkeiten im Sinne des Syndroms mangelnder beruflicher Angepaßtheit tendieren. Es wäre dann beispielsweise Sache des **Lehrherrn** oder der **Berufsschule,** sich bei stark nachlassender Arbeitsleistung oder gar häufigem „Blaumachen" des Jugendlichen mit den **Eltern** in Verbindung zu setzen, um gemeinsam rechtzeitig der sich abzeichnenden Entwicklung begegnen zu können.

2.3. Freizeit-Syndrom

Neben dem Schulbereich im weitesten Sinne und dem Leistungsbereich besitzt der Freizeitbereich außerordentliches Gewicht für die Früherkennung einer kriminellen Gefährdung; er bildet geradezu einen **„Frühwarnbereich"** (vgl. GÖPPINGER 1980, S. 289). Denn nicht selten finden sich, während der Leistungsbereich noch intakt ist, bereits Auffälligkeiten im Freizeitbereich, die sich schließlich hin zum Freizeit-Syndrom entwickeln.

Im *Freizeit-Syndrom* treffen folgende Kriterien zusammen: **Ständige Ausweitung der Freizeit zu Lasten des Leistungsbereichs** und **überwiegend Freizeittätigkeiten mit völlig offenen Abläufen.**

In der statistischen Auswertung der *Tübinger Jungtäter-Vergleichsuntersuchung* zeigte sich, daß die entsprechenden Verhaltensweisen – beginnend mit der Schulzeit über die Ausbildungszeit bis hin zur Untersuchungszeit – in zunehmendem Maße die Freizeitgestaltung der Häftlingsprobanden prägten, so daß schließlich zum Untersuchungszeitpunkt das Freizeit-Syndrom bei 75% der Häftlingspopulation vorlag, während nur einer (0,5%) der Vergleichsprobanden davon betroffen war.

Eine *Ausweitung der Freizeit zu Lasten des Leistungsbereichs* liegt dann vor, wenn sich die Freizeitaktivitäten immer mehr ausdehnen und nicht mehr nur auf Kosten des Schlafes gehen, sondern den Leistungsbereich erheblich tangieren. Dies kann etwa in der Weise geschehen, daß der Proband, da er ständig zu spät ins Bett kommt, zunächst übermüdet, dann immer häufiger auch mit erheblicher Verspätung am Arbeitsplatz erscheint, bis er schließlich immer wieder tageweise „blaumacht" oder überhaupt keiner geregelten Arbeitstätigkeit mehr nachgeht.

Für die *Freizeittätigkeiten mit völlig offenen Abläufen* ist kennzeichnend, daß sie über keinerlei feste räumliche und zeitliche Strukturen verfügen. Zu Beginn der „Unternehmungen" können weder die Aufenthaltsorte noch die Verweildauer noch die möglichen Kontaktpersonen konkret genannt werden, und es fehlt jegliche, selbst nur kurzfristige Planung und Vorbereitung.

Diese spezifische Art des Freizeitverhaltens läßt sich bereits im Kindes- und frühen Jugendalter feststellen. Die Freizeit spielt sich schon in der Kindheit praktisch ausschließlich „auf der Straße" ab. Das Kind ist „nie zu Hause", die Eltern wissen meist nicht, wo es sich gerade aufhält, mit wem es unterwegs ist, was es im Augenblick macht, und auch der Zeitpunkt der abendlichen Heimkehr ist ungewiß (s. auch o. 2.1.). Im Laufe der Jahre wird der Aktionsradius dieses Freizeitverhaltens größer: Der Jugendliche begnügt sich alsbald nicht mehr mit dem örtlichen Bereich seiner Heimatgemeinde (bzw. mit der näheren Umgebung seines Wohnbezirks), sondern wendet sich der nächsten größeren Stadt (bzw. der Altstadt oder dem Zentrum seiner Heimatstadt) oder auch einer weiter entfernt liegenden Großstadt zu. Dabei gewinnt das planlose und zu Beginn der Unternehmungen nicht eingrenzbare Umherfahren mit dem Moped und später vor allem mit dem Motorrad oder Auto zunehmend an Bedeutung. Die Freizeit wird immer häufiger auch im „Milieu" verbracht und ist in ihrem konkreten Ablauf völlig unvorhersehbar (s. u. 2.4.); damit verbunden ist meist eine latente, oft aber auch recht aktuelle Bereitschaft zu „Ausschweifungen", sei es in Form von übermäßigem Alkoholkonsum oder von unkontrolliertem Geldausgeben oder aber auch von Streitigkeiten oder gewalttätigen Auseinandersetzungen.

Auch beim Freizeit-Syndrom kommt es *entscheidend auf das Zusammentreffen der beiden Kriterien* an sowie darauf, daß die entsprechenden Verhaltensweisen innerhalb der Freizeit deutlich *überwiegen* und das Freizeitverhalten des Probanden geradezu prägen. Findet sich ein solches Verhalten mit völlig offenen Abläufen dagegen nur gelegentlich, oder kommt es nur hin und wieder zu Ausweitungen der Freizeit, unter Umständen sogar nur auf Kosten der notwendigen Ruhe- und Schlafperiode, so stellt dies noch keinen Hinweis auf eine kriminelle Gefährdung dar. Ein solches Verhalten kann durchaus auch bei einem sozial unauffälligen Menschen aus der Durchschnittspopulation vorkommen; *kriminologisch relevant* ist vielmehr nur das gleichzeitige Vorliegen beider Kriterien in der beschriebenen Form.

Da die beiden Kriterien des Freizeit-Syndroms vom konkreten Freizeitverhalten abstrahieren, ist das Freizeit-Syndrom auch nicht an ein bestimmtes Alter gebunden. Man erfaßt mit ihm einen Großteil der Entwicklungen, die in wiederholte Straffälligkeit zu münden drohen, gleichgültig, ob diese Entwicklungen schon im Schulalter oder erst in späteren Jahren einsetzen. Das in Richtung des Freizeit-Syndroms weisende Verhalten fällt in dem Augenblick auf, in dem es sich auf den Leistungsbereich auswirkt, wenn also etwa ein junger Mensch am *Arbeitsplatz* oder in der *(Berufs-)Schule* durch häufigeres morgendliches Zuspätkommen oder durch wiederholtes Schwänzen auffällt. Schwieriger ist das Kriterium der Freizeittätigkeiten mit völlig offenen Abläufen zu erkennen; ein solches Verhalten fällt im engeren sozialen Umfeld zumeist nicht unmittelbar auf, weil es sich außerhalb dieses Umfeldes in Bereichen abspielt, die von einer gewissen Anonymität gekennzeichnet sind. Hier muß es bei einem jugendlichen Probanden in erster Linie Sache der **Eltern** sein, das Freizeitverhalten ihres Kindes nicht aus den Augen zu verlieren und – wenn der Jugendliche zu nur noch außerhäusiger, unstrukturierter Freizeitgestaltung tendiert – ihren erzieherischen Einfluß geltend zu machen.

2.4. Kontakt-Syndrom

Meist parallel zu Auffälligkeiten im Freizeitbereich zeigen sich solche im Kontaktbereich. Aus dem allgemeinen Kontaktverhalten sind die folgenden Kriterien für die Früherkennung einer kriminellen Gefährdung von Bedeutung und bilden zusammengefaßt das *Kontakt-Syndrom:* **Vorherrschen von losen Kontakten oder von „Milieu"-Kontakten** sowie **frühes Alter beim ersten Geschlechtsverkehr oder häufiger Wechsel der GV-Partnerinnen.**

Die statistische Auswertung der *Tübinger Jungtäter-Vergleichsuntersuchung* ergab, daß bei 60% der Häftlingsprobanden, aber nur bei 1,5% der Vergleichsgruppe das Kontakt-Syndrom vorlag.

Unter *„losen" Kontakten* sind vorübergehende, unverbindliche Beziehungen zu verstehen, bei denen kurzfristige gemeinsame Unternehmungen im Vordergrund stehen und ein erneutes Treffen, wenn es überhaupt erwogen wird, dem Zufall überlassen bleibt. Die jeweiligen Kontaktpersonen sind im Grunde beliebig auswechselbar. Lose Kontakte sind also zum einen beispielsweise mehr als eine flüchtige Begegnung auf der Straße, zum anderen bedeuten sie aber weit weniger als eine Freundschaft mit einer gewissen Vertrauensbasis. Eine besondere Form dieser losen Kontakte stellen die *„Milieu"-Kontakte* dar. Diese werden vor allem durch den Ort der Kontaktaufnahme bestimmt, bei dem es sich um „einschlägig" bekannte Treffpunkte und insbesondere um Örtlichkeiten im (groß-)städtischen „Milieu" der Altstadt und der Vergnügungsviertel handelt. Noch deutlicher als die zuerst genannten losen Kontakte sind solche Kontakte im allgemeinen von Nützlichkeitserwägungen bestimmt; die jeweiligen Kontaktpersonen sind nur insofern von Bedeutung, als sich mit ihnen oder durch sie irgendwelche zusätzlichen Möglichkeiten im Rahmen eigener Interessen erwarten lassen.

Das Kriterium „Vorherrschen von losen oder von ‚Milieu'-Kontakten" ist aber nur dann gegeben, wenn sich der Umgang des Probanden im wesentlichen auf solche „losen" oder „Milieu"-Kontakte *beschränkt* und Freundschaften oder sonstige tragfähige Verbindungen zu irgendeiner Person für ihn keine oder nur eine untergeordnete Rolle spielen.

Das zweite Kriterium, *„frühes Alter beim ersten Geschlechtsverkehr oder häufiger Wechsel der GV-Partnerinnen",* weist – nunmehr im Hinblick auf die Sexualkontakte – in eine ähnliche Richtung wie das zuerst genannte Kriterium. Hier sind es die Sexualkontakte, die gekennzeichnet sind durch eine gewisse Beliebigkeit und Auswechselbarkeit der Partnerinnen. Diese Grundtendenz kann entweder in einem frühzeitig erfolgten ersten Geschlechtsverkehr zum Ausdruck kommen; als „frühzeitig" kann dabei gelten, wenn der erste Geschlechtsverkehr bereits in der Hauptschulzeit erfolgt. Diese Tendenz kann aber auch – unter Umständen noch deutlicher – in einem häufigen Wechsel der GV-Partnerinnen zu erkennen sein. Dabei kann man sich naturgemäß nicht an einer absoluten Zahl orientieren. Ein wesentliches Indiz hierfür sind die große Zahl und die jeweils nur kurze Dauer der Bekanntschaften, wobei es häufig zusätzlich auch noch zu wiederholten oder regelmäßigen Sexualkontakten mit Prostituierten kommt.

Das Kontakt-Syndrom gewinnt für die Früherkennung selten isoliert Bedeutung, obgleich es durchaus die erste den **Eltern** sichtbare Auffälligkeit ihres heranwachsenden Kindes sein kann. Doch im Zusammenhang mit einem entsprechenden Freizeitverhalten, insbesondere wenn die Freizeittätigkeiten mit völlig offenen Abläufen ins „Milieu" zielen und es zu einem entsprechenden Umgang kommt, stellt das zum Kontakt-Syndrom tendierende Verhalten ein weiteres ernstes Warnzeichen für kriminelle Gefährdung dar. In solchen Fällen wird man unter prophylaktischen Gesichtspunkten das Freizeit- und Kontaktverhalten gemeinsam betrachten und angehen müssen.

2.5. Syndrom familiärer Belastungen

Das *Syndrom familiärer Belastungen* setzt sich — anders als die vier bisher dargestellten Syndrome — aus Kriterien zusammen, die *überwiegend unabhängig vom Verhalten des Probanden* sind. Es vereinigt bestimmte äußere Umstände der Herkunftsfamilie und bestimmte Verhaltensweisen der Erziehungspersonen, berücksichtigt teilweise aber auch das Verhalten des Probanden selbst. Es sind dies im einzelnen: Langjährige Unterkunft der **Familie** in **unzureichenden Wohnver-hältnissen** und/oder längere Zeit **selbstverschuldet von öffentlicher Unterstützung gelebt;** soziale und/oder strafrechtliche **Auffälligkeit einer Erziehungsperson; Proband steht nicht unter ausreichender Kontrolle** und/oder **entzieht sich ihr aktiv.**

Bei der quantitativen Auswertung der *Tübinger Jungtäter-Vergleichsuntersuchung* zeigte sich, daß bei 20%[1] der Häftlingspopulation gegenüber nur 1% der Vergleichspopulation das Syndrom familiärer Belastungen vorlag; es ist also nahezu spezifisch, jedoch keineswegs typisch für die Häftlingsgruppe.

Das erste Kriterium umfaßt verschiedene Aspekte, welche die allgemeine äußere Situation der Familie umschreiben: Bei der *langjährigen Unterkunft in unzureichenden Wohnverhältnissen* handelt es sich vor allem um Notunterkünfte, Baracken- oder Einfachstwohnungen, die nicht nur überbelegt, sondern auch unzureichend ausgestattet sind. Der zweite (alternativ oder kumulativ vorliegende) Gesichtspunkt dieses Kriteriums, daß nämlich die Familie längerfristig, also über viele Monate oder auch Jahre hinweg, *auf öffentliche Unterstützung (etwa Sozialhilfe) angewiesen* ist, setzt voraus, daß dies durch *eigenes Verschulden* des Familienvorstands (etwa durch die mangelnde Arbeitsbereitschaft des Vaters) notwendig wurde.

Mit dem zweiten Kriterium — *soziale und/oder strafrechtliche Auffälligkeit einer Erziehungsperson* — sind gravierende soziale Auffälligkeiten wie etwa Alkoholismus, Gewalttätigkeit, Promiskuität usw. oder strafrechtlich geahndete Delikte angesprochen, die über einmalige oder auch gelegentliche Straßenverkehrsdelinquenz hinausgehen.

Das dritte Kriterium — *nicht ausreichende Kontrolle des Kindes* — stellt zwar insofern eine Besonderheit unter den Kriterien des Syndroms familiärer Belastungen dar, als hier *auch* das Verhalten des *Kindes* selbst maßgebend sein kann. Für die Früherkennung ist es dabei aber zunächst nicht entscheidend, ob das Fehlen ausreichender Kontrolle zu Lasten der Eltern (sie können oder wollen keine Kontrolle ausüben) oder zu Lasten des Kindes (es entzieht sich aktiv und planmäßig der elterlichen Kontrolle) geht bzw. inwieweit eine Wechselwirkung zwischen dem

---

[1] Die Angabe bezieht sich auf die oben genannten Kriterien. Der geringe Unterschied gegenüber den Angaben in GÖPPINGER 1983, S. 44, ergibt sich daraus, daß hier das für die Zwecke der Früherkennung weitgehend nutzlose, da von den konkreten Lebensverhältnissen abstrahierende Kriterium „untere Unterschicht" nicht berücksichtigt wurde. Die geringfügige Abweichung zeigt im übrigen zugleich die Bedeutungslosigkeit dieses Teilkriteriums in diesem Zusammenhang.

Verhalten der Eltern und dem des Kindes anzunehmen ist. Faktisch wird es von außen − ohne genauere Kenntnis der Familienverhältnisse − zunächst schwierig sein, diese fehlende Kontrolle festzustellen, da es sich ja dabei gerade um eine innerfamiliäre Angelegenheit handelt. Freilich wird die fehlende Kontrolle des Kindes früher oder später auch nach außen zu erkennen sein, insbesondere dann, wenn sich in seinem Verhalten in der *Schule* Auffälligkeiten zeigen, die üblicherweise auf das Fehlen einer Kontrolle zurückzuführen sind.

Da es sich bei dem Syndrom familiärer Belastungen jedoch zunächst um den Sozialbereich der *Eltern* handelt, sind hier auftretende Auffälligkeiten, auch wenn sie gelegentlich nach außen dringen können, dem Personenkreis, der unmittelbar mit dem Kind oder dem Jugendlichen zu tun hat, im einzelnen nicht oder nur bedingt bekannt bzw. von ihm nur schwer einzuschätzen. Für die Früherkennung der kriminellen Gefährdung des *Kindes* kommt dem Syndrom familiärer Belastungen in der Praxis daher kein solches Gewicht zu wie den anderen vier Syndromen.

Dennoch sind die Kriterien des Syndroms familiärer Belastungen von praktischer Bedeutung − und zwar nicht nur im Rahmen der Früherkennung. Aus der unübersehbaren Zahl von sozialen Fakten aus der Herkunftsfamilie, die immer wieder für Kriminalität verantwortlich gemacht werden, sind mit ihnen einige wenige Kriterien erfaßt, denen − als Syndrom − tatsächlich eine erhöhte Bedeutung zukommen kann, freilich keinesfalls im Sinne einer (kausalen) Erklärung.

Im Hinblick auf prophylaktische Maßnahmen sind zwar auch bei diesem Syndrom prinzipiell die **Eltern** angesprochen; sie werden jedoch aufgrund der häuslichen Situation häufig nicht in der Lage (oder willens) sein, diese Probleme rechtzeitig zu erkennen und ihnen allein und aus eigener Kraft angemessen zu begegnen. Deshalb sind bezüglich der notwendigen Interventionen in erster Linie die mit der Familie befaßten bzw. für sie zuständigen *öffentlichen Institutionen*, insbesondere das **Sozialamt** und das **Jugendamt**, aufgerufen, die hier relevant werdenden spezifischen Auffälligkeiten festzustellen und gegebenenfalls im Interesse des Kindes zu intervenieren.

3. Zusammenfassung

Nicht jede soziale und auch nicht jede deliktische Auffälligkeit eines (jungen) Menschen ist unter kriminalpräventiven Gesichtspunkten von Bedeutung bzw. bedarf einer besonderen Intervention; oftmals handelt es sich nur um einmalige oder vorübergehende Erscheinungen, die letztlich keine kriminelle Gefährdung bedeuten. In den hier dargestellten Syndromen wurden indessen ganz bestimmte Verhaltensauffälligkeiten zusammengefaßt, die in einem engen Bedingungszusammenhang mit wiederholter Straffälligkeit stehen, da sie (fast) ausschließlich bei Lebensentwicklungen auftreten, die ohne Intervention früher oder später in (wiederholte) Straffälligkeit münden. Da sie verhältnismäßig leicht festzustellen sind, erlauben sie es gerade einem kriminologisch nicht geschulten Personenkreis, der mit Jugendlichen (oder Jungerwachsenen) befaßt ist — außer den Eltern und sonstigen Erziehungspersonen, vor allem den Lehrern, beruflichen Ausbildern und Jugendleitern — schon aufgrund einiger weniger Indizien eine solche Gefährdung zu erkennen.

Praktisch erschöpfen sich also die Syndrome in ihrer Funktion als *Warnzeichen* für eine ernste kriminelle Gefährdung. Wie die Intervention zur Verhinderung der drohenden Kriminalität im einzelnen auszusehen hat, muß jeweils individuell entschieden werden, unter Berücksichtigung der Persönlichkeit des Gefährdeten und der gesamten sozialen Verhältnisse, in denen er steht. Dabei kann im allgemeinen eine differenzierte kriminologische Analyse des Probanden (s. o. Zweiter Teil) wichtige Hinweise für sinnvolle Einwirkungen geben.

H. Göppinger

Der Täter in seinen sozialen Bezügen

Ergebnisse aus der Tübinger Jungtäter-Vergleichsuntersuchung

Unter Mitarbeit von M. Bock, J.-M. Jehle, W. Maschke

1983. XVI, 258 Seiten
Gebunden DM 84,-. ISBN 3-540-12518-3

Dieses Buch enthält die wesentlichen Ergebnisse einer interdisziplinären Vergleichsuntersuchung am Institut für Kriminologie der Universität Tübingen über die Lebensentwicklung von männlichen (wiederholt) Straffälligen im Alter von 20–30 Jahren und von Probanden entsprechenden Alters aus der Durchschnittspopulation. Die Untersuchung ist hinsichtlich Anlage und Umfang einzigartig in der deutschsprachigen Kriminologie. Es wurden dabei intensive unmittelbare Einzelfallerhebungen zu den einzelnen Lebensbereichen und zur Persönlichkeit der Probanden durchgeführt. Die statistischen Ergebnisse zeigen signifikante Unterschiede zwischen den beiden Gruppen und decken sich insbesondere hinsichtlich des Sozialverhaltens weitgehend mit den Ergebnissen anderer multifaktorieller Untersuchungen, vor allem aus dem angloamerikanischen Raum. Neben der statistischen Aufbereitung wird mit hierzu erarbeiteten spezifisch kriminologischen Kriterien vor allem in Form einer übergreifenden Betrachtung des „Täters in seinen sozialen Bezügen" der Weg zu einem eigenen, einheitlichen Gegenstand einer selbständigen, von ihren Bezugswissenschaften unabhängig gewordenen integrierten Kriminologie gewiesen. Gleichzeitig werden damit die Grundlagen für eine praxisorientierte Angewandte Kriminologie und für eine spezifisch kriminologische Analyse des Einzelfalls geschaffen.

Springer-Verlag
Berlin
Heidelberg
New York
Tokyo

FORENSIA

Interdisziplinäre Zeitschrift für Psychiatrie, Psychologie, Kriminologie und Recht

ISSN 0724-844X   Titel Nr. 349

Organ der Gesellschaft Österreichischer Nervenärzte und Psychiater

Schriftleitung: G. Harrer, Ch. Frank

Herausgeber: H. Göppinger, Tübingen; G. Harrer, Salzburg; W. J. Revers, Salzburg; G. Schewe, Lahn; H. Walder, Bern

Wissenschaftlicher Beirat: W. Böker, P. H. Bresser, H. Ehrhardt, K. Gemmer, J. Gerchow, R. Hartmann, G. Jakobs, W. Janzarik, J. v. Karger, H.-J. Kerner, W. Keup, F. Kunert, H. Leferenz, R. Lempp, Th. Lenckner, R. Luthe, H. Müller-Dietz, E. Müller-Luckmann, G. Pfeiffer, H.-D. Schwind, W. Simon, W. Spann, R. Suchenwirth, H. Szewczyk, O. Triffterer, H. Tröndle, U. Undeutsch, R. Vossen, H. Wegener, R. Wille, H. Zipf

Das vorrangige Ziel dieser Zeitschrift ist ein praxisorientierter und gleichzeitig wissenschaftlich fundierter Informations- und Erfahrungsaustausch zwischen Juristen, Kriminologen, forensisch tätigen Medizinern und Psychologen. Angesichts der verschiedenen Denkweisen in den einzelnen Fachgebieten ist es zur Überbrückung der Verständnisschwierigkeit für die Gutachtertätigkeit des Sachverständigen ebenso unabdingbar, sich mit Grundlagen des Rechts, mit Kriterien der Rechtsprechung sowie mit prozessualen Belangen und kriminologischen Erkenntnissen auseinanderzusetzen, wie es für die Arbeit und Überzeugungsbildung von Anwälten, Richtern, Staatsanwälten und Verwaltungsjuristen entscheidend ist, sich mit medizinischen, psychologischen und kriminologischen Sachverhalten sowie mit der gutachterlichen Beurteilungsproblematik vertraut zu machen.
Es ist ein breiter interdisziplinärer Gedankenaustausch über aktuelle Fragen der Rechtstheorie und Rechtspraxis, über Kriminologie, Gerichtsmedizin, forensische Psychiatrie und Psychologie vorgesehen. Mit einschlägigen Originalarbeiten sowie wichtigen Kongreßmitteilungen und Kurzberichten soll die Zeitschrift Denkanstöße und Entscheidungshilfen für Rechtspraxis und Sachverständigentätigkeit ermöglichen.

Bezugsbedingungen oder ein kostenloses Probeheft auf Anfrage:
Springer-Verlag, Wissenschaftliche Information
Zeitschriften, Postfach 10 52 80, D-6900 Heidelberg 1

Springer-Verlag
Berlin
Heidelberg
New York
Tokyo